基測國文科試題品質分析與改善建議

以90-95年試題為例

鄭圓鈴　著

感　　謝

本書撰寫期間，幸蒙師大國文系所師長提供各項協助，「國中基本學力測驗推動委員會」提供歷屆國文科考生試題分析資料，謹此致謝。

自 序

「國中基本學力測驗」自90年實施至今，已有七年。根據國立政治大學教育學系余民寧教授〈從調查數據回顧基本學力測驗的實施〉（測驗學刊，52輯，1期，2005年6月）的報告顯示，該測驗的試題特色獲得肯定，實施方式大致符合理想，但能否測出學生實力頗受質疑，學生素質較前低落令人擔憂，且無助於升學壓力的紓解。因此，增加新的考試題型，提高試題難度，爲未來改進方向。

有鑑於此，筆者乃嘗試以90-95年基測國文科試題爲範圍，利用「國民中學基本學力測驗推動工作委員會」（簡稱基測推委會）所提供的考生試題反應分析，結合Bloom2001年認知領域教育目標的認知能力分類理論，利用Microsoft Office Excel 2007的統計功能及個人長期研究題庫建置與試題編寫技巧的心得，針對90-95年基測國文科577題試題，進行試題品質分析與改善建議研究。

本書最重要的研究成果爲建立一套架構清晰的試題品質分析系統，可做爲未來進行各種試題品質分析研究的基礎，極具參考價值。

上述分析系統，主要的研究成果爲：

1.利用Bloom2001年認知領域教育目標的認知能力分類理論，建立「基測試題結構分析表」，根據教學目標、評量指標、認知能力三項，將國文科試題做清楚的分類，可做爲大型入學測驗，試題分析與題庫建製參考。

2.建立「基測國文科試題雙向細目建議表」，具體規畫評量指標與試題配分比例，有助於減輕學生的學習負擔，並協助基測建立標準化的組題架構。

3.建立Microsoft Office Excel 2007的試題統計分析系統，客觀說明試題品質特性，可做爲各類語文測驗試題品質分析參考。

4.說明各評量指標的命題格式化用語，有助於提昇題庫及教學評量試題的編寫品質。

5.例舉各教學目標高、低鑑別度試題，說明試題特質，及考生的學習反應，有助於教師調整教學策略。

6.例舉瑕疵試題，並提供修題建議，有助於化解教師對基測試題的質疑。

在呼應余教授有關基測成效研究的部分，本書的成果爲：

1.在紓解學生學習壓力上：說明基測部份教學目標試題不符合九年一貫課綱的能力指標，評量指標、評量細目分類過於瑣碎，是導致學生學習負擔與壓力的主要原因。

2.在提昇學生素質上：說明基測閱讀題組試題，在推論短文觀點及解釋短文寫作模式等評量指標，學生表現較差，應增加此類試題，提昇學生整合及檢視內容訊息的能力，以符合國際閱讀能力評比的趨勢。

3.在提高試題難度上：說明基測閱讀題組試題，只評量理解能力，且試題難度過低，應增加分析能力指標，編寫相關試題，並增加選文長度，以提高試題難度及鑑別度。

4.在提昇試題品質上：說明基測試題在30-34題的位置，常出現瑕疵試題，應提昇判斷難題與瑕疵試題的精確度，避免考生因試題瑕疵失分。

筆者不揣淺陋，以專業的理論及客觀的統計分析，撰寫國內第一本有關試國文科試題品質分析的專書，期待對國內長期缺乏耕耘的園地，有拋磚引玉的效果。本書於研究與撰寫過程，力求周密嚴謹，但因才疏學淺，考證論述，不免有所疏漏，但祈淵雅君子，不吝賜教。

鄭圓鈴 謹識

九十七年一月

於國立台灣師範大學國文系

目　　次

第一章　緒　論

本章旨在說明本書的研究動機，相關文獻探討，研究方法與過程，與可進一步研究的主題。

第一節　研究動機

「國民中學基本學力測驗」是目前台灣最大型的入學測驗，每年不僅影響三十萬考生的入學成績與分發，也影響國中教育的教學策略與品質。然而，基測自90年實施至今，已有七年，尚無學者對基測國文科的試題品質做整體性的分析研究。有鑑於此，筆者乃依據個人的國文學科專長及十年來參與各類大型入學測驗試題討論、研究及題庫建置的經驗，利用「國民中學基本學力測驗推動工作委員會」（以下簡稱「基測推委會」）所提供的九十至九十五年，第一、二次測驗試題題本及考生的試題反應分析，以專業化的理論研究及科學化的統計分析，深入探討基測國文科試題的試題品質，用以說明基測國文科試題的優點與缺失，做爲未來增進基測國文科試題品質及調整國中國文科教學策略的參考。

第二節　　文獻探討

有關基測國文科試題的品質分析，並無專門著作或相關的學位論文，只有筆者的三本著作與基測國文科試題研究略有相關，茲分述如後。

1.鄭圓鈴（2006）。**基測陷阱的思考與對策**。台北市：螢火蟲。

2.鄭圓鈴（2004）。**國中國文教學評量**。台北市：萬卷樓。

3.鄭圓鈴（2002）。**你也是創意命題高手**。台北市：萬卷 樓。

上述著作1，著重分析基測誘答選項超過0.20試題的內容特質，並提醒學生如何解決此類試題的答題困難。著作2.3則著重依據Bloom1956版的理論，分析基測試題的分類，及各類試題的編寫技巧。

其次蒐集相關的期刊論文，說明如後。

1.余民寧、賴姿伶、劉育如(2005)。**國中基本學力測驗實施成效之初步調查：學校的觀點**。教育與心理研究，28(2)，193-217。

2.余民寧、賴姿伶、劉育如(2004)。**國中基本學力測驗實施成效之初步調查：學生的觀點**。教育與心理研究，27(3)，457-481。

3.余民寧(2004)。**從調查數據回顧基本學力測驗的實施**。2004年11月13日中國測驗學會主辦「2004年年會暨教育與心理測驗學術研討會」木鐸獎得主專題演講。測驗學刊，52(1)，9-36。

4.余民寧、游森期、劉育如(2003)。**國中基本學力測驗實施成效之評**

估研究(II)。行政院國家科學委員會委託之專題研究案(NSC-92-2413-H-004-002)。台北市：國立政治大學教育學系。

5.余民寧、賴姿伶、劉育如(2002)。**國中基本學力測驗實施成效之評估研究(I)**。國家科學委員會委託之專題研究案(NSC-91-2413-H-004-004)。台北市：國立政治大學教育學系。

6.涂柏原、章舜雯(2000)。**國中學生基本學力測驗的分數及相關議題**。教師天地，109，9-17。

7.陳柏熹(2000)。**國中基本學力測驗分數的意義與使用**。高中教育，11，38-47。

8.林繼生(2005)。**輸家與贏家之間－九四年第一次國中基本學力測驗國文科試題分析**。國文天地，242，80-84。

9.游適宏(2003)。**從閱讀評量看九十二年國中基本學力測驗國文科試題**。國文天地，220，13-18。

10.林繼生(2001)。**新的開始，新的震撼－國中基本學力測驗第一次測驗國文科試題分析**。國文天地，192，97-103。

11.傅伯寧(2001)。基本學力測驗的題庫是怎麼建立的？人本教育札記，144，31-33。

12.林繼生(2000)。**是開始也是結束－臺北區公立高中八十九學年度聯招國文試題分析, 兼論基本學力測驗**。國文天地，184，60-64。

13.賴麗蓉(1999)。**關於「國民中學學生基本學力測驗」**。高中教育，8，38-40。

14.劉銀聰(1999)。高中多元入學方案—基本學力測驗。高中教育，6，31-34。

15.潘幸山(1999)。國中學生基本學力測驗與高中教育。高中教育，6，35-38。

16.鄭富森(1998)。淺談國中生學力測驗之評鑑原則。測驗與輔導，150，119-125。

17.鄭圓鈴(2005)。國中生對國語文學習的看法。文訊，241，86-94。

18.鄭圓鈴(2004)。九十三年國中基測國文科試題分析。國文天地，232，78-86

19.鄭圓鈴(2003)。九十二年第一次國中基測國文科試題分析。國文天地，220，4-12

20.鄭圓鈴(2001)。基本學力測驗對國中教學與評量的影響。國文天地，195，68-75。

21.鄭圓鈴(2001)。國中國文科考題設計常見的缺失（下）。中國語文，530，33-48。

22.鄭圓鈴(2001)。國中國文科考題設計常見的缺失（上）。中國語文，529，29-39。

23.鄭圓鈴(2001)。國中國文科基本學力測驗試題分析。中國語文，527，42-50。

24.鄭圓鈴(2001)。國中國文教學與評量的新方向。中國語文，526，62-71。

上述論文，雖以國中基測爲研究主題，但前七篇論文與國文科試題關聯性較小；後十七篇雖以國文科試題爲討論核心，但並無本書整體性的論述，且其研究方法以專家學者的意見論述爲主，缺乏本書所使用的科學性分析。

第三節　研究方法與步驟

壹、研究方法

本書的研究方法，以數據統計爲分析基礎。分析方式分爲二類：一類爲總體性試題品質分析，一類爲各教學目標試題品質分析。茲分述如後。

總體性分析以1.測驗品質分析2.試題品質分析3.測驗實施程序分析爲主要內容。

測驗品質分析以信度、效度分析爲主。信度分析以「基測推委會」提供的「α係數信度估計」爲基礎。效度分析採內容關聯效度的邏輯分析與問卷統計的量化分析，說明試題的恰適性與代表性。

試題品質分析以數量分析及試題內容分析爲主。數量分析以「基測推委會」提供的考生試題反應，利用Excel的統計功能，分析試題的整體、各年度次、各難度等級、各評量指標的試題品質。內容分析則依據筆者編寫的「試題品質檢核表」，逐題檢核試題內容與形式的品質。

實施分析以測驗實施分析及題本形式分析爲主。測驗實施分析以基測的測驗說明、測驗注意事項、作答方式及作答時間，爲分析依據。試題本形式分析則以試題題型及題數，正答選項分布，否定提問題數，試題難易度安排的統計，爲分析依據。

各教學目標分析，以1.效度分析2.數量分析3.品質分析爲主要內容。

效度分析以分析各教學目標試題的恰適性與代表性爲主。數量分析以試題反應統計，分析各教學目標試題在整體、年度次、各難度等級、各評量指標的試題品質。品質分析則以分析高、低鑑別度試題、瑕疵試題、試題用語瑕疵爲主，並說明瑕疵試題的修題建議及各評量指標的格式化用語。

貳、研究對象

本書以90-95年十二次基測國文科試題爲研究對象。

參、研究工具

本書有關數據分析的部份，以「基測推委會」提供的考生試題反應爲依據，內含α係數信度估計，試題難度指數、鑑別度指數，A、B、C、D選項選答率指數，利用Microsoft Office Excel 2007的統計與繪圖功能，進行有關難度、鑑別度平均值、標準差的統計分析研究。有關基測試題難度指數、鑑別度指數、A、B、C、D選項選答率指數的計算方式，難度指數採全體考生答對該題人數的百分比。鑑別度指數採點二系列相關（point-biserial correiation）分析。A、B、C、D選項選答率指數則爲全體考生選答A、B、C、D選項人數的百分比。

有關問卷統計分析的部份，先利用閱卷王閱讀問卷資料，其次將資料輸出，利用Microsoft Office Excel 2007的統計功能，進行教師意見的統計分析研究。

肆、研究程序

有關本書的研究程序，茲說明如後。

一、信度、效度分析

（一）整體分析

甲、信度分析

1.根據「基測推委會」所提供的「α係數信度估計」，分析試題信度。

2.根據信度分析，說明信度表現優良的原因，並建議提昇各年度第二次試題的難度、鑑別度，以提昇測驗信度。

乙、效度分析

3.蒐集90-95年基測試題，共577題。根據577題試題提問內容進行分類，初步得十一項；再依提問重點，進行分類，共得三十六項；最後根據試題形式及提問細項分類，共得八十三項（形式28項，提問細目55項）。

4.根據十一項內容，依據「九年一貫課綱」的六類學習重點及含括的能力指標與學習內涵指標，擬定教學目標；根據三十六項內容，分析評量重點與能力層次，依據《Bloom2001年版認知能力教育目標》的認知能力動詞描述定義，擬定評量指標，並分類試題的認知能力；根據八十三項內容，擬定評量細目。

5.根據教學目標、評量指標、評量細目，擬定「基測試題結構分析表」，並根據「基測試題結構分析表」，統計各年度次試題題數，做成「基測試題雙向細目表」。利用「結構表」與「九年一貫課綱」比對，分析試題的恰適性；利用「雙向細目表」，分析試題的代表性。

6.根據「基測試題結構分析表」，編寫問卷，統計國中教師對基測試題有關教學目標、評量指標、評量細目、評量指標題數，重要性與恰適性的意見，做爲分析試題恰適性與代表性的輔助依據。

7.根據上述的效度分析，編寫「基測試題雙向細目建議表」，協助基測試題結構符合「標準化成就測驗」的水準。

（二）各教學目標分析

甲、效度分析

1.根據教學目標、評量指標與「九年一貫課綱」的比對，分析各教學目標試題的恰適性。

2.根據「基測試題結構分析表」，統計各年度次各教學目標試題，並編寫「各年度次雙向細目表」，分析各教學目標試題的代表性。

3.根據效度分析，說明改善建議，使各教學目標的試題結構合乎「標準化成就測驗」的水準。

二、試題品質分析

（一）整體分析

1.依據「基測推委會」所提供的「各年度次考生試題反應分析」，利用Excel的統計功能，計算試題在整體、各年度次、各教學目標、各評量指標的難度、鑑別度平均值，標準差。各難度等級的鑑別度平均值與標準差。試題誘答選項的有效性。各評量指標鑑別度最高試題。以分析整體的試題品質。

2.根據整體試題的品質分析，說明改善建議，並列舉各評量指標優良試題範例，做爲協助提昇試題編寫品質的參考。

（二）各教學目標分析

1.依據「基測推委會」所提供的「各年度次考生試題反應分析」，利用Excel的統計功能，計算各教學目標試題在整體、各年度次、各評量指標的難度、鑑別度平均值及標準差；各難度等級的鑑別度平均值及標準差；以分析各教學目標試題的試題品質。

2.利用各評量指標的鑑別度平均值及標準差，以鑑別度平均值正、負一個標準差爲標準，選擇高於或低於正、負一個標準差的試題爲高鑑別度試題與低鑑別度試題，分析試題的特質及學生學習不精熟的學習內容。

3.依據筆者編寫的「試題品質檢核表」，逐題檢核試題的內容、題幹、選項、公平性、命題技巧及組題技巧，以分析試題內容品質。再針對瑕疵試題及題幹用語瑕疵，說明修題建議與格式化用語。

4.根據各教學目標試題的品質分析，說明改善建議，做爲協助提昇試題編寫品質的參考。

三、測驗實施分析

1.根據基測的測驗說明、測驗注意事項、作答方式及作答時間，分析基測在測驗實施的特質。

2.根據基測的試題題型及題數，正答選項分布，否定提問題數的統計，及各年度次試題在1-10題、11-20題、21-33.34題、35-48題四部份的難度平均值，分析題本組題形式的特質。

3.根據實施分析，說明基測題本形式可改善的組題技巧，做爲協助提昇組題品質的參考。

伍、反省與建議

根據本書分析，基測試題在測驗品質部份，信度表現優良，但效度表現有改善空間。效度表現可改善者爲：

1.語法、應用文格式及部份的文化常識等教學目標試題，無法對應「九年一貫課綱」的能力指標。

2.依據試題結構分析，試題的評量指標及細目有些分類過度瑣碎，且非學習核心，易增加學生學習負擔。

3.閱讀題組試題，題材未含括中外古今及鄉土文學的代表作品，篇幅過短，未評量分析能力，試題過於簡單，缺乏高鑑別度試題，應提昇閱讀題組試題的深度與廣度。

在試題品質及測驗實施品質部份，試題鑑別度平均值爲0.45，顯示試題品質優良，但可改善者爲：

1.0.21-0.50難度等級試題的鑑別度只有0.33，且試題極少只佔百分之十，應提昇高難度試題的試題數量與品質。

2.瑕疵試題多出現在30-34題的位置，應提昇判斷難題與瑕疵試題的精確度。

3.試題雖依難、中、易三等級編排，但各等級之中，試題難度變化極大，應提昇預試功能及組題技巧。

第四節　尚待研究主題

根據筆者分析基測高、低鑑別度試題，發現高鑑別度有73題，低鑑別度也有72題（基中瑕疵試題只有28題，學習不精熟則有44題）。高鑑別度試題在各教學目標試題所佔比例，以段義、句義、語法最高，以三類閱讀題組最低。低鑑別度試題在各教學目標試題所佔比例，以讀音、古文閱讀題組最高，修辭、韻文閱讀題組最低。應進一步研究高、低鑑別度試題的內容及特性，了解此類試題與高、低分組考生學習困難的相關性，並據以研發教學策略，協助學生提昇學習效率。

第二章　總論試題的品質分析與改善建議

本章以測驗品質、試題品質與測驗實施品質三項，分析基測國文科試題的整體品質，並根據分析，提出具體的改善建議。

第一節　測驗品質分析

本節以測驗的信度、效度分析基測的測驗品質。信度旨在評估測驗分數的誤差。當信度係數為1時，表示測驗分數即為真實分數，因此信度係數越高，表示測驗分數的精確性越高。效度則指測驗分數的正確性，效度旨在評估測驗是否達到該測驗所欲測量特質的目標。（郭生玉，2004）本章信度分析以基測推委會所提供的「α係數信度估計」為依據。效度分析則以內容關聯效度的邏輯分析及教師問卷調查的量化分析為依據。

壹、信度分析

為有效分析基測的測驗信度，乃依據「基測推委會」所提供的「α係數信度估計」數據，可將歷年信度估計值，列表說明如後。

表1　基測國文科試題「α係數信度估計」分析表

年度次	90 1	90 2	91 1	91 2	92 1	92 2	93 1	93 2	94 1	94 2	95 1	95 2	平均值
信度係數	0.91	0.9	0.92	0.89	0.92	0.92	0.93	0.91	0.93	0.9	0.92	0.91	0.91

根據上表，90-95年基測試題的信度估計平均值為0.91，顯示該測驗分數誤差低，具可靠性。但歷年第二次測驗的信度估計值，多數比第一次低，宜提高第二次測驗的信度。

其次分析基測信度高的原因。影響測驗信度估計的主要因素是：1.測驗長度2.團體的變異量3.測驗難度與鑑別度4.測驗客觀性（郭生玉，2004）。乃根據此四項，深入分析，說明測驗信度高的原因。

一、測驗長度

測驗長度指測驗題數。根據斯布公式的估計，測驗長度會影響測驗信度。其原因爲：測驗愈長，內容愈具代表性，分數愈不易受到猜測因素的影響（郭生玉，2004）。茲將90-95年基測試題題數統計及平均值，列表說明如後：

表2　基測國文科試題「題數」分析表

年次	901	902	911	912	921	922	931	932	941	942	951	952	平均值
題數	46	47	50	50	48	48	48	48	48	48	48	48	48.08

根據上表可知，每份試題長度約48題，對應基測所評量的11項重要教學目標（詳見本節測驗效度分析），及測驗時間60-70分鐘（90-93年爲60分鐘，94-95爲70分鐘），頗爲恰當，因此，有助於提高測驗信度。

二、測驗的團體變異性

團體變異性指考生的個別差異。在其他條件相等的情況下，團體的變異性愈大，測驗的信度係數愈高。參加基測的考生，基本上以應屆國三畢業生爲主，學生的智力與學習成就的變異性大，有助於提高測驗信度。

三、測驗難度與鑑別度

測驗難度指試題的難易程度，鑑別度指試題能有效區辨考生能力的程度。茲將90-95年基測試題各年度次的難度平均值、各難度等級試題總數與平均值及難度、鑑別度平均值與信度比較等，分別列表說明如後。

表3　基測國文科試題「各年度次難度平均值」分析表

年次	901	902	911	912	921	922	931	932	941	942	951	952	平均值	標準差
難度均值	0.68	0.69	0.65	0.65	0.68	0.7	0.68	0.73	0.67	0.74	0.68	0.74	0.69	0.03

表4　基測國文科試題「各難度等級題數及百分比」分析表

年次/難易度等級	901	902	911	912	921	922	931	932	941	942	951	952	題數統計	百分比
.21-.30	0	0	0	2	0	0	0	1	0	0	0	0	3	0
.31-.40	1	1	2	4	0	0	1	0	0	1	1	0	11	0.02
.41-.50	3	2	3	4	5	5	6	2	6	2	5	2	45	0.08
.51-.60	13	8	15	6	9	3	7	3	8	6	10	5	93	0.16
.61-.70	6	16	12	13	12	18	9	12	15	5	9	10	137	0.24
.71-80	18	9	10	11	14	10	15	17	11	15	11	11	152	0.26
.81-.90	4	10	7	8	6	11	10	10	8	16	11	17	118	0.21
.91-1.00	1	1	1	2	2	1	0	3	0	3	1	3	18	0.03
題數統計	46	47	50	50	48	48	48	48	48	48	48	48	577	

表5　基測國文科試題「難度、鑑別度平均值與信度係數」分析表

年次	901	902	911	912	921	922	931	932	941	942	951	952	平均值
難度均值	0.68	0.69	0.65	0.65	0.68	0.7	0.68	0.73	0.67	0.74	0.68	0.74	0.69
鑑別度均值	0.45	0.44	0.46	0.4	0.46	0.45	0.48	0.43	0.48	0.42	0.46	0.43	0.45
信度係數	0.91	0.9	0.92	0.89	0.92	0.92	0.93	0.91	0.93	0.9	0.92	0.91	0.91

根據表3. 4可知，基測試題難度平均值爲0.69，標準差0.03，難度分佈在0.21至1.00之間，而題數較多的難度，則介於0.51-0.90之間。

根據表5可知，難度平均值相同，則鑑別度高，信度估計值也高，如911與912的難度平均值皆爲0.65，911鑑別度平均值較高，信度估計值也較高；901、921、931、951，難度平均值皆爲0.68，931鑑別度平均值最高，所以信度估計值也最高。茲將信度與難度、鑑別度關係圖說明如後。

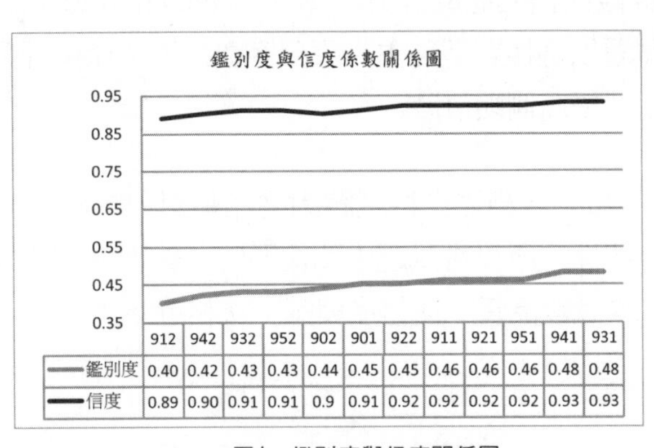

圖1　鑑別度與信度關係圖

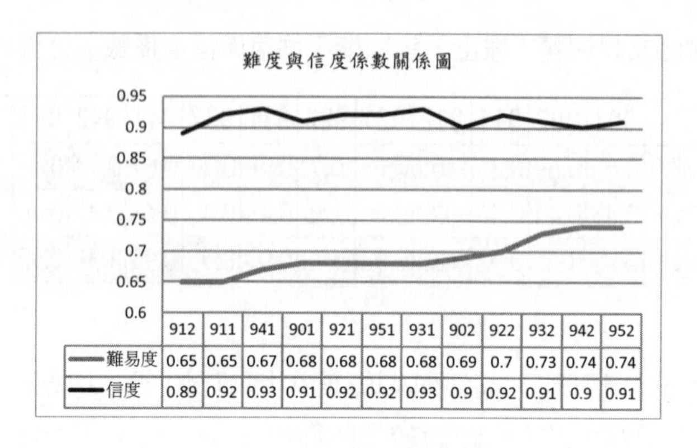

	912	911	941	901	921	951	931	902	922	932	942	952
難易度	0.65	0.65	0.67	0.68	0.68	0.68	0.68	0.69	0.7	0.73	0.74	0.74
信度	0.89	0.92	0.93	0.91	0.92	0.92	0.93	0.9	0.92	0.91	0.9	0.91

圖2　難度與信度關係圖

可見，當試題難度中間偏易時（0.51-0.90），鑑別度與信度具正比關係，基測鑑別度平均值爲0.45，鑑別度高，有助於提高測驗信度。

四、測驗客觀性

測驗客觀性指測驗的評分標準。測驗的評分愈主觀，信度係數愈低。基測試題以選擇題型爲主，評分客觀，不會產生評分者主觀判斷的問題，有助於提高測驗信度。

綜上可知，基測國文科試題因爲測驗對象的團體變異性大，題數恰當，具客觀性，所以當試題中間偏易時，鑑別度高，信度表現佳。但應提高第二次試題品質，使信度與第一次相近 。

貳、效度分析

爲有效分析基測測驗效度，乃依據內容關聯效度的邏輯分析及量化分析，說明試題的恰適性與代表性。邏輯分析部份，筆者先歸納基測試題內容的提問重點，再依據《Bloom2001版有關認知領域教育目標》的分類架構（葉連祺、林淑萍，2003），編製「基測試題結構分析表」。利用「基測試題結構分析表」，與「九年一貫課綱能力指標」做關聯性的比對，分析測驗的恰適性；再利用「基測試題結構分析表」，及試題題數統計，編製「基測試題雙向細目表」，分析測驗試題的代表性。

量化分析部份，筆者根據「基測試題結構分析表」，設計問卷，邀請國中國文教師，判斷各教學目標與評量指標的重要性，再利用問卷的統計數據，分析測驗試題的恰適性與代表性。

一、邏輯分析

（一）測驗恰適性

甲、基測試題結構分析表

爲有效分析基測試題的恰適性，筆者編製「基測試題結構分析表」。「基測試題結構分析表」依據90-95年基測577題試題的評量重點，歸納爲十一項教學目標。再依據各項教學目標試題的提問重點，歸納爲三十六項評量指標，又依據提問內容及形式的分類，歸納八十三項評量細目（其中依內容分有55項）；最後根據評量指標的動詞描述，分類該指標所欲評量的認知能力。

教學目標著重學習重點的說明，以「能認識」爲動詞描述。評量指標著重評量能力的說明，故依據《Bloom2001年版認知領域教育目標》認知能力的次類別爲動詞描述。其中，記憶能力的動詞爲確認與回憶，理解能力的動詞爲詮釋、推論、比較、舉例、分類、摘要、解釋，應用能力的動詞爲執行與實行（葉連祺、林淑萍，2003）。茲將「基測試題結構分析表」，說明如後：

表6　基測國文科試題「基測試題結構分析表」

教學目標	評量指標	評量細目	認知能力
1.能認識字形	1-1.確認正確字形	1-1-1詞語	記憶
		1-1-2句子	記憶
		1-1-3段落	記憶
	1-2.回憶形近字形	1-2-1詞語	記憶
		1-2-2句子	記憶
		1-2-3段落	記憶
2. 能認識讀音	2-1確認正確讀音		記憶
	2-2回憶形近字讀音		記憶
	2-3回憶多音字讀音		記憶
3. 能認識詞義	3-1確認詞語涵義	3-1-1成語涵義	記憶
		3-1-2成語關係	記憶
		3-1-3文化詞涵義	記憶
	3-2詮釋詞語涵義	3-2-1字義	理解
		3-2-2詞義	理解
		3-2-3圖形涵義	理解
	3-3比較詞語涵義	3-3-1多義詞	理解
		3-3-2數字詞	理解
	3-4分類詞語涵義	3-4-1聲音新詞	理解

4. 能認識句義	4-1詮釋句子涵義	4-1-1句義	理解
		4-1-2語序	理解
		4-1-3其他	理解
	4-2推論句子要點	4-2-1觀點	理解
		4-2-2語氣	理解
		4-2-3邏輯	理解
	4-3比較句子關係		理解
	4-4舉例句子特定觀點		理解
5. 能認識段義	5-1摘要段落要旨	5-1-1現代文	理解
		5-1-2文言文	理解
		5-1-3韻文	理解
		5-1-4圖表	理解
	5-2推論段落觀點	5-2-1現代文	理解
		5-2-2文言文	理解
		5-2-3韻文	理解
	5-3推論段落標題		理解
	5-4摘要段落內容	5-4-1現代文	理解
		5-4-2韻文	理解
		5-4-3應用文	理解
	5-5解釋段落寫作模式		理解
6. 能認識文化常識	6-1推論文化常識	6-1-1人物	理解
		6-1-2典籍	理解
		6-1-3節慶習俗	理解
	6-2推論文學常識	6-2-1格律	理解
		6-2-2風格	理解
	6-3推論書體及六書常識		理解
	6-4推論工具書常識		理解

7. 能認識修辭法	7-1舉例修辭法	7-1-1譬喻	理解
		7-1-2映襯	理解
		7-1-3借代	理解
		7-1-4轉化	理解
		7-1-5設問	理解
		7-1-6雙關	理解
		7-1-7對偶	理解
		7-1-8層遞	理解
		7-1-9回文	理解
		7-1-10諧音	理解
8. 能認識語法	8-1分類複詞	8-1-1合義複詞	理解
		8-1-2衍聲複詞	理解
		8-1-3偏義複詞	理解
		8-1-4其他	理解
	8-2分類詞性	8-2-1詞性	理解
		8-2-2詞性活用	理解
		8-2-3詞語結構	理解
	8-3分類句法結構		理解
	8-4分類簡句	8-4-1判斷句	理解
		8-4-2有無句	理解
		8-4-3敘事句	理解
		8-4-4表態句	理解
9. 能認識寫作格式	9-1實行恰當詞語	9-1-1成語	應用
		9-1-2詞語	應用
		9-1-3連接詞	應用
		9-1-4數量詞	應用
		9-1-5其他	應用
	9-2實行恰當句子		應用
	9-3實行恰當段落	9-3-1重組	應用
		9-3-2標點符號	應用

10. 能認識應用文格式	10-1實行應用文格式	10-1-1書信	應用
		10-1-2柬帖	應用
		10-1-3對聯	應用
		10-1-4題辭	應用
		10-1-5稱謂語	應用
11. 能認識短文閱讀（題組）	11-1現代文閱讀	11-1-1詮釋詞語涵義	理解
		11-1-2詮釋句子涵義	理解
		11-1-3摘要短文內容	理解
		11-1-4 推論短文觀點	理解
		11-1-5解釋短文模式	理解
		11-1-6其他	理解
	11-2古文閱讀	11-2-1詮釋詞語涵義	理解
		11-2-2詮釋句子涵義	理解
		11-2-3摘要短文內容	理解
		11-2-4 推論短文觀點	理解
		11-2-5解釋短文模式	理解
		11-2-6其他	理解
	11-3韻文閱讀	11-3-1詮釋詞語涵義	理解
		11-3-2詮釋句子涵義	理解
		11-3-3摘要短文內容	理解
		11-3-4 推論短文觀點	理解
		11-3-5解釋短文模式	理解
		11-3-6其他	
12.其他			

根據表6可知，基測共評量十一類教學目標（第十二類其他，試題所評量的重點如語法、修辭法、寫作格式等，仍與前十項的評量指標相同）。而十一類教學目標，共對應三十六種評量指標（字形至應用文格式共三十一項加各類閱讀題組五項），及三種認知能力。茲將三種認知能力所涵蓋的評量指標數量，以分析簡表說明如後。

表7　基測國文科試題「基測試題結構」分析簡表

認知能力	單題評量指標數	題組評量指標數	總數
1.記憶能力	6		6
2.理解能力	21	3	24
3.應用能力	4	0	4
總數	30	3	34

根據表7可知，基測試題含括的三十六種評量指標，以評量理解能力為主，記憶能力與應用能力較少，分析能力則無。

乙、基測試題結構分析表與九年一貫課綱的關聯性

為了解基測試題的恰適性，須將「基測試題結構分析表」的教學目標及評量指標，與九年一貫課綱中，能以選擇題型評量的各項能力指標，逐項比對。九年一貫課綱以A、B、C、D、E、F，代表六項學習重點，分別為注音符號應用、聆聽、說話、識字與寫字、閱讀、寫作等能力。其中能轉化為選擇題型評量指標分別為A、注音符號應用，D、識字與寫字，E、閱讀，F、寫作等四項能力。

筆者從中選擇屬於國中階段，且其學習內涵指標可轉化為評量指標的部分，相互比對。茲將三者的關聯性，列表說明如下：（課綱的學習內涵指標序號說明：範例A-3-1-1，A為注音符號應用能力、3為國中階段、前1為能力指標序號、後1為學習內涵序號。課綱在能力指標序號及學習內涵序號之間，原列有反應十大基本能力的編碼，但因該編碼與本文主題較無關聯，為避免混淆本文未列入。）

表8　基測國文科試題「九年一貫課綱與教學目標、評量指標比對」分析表

教學目標	評量指標	九年一貫課綱指標細則
1. 能認識常用字字形	1-1確認正確字形	D-3-1-1能認識常用中國文字3500-4500字
	1-2回憶形近同音字形	D-3-1-2能運用六書的原則，輔助認字
2. 能認識常用字讀音	2-1確認正確讀音	A-3-1-1能應用注音符號，分辨字詞的音義，增進閱讀理解
	2-2回憶形近字讀音	A-3-1-1能應用注音符號，分辨字詞的音義，增進閱讀理解
	2-3回憶多音字讀音	A-3-1-1能應用注音符號，分辨字詞的音義，增進閱讀理解
3. 能認識詞義	3-1確認詞語涵義	E-3-1-1能熟習並靈活應用語體文及文言文作品中詞語的意義
	3-2詮釋詞語涵義	E-3-1-1能熟習並靈活應用語體文及文言文作品中詞語的意義
	3-3比較詞語涵義	E-3-1-1能熟習並靈活應用語體文及文言文作品中詞語的意義
	3-4分類詞語涵義	E-3-1-1能熟習並靈活應用語體文及文言文作品中詞語的意義
4. 能認識句義	4-1詮釋句子涵義	E-3-3-1能了解並詮釋作者所欲傳達的訊息，進行對話
	4-2推論句子要點	E-3-3-1能了解並詮釋作者所欲傳達的訊息，進行對話
	4-3比較句子關係	E-3-3-1能了解並詮釋作者所欲傳達的訊息，進行對話
	4-4舉例句子特定觀點	E-3-3-1能了解並詮釋作者所欲傳達的訊息，進行對話

5. 能認識段義	5-1摘要段落要旨	E-3-3-1能了解並詮釋作者所欲傳達的訊息，進行對話
	5-2推論段落觀點	E -3-2-6能依據文章內容進行推測和下結論
	5-3推論段落標題	E -3-2-6能依據文章內容進行推測和下結論
	5-4摘要段落內容	E-3-3-1能了解並詮釋作者所欲傳達的訊息，進行對話
	5-5解釋段落寫作模式	E-3-3-2能分辨文體寫作的特質和要求
6. 能認識文化常識	6-1推論文化常識	○無對應課綱
	6-2推論文學常識	○無對應課綱
	6-3推論書體及六書常識	D-3-1-4能說出六書的基本原則，並分析文字的字形結構，理解文字字義 D-2-6-2能辨識各種書體的特色
	6-4推論工具書常識	D-3-2-1會查字辭典、成語辭典，擴充詞彙，分辨詞義
7. 能認識修辭法	7-1舉例修辭法	E-3-3-5能欣賞作品的寫作風格、修辭技巧及特色
8. 能認識語法	8-1分類複詞	○無對應課綱
	8-2分類詞性	○無對應課綱
	8-3分類句法結構	○無對應課綱
	8-4分類簡句	○無對應課綱
9. 能認識寫作格式	9-1實行恰當詞語	F-3-2-1能精確的遣詞用字，恰當的表情達意
	9-2實行恰當句子	F-3-2-1能精確的遣詞用字，恰當的表情達意
	9-3實行恰當段落	F-3-2-2能靈活應用各種句型，充分表達自己的見解 F-3-6-1能配合寫作需要，恰當選用標點符號和標點方式，達到寫作效果
10. 能認識應用文格式	10-1實行應用文格式	○無對應課綱

11. 能認識短文閱讀	11-1現代文閱讀	E-3-1-1能熟習並靈活應用語體文及文言文作品中詞語的意義 E-3-3-1能了解並詮釋作者所欲傳達的訊息，進行對話 E-3-3-4能欣賞作品的內涵及文章結構 E -3-2-6能依據文章內容進行推測和下結論 E-3-3-5能欣賞作品的寫作風格、修辭技巧及特色
	11-2古文閱讀	E-3-1-1能熟習並靈活應用語體文及文言文作品中詞語的意義 E-3-3-1能了解並詮釋作者所欲傳達的訊息，進行對話 E-3-3-4能欣賞作品的內涵及文章結構 E -3-2-6能依據文章內容進行推測和下結論 E-3-3-5能欣賞作品的寫作風格、修辭技巧及特色
	11-3 韻文閱讀	E-3-1-1能熟習並靈活應用語體文及文言文作品中詞語的意義 E-3-3-1能了解並詮釋作者所欲傳達的訊息，進行對話 E-3-3-4能欣賞作品的內涵及文章結構 E -3-2-6能依據文章內容進行推測和下結論 E-3-3-5能欣賞作品的寫作風格、修辭技巧及特色
題材範圍		E-3-4-1能廣泛閱讀課外讀物及報刊雜誌並養成比較閱讀的習慣 E-3-5-3能喜愛閱讀古今中外及台灣文學中具代表性的作品 E-3-6-2能靈活應用各類工具書及電腦網路，蒐集資訊、組織材料，廣泛閱讀

根據表8可知，就認知能力評量言：基測只評量記憶、理解、應用三種能力，而課綱的基本理念，也以「培養學生正確理解與靈活應用本國語言文字的能力」，強調九年一貫的教學目標以培養學生的理解、應用能力爲主。但基本理念亦提及「提昇欣賞文學作品的能力」，「增進語文學習的廣度與深度」，因此試題可酌量增加分析能力的評量。

就評量指標言：基測的教學目標與評量指標，基本上能呼應九年一貫課綱所含括的能力指標及學習內涵指標，但能認識文化常識中的文化、文學常識、語法、應用文格式等，則無相對應的九年一貫課綱指標。而這三項評量指標在基測試題中，難度最高，分別爲0.64、 0.65、0.63 ，建議評估這三項指標在測驗中的恰適性。茲將各教學目標試題難度平均值統計表，說明如後。

表9　基測國文科試題「各教學目標難度平均值」分析表

教學目標	難度
字形	0.67
讀音	0.68
詞義	0.70
句義	0.71
段義	0.71
文化常識	0.64
修辭法	0.70
語法	0.65
寫作格式	0.68
應用文格式	0.63
短文閱讀	0.70

就試題題材言：課綱強調學生應能閱讀「報刊雜誌、古今中外及台灣文學中具代表性的作品及網路資訊」，但基測試題的取材，雖含括古今中外、台灣文學及網路資訊等題材，但具代表性的作品則不多見。

綜上可知，根據「基測試題結構分析表」與九年一貫課綱的分析比較，顯示基測測驗的恰適性，尚有改善空間，如：1.應酌增分析能力試題的評量指標。2.文化常識、語法、應用文格式的評量指標未呼應課綱指標，且試題難度較高。3.題材無法彰顯課綱強調古今中外鄉土代表性作品的精神。

（二）測驗代表性

爲有效分析基測測驗的代表性，必須檢核試題題數在教學目標、評量指標、認知能力的分配是否合宜。筆者乃根據前述「基測試題結構分析表」，統計試題題數，做成「試題雙向細目表」，以分析測驗的代表性。

甲、試題雙向細目表

爲說明試題的代表性，先將「試題雙向細目表」的內容，說明如後。

表10　基測國文科試題「基測試題雙向細目表－單題」

教學目標	評量指標	評量細目	90 1	90 2	91 1	91 2	92 1	92 2	93 1	93 2	94 1	94 2	95 1	95 2	題數
1. 字形	1-1 確認正確字形	1-1-1 詞語	1	0	0	0	0	0	0	0	0	0	0	1	2
		1-1-2 句子	0	1	1	1	1	0	2	0	1	1	0	1	9
		1-1-3 段落	0	0	0	0	0	0	0	0	0	1	2	0	3
	1-2 回憶形近字形	1-2-1 詞語	0	1	0	0	0	0	0	0	1	0	0	0	2
		1-2-2 句子	0	1	0	0	0	1	0	1	0	0	0	0	3
		1-2-3 段落	1	0	1	0	0	0	0	0	0	0	0	0	2
2. 讀音	2-1 確認正確讀音		0	0	0	1	0	0	0	0	0	0	0	0	1
	2-2 回憶形近字讀音		1	1	0	0	1	0	1	1	1	1	1	1	9
	2-3 回憶一字多音讀音		0	0	1	1	0	0	1	0	0	0	0	1	4

3. 詞義	3-1 再認詞語涵義	3-1-1 成語涵義	1	0	0	1	0	1	0	0	0	0	0	0	3
		3-1-2 成語關係	1	0	0	1	0	1	0	1	0	0	0	1	5
		3-1-3 文化詞涵義	0	0	0	0	0	0	2	1	0	1	1	0	5
	3-2 詮釋詞語涵義	3-2-1 字義	0	0	1	0	1	2	0	1	1	0	0	0	6
		3-2-2 詞義	0	0	1	0	0	3	2	1	0	0	2	0	9
		3-2-3 圖形涵義	0	0	1	0	0	0	0	0	0	0	0	0	1
	3-3 比較詞語涵義	3-3-1 多義詞	1	1	0	2	0	1	0	0	1	2	2	1	11
		3-3-2 數字詞	0	0	1	0	0	0	1	0	0	0	1	0	3
	3-4 分類詞語涵義	3-4-1 聲音新詞	1	0	0	0	0	0	0	0	0	0	0	0	1

4. 句義	4-1 詮釋句子涵義	4-1-1 句義	1	1	0	2	1	0	0	1	1	1	1	0	9
		4-1-2 語序	1	2	0	0	1	0	0	0	0	0	0	0	4
		4-1-3 其他	1	0	0	0	0	0	1	0	0	1	0	0	3
	4-2 推論句子要點	4-2-1 觀點	1	1	2	2	2	2	0	2	0	2	0	1	15
		4-2-2 語氣	1	1	1	0	0	0	0	0	0	0	0	0	3
		4-2-3 邏輯	1	1	1	0	0	0	0	0	0	0	0	0	3
	4-3 比較句子關係		1	1	1	1	2	2	2	1	3	2	4	4	24
	4-4 舉例句子特定觀點		0	0	1	3	0	2	0	2	0	2	0	3	13
5. 段義	5-1 摘要段落要旨	5-1-1 現代文	1	2	1	2	0	2	1	3	5	1	4	3	25
		5-1-2 文言文	0	1	0	0	0	0	1	0	0	0	1	0	3
		5-1-3 韻文	0	0	1	0	0	0	1	1	1	0	0	1	5
		5-1-4 圖表	0	0	0	0	0	0	0	0	0	1	0	0	1

	5-2 推論段落觀點	5-2-1 現代文	1	0	1	3	4	2	1	2	2	1	2	1	20
		5-2-2 文言文	1	0	0	0	1	0	0	0	0	0	0	0	2
		5-2-3 韻文	0	1	0	0	1	1	1	0	1	1	1	1	8
	5-3 推論段落標題		1	1	0	0	0	1	0	0	0	1	1	0	5
	5-4 摘要段落內容	5-4-1 現代文	0	1	2	0	1	0	0	0	1	0	0	0	5
		5-4-2 韻文	0	0	0	0	1	0	0	0	0	0	0	0	1
		5-4-3 應用文	0	1	0	0	0	0	0	1	1	1	0	4
	5-5 解釋段落寫作模式		0	1	0	0	0	0	1	0	1	1	0	0	4
6. 文化常識	6-1 推論文化常識	6-1-1 人物	1	0	0	0	0	1	0	1	0	0	0	0	3
		6-1-2 典籍	0	0	1	0	0	1	1	0	0	0	1	0	4
		6-1-3 節慶習俗	0	0	1	0	0	1	0	0	1	0	1	0	4
	6-2 推論文學常識	6-2-1 格律	0	0	1	0	1	0	1	0	1	0	0	1	5
		6-2-2 風格	0	0	0	0	0	0	1	0	0	0	0	0	1
	6-3 推論書體及六書常識		1	0	1	0	1	0	0	2	0	0	0	0	5
	6-4 推論工具書常識		1	0	0	0	0	0	0	0	0	0	0	0	1

7. 修辭法	7-1 舉例修辭法	7-1-1 譬喻	0	1	0	1	0	0	0	0	1	0	1	0	4
		7-1-2 映襯	1	0	0	1	0	1	0	1	0	0	0	0	4
		7-1-3 借代	0	0	0	0	1	0	1	0	0	0	0	0	2
		7-1-4 轉化	0	1	2	0	1	1	0	0	0	1	0	0	6
		7-1-5 設問	0	1	1	0	0	0	0	0	0	0	0	0	2
		7-1-6 雙關	0	0	0	0	0	0	1	0	0	0	0	0	1
		7-1-7 對偶	0	0	0	1	0	0	0	0	0	1	0	0	2
		7-1-8 層遞	0	0	0	0	1	0	0	0	0	0	0	0	1
		7-1-9 回文	0	0	0	0	0	0	0	0	0	0	0	1	1
		7-1-10 諧音	0	1	1	0	0	0	0	0	0	1	0	1	4

8. 語法	8-1 分類複詞	8-1-1 合義複詞	2	0	0	0	1	0	0	0	0	1	0	0	4
		8-1-2 衍聲複詞	0	0	1	0	0	1	1	0	0	0	1	0	4
		8-1-3 偏義複詞	0	0	0	0	0	1	0	0	0	0	0	0	1
		8-1-4 其他	0	1	0	0	0	0	0	0	0	0	0	0	1
	8-2 分類詞性	8-2-1 詞性	1	1	2	2	3	0	3	1	1	0	0	1	15
		8-2-2 詞性活用	1	0	0	0	0	1	0	0	0	1	0	0	3
		8-2-3 詞語結構	0	0	1	0	1	1	0	0	0	0	0	1	4
	8-3 分類句法結構		1	1	0	0	0	0	0	0	0	1	0	0	3
	8-4 分類簡句	8-4-1 判斷句	1	0	1	0	0	1	0	0	1	0	0	1	5
		8-4-2 有無句	0	1	0	0	0	0	0	0	0	0	0	0	1
		8-4-3 敘事句	0	0	0	1	1	0	0	1	0	0	1	0	4
		8-4-4 表態句	0	0	0	0	0	0	1	0	0	0	0	0	1

9.寫作格式	9-1實行恰當詞語	9-1-1成語	1	2	0	1	1	1	3	2	1	2	1	3	18
		9-1-2詞語	0	0	1	0	1	0	0	2	1	1	1	0	7
		9-1-3連接詞	0	0	1	0	0	0	0	1	0	0	0	1	3
		9-1-4數量詞	0	1	0	0	0	0	0	0	1	0	0	0	2
		9-1-5其他	0	0	0	0	0	0	0	1	1	0	0	0	2
	9-2實行恰當句子		1	1	0	0	0	1	1	1	2	1	1	1	10
	9-3實行恰當段落	9-3-1重組	0	0	0	1	0	0	0	0	0	0	0	0	1
		9-3-2標點	0	1	0	1	0	0	0	1	1	1	1	1	7
10.應用文	10-1實行應用文格式	10-1-1書信	0	1	0	1	0	0	1	0	0	0	0	1	4
		10-1-2柬帖	0	0	0	1	1	0	0	1	0	0	0	0	3
		10-1-3對聯	0	0	0	0	0	0	1	1	0	0	0	0	2
		10-1-4題辭	1	0	0	1	1	1	0	0	0	0	1	1	6
		10-1-5稱謂語	1	0	1	1	1	0	0	0	1	1	0	0	6

表11　基測國文科試題「基測試題雙向細目表一題組」

教學目標	評量指標	評量細目	90 1	90 2	91 1	91 2	92 1	92 2	93 1	93 2	94 1	94 2	95 1	95 2	
11.短文閱讀	11-1現代文	11-1-1 詮釋詞語涵義	0	0	0	0	0	0	1	0	1	0	1	0	3
		11-1-2 詮釋句子涵義	1	1	0	1	2	0	0	1	1	0	0	0	7
		11-1-3 摘要短文內容	3	0	2	2	0	2	4	2	1	3	2	3	24
		11-1-4 推論短文觀點	3	2	5	3	3	4	2	4	3	4	2	1	36
		11-1-5 解釋短文模式	1	1	0	0	0	1	0	1	0	0	2	2	8
		11-1-6 其他（字形2、標點1、修辭法1、六書1、恰當詞語2、恰當句子2）	0	0	0	0	2	1	1	2	1	1	1	0	9
	11-2古文	11-2-1 詮釋詞語涵義	0	0	0	0	0	0	0	0	2	0	0	1	3
		11-2-2 詮釋句子涵義	1	3	1	1	0	0	1	0	0	0	2	1	10
		11-2-3 摘要短文內容	1	1	0	0	0	0	1	1	0	1	1	0	6
		11-2-4 推論短文觀點	0	1	3	6	2	0	1	1	0	1	1	3	19
		11-2-5 解釋短文模式	1	0	0	1	0	1	0	0	1	0	0	1	5
		11-2-6其他（恰當詞語、語法、讀音）	0	0	1	0	0	0	1	0	0	1	0	0	3

	11-3 韻文	11-3-1 詮釋短文詞語涵義	1	1	1	0	1	1	0	0	1	1	0	1	8
		11-3-2 詮釋短文句子涵義	1	0	0	0	0	0	1	0	1	0	0	0	3
		11-3-3 摘要短文內容	0	0	2	0	2	0	0	0	1	0	0	0	5
		11-3-4 推論短文觀點	1	0	1	2	1	1	0	2	0	1	0	1	10
		11-3-5 解釋短文模式	0	0	2	1	1	0	0	0	0	0	0	0	4
		11-3-6 其他（修辭法2、詞性）	0	1	0	0	0	0	1	0	0	0	0	1	3
12. 其他		12-1 其他（舉例語法-衍聲複詞、詞性、同義詞、詞語結構、修辭法、重組、修辭法、操作次序）	0	2	0	0	0	2	0	0	0	2	2	0	8

根據表10.11可知，評量細目的內容分類，過於瑣碎，建議題數低於6題，應酌量刪除，以減輕學生學習負擔。茲將低於6題的評量細目，說明如後， 3-1-1的成語涵義，3-1-2的成語關係，3-1-3的文化詞涵義，3-2-3的圖形義，3-3-2數字詞，3-4-1聲音新詞，4-1-2語序，4-2-2語氣，4-2-3邏輯，6-1-1人物，6-1-2典籍，6-1-3節慶，6-2-1格律，6-2-2風格，7-1-2譬喻，7-1-2映襯，7-1-3借代，7-1-5設問，7-1-6雙關，7-1-7對偶，7-1-8層遞，7-1-9回文，7-1-10諧音，8-1-1合義複詞，8-1-2衍聲複詞，8-1-3偏義複詞，8-2-2詞性活用，8-2-3詞語結構，8-4-1判斷句，8-4-2有無句，8-4-3敘事句，8-4-4表態句，9-1-3連接詞，9-1-4數量詞，9-3-1重組，10-1-1書信，10-1-2柬帖，10-1-3對聯，11-1-1詮釋現代文詞義，11-2-1詮釋古文詞義，11-2-5解釋古文寫作模式，11-3-2詮釋韻文句義，11-3-5解釋韻文寫作模式。其中劃線部份爲較重要的細目，其餘建議邀集學者及教師評估後刪除。

乙、「試題雙向細目」的分析運用

根據上述的「試題雙向細目表」，可再做成各類統計表，以便進一步的分析。先將「各評量指標試題題數」統計，說明如後。

表12　基測國文科試題「各評量指標試題題數（單題）」統計表

教學目標	評量指標	題數	總題	平均題數
1.能認識字形	1-1.確認正確字形	14		
	1-2.回憶形近字形	7	21	2
2. 能認識讀音	2-1確認正確讀音	1		
	2-2回憶形近字讀音	8		
	2-3回憶一字多音讀音	5	14	1
3. 能認識詞義	3-1確認詞語涵義	13		
	3-2詮釋詞語涵義	16		
	3-3比較詞語涵義	14		
	3-4分類詞語涵義	1	44	4
4. 能認識句義	4-1詮釋句子涵義	16		
	4-2推論句子要點	21		
	4-3比較句子關係	24		
	4-4舉例句子特定觀點	13	74	6
5. 能認識段義	5-1摘要段落要旨	34		
	5-2推論段落觀點	30		
	5-3推論段落標題	5		
	5-4摘要段落內容	10		
	5-5解釋段落寫作模式	4	83	7
6. 能認識文化常識	6-1推論文化常識	11		
	6-2推論文學常識	6		
	6-3推論書體及六書常識	5		
	6-4推論工具書常識	1	23	2
7. 能認識修辭法	7-1舉例修辭法	27	27	2

8. 能認識語法	8-1分類複詞	10		
	8-2分類詞性	22		
	8-3分類句法結構	3		
	8-4分類簡句	11	46	4
9. 能認識寫作格式	9-1實行恰當詞語	32		
	9-2實行恰當句子	10		
	9-3實行恰當段落	8	50	4
10. 能認識應用文格式	10-1實行應用文格式	21		2

表13　基測國文科試題「各評量指標試題題數（題組）」統計表

	現代文	古文	韻文	題數	題數平均
11-1詮釋詞語涵義	3	3	8	14	1
11-2詮釋句子涵義	7	10	3	20	1
11-3摘要短文內容	24	6	5	35	2
11-4推論短文觀點	36	19	10	65	5
11-5解釋短文模式	8	5	4	17	2
11-6其他	9	3	3	15	0
	87	46	33	166	

根據表12.13可知，有些評量指標試題數低於6題，亦應考慮是否刪除。茲將試題低於6題的評量指標說明如後：2-1確認正確讀音2-1，回憶多音字讀音，3-4分類聲音新詞，5-3推論段落標題，6-3推論書體及六書常識，6-4推論工具書常識，8-5分類句法結構。其中劃線部份爲較重要的細目，其餘建議邀集學者及教師評估後刪除。

其次，再將各年度次的教學目標及認知能力試題題數統計，說明如後。

表14　基測國文科試題「各年度次教學目標試題題數」統計表

教學目標/年度題數	90 1	90 2	91 1	91 2	92 1	92 2	93 1	93 2	94 1	94 2	95 1	95 2	總數
1.能認識字形	2	3	2	1	1	1	2	1	2	2	2	2	21
2.能認識讀音	1	1	1	2	1	0	2	1	1	1	1	2	14
3.能認識詞義	4	1	4	4	1	8	5	4	2	3	6	2	44
4.能認識句義	7	7	6	8	6	6	3	6	4	8	5	8	74
5.能認識段義	4	8	5	5	8	6	6	6	12	7	10	6	83
6.能認識文化常識	3	0	4	0	2	3	3	3	2	0	2	1	23
7.能認識修辭法	1	4	4	3	3	2	2	1	1	3	1	2	27
8.能認識語法	6	4	5	3	6	5	5	2	2	3	2	3	46
9.能認識寫作格式	2	5	2	3	2	2	4	8	7	5	4	6	50
10.能認識應用文格式	2	1	1	4	3	1	2	2	1	1	1	2	21
11.能認識現代文閱讀	8	4	7	6	8	8	8	10	7	8	8	6	88
12.能認識古文閱讀	3	5	5	8	2	2	4	2	3	3	4	5	46
13.能認識韻文閱讀	3	2	5	3	5	2	2	2	4	2	0	3	33
14.其他題組	0	2	0	0	0	2	0	0	0	2	2	0	8
題數統計	46	47	50	50	48	48	48	48	48	48	48	48	577

表15　基測國文科試題「各年度次認知能力試題題數」統計表

認知能力/年度題數	901	902	911	912	921	922	931	932	941	942	951	952	總數	平均值
記憶	3	4	3	3	2	1	4	2	3	3	3	4	35	3
理解	25	24	28	23	26	30	24	22	23	24	26	22	297	25
應用	4	6	3	7	5	3	6	10	8	6	5	8	71	6
理解（題組）	14	10	15	17	13	11	12	12	13	11	12	13	154	12
其他		3			2	3	2	2	1	4	2	1	20	2
	46	47	50	50	48	48	48	48	48	48	48	48	577	48

根據表14可知，各年度次教學目標的試題題數，變動極大，如教學目標「能認識詞義」，902年次爲1題，922年次有8題。建議應減少各年度次教學目標的題數差距。

根據表15可知，各年度次認知能的試題題數，變動極大，如認知能力「理解」，922年次爲30題，952年次爲22題。

綜上可知，從「試題雙向細目表」的分析，基測試題的教學目標題數具代表性，評量指標及評量細目，則分類過於瑣碎，應刪除較不重要的指標與細目，以減輕考生的學習負擔。其次各年度次的教學目標與認知能力，題數數量差異過大，應加以改善。

二、量化分析

（一）測驗恰適性與代表性

爲了解國中教師對基測試題結構意見，做爲分析試題內容關聯效度邏輯分析之外，另一種效度分析的參考依據。筆者乃根據「基測試題結構分析表」的內容，設計問卷，蒐集國中教師意見，做爲研究參考。

甲、問卷說明

本問卷的施測樣式，詳見本書附錄一。問卷內容的統計結果，說明如後。

（甲）問卷調查基本資料

表16　基測國文科試題「問卷基本資料」分析表

問卷名稱	問卷子題數	回收份數	Cronbach's Alpha
「基測國文科試題教學目標與評量指標恰適性研究」調查問卷教師版	83題	155份	0.874

（乙）問卷各子題回答意見統計分析

A、答題者基本資料

表17　基測國文科試題「問卷教師基本資料」分析表

	0-10年	11-20年	21-30年	30年以上
任教年資	0.38	0.32	0.26	0.04

	中區	北區	東區	南區
任教區域	0.45	0.31	0.12	0.12

	女性	男性
性別	0.88	0.10

B、「教學目標」的重要性

表18　基測國文科試題「問卷問題一答題結果」分析表

教學目標	非常重要	重要	普通	不重要	非常不重要
1.能認識字形	0.52	0.42	0.04	0.01	0.00
2.能認識讀音	0.36	0.50	0.10	0.01	0.00
3.能認識詞義	0.48	0.46	0.02	0.01	0.00
4.能認識句義	0.54	0.41	0.02	0.01	0.00
5.能認識段義	0.52	0.37	0.08	0.02	0.00
6.能認識文化常識	0.23	0.58	0.15	0.01	0.00
7.能認識語法	0.17	0.51	0.29	0.01	0.00
8.能認識修辭	0.14	0.49	0.32	0.02	0.01
9.能認識應用文格式	0.23	0.52	0.21	0.03	0.00
10.能認識寫作格式	0.15	0.44	0.35	0.03	0.01
11.能認識各類短文的閱讀	0.47	0.43	0.06	0.01	0.00

C、「教學目標」認知能力層次的恰適性

表19　基測國文科試題「問卷問題二答題結果」分析表

教學目標	評量能力層次	非常恰當	恰當	普通	不恰當	非常不恰當
1.能認識字形	記憶	0.33	0.53	0.11	0.02	0.00
2.能認識讀音	記憶	0.30	0.51	0.15	0.03	0.00
3.能認識詞義	記憶 理解	0.35	0.55	0.07	0.00	0.00
4.能認識句義	理解	0.38	0.53	0.08	0.00	0.00
5.能認識段義	理解	0.37	0.52	0.08	0.01	0.00
6.能認識文化常識	理解	0.20	0.50	0.25	0.04	0.00
7.能認識語法	理解	0.18	0.59	0.21	0.01	0.00

8.能認識修辭	理解	0.18	0.54	0.24	0.03	0.00
9.能認識應用文格式	應用	0.25	0.50	0.21	0.03	0.00
10.能認識寫作格式	應用	0.23	0.45	0.27	0.03	0.00
11.閱讀-古文、現代文、韻文	理解	0.41	0.46	0.11	0.01	0.00

D、「教學目標」題數分配

表20　基測國文科試題「問卷問題三答題結果」分析表

評量指標	過去題數平均值	此次問卷調查結果題數平均值
1.能認識字形	2	2.37
2.能認識讀音	1	1.95
3.能認識詞義	3	3.06
4.能認識句義	6	5.23
5.能認識段義	10	7.38
6.能認識文化常識	2	2.99
7.能認識語法	2	2.42
8.能認識修辭	1	2.16
9.能認識應用文格式	1	1.90
10.能認識寫作格式	6	4.38
11.閱讀-古文	4	4.23
12.閱讀-韻文	4	4.30
13.閱讀-現代文	6	5.58
總題數	48	47.87

E、「評量指標」的重要性

表21　基測國文科試題「問卷問題四答題結果」分析表

評量指標	非常重要	重要	普通	不重要	非常不重要
1-1再認正確字形	0.32	0.51	0.14	0.00	0.01
1-2回憶形近字形	0.26	0.54	0.16	0.02	0.00
2-1再認正確讀音	0.28	0.47	0.18	0.04	0.01
2-2回憶形近字讀音	0.17	0.54	0.23	0.03	0.00
2-3回憶一字多音讀音	0.16	0.40	0.35	0.05	0.01
3-1再認詞語涵義	0.25	0.59	0.12	0.02	0.00
3-2詮釋詞語涵義	0.34	0.51	0.11	0.01	0.00
3-3分類詞語涵義	0.16	0.63	0.16	0.01	0.01
4-1詮釋句子涵義	0.35	0.57	0.03	0.00	0.00
4-2推論句子要點	0.37	0.46	0.13	0.00	0.00
4-3比較句子關係	0.17	0.50	0.29	0.00	0.00
4-4舉例句子特定觀點	0.19	0.46	0.29	0.01	0.00
5-1摘要段落要旨	0.31	0.52	0.13	0.01	0.00
5-2推論段落觀點	0.32	0.43	0.17	0.03	0.00
5-3推論段落標題	0.15	0.48	0.28	0.05	0.00
5-4摘要段落內容	0.23	0.54	0.18	0.01	0.00
5-5解釋段落寫作模式	0.13	0.43	0.35	0.05	0.00
6-1推論文化常識	0.16	0.50	0.27	0.03	0.00
6-2推論文學常識	0.21	0.51	0.23	0.01	0.01
6-3推論書體及六書常識	0.05	0.43	0.43	0.05	0.01
6-4推論工具書常識	0.06	0.35	0.46	0.08	0.01
7-1舉例修辭法	0.12	0.55	0.23	0.05	0.00
8-1分類複詞	0.08	0.37	0.37	0.13	0.01
8-2分類詞性	0.13	0.47	0.26	0.09	0.01
8-3分類詞性活用	0.23	0.48	0.21	0.04	0.01

8-4分類詞語結構	0.10	0.48	0.27	0.10	0.01
8-5分類句法結構	0.13	0.47	0.28	0.07	0.01
8-6分類簡句	0.06	0.34	0.45	0.10	0.01
9-1實行恰當詞語	0.34	0.50	0.10	0.02	0.00
9-2實行恰當句子	0.35	0.48	0.12	0.02	0.00
9-3實行恰當段落	0.27	0.39	0.24	0.05	0.00
9-4實行標點符號	0.16	0.42	0.32	0.06	0.01
10-1實行書信格式	0.17	0.28	0.43	0.06	0.01
10-2實行柬帖格式	0.10	0.35	0.38	0.11	0.01
10-3實行對聯格式	0.10	0.41	0.37	0.06	0.01
10-4實行題辭格式	0.13	0.45	0.32	0.06	0.01
10-5實行稱謂語格式	0.16	0.37	0.33	0.08	0.02
11-1閱讀題組-詮釋詞語涵義	0.32	0.51	0.11	0.01	0.00
11-2閱讀題組-詮釋句子涵義	0.00	0.48	0.08	0.38	0.00
11-3閱讀題組-推論句子觀點	0.37	0.48	0.10	0.01	0.00
11-4閱讀題組-比較句子關係	0.28	0.48	0.18	0.02	0.00
11-5閱讀題組-摘要短文要旨	0.42	0.50	0.04	0.01	0.00
11-6閱讀題組-摘要短文內容	0.38	0.49	0.08	0.01	0.00
11-7閱讀題組-推論短文觀點	0.00	0.48	0.10	0.37	0.00
11-8閱讀題組-解釋短文模式或因果關係	0.32	0.49	0.13	0.03	0.00

乙、問卷分析結果說明

（甲）「教學目標」的重要性

表22　基測國文科試題「問卷問題一統計結果1」分析表

教學目標	同意值(P)	不同意值(N)	P-N值
1.能認識字形	0.94	0.01	0.93
2.能認識讀音	0.86	0.01	0.85
3.能認識詞義	0.94	0.01	0.92
4.能認識句義	0.95	0.01	0.94
5.能認識段義	0.88	0.02	0.86
6.能認識文化常識	0.81	0.01	0.79
7.能認識語法	0.68	0.01	0.68
8.能認識修辭	0.63	0.03	0.61
9.能認識應用文格式	0.74	0.03	0.72
10.能認識寫作格式	0.59	0.04	0.55
11.能認識各類短文的閱讀	0.90	0.01	0.89

說明：由P值(非常同意加上同意之百分比)得知各教學目標均獲得五成以上受試者認同；由N值(不同意加上非常不同意之百分比)得知受試者不認同度極低；由P-N值(非常同意加上同意之百分比減去不同意加上非常不同意之百分比)表現受試者對於該題的認同度高於不認同度。其中P-N值低於0.70的教學目標為:

表23　基測國文科試題「問卷問題一統計結果2」分析表

教學目標	P-N值
能認識寫作格式	0.55
能認識修辭法	0.61
能認識語法	0.68

B、「教學目標」認知能力的恰適性

表24　基測國文科試題「問卷問題二統計結果1」分析表

教學目標	評量能力層次	同意值(P)	不同意值(N)	P-N值
1.能認識字形	記憶	0.86	0.02	0.84
2.能認識讀音	記憶	0.81	0.03	0.79
3.能認識詞義	記憶、理解	0.91	0.00	0.91
4.能認識句義	理解	0.91	0.00	0.91
5.能認識段義	理解	0.90	0.01	0.88
6.能認識文化常識	理解	0.70	0.04	0.66
7.能認識語法	理解	0.77	0.01	0.76
8.能認識修辭	理解	0.72	0.03	0.70
9.能認識應用文格式	應用	0.75	0.03	0.72
10.能認識寫作格式	應用	0.68	0.03	0.65
11.閱讀-古文、現代文、韻文	理解	0.86	0.01	0.85

說明：由P值得知各教學目標的評量能力層次均獲得五成以上受試者認同；由N值得知受試者不認同度極低；由P-N值表現受試者對於該題的認同度高於不認同度。其中P-N值低於0.70的教學目標及其認知能力層次爲:

表25　基測國文科試題「問卷問題二統計結果2」分析表

教學目標	評量能力層次	P-N值
能認識寫作格式	應用	0.65
能認識文化常識	理解	0.66

C、「評量指標」的重要性

表26　基測國文科試題「問卷問題四統計結果1」分析表

評量指標	同意值(P)	不同意值(N)	P-N值
1-1再認正確字形	0.83	0.01	0.82
1-2回憶形近字形	0.79	0.02	0.77
2-1再認正確讀音	0.75	0.05	0.70
2-2回憶形近字讀音	0.71	0.03	0.68
2-3回憶一字多音讀音	0.56	0.06	0.50
3-1再認詞語涵義	0.84	0.02	0.82
3-2詮釋詞語涵義	0.85	0.01	0.84
3-3分類詞語涵義	0.79	0.02	0.77
4-1詮釋句子涵義	0.93	0.00	0.93
4-2推論句子要點	0.83	0.00	0.83
4-3比較句子關係	0.67	0.00	0.67
4-4舉例句子特定觀點	0.65	0.01	0.63
5-1摘要段落要旨	0.83	0.01	0.82
5-2推論段落觀點	0.75	0.03	0.72
5-3推論段落標題	0.63	0.05	0.59
5-4摘要段落內容	0.77	0.01	0.75
5-5解釋段落寫作模式	0.55	0.05	0.51
6-1推論文化常識	0.66	0.03	0.63
6-2推論文學常識	0.72	0.02	0.70
6-3推論書體及六書常識	0.47	0.05	0.42
6-4推論工具書常識	0.41	0.09	0.32
7-1舉例修辭法	0.68	0.05	0.63
8-1分類複詞	0.45	0.14	0.31
8-2分類詞性	0.60	0.10	0.50
8-3分類詞性活用	0.70	0.05	0.66
8-4分類詞語結構	0.58	0.10	0.48

8-5分類句法結構	0.60	0.08	0.52
8-6分類簡句	0.39	0.11	0.28
9-1實行恰當詞語	0.84	0.02	0.82
9-2實行恰當句子	0.83	0.02	0.81
9-3實行恰當段落	0.66	0.05	0.62
9-4實行標點符號	0.58	0.06	0.52
10-1實行書信格式	0.45	0.08	0.37
10-2實行柬帖格式	0.46	0.12	0.34
10-3實行對聯格式	0.52	0.07	0.45
10-4實行題辭格式	0.57	0.07	0.50
10-5實行稱謂語格式	0.54	0.10	0.44
11-1閱讀題組-詮釋詞語涵義	0.83	0.01	0.82
11-2閱讀題組-詮釋句子涵義	0.48	0.38	0.10
11-3閱讀題組-推論句子觀點	0.85	0.01	0.85
11-4閱讀題組-比較句子關係	0.76	0.02	0.74
11-5閱讀題組-摘要短文要旨	0.92	0.01	0.91
11-6閱讀題組-摘要短文內容	0.87	0.01	0.86
11-7閱讀題組-推論短文觀點	0.48	0.37	0.11
11-8閱讀題組-解釋短文模式或因果關係	0.81	0.03	0.78

說明：由P值得知大部分指標獲得五成以上受試者認同，其中P-N值低於0.50的評量指標爲:

表27　基測國文科試題「問卷問題四統計結果2」分析表

評量指標	P-N值
11-2閱讀題組-詮釋句子涵義	0.10
11-7閱讀題組-推論短文觀點	0.11

8-6分類簡句	0.28
8-6分類複詞	0.31
6-4推論工具書常識	0.32
10-1實行書信格式	0.37
6-3推論書體及工具書	0.42
10-5對聯格式	0.45
8-4分類詞語結構	0.48
8-2分類詞性	0.50
10-4實行題辭格式	0.50

根據上述統計資料，可將國中教師認為較不重要的教學目標及評量指標，說明如後：

表28　基測國文科試題「教師意見較不重要教學目標及評量指標」分析表

教學目標	評量指標
1.寫作格式	1.分類複詞
2.修辭法	2.分類詞語結構
3.語法	3.分類簡句
	4.書體六書
	5.工具書
	6.書信
	7.柬帖
	8.對聯
	9.稱謂語
	10.閱讀-詮釋句子涵義
	11.閱讀-推論短文觀點

而國中教師認為較恰當的教學目標題數，亦可列表說明如後。

表29　基測國文科試題「試題題數教師意見、基測平均值及本書建議」分析表

教學目標	教師建議題數	基測平均題數	本書建議題數
1.能認識字形	2	2	2
2.能認識讀音	2	1	1
3.能認識詞義	3	4	3
4.能認識句義	5	6	6
5.能認識段義	7	7	8
6.能認識文化常識	3	2	1
7.能認識修辭	2	4	1
8.能認識語法	2	2	1
9.能認識寫作格式	2	2	3
10.能認識應用文格式	4	4	1
11.能認識各類短文的閱讀	14	14	18
總題數	46	48	45

綜上可知，基測所含括的教學目標、教學目標的認知能力層次、教學目標題數、評量指標，國中教師認爲其重要性與恰適性都超過百分之五十，因此基測試題根據量化分析具恰適性。

其中教師認爲較不重要的教學目標與評量指標，多數爲無可對應課綱的指標，如分類複詞、詞語結構、簡句，評量指標爲語法，書體、工具書爲文化常識，書信、柬帖、對聯、稱謂語爲應用文格式。此三類指標皆無課綱對應。其他如寫作格式，因95年基測加考寫作，重要性減低，修辭法則因考生多數學習精熟，重要性降低，因此上述教學目標及評量指標，建議可考慮教師意見，減少題數或刪除。而閱讀-詮釋句子涵義、閱讀-推論短文觀點，則因閱讀屬於課綱強調的學習能力，較不宜刪除或減少題數。

而在試題代表性上，有關詞義、句義、文化常識與修辭的試題題數，教師意見與基測試題略有差異，可參酌教師意見，調整試題題數。

三、測驗雙向細目建議表

根據前述的邏輯分析與量化分析，可知基測試題的恰適性與代表性，在結構安排上上，皆有改善空間。而基測爲標準化成就測驗，評量指標不僅須符合重要、核心、基本的原則，更需要發展出數量多、品質佳的試題，且每年都應佔有固定比率的題數，才符合試題具代表性的要求。因此，筆者嘗試利用上述分析，做成「基測試題雙向細目建議表」，或可做爲基測未來規劃試題結構的參考。

表30　基測國文科試題「測驗試題雙向細目建議表」

教學目標	評量指標	評量細則	題數
1.能認識字形	1-1.確認正確字形		1
	1-2回憶形近同音字形		1
2.能認識讀音	2-1回憶形近字讀音		1
3.能認識詞義	3-1詮釋詞語涵義	字義、詞義	2
	3-2比較詞語涵義	多義詞	1
4.能認識句義	4-1詮釋句子涵義		1
	4-2推論句子要點		2
	4-3比較句子關係		2
	4-4舉例句子特定觀點		1
5.能認識段義	5-1摘要段落要旨		2
	5-2推論段落觀點		2
	5-3摘要段落內容		2
	5-5解釋段落寫作模式		2
6.能認識文化常識	6-1推論文化、文學常識	人物、典籍、格律	1
7.能認識修辭法	7-1舉例修辭法	譬喻、映襯、轉化	1

8.能認識語法	8-1分類詞性	詞性活用、詞語結構、句法結構	1
9.能認識寫作格式	9-1實行恰當詞語	成語、連接詞	2
	9-2實行恰當段落	重組	1
10.能認識應用文格式	10-1實行應用文格式	書信、題辭	1
11.能認識短文閱讀	11-1詮釋詞語涵義		1
	11-2詮釋句子涵義		2
	11-3 摘要短文要內容	內容、要旨	5
	11-4 推論短文觀點		3
	11-5解釋短文模式		2
	11-6區辨短文要素		2
	11-7組織短文脈絡		2
	11-8歸因短文寓意		1

筆者的「試題雙向細目建議表」，保留基測試題的十一項教學目標，但將評量指標簡化爲二十七項，評量細目簡化爲十五項，題數亦減少爲44題。其中歸併記憶、理解、應用能力的評量指標與細則，重在呼應課綱的學習核心、國中教師意見、減輕學生學習負擔，而增加分析能力評量指標，則在提昇基測試題的深度與廣度。由於評量分析能力必須加閱讀短文篇幅，且短文內容增加古今中外及鄉土的代表作，考生需增加閱讀時間，所以減少試題題數。茲將「試題雙向細目建議表」的修正依據，說明如後。

1.讀音部份：刪除確認正確讀音、回憶多音字讀音的評量指標－出現題數較少。

2.詞義部份：刪除確認詞語涵義及分類詞語涵義的評量指標－確認詞語涵義包含成語涵義、關係，文化詞涵義三個評量重點，其中成語涵義及關係，只評量記憶能力，建議提高評量層次，以評量實行恰當詞語的應用能力取代記憶能力；文化詞涵義則因評量內容缺乏統整性，建議刪除。分類詞語涵義題數較少，建議刪除。呼應教師建議，題數減少1題。

3.句義部份：保留基測原評量指標，及題數。

4.段義部份：刪除推論段落標題－基測試題少。呼應課綱重視閱讀理解，題數增加一題。

5.文化常識部份：刪除推論書體、六書及工具書常識的評量指標－基測試題少，不符合課綱。呼應國中教師意見，試題減少1題。

6.修辭法部份：刪除修辭的評量細目－基測試題少。呼應國中教師意見，試題減少1題。

7.語法部份：刪除分類複詞及簡句評量指標－評量指標無課綱呼應，且試題少。呼應教師意見，試題減少3題。

8.能認識寫作格式：刪除實行恰當句子－基測已有寫作評量。呼應教師意見，試題減少1題。

9.能認識應用文格式：將五個評量指標整併為實行應用文格式－評量指標無課綱呼應，試題少。呼應教師意見，試題減少1題。

10.能認識短文閱讀：增加區辨短文要素，組織短文脈絡，歸因短文寓意等評量分析能力的指標。呼應課綱提昇閱讀深度與廣度的精神，及國際閱讀評量趨勢，增加試題4題。

據此，可將試題雙向細目表各類認知能力的試題題數統計及90-95年相同認知能力試題題數平均值的對照，說明如後。

表31　基測國文科試題「基測試題雙向細目建議表認知能力題數與與歷屆試題題數平均值」對照表

認知能力	建議題數	90-95年題數平均值
記憶	3	3
理解	20	25
應用	4	6
理解（題組）	13	14
分析（題組）	5	0
總題數	45	

根據上表可知，建議表的認知能力題數分配，更能呼應基測加入寫作測驗後的改變，並增加分析能力試題，使基測能評量較高層次的認知能力。

第二節　試題品質分析

試題品質分析可分爲兩種，一種是根據試題的統計特性做數量分析，一種是根據試題的形式、內容做品質分析。本節的數量分析以試題的難度、鑑別度及各選項的選答率等試題反應爲分析依據；品質分析則以筆者所編製的「試題品質檢核表」爲分析依據。由於本章以總論爲主，因此數量分析與品質分析著重總體性的描述，各分項能力教育目標及評量指標的數量分析與品質分析，將在本書第三章至第九章詳細說明。

壹、數量分析

數量分析依據基測推委會所提供的「基測各年度次考生試題反應分析」（含試題難度、鑑別度、選項選答率），說明基測試題難度、鑑別度及誘答選項的特質，用以分析基測的試題品質，並根據上述分析，提出改善建議。

一、試題反應分析

本節依據「基測各年度次考生試題反應分析」，說明各年度次試題的難度、鑑別度平均值，各難度等級鑑別度平均值及題數，各鑑別度等級題數及誘答選項有效性，以了解基測的試題品質。

（一）難度、鑑別度分析

爲說明基測試題難度及鑑別度的特質，茲將基測試題的整體難度、鑑別度平均值分析表，試題各難度等級鑑別度平均值及標準差分析表，各年度次難度、鑑別度平均值分析表，各年度次難度等級鑑別度平均值及題數分析表，說明如後：

甲、整體分析

（甲）難度、鑑別度平均值分析

表32　基測國文科試題「整體難度、鑑別度」分析表

整體試題	鑑別度	難度
	0.45	0.69

（乙）難度等級鑑別度、標準差、題數分析

表33　基測國文科試題「各難度等級鑑別度平均值、標準差、題數」分析表

難度等級	鑑別度均值	標準差	題數
0.11-0.20	0.24		1
0.21-0.30	0.23	0.24	2
0.31-0.40	0.34	0.1	12
0.41-0.50	0.41	0.08	44
0.51-0.60	0.44	0.09	93
0.61-0.70	0.47	0.07	137
0.71-0.80	0.47	0.08	152
0.81-0.90	0.44	0.08	119
0.91-1.00	0.36	0.07	17

根據表32.33可知，基測試題多數集中在0.41-0.90難度等級，0.61-0.80難度等級表現最好，試題數最多且鑑別度達0.47，超過整體平均值。0.31-0.50難度等級，題數少，品質差，宜提昇0.31-0.50難度等級的品質與題數。而試題在0.91-1.00難度等級鑑別度高達0.36，0.21-0.40難度

等級鑑別度只達0.29，也顯示低分組學生學習成就低落，高分組學生學習成就未達應有水準。

乙、各年度次分析

（甲）各年度次難度、鑑別度平均值分析

表34 基測國文科試題「各年度次難度、鑑別度平均值、標準差」分析表

年次	90 1	90 2	91 1	91 2	92 1	92 2	93 1	93 2	94 1	94 2	95 1	95 2	總均值	標準差
難度均值	0.68	0.69	0.65	0.65	0.68	0.7	0.68	0.73	0.67	0.74	0.68	0.74	0.69	0.03
鑑別度均值	0.45	0.44	0.46	0.4	0.46	0.45	0.48	0.43	0.48	0.42	0.46	0.43	0.45	0.02

（乙）各年度次難度等級鑑別度分析

表35 基測國文科試題「各難度等級鑑別度平均值」分析表

難度等級/鑑別度平均值	90 1	90 2	91 1	91 2	92 1	92 2	93 1	93 2	94 1	94 2	95 1	95 2	鑑別度總均值	標準差
.11-.20				0.24									0.24	
.21-.30				0.06				0.4					0.23	0.24
.31-.40	0.37	0.27	0.4	0.27			0.56			0.29	0.36		0.36	0.1
.41-.50	0.31	0.4	0.5	0.31	0.4	0.46	0.49	0.44	0.45	0.43	0.42	0.36	0.41	0.06
.51-.60	0.43	0.41	0.45	0.43	0.48	0.45	0.45	0.41	0.51	0.39	0.44	0.4	0.44	0.03
.61-.70	0.49	0.48	0.46	0.46	0.45	0.46	0.53	0.44	0.5	0.44	0.5	0.44	0.47	0.03
.71-80	0.49	0.43	0.49	0.45	0.48	0.45	0.49	0.47	0.48	0.45	0.48	0.48	0.47	0.02
.81-.90	0.47	0.42	0.43	0.42	0.49	0.45	0.46	0.39	0.47	0.4	0.47	0.43	0.44	0.03
.91-1.00	0.39	0.48	0.24	0.37	0.39	0.33		0.33		0.4	0.28	0.35	0.36	0.07

表36　基測國文科試題「各難度等級題數及百分比值」分析表

難度等級/題數	901	902	911	912	921	922	931	932	941	942	951	952	題數	百分比值
0.11-0.20				1									1	0
.21-.30	0	0	0	1	0	0	0	1	0	0	0	0	2	0
.31-.40	1	1	2	4	0	0	1	0	0	1	2	0	12	0.02
.41-.50	3	2	3	4	5	5	6	2	6	2	4	2	44	0.08
.51-.60	13	8	15	6	9	3	7	3	8	6	10	5	93	0.16
.61-.70	6	16	12	13	12	18	9	12	15	5	9	10	137	0.24
.71-80	18	9	10	11	14	10	15	17	11	15	11	11	152	0.26
.81-.90	4	10	7	9	6	11	10	10	8	16	11	17	119	0.21
.91 -1.00	1	1	1	1	2	1	0	3	0	3	1	3	17	0.03
題數總計	46	47	50	50	48	48	48	48	48	48	48	48	577	1
難度均值	0.68	0.69	0.65	0.65	0.68	0.7	0.68	0.73	0.67	0.74	0.68	0.74		

根據表34分析可知，各年度次基測試題難度平均值最高0.74，最低0.65，多數在正負一個標準差範圍。鑑別度平均值最高值0.48，最低值0.4，多數在正負一個標準差範圍。歷年第二次試題皆比第一次難度低，鑑別度低，且後三年的差異又比前三年高。宜減少各年度次難度、鑑別度差異，提昇各年度第二次試題難度及品質。

根據表35.36分析可知，各年度次基測試題在難度等級0.51-0.90之間，分佈較平均，而難度等級0.41-0.90的難度、鑑別度平均值均在正負一個標準差範圍內。宜增加0.31-40難度等級試題，提昇試題品質，使鑑別度能達到正負一個標準差的範圍。

綜上可知，基測試題在各年度次的表現：各年度第二次試題較容易品質較差，各年度間的試題品質，差異頗大。應提昇各年度第二次試題難度與品質，並齊一各年度間的試題品質。

丙、教學目標分析

（甲）各教學目標難度、鑑別度分析

表37　基測國文科試題「各教學目標難度、鑑別度、標準差、題數」分析表

教學目標	難度	鑑別度	鑑別度標準差	總題數
1.能認識字形	0.67	0.41	0.03	21
2.能認識讀音	0.68	0.40		14
3.能認識詞義	0.70	0.45		44
4.能認識句義	0.71	0.46		74
5.能認識段義	0.71	0.44		83
6.能認識文化常識	0.64	0.43		23
7.能認識修辭法	0.70	0.49		27
8.能認識語法	0.65	0.48		46
9.能認識寫作格式	0.68	0.45		50
10.能認識應用文格式	0.63	0.39		21
11.能認識現代文閱讀	0.73	0.45		87
12.能認識古文閱讀	0.66	0.44		46
13.能認識韻文閱讀	0.70	0.45		33

根據表37可知，基測試題在各教學目標的表現爲：鑑別度低一個標準差的是應用文格式、讀音、字形，應提昇此類教育目標的試題品質。

丁、評量指標分析

（甲）各評量指標難度、鑑別度平均值分析

表38　基測國文科試題「各評量指標難度、鑑別度、標準差、題數」分析表

教學目標	評量指標	難度	鑑別度	鑑別度標準差	題數
1.能認識字形	1-1.再認正確字形	0.64	0.40	0.04	14
	1-2.回憶形近字形	0.71	0.44		7
2. 能認識讀音	2-1再認正確讀音	0.63	0.29		1
	2-2回憶形近字讀音	0.63	0.43		8
	2-3回憶一字多音讀音	0.78	0.38		5
3. 能認識詞義	3-1再認詞語涵義	0.73	0.46		13
	3-2詮釋詞語涵義	0.69	0.45		16
	3-3比較詞語涵義	0.66	0.45		14
	3-4分類詞語涵義	0.79	0.46		1
4. 能認識句義	4-1詮釋句子涵義	0.67	0.47		16
	4-2推論句子要點	0.73	0.41		21
	4-3比較句子關係	0.68	0.48		24
	4-4舉例句子特定觀點	0.76	0.47		13
5. 能認識段義	5-1摘要段落要旨	0.72	0.44		34
	5-2推論段落觀點	0.68	0.44		30
	5-3推論段落標題	0.75	0.37		5
	5-4摘要段落內容	0.74	0.49		10
	5-5解釋段落寫作模式	0.75	0.33		4
6. 能認識文化常識	6-1推論文化常識	0.68	0.42		11
	6-2推論文學常識	0.57	0.43		6
	6-3推論書體及六書常識	0.64	0.47		5
	6-4推論工具書常識	0.65	0.42		1
7. 能認識修辭法	7-1舉例修辭法	0.70	0.49		27

8. 能認識語法	8-1分類複詞	0.74	0.46		10
	8-2分類詞性	0.61	0.47		22
	8-5分類句法結構	0.58	0.46		3
	8-6舉例簡句	0.65	0.53		11
9. 能認識寫作格式	9-1實行恰當詞語	0.66	0.45		29
	9-2實行恰當句子	0.70	0.48		13
	9-3實行恰當段落	0.69	0.45		8
10. 能認識應用文格式	10-1實行應用文格式	0.63	0.39		21
11. 能認識短文閱讀（題組）	11-1-1詮釋現代文詞語涵義	0.68	0.44		3
	11-1-2詮釋現代文句子涵義	0.72	0.45		7
	11-1-3摘要現代文內容	0.71	0.48		24
	11-1-4 推論現代文觀點	0.75	0.43		36
	11-1-5解釋現代文模式因果	0.77	0.45		8
	11-2-1詮釋古文詞語涵義	0.69	0.50		3
	11-2-2詮釋古文句子涵義	0.61	0.42		10
	11-2-3摘要古文內容	0.71	0.50		6
	11-2-4 推論古文觀點	0.65	0.42		19
	11-2-5解釋古文模式因果	0.67	0.41		5
	11-3-1詮釋詞韻文詞語涵義	0.70	0.47		8
	11-3-2詮釋韻文句子涵義	0.64	0.47		3
	11-3-3摘要韻文內容	0.71	0.44		5
	11-3-4 推論韻文觀點	0.67	0.37		10
	11-3-5解釋韻文模式因果	0.83	0.49		4

根據表38分析可知，基測試題在各評量指標的表現爲：鑑別度低於一個標準差是：確認正確字形、回憶多音字讀音、推論段落標題、實行應用文格式、推論韻文觀點。鑑別度低於二個標準差是：解釋段落寫作模式、確認正確讀音。以上評量指標試題宜改善試題品質。

鑑別度高於一個標準差0.49以上是：摘要古文內容、詮釋古文詞義、舉例簡句。

（二）誘答選項有效性分析

甲、誘答選項有效性低分析

誘答選項有效性低，指誘答選項選答人數的百分比低於百分之一。此類試題因選答人數過低，顯示選項設計不能有效鑑別學生的學習困難，應加以修改。茲將基測試題誘答選項有效性低於百分之一的試題，列表說明如後：

表39　基測國文科試題「誘答選項有效性低試題」統計表

評量指標	鑑別度	難易度	A	B	C	D	原題號	年度次
5-1-1摘要段落要旨-現代文	0.43	0.87	0.87	0.02	0.01	0.09	5	902
4-2-1推論句子要點	0.35	0.83	0.10	0.07	0.83	0.01	1	912
5-1-1摘要段落要旨-現代文	0.33	0.96	0.02	0.01	0.96	0.01	2	922
2-3回憶多音字讀音	0.33	0.81	0.00	0.04	0.00	0.16	20	931
4-2-1推論句子要點-觀點	0.29	0.95	0.95	0.03	0.01	0.01	1	932
4-2-1推論句子要點-觀點	0.29	0.95	0.95	0.03	0.01	0.01	2	932
3-1-1再認詞語涵義-成語涵義	0.40	0.94	0.03	0.01	0.02	0.94	3	932
4-2-1推論句子要點-觀點	0.33	0.88	0.88	0.01	0.04	0.08	6	932
5-2-1推論段落觀點-現代文	0.38	0.79	0.03	0.01	0.17	0.79	11	932
1-2-1回憶形近字形-詞語	0.46	0.81	0.07	0.81	0.11	0.01	1	941
5-1-4摘要段落要旨-圖表	0.30	0.87	0.01	0.09	0.03	0.87	2	942
5-2-1推論段落觀點-現代文	0.36	0.94	0.94	0.04	0.01	0.01	1	942
5-4-1摘要段落內容-現代文	0.28	0.95	0.01	0.02	0.03	0.95	1	951
2-3回憶一字多音字讀音	0.38	0.94	0.01	0.01	0.04	0.94	1	952
5-1-1摘要段落要旨-現代文	0.43	0.87	0.01	0.87	0.10	0.02	2	952
4-3比較句子觀點	0.40	0.88	0.01	0.88	0.02	0.08	3	952
9-1-2實行恰當詞語-詞語	0.32	0.89	0.08	0.01	0.89	0.02	4	952
7-1-9舉例修辭法-回文	0.39	0.90	0.03	0.01	0.06	0.90	5	952
4-2-1推論句子要點-觀點	0.44	0.70	0.01	0.01	0.70	0.29	16	952
13-7-1推論短文觀點	0.43	0.92	0.01	0.02	0.05	0.92	40	952

乙、誘答選項表現異常分析

誘答選項有效性異常分析是指誘答選項超過正答，此類試題應先考慮是否有命題瑕疵，其次則考慮是否學生的學習精熟度不足。茲將基測誘答選項有效性異常的試題，列表說明如後：

表40　基測國文科試題「誘答選項有效性異常」分析表

評量指標	鑑別度	難易度	A	B	C	D	原題號	年度次
11-2-2推論古文句子涵義	0.27	0.38	0.38	0.39	0.17	0.06	38	902
4-3比較句子關係	0.37	0.33	0.41	0.33	0.06	0.19	33	911
10-1-5實行稱謂語格式	0.43	0.33	0.06	0.33	0.47	0.14	34	911
10-1-1實行書信格式	0.29	0.37	0.04	0.12	0.47	0.37	26	912
11-2-4推論古文觀點	0.24	0.20	0.05	0.54	0.20	0.21	39	912
11-3-4推論韻文觀點	0.25	0.31	0.31	0.13	0.14	0.43	46	912
11-1-4推論現代文觀點	0.06	0.28	0.56	0.06	0.10	0.28	47	912
4-3比較句子關係	0.47	0.43	0.44	0.06	0.07	0.43	27	931
9-1-1實行恰當詞語-成語	0.29	0.36	0.02	0.58	0.36	0.03	28	942
1-1-3確認正確字形-段落	0.45	0.37	0.06	0.47	0.37	0.10	29	951

上述十題，經筆者檢核，屬於試題瑕疵的有六題，其中911，33題爲【4-3】（試題品質檢核表編號）選項不能呼應題幹提問。912，26題；942，28題爲【4-2】選項敘述不清晰。912，46題47題爲【2-2】試題未提供充足答題情境。931，27題爲【3-4題幹敘述不清晰】。

根據表39、40分析可知，基測試題誘答選項誘答人數低於百分之一的試題只有1題，等於百分之一的試題則有19題；而誘答選項誘答人數超過正答人數的試題則有10題，其中試題瑕疵的有6題，所以誘答選項缺乏有效性的試題共有26題，在全體577題中，只佔0.05，比率極小。因此，基測試題在整體誘答選項有效性的表現上，可稱優良。

（三）各評量指標優良試題範例分析

試題各評量指標鑑別度優良試題，是指各評量指標鑑別度最高的試題，分析這些試題可以了解各評量指標的試題品質。茲將各評量指標優良試題的試題反應，列表說明如後。

表41　基測國文科試題「各評量指標鑑別度最佳試題試題反應」分析表

評量指標	鑑別度	難度	A	B	C	D	原題號	年度次
1-1確認正確字形	0.54	0.51	0.16	0.13	0.20	0.51	28	941
1-2回憶形近字形	0.54	0.68	0.03	0.11	0.18	0.68	29	922
2-2回憶形近字讀音	0.57	0.73	0.03	0.73	0.18	0.05	7	931
2-3回憶多音字讀音	0.5	0.68	0.10	0.11	0.11	0.68	21	912
3-1確認詞語涵義	0.59	0.62	0.07	0.08	0.23	0.62	25	951
3-2詮釋詞語涵義	0.57	0.70	0.17	0.09	0.05	0.70	13	951
3-3分類詞語涵義	0.60	0.60	0.60	0.08	0.11	0.21	21	901
4-1詮釋句子涵義	0.55	0.55	0.15	0.55	0.16	0.14	26	941
4-2推論句子要點	0.63	0.75	0.75	0.11	0.03	0.11	8	901
4-3比較句子關係	0.61	0.59	0.11	0.16	0.59	0.13	17	901
4-4舉例句子特定觀點	0.54	0.68	0.02	0.08	0.22	0.68	17	932
5-1摘要段落要旨	0.58	0.75	0.13	0.75	0.08	0.04	13	941
5-2推論段落觀點	0.61	0.63	0.63	0.07	0.20	0.10	22	922
5-3推論段落標題	0.41	0.72	0.72	0.06	0.17	0.04	8	922
5-4摘要段落內容	0.54	0.77	0.04	0.09	0.10	0.77	17	941
5-5解釋段落寫作模式	0.51	0.64	0.21	0.64	0.07	0.08	19	941
6-1推論文化常識	0.54	0.68	0.05	0.68	0.07	0.20	23	931
6-2推論文學常識	0.53	0.74	0.08	0.09	0.74	0.09	8	931
6-3推論六書常識	0.55	0.74	0.03	0.05	0.74	0.18	23	932
7-1舉例修辭法	0.66	0.67	0.04	0.24	0.67	0.04	20	941
8-1分類複詞	0.57	0.60	0.60	0.12	0.14	0.14	24	911

8-2分類詞性	0.6	0.78	0.04	0.78	0.09	0.08	18	942
8-3分類句法結構	0.47	0.61	0.10	0.16	0.61	0.13	24	902
8-6舉例簡句	0.6	0.67	0.67	0.08	0.12	0.13	11	941
9-1實行恰當詞語	0.61	0.71	0.71	0.09	0.08	0.12	13	931
9-2實行恰當句子	0.56	0.83	0.04	0.83	0.07	0.06	11	951
9-3實行恰當段落	0.54	0.74	0.10	0.11	0.04	0.74	10	902
10-1實行應用文格式	0.46	0.81	0.03	0.05	0.81	0.11	7	931
11-1詮釋詞語涵義	0.62	0.67	0.19	0.06	0.08	0.67	43	902
11-2詮釋句子涵義	0.56	0.67	0.67	0.13	0.10	0.10	34	901
11-3摘要短文內容	0.58	0.71	0.71	0.17	0.07	0.04	39	931
11-4推論短文觀點	0.6	0.60	0.09	0.13	0.18	0.60	47	941
11-5解釋短文寫作模式	0.62	0.58	0.08	0.28	0.05	0.58	41	921

表42　基測國文科試題「各評量指標優良試題範例」說明表

評量指標	鑑別度	優良試題範例
1-1.確認正確字形	0.54	下列文句，何者用字完全正確？(9401) （A）要有偉大的成就，先要有遠大的報負 （B）唯有建設性的見議，才是具體可行的 （C）若是一昧要求完美，反而會勢得其反 （D）新建的大樓通常裝潢華麗，設備新穎※
1-2回憶形近同音字形	0.54	下列文句，何者用字完全正確？(9202) （A）多年後再見面，他已經是白髮倉倉的老人，令我有蒼海桑田、蒼狗白雲之感 （B）在這個人芸亦芸的年代，想在云云眾生中尋找一名有自己見解的人並不容易 （C）放假不一定要出國，到發人思古悠情的名勝古蹟走走，也能過個幽閒的假期 （D）我能證明，這樣做會對他造成揠苗助長的結果，你們就偃旗息鼓，別再爭了※

2-1回憶形近字讀音	0.57	下列各組「　」中的字音，何者完全相同？(9301)【7】 （A）懈「怠」／危「殆」／「貽」笑大方 （B）閣「揆」／向日「葵」／「睽」違已久 ※ （C）夢「魘」／笑「靨」如花／貪得無「饜」 （D）懸「崖」／天「涯」海角／飢餓難「捱」
2-2回憶多音字讀音	0.50	下列選項中「爲」字的讀音，何者與其他三者不同？(9102)【21】 （A）今夫弈之「爲」數，小數也；不專心致志，則不得也 （B）使弈秋誨二人弈，其一人專心致志，惟弈秋之「爲」聽 （C）一人雖聽之，一心以「爲」有鴻鵠將至，思援弓繳而射之 （D）雖與之俱學，弗若之矣。「爲」是其智弗若與？曰：非然也 ※
3-1詮釋詞語涵義	0.57	「臺灣新電影始於一九八二年，新銳編導們認爲應當該拍攝貼近生活的戲，與先前的愛情或武俠片大相逕庭。新電影以西方電影美學及拍攝技術，呈現生活周遭人們的成長背景。在編導們的用心下，新電影參與國際影展，屢傳捷報。」根據上文，臺灣新電影之所以被稱爲「新電影」，主要是基於什麼因素？(9501)【13】 （A）完全改用西方的電影製作技術 （B）新銳編導擁有深厚的美學素養 （C）參加國際影展常大有斬獲 （D）電影題材與傳統大爲不同※
3-2比較詞語涵義	0.60	下列各組「　」中的字，何者意義相同？(9001)【21】 （A）無「的」放矢／一箭中「的」※ （B）千「乘」之國／「乘」風破浪 （C）「輾」轉難眠／「輾」碎 （D）「屏」息／「屏」棄

4-1詮釋句子涵義	0.55	下列句意的說明，何者最爲正確？(9401)【26】 （A）康德：「誠實比一切的智謀都更好。」——誠實的人絕不會吹噓自己 （B）莎士比亞：「只有『貧窮』是不勞而獲的東西。」——懶惰招致匱乏※ （C）亞里斯多德：「羽毛相同的鳥總會聚在一起。」——朋友是不可或缺的 （D）雪萊：「我們愈是學習，愈發覺自己的貧乏。」——逆境增加人的能力
4-2推論句子要點（最高鑑別度皆爲語氣，另挑推論觀點試題）	0.48	蘇蘇收到爺爺的來信，信上說：「親愛的蘇蘇，我不希望你長大之後也會成為一個把這世界視為理所當然的人。」下列何者是爺爺希望蘇蘇在生活中要多培養的態度？(9202)【26】 （A）樂於探索的好奇心※ （B）超越勝敗的大格局 （C）當機立斷的行動力 （D）不畏艱難的意志力
4-3比較句子關係	0.61	「人的一生，就是上天與社會的賜與，所以一個人做人做事該當飲水思源，滿懷感激。」上述爲人處世的態度，比較接近下列哪一個選項？(9001)【17】 （A）顏淵從來不誇耀自己的長處，也不張揚自己的功勞 （B）五柳先生對於貧賤不感到憂慮，對於富貴也不汲汲營求 （C）愛因斯坦發表《相對論》時，強調是與朋友討論所得的成果※ （D）子路願把自己的馬車輕裘與朋友共用，即使用壞了也沒有怨憾

4-4舉例句子特定觀點	0.54	南宋文學家陸游是中國有名的愛國詩人，下列哪一詩句最能看出他報效朝廷的雄心壯志？(9302)【17】 （A）數間茅屋鏡湖濱，萬卷藏書不救貧 （B）衣上征塵雜酒痕，遠遊無處不消魂 （C）躬率本是英豪事，老死南陽未必非 （D）自笑滅胡心尚在，憑高慷慨欲忘身※
5-1摘要段落要旨	0.58	「某現金卡廣告詞：『借錢是高尚的行為。』引發了社會的爭議。打廣告當然是為了賣商品，但廣告訊息傳播的價值觀，不僅影響消費者的觀感，也影響商品本身的形象。」下列何者最符合這段文字的說明？(9401)【13】 （A）廣告影響消費者的觀感時，才能有利於行銷 （B）廣告以創意凸顯產品的形象時，應審慎行事※ （C）廣告設計應該以突破社會既定價值觀為目的 （D）廣告若能引發社會爭議，必能帶動消費潮流
5-2推論段落觀點	0.61	「江雨霏霏江草齊，六朝如夢鳥空啼。無情最是臺城柳，依舊煙籠十里堤。」這是一首詠史詩，下列何者所抒發的情感與此詩相近？(9202)【22】 （A）宮花草埋幽徑，晉代衣冠成古丘※ （B）山代有才人出，各領風騷數百年 （C）蕭蕭兮易水寒，壯士一去兮不復返 （D）人生自古誰無死，留取丹心照汗青

5-3摘要段落內容	0.54	這是葫蘆國郵政劃撥儲金存款收據上的注意事項： 1. 本收據請妥為保管，以便日後查考。 2. 如欲查詢存款入帳情形，請檢附本收據及已填妥之查詢函交原存款局辦理。 3. 本收據各項金額、數字係機器印製，如非機器列印、或經塗改、或無收款郵局收訖章者皆無效。 根據以上的敘述，下列何者正確？(9401)【17】 （A）欲查詢款項是否已入帳，可到任何郵局辦理 （B）收據上的數字如塗改，須經郵局蓋章才有效 （C）這些事項是在郵局提款之前必須注意的事 （D）收據上的金額、數字都是機器列印的※
5-5解釋段落寫作模式	0.51	若以「傘」為作文題目，下列何者是從反面進行構思聯想？（9401）【19】 （A）頂著豔陽，頂著風雨，傘把困難留給自己，把方便讓給別人 （B）長久生活在保護傘下，將難以鍛鍊堅強的意志及獨立的人格※ （C）開闔自如的傘，就好像能屈能伸的大丈夫可適應不同的環境 （D）樸素堅實的黑傘，一如父親堅定有力的臂膀，護育兒女成長
6-1推論文化常識	0.54	國文老師要同學上台介紹《論語》這本書，下列四位同學的說法何者正確？(9301)【23】 （A）王小明：《論語》是道家重要的經典 （B）張一虎：《論語》的中心思想是「仁」※ （C）王中美：《論語》中詳載孔子一生的經歷 （D）吳之慧：《論語》的作者是孔子及其弟子和再傳弟子

6-2推論文學常識	0.53	王維早年詩風積極進取，雄渾豪邁；中年以後風格轉爲清雅閑淡，意境悠遠。下列詩句，何者最可能是他早年的作品？(9301)【8】 （A）泉聲咽危石，日色冷青松 （B）行到水窮處，坐看雲起時 （C）暮雲空磧時驅馬，秋日平原好射雕※ （D）山中習靜觀朝槿，松下清齋折露葵
7-1舉例修辭法	0.66	下列何者的修辭技巧，與「惡習如野草，要快割盡除」相同？(9401)【20】 （A）考前他一如往常，早早就寢，毫不緊張 （B）行事須謹慎，如自作聰明，必自食惡果 （C）知足如同天然的財富，讓人生豐碩※ （D）苦苦等待之後，他終於如願以償了
8-1分類詞性	0.6	「春風又綠江南岸」的「綠」字改變詞性爲動詞之後，使得詩意更爲生動活潑。下列詩句「」中的字，何者也改變詞性，當動詞使用？(9402)【18】 （A）「銀」燭朝天紫陌長，禁城春色曉蒼蒼 （B）最是秋風管閒事，紅他楓葉「白」人頭※ （C）白髮悲花落，「青」雲羨鳥飛 （D）連山晚照「紅」，遠岸秋沙白
8-2分類句法結構	0.47	下列各選項「」中部分，何者不是該句的主語？(9002)【24】 （A）「問題」已浮現在檯面了 （B）「他們」簡直是無法無天 （C）「屋頂」上的雨水滴落下來※ （D）「教育」是孔子心愛的職業

8-3分類簡句	0.60	從句型來看，「良將乃國之棟梁」是判斷句。下列選項「　」中的句型，何者也屬於判斷句？(9401)【11】 （A）「人非草木」，孰能無情※ （B）「求仁得仁」，又有何怨 （C）「人而無信」，不知其可 （D）「死生有命」，富貴在天
9-1實行恰當詞語	0.61	下列文句「　」中的詞語，何者使用不恰當？(9301)【13】 （A）這次演唱會，阿妹打扮得「美輪美奐」，令人驚艷※ （B）面對考試，用功的學生「成竹在胸」，一點也不驚慌 （C）小英做事認真負責，「一絲不苟」，贏得老師的讚賞 （D）現在的年輕人，個個身懷絕技，真是「後生可畏」
9-2實行恰當句子	0.56	下列文句，何者用字最精簡？(9501)【11】 （A）他痴痴地凝望看著蒼芎，心中好像如有所悟 （B）融融春陽下，眺望蒼闊的海面，令人心曠神怡※ （C）假使時間充裕，我絕對一定會準備好這次段考 （D）在世間生活，需努力打拼，才不致徒然枉費爲人

9-3實行恰當段落	0.54	八十歲的張老先生爲人偏心，爲了把財產全部留給兒子而立下了遺囑：「八十老翁親生一子所有財產完全給予女婿外人不得爭奪」。這段文字要如何標點，才能達到張老先生的心願？(9002)【10】 （A）八十老翁親生一子，所有財產完全給予女婿、外人，不得爭奪。 （B）八十老翁親生一子；所有財產完全給予女、婿，外人不得爭奪。 （C）八十老翁親生一子。所有財產，完全給予女，婿外人不得爭奪。 （D）八十老翁親生一子，所有財產完全給予。女婿外人，不得爭奪。※
10-1實行應用文格式	0.46	李醫師最近搬了新家，在牆上掛了不少匾額，其中有一塊是她去年當選縣議員時，親友們所致贈的。依你判斷是哪一個？(9201)【7】 （A）杏林春暖 （B）再世華陀 （C）造福桑梓 ※ （D）喬遷之喜

11-1現代文閱讀	0.57 0.57	由於交通與通訊的進步，我們的地球相對縮小了，同時，各地區與國家之間的相互影響與依賴卻漸形重要，特別是在過去的十五年間，由於整個世界經濟的國際化，「地球村」的概念似乎慢慢在成形，而我們也一步步地走向「生活在沒有國界的世界」的境界。這次東南亞的金融風暴，確與整個世界經濟的國際化有密切的關係。同時，我們也看到人類面對的一些重要問題，例如：人口暴增、不同地區貧富差距的進一步加深，及人類活動帶來的生態與環境的破壞，已變成高度國際化的問題，也是人類必須共同面對的全球性的問題。 ——改寫自李遠哲〈二十一世紀的挑戰〉 01. 這段短文的中心思想是什麼？（11-3-1摘要短文要旨）（9101）【47】 （A）維護生態環境是人類當務之急 （B）世界性經濟不景氣正在擴大中 （C）地球上各地人民的命運將是休戚與共的※ （D）面對新世紀，控制人口的質與量是最重要的議題 02. 以下推論，何者不符合本文的論點？（11-3-2摘要短文內容）（9101）【48】 （A）任何區域性金融風暴，都將影響全球經濟 （B）地球村的形成是由於人口暴增，聚集繁密※ （C）貧富懸殊是當前人類社會重要的經濟問題 （D）溫室效應超越國界，須靠全人類共同解決

11-2古文閱讀	0.61 0.52	華歆、王朗俱乘船避難，有一人欲依附，歆輒難之。朗曰：「幸尚寬，何爲不可？」後賊追至，王欲舍所攜人。歆曰：「本所以疑，正爲此耳。既已納其自託，寧可以急相棄邪？」遂攜拯如初。世以此定華、王之優劣。 ——劉義慶《世說新語》 01. 根據本文，王朗在這個事件中的表現，用下列哪一個詞語來形容最恰當？【文言文-記敘文】（12-4推論短文觀點）（9301）【41】 （A）器量寬大（B）缺乏定見 （C）當機立斷（D）思慮欠周※ 02.「既已納其自託，寧可以急相棄邪」的意思是什麼？【文言文-記敘文】（12-2詮釋短文句子涵義）（9301）【42】 （A）雖然已經接受他的請託，危急時刻我還是寧願拋棄他 （B）雖然已經接受他的請託，怎麼可以因爲危急而拋棄他※ （C）雖然是他自己前來投靠，危急時拋棄他也沒什麼關係 （D）既然已把生命託付給他，他怎可在緊急時拋棄我們呢

11-3 韻文閱讀	0.52 0.52	爲人在世莫嗜懶， 嗜懶之人才智短， 臨老噬臍悲已晚。 士而懶，終身布衣不能換； 農而懶，食不充腸衣不暖； 工而懶，貲聚萬貫成星散。 又不見，人生天地惟在勤， 原勤之本在乎心。 若要自強而不息， 先須抖擻己精神。 ——胡澹菴輯《繪圖解人頭•勤懶歌》 01. 下列敘述，何者與本詩的主旨最接近？【韻文-其他】（13-3摘要短文內容-要旨）（9401）【35】 （A）懶惰使靈魂虛弱，勤勞讓思緒靈敏 （B）一生之計在於勤，勤勉立身全由己※ （C）一分辛勞一分財，唯有勤勞能致富 （D）人生最困難的事，莫過於戰勝惰性 02. 本詩中「臨老噬臍悲已晚」的謹勸意味，與下列何者相同？【韻文-其他】（13-2詮釋短文句子涵義）（9401）【36】 （A）往者不可見，來者猶可追 （B）欲窮千里目，更上一層樓 （C）花有重開日，人無再少年※ （D）生年不滿百，常懷千歲憂

根據表41的分析，基測各評量指標的優良試題，鑑別度多數皆高於試題鑑別度的平均值0.45，只有5-3推論段落標題鑑別度低於表現較差。

據此可知，基測試題根據數量分析結果，試題品質應加強的重點爲：

1.在難度、鑑別度部份：提高各年度第二次試題的難度及試題品質，研發及提昇0.31-0.50難度等級的試題及品質。縮小各年度次間試題的鑑別度差距。提昇讀音、應用文格式等教學目標的試題品質。提昇確認正確字形、多音字讀音、推論段落標題、推論韻文觀點、解釋段落寫作模式、確認正確讀音等評量指標的試題品質。

2.在誘答選項有效性部份：試題誘答選項誘答率低於百分之一或誘答率高於正答的試題只佔0.05。

3.在優良試題部份：只有推論段落標題無鑑別度0.45以上的優良試題。

貳、品質分析

為有效進行試題形式與內容的品質分析，筆者根據多年參與或主持大型標準化成就測驗題庫有關命題、修題的經驗，建立「試題品質檢核表」，做為分析基測試題形式與內容品質的依據。

一、試題品質檢核表

本節先說明「試題品質檢核表」內容，再根據「檢核表」檢核基測試題的測驗品質，並逐題檢核基測試題的試題品質；其次根據檢核結果，分全數符合、大致符合、尚待改進三項，說明基測試題的測驗品質與試題品質。所謂大致符合指指標或試題，不合標準數目在1-10項或題之間，尚待改進指試題或指標不合標準數目在10項或題以上。茲將「試題品質檢核表」內容及檢核結果，列表說明如後。

表43 基測國文科試題「試題品質檢核」分析表

檢查項目	全數符合	大致符合	尚待改進
壹、測驗品質			
1-1試題內容符合考科規定的考試範圍（教學目標）與配分。	※		
1-2試題表達方式切合該題之評量目標，並據實填入雙向細目表、試題難易對應表、試題解答。	※		
1-3試題數量與考試時間配比恰當且難易適中。	※		
1-4評量指標與教學目標的關聯性安排恰當	※		
1-5雙向細目表的認知能力安排恰當	※		
1-6雙向細目表的評量指標安排恰當	※		
1-7雙向細目表認知能力的配分安排恰當		※	
1-8雙向細目表評量指標的配分安排恰當		※	
貳、試題品質			
一、試題內容			
（一）內容			
2-1題目針對該學科核心的、基本的、重要的能力。	※		
2-2試題給予充足的答題情境。		※	
2-3試題清楚表達題意，且使用專業領域所慣用的術語或名詞		※	
2-4試題內容未過於繁雜或提問一個以上的問題	※		
2-5試題只評量一種能力		※	
2-6試題只有一個正確答案		※	
2-7試題不會過難或過易		※	
2-8考生答對問題，能反應具備該題評量目標上所描述之能力。	※		
（二）題幹			
3-1題幹的附圖或附表很清楚	※		
3-2題幹形式清晰不會引起閱讀誤解或干擾閱讀		※	
3-3題幹的術語定義不會與教學內容衝突或超出教學範圍		※	

3-4題幹的提問重點敘述清晰明確		※	
3-5題幹的提問重點符合教學目標	※		
3-6題幹的提問重點沒有爭議		※	
（三）選項			
4-1選項提供正確的答案		※	
4-2選項敘述清晰不會引起誤解		※	
4-3選項敘述能呼應題幹的提問重點	※		
4-4選項內容是學習重點		※	
4-5選項內容安排合乎邏輯		※	
（四）試題公平性			
5-1題目中的訊息並無隱含對性別、種族的歧視。	※		
5-2題目中的訊息不爲某些地理區的人所熟悉的，因而造成對其他地理區的人不公平。	※		
5-3題目中的訊息不爲某些族群的人所熟悉的，因而造成對其他族群的人不公平。	※		
5-4題目中的訊息不爲某一種性別的人所熟悉的，因而造成對其他性別的人不公平。	※		
5-5除了該考科的能力之外，沒有其他因素會影響考生答對本題的機會。	※		
5-6題目不是從坊間的參考書或補習班講義中抄錄出來。	※		
5-7題目不是從聯考、甄試考試或其他聯合考試中抄錄出來。	※		
5-8題目不是從某些學校的月考、期考等大型考試中抄錄出來。	※		
二、試題形式			
（一）命題技巧			
6-1題幹和選項的文法一致，具有連貫性。	※		
6-2題幹或選項中，沒有跟答題無關的字眼。	※		
6-3題幹中已經避免「否定」和「雙重否定」的用語。	※		
6-4題幹中若使用否定詞語，以底線標明否定用語。	※		
6-5題幹或選項的表達方式，不會讓人容易猜到正確選項。	※		
6-6題幹未被分割。	※		
6-7選項如果是數字，依數字由小至大的順序排列。	※		

6-8選項如果是字母，依照第一個字的先後順序排列。	※		
6-9選項的文字長度盡量一致	※		
6-10選項重複出現的文字應置於題幹內	※		
6-11無【以上皆是】或【以上皆非】等選項	※		
6-13非正確答案的選項一定是錯誤的，或至少有些部分是錯誤的	※		
（二）組題技巧			
7-1累計分數與總分相符。	※		
7-2標準答案之分佈均勻。	※		
7-3所提供之標準答案經命題委員相互核校正確無誤。	※		
7-4試題排列順序由易至難。	※		

根據上述檢核表分析，基測試題在測驗品質及試題品質兩部份，多數皆符合檢核表的要求，顯示基測試題品質尚稱優良，但也有些部份仍有改善空間。在測驗品質部份有兩項細目尚待改進，分別是認知能力與評量指標的配分，此項缺失在測驗品質分析中已做說明，並編寫「試題雙向細目建議表」，此處不再贅述。

試題品質部份，多數皆符合檢核表的要求，只有試題內容、題幹、選項三項中的某些細目，屬於大致符合。這些不完全符合檢核表的試題，此處先根據檢核表的分類與次序，選擇瑕疵較明顯的項目，列舉代表性試題做說明，其它類似試題則在本書第三章至第九章中，詳加說明。

二、試題瑕疵說明

（一）試題瑕疵

甲、2-2試題未提供充足的答題情境

此類試題多出現在現代文閱讀題組，由於閱讀短文的原文經過命題者刪改，刪改後內容的文義脈絡往往變得模糊不清，影響學生的閱讀理解。

範例

十餘年來我在醫檢工作之餘，除了沈浸於史料的解讀、尋找老部落與古戰場、採訪泰雅族的抗日遺老之外，更多次前往日本，試圖從兩方的當事人或見證者口中，釐清事件的盲點。由於當事人或是見證者皆因年邁而瀕臨凋零，拜訪遺老成為我一再探索與追溯的迫切功課。再者，近年臺灣原住民族群面對瞬息萬變的社會，出現了一些無法適應環境的問題，了解霧社事件的經過與原住民族群的歷史變遷或許有助於找出其適應不良的原因。

——鄧相揚〈霧重雲深——一個泰雅家庭的故事〉

01. 由上文可知，這篇報導文學所要報導的主題最可能是什麼？（9102）
（A）原住民族群的社會適應問題　（B）泰雅族抗日的古戰場所在地
（C）泰雅族部落的興衰發展　（D）霧社事件的真相※

鑑別度	難易度	A	B	C	D
0.06	28.04	55.69	5.51	10.26	28.04

說明：上文文義脈絡爲：1.藉史料、遺跡、遺老，了解霧社事件。2.遺老逐漸凋零，使了解霧社事件的訪談工作更急迫3.了解霧社事件及原住民的歷史變遷，有助於尋找原住民適應不良的原因。但上文主題「霧社事件」的關鍵詞，文末才出現，且與原住民的歷史變遷並述，使文章的主題含混不清，很難確切掌握要點。學生因無法明確判斷主題，所以答對率0.28，鑑別度則只有0.06。

修題建議：

十餘年來我在醫檢工作之餘，除了沈浸於史料的解讀、尋找老部落與古戰場、採訪泰雅族的抗日遺老之外，更多次前往日本，試圖從兩方的當事人或見證者口中，釐清霧社事件的盲點。由於當事人或是見證者皆因年邁而瀕臨凋零，拜訪遺老成為我一再探索與追溯的迫切功課。再者，近年臺灣原住民族群面對瞬息萬變的社會，出現了一些無法適應環境的問題，了解霧社事件的經過與原住民族群的歷史變遷或許有助於找出其適應不良的原因。

乙、2-5試題不只評量一種能力

此類試題多爲評量句義、段義理解的試題。題型設計特色爲「題幹提問段義理解的重點，但選項不提供直接答案，只安排涵義相近的句子」。這樣的題型設計，其實兼括兩個以上評量重點，即題幹段義的了解與選項各句的句義了解。所以當學生答錯時，無法明確判斷學生是否對評量指標所欲測量的重點，能力不足。

範例

01. 「有一個實驗是這樣的：在盛滿水的鍋子放入一條魚，然後把水的溫度以非常緩慢的速度逐漸升高。剛開始魚兒在水中悠然自得，一點都沒有異樣，但是在兩個小時之後，魚兒竟一點也沒有掙扎地死了。」此則故事的寓意是在說明何種道理？（9102）【33】

（A）人恆過，然後能改
（B）習之中人，甚矣哉※
（C）勞則思，逸則淫，物之情也
（D）飽食終日，無所用心，難矣哉

鑑別度	難易度	A	B	C	D
0.33	42.86	2.31	42.86	28.66	26.10

說明：此段文義說明魚未察覺環境緩慢改變，因而無相應的改變，終於導致死亡。可進一步引申爲習慣容易使人產生惰性變得麻木不仁，但正答的「習之中人，甚矣哉」則只強調習慣對人影響很大，和要旨並不完全吻合，因而，此題的第一個暇疵是正答不周延，但因其它選項錯的更嚴重，所以考生可用消去法選出正答，所以仍可維持鑑別度0.33。但考生雖了解題幹段義，如不了解選項文句涵義，仍無法作答，因此難度只有0.42，這是此題的第二個暇疵，評量多種能力。從考生的試題反應看，第二個暇疵較嚴重。

修題建議：

閱讀下文，推斷它的寓意是什麼？

有一個實驗是這樣的：在盛滿水的鍋子放入一條魚，然後把水的溫度以非常緩慢的速度逐漸升高。剛開始魚兒在水中悠然自得，一點都沒有異樣，但是在兩個小時之後，魚兒竟一點也沒有掙扎地死了。

（A）實驗幫助我們了解真相
（B）習慣容易使人麻木不仁※
（C）安逸的環境容易喪失求生的意志
（D）適應環境的改變，往往容易喪生

（二）題幹瑕疵

甲、3-2題幹形式易引起閱讀干擾

此為評量段義理解試題的共同缺失。試題設計缺失為「題幹所欲提問的重點，隱藏在一段文字閱讀之後，使粗心的學生容易忽略或誤讀提問重點」。所以當學生答錯時，無法明確判斷學生是看錯題目、誤會提問重點，還是不了解段義。

範例

01. 二十世紀初，維也納有位極負盛名的鋼琴家——維特史坦，他在二次世界大戰中，被砲彈炸斷了慣用的右手。維特史坦不願向命運低頭，到處懇求作曲家特別為他僅存的左手譜寫《左手鋼琴協奏曲》，因而他仍能彈奏出優美的樂章。下列何者不能用來形容維特史坦的精神？（9201）（31）
    （A）英雄何懼出身低※
    （B）路是人走出來的
    （C）逆境中寓有新生的契機
    （D）痛苦的人，沒有悲觀的權利

鑑別度	難易度	A	B	C	D
0.39	45.51	45.51	5.91	8.00	40.51

說明：此題的段旨與國中許多課文的要旨相近，考生答對不難，但難度卻只有0.45，顯示學生是誤答此題。而D選項誤答率偏高，推斷「痛苦的人，沒有悲觀的權利」，是考生對此類文章要旨熟悉的答案，但考生沒看清此題是否定提問，因而誤答。此題瑕疵是否定提問藏在文章最後，雖然有雙線標示，但文章又同時有許多單線私名號，產生閱讀干擾，造成誤答。因此，只須修改題幹即可。

修題建議：

閱讀下文，並推斷下列何者不能用來形容維特史坦的精神？

二十世紀初，維也納有位極負盛名的鋼琴家——維特史坦，他在二次世界大戰中，被砲彈炸斷了慣用的右手。維特史坦不願向命運低頭，到處懇求作曲家特別為他僅存的左手譜寫《左手鋼琴協奏曲》，因而他仍能彈奏出優美的樂章。

（A）英雄何懼出身低※
（B）路是人走出來的
（C）逆境中寓有新生的契機
（D）痛苦的人，沒有悲觀的權利

乙、3-3題幹的術語定義，說明錯誤

此類試題多屬各別試題，主要缺失是題幹的術語定義說明錯誤，因而誤導學生的答題判斷。

範例

01. 中國文字通常一字一義，但亦有兩個字合起來才能表達意義的，如「葡萄」、「琵琶」等即是。下列文句「」內的詞語，何者也屬於此類？（9301）（28）
（A）彷彿是朝來人們的「祈禱」，參差地翳入了天聽
（B）有時候，遇見一株美麗的樹的心情無法確切的「形容」
（C）六隻小雞由草坡上走來，膽怯怯的在外圍「徘徊」觀望※
（D）大自然像「戲劇」，大西北雨的序幕如同惡魔與妖巫之出世

鑑別度	難易度	A	B	C	D
0.38	56.04	12.86	24.37	56.04	6.64

說明：「葡萄」、「琵琶」是衍聲複詞，與文字的意義無關，因此題幹定義為「兩個字合起來才能表達意義」，並不正確，所以部份學生誤答B。

修題建議：

「葡萄」、「琵琶」是與意義無關的衍聲複詞，下列文句「　」的詞語何者也是「衍聲複詞」？
（A）彷彿是朝來人們的「祈禱」，參差地翳入了天聽
（B）有時候，遇見一株美麗的樹的心情無法確切的「形容」
（C）六隻小雞由草坡上走來，膽怯怯的在外圍「徘徊」觀望※
（D）大自然像「戲劇」，大西北雨的序幕如同惡魔與妖巫之出世

丙、3-4題幹提問重點，敘述不明確

此類試題多屬各別試題，主要的缺失是題幹的提問重點，說明不夠明確，容易誤導學生的答題判斷。

範例

01. 蘇軾〈記承天夜遊〉：「庭中如積水空明，水中藻荇交橫，蓋竹柏影也。何夜無月？何處無竹柏？但少閒人如吾兩人耳！」作者所呈現的心境與下列何者最接近？（9001）（11）
（A）忙人無是非，閒人是非多
（B）人閒桂花落，夜靜春山空
（C）人莫樂於閒，非無所事事之謂也
（D）江山風月，本無常主，閒者便是主人※

鑑別度	難易度	A	B	C	D
0.37	39.05	8.83	29.91	22.22	39.05

說明：題幹的提問重點「作者心境」，涵義模糊，所以有很多學生誤答B或C。

修題建議：

閱讀下文，並推斷「何夜無月？何處無竹柏？但少閒人如吾兩人耳！」的要旨是什麼？
（A）竹柏、明月易得，好友不易得
（B）幽靜的月景，適合與朋友共賞
（C）閒暇之餘，才能從容欣賞月景
（D）心情閒適，才易發現景物之美※

丁、3-6題幹所提問的重點，易生爭議

此類試題多屬各別試題，最主要的缺失是題幹的提問重點，易生爭議，應增加說明，使定義更具體明確，才能避免考生判斷錯誤。

範例

楊生養一狗，甚愛憐之，行止與俱。生因暗行，墮於空井中，狗呻吟徹曉。有人經過，怪此狗向井號，往規，見生。生曰：「君可出我，當有厚報。」人曰：「以此狗見與，便當相出。」生曰：「此狗不得相與。餘即無惜。」人曰：「若爾，便不相出。」狗遂低頭目井。生知其意，乃與路人云：「以狗相與。」人即出之，繫之而去。卻後五日，狗夜走歸。——改寫自《搜神後記　卷九》

01. 「狗遂低頭目井。生知其意」，句中「其意」的意思應是下列何者？（9401）（45）
　（A）示意楊生答應此人要求無妨 ※
　（B）請求楊生千萬不要將牠給人
　（C）感謝楊生多年來辛苦的照顧
　（D）表明信任楊生做的一切決定

鑑別度	難易度	A	B	C	D
0.56	45.60	45.60	14.15	21.92	17.52

說明：此題提問重點必須與「卻後五日，狗夜走歸」連結，才能得出正答的推測，因此題幹必須清楚說明此條件，才易推測出正答選項的結果，否則任何答案都有可能。所以，考生有不少人誤答B、C、D選項。

修題建議：

根據「卻後五日，狗夜走歸」的結果，推測「狗遂低頭目井。生知其意」，句中「其意」的意思，應指下列何者？（9401）（45）
（A）示意楊生答應此人要求無妨 ※
（B）請求楊生千萬不要將牠給人
（C）感謝楊生多年來辛苦的照顧
（D）表明信任楊生做的一切決定

（三）試題選項瑕疵

甲、5-1正確選項不只一個

此類試題多屬各別試題，最主要的缺失是選項的正答不只一個，考生容易誤答第一個出現的選項。

範例

01. 下列文句「 」中的字，何者讀音與其他三者不同？(9301)【20】
（A）他燙了一頭「卷」髮 ※
（B）我有一「卷」寬膠帶
（C）蘇黃共閱一手「卷」※
（D）漫「卷」詩書喜欲狂

鑑別度	難易度	A	B	C	D
0.33	0.81	0.00	0.04	0.00	0.16

說明：此題正答有兩個。

修題建議：

下列文句「 」中的字，何者讀音與其他三者不同？(9301)【20】
（A）瓜藤有彎彎的「卷」鬚（B）我有一「卷」寬膠帶
（C）蘇黃共閱一手「卷」※（D）漫「卷」詩書喜欲狂

乙、4-2選項敘述不清晰

範例

01. 用具體的描述來表達抽象的意念，可使文章更為生動。下列何者不屬於此類？（9101）（33）
    （A）爸媽的關懷與呵護，為我們築成了一座堅不可摧的堡壘
    （B）漫步在夕陽餘暈裏，晚景的溫存就這樣被我偷嘗了不少
    （C）黃槐那豔麗耀眼的黃色花朵，在陽光下是一種龐大集團的色彩※
    （D）看著鳥兒高踞枝頭，臨風顧盼——好銳利的喜悅刺上我的心頭

鑑別度	難易度	A	B	C	D
0.38	44.86	13.69	20.31	44.86	20.95

說明：此題題幹的提問重點是「用具體的描述來表達抽象的意念」。
選項（A）「關懷與呵護築成一座堡壘」是以具體堡壘，表達關懷呵護的抽象意念。
選項（B）「偷嘗晚景的溫存」是以具體的偷嘗，表達抽象的欣賞。
選項（C）「黃色花朵是一種龐大集團的色彩」是以具體龐大集團的色彩，表達花朵的黃色，但花朵的黃色不是抽象的概念，所以不符合「具體描述抽象」的定義。
選項（D）「好銳利的喜悅刺上心頭」是以具體的刺，表達抽象的驚喜。
選項A與B、D雖然皆以具體表達抽象，但內涵並不相同，選項A的堡壘等同關懷、呵護，選項B、D則是動詞的偷嘗與刺，具有化抽象為具體的效果。
由於選項有關具體表達抽象的內涵並不統一，加上未將提問重點如：堡壘、偷嘗、龐大集團的色彩、刺等，以「」說明。使考生無法判斷各選項所欲測量的明確範圍，所以誤答A、B、D的考生很多。

修題建議：

用具體的名詞說明抽象的意念，可使文章更爲生動。下列文句「」的語詞，何者具有此特性？（9101）【33】

（A）爸媽的關懷與呵護，爲我們築成了一座堅不可摧的「堡壘」※

（B）漫步在夕陽餘暈裏，晚景的「溫存」就這樣被我偷嘗了不少

（C）黃槐那豔麗耀眼的黃色花朵，在陽光下是一種「龐大集團的色彩」

（D）看著鳥兒高踞枝頭，臨風顧盼——好「銳利」的喜悅刺上我的心頭

丙、4-3選項敘述無法與題幹提問重點呼應

01. 「得之於人者太多，出之於己者太少。因爲需要感謝的人太多了，就感謝天罷。」這段話的涵義和下列何者最相近？(9101)【33】

（A）有人需要妳的愛，滿足他們吧！此時，你將是上天賜給他們的恩典

（B）豐收是自然和人類合作的大手筆，人豈可貪天之功而愚昧地自鳴得意※

（C）生活充滿困惑與潛在的混亂，宗教的力量可以指導我們找到意義與秩序

（D）對生命有真切的擁抱後，看任何事就能寬宏大量，擁有海闊天空的人生觀

鑑別度	難易度	A	B	C	D
0.37	33.33	41.38	33.33	5.62	19.49

說明：此題難度0.33，誘答選項A誘答率爲0.41超過正答，乃因正答B強調的重點是農作物的豐收，與題幹強調「謙虛的心態」並不完全吻合，所以考生選答與上天較有關係的A。此題有選項無法呼應題幹重點的瑕疵。

修題建議：

「得之於人者太多，出之於己者太少。因爲需要感謝的人太多了，就感謝天罷。」這段話的涵義和下列何者最相近？(9101)【33】

（A）有人需要妳的愛，滿足他們吧！此時，你將是上天賜給他們的恩典

（B）人的成就，是上天與社會的賜與，不宜自居其功，自鳴得意※

（C）生活充滿困惑與潛在的混亂，宗教的力量可以指導我們找到意義與秩序

（D）對生命有真切的擁抱後，看任何事就能寬宏大量，擁有海闊天空的人生觀

綜上可知，基測試題根據試題品質檢核表的分析，試題品質尚稱優良，但在題材的選擇與安排，題幹的安排形式及提問重點，及選項敘述等部份仍存有一些瑕疵，而這些試題題號往往都落在30-34之間，顯示這些試題經過預試後，試題反應顯示是高難度試題，組題時將此類試題編入，卻忽略試題難度高可能存有試題瑕疵的風險。建議基測未來可組題時判斷高難度試題應多加注意。

第三節　測驗實施分析

基測為標準化成就測驗，測驗實施程序與試題形式，應力求標準化，才能減少測驗誤差，提升測驗品質。為分析基測測驗實施的適切性，本節以測驗說明、考試時間，分析基測實施程序。以試題題型與題數、試題難易度安排、選項答案安排、試題否定提問題數等項目，分析基測的題本形式。

壹、測驗實施分析

測驗實施涉及許多複雜的行政規劃，本節只討論與學生參加測驗直接相關的測驗說明及考試時間，藉由兩項內容的說明，分析測驗實施程序是否適當。茲將基測的測驗說明及作答時間，說明如後。

一、測驗說明分析

為說明基測國文科試題的測驗說明，是否恰適，茲將基測測驗題本的測驗說明、答題注意事項、作答方式、作答時間，依序說明如後：

（一）測驗說明

這是國民中學學生基本學力測驗國文科題本，題本採雙面印刷，共13頁，有48題選擇題，每題都只有一個正確或最佳的答案。測驗時間從14:00到15:20，共70分鐘。作答開始與結束請聽從監試委員的指示。

（二）注意事項

所有試題均為四選一的選擇題，答錯不倒扣，分為單題與題組兩個部分。題組是指共用問題情境的數道試題，包括「選文」及兩題以上的相關試題。作答時請務必仔細閱讀選文的內容，再依問題做成判斷。部分試題中的詞語，將於該題右下角加註，以利參考。依試場規則第七條規定：答案卡上不得書寫姓名座號，也不得做任何標記。故意污損答案卡、損壞試題本，或在答案卡上顯示自己身分者，本科測驗不予計分。

（三）作答方式

請依照題意從四個選項中選出一個正確或最佳的答案，並用2B鉛筆在答案卡上相應的位置畫記，請務必將選項塗黑、塗滿。如果需要修改答案，請使用橡皮擦擦拭乾淨，重新塗黑答案。

（四）作答時間

表44　基測國文科試題「答題時間」統計表

年度次	901	902	911	912	921	922	931	932	941	942	951	952
時間	60	60	60	60	60	60	60	60	70	70	70	70

根據上述說明可知，基測的測驗說明格式固定，講解清晰，能使考生清楚了解測驗實施的程序；測驗時間60-70分鐘，亦能提供考生充裕的答題時間。9401年起時間增加十分鐘，主因自該年度起，參加基測考生的學習教材已開放為一綱多本，不再有全國統一的共同教材，因此增加答題時間，讓學生有充裕的答題。因此，基測的測驗實施程序頗為適當。

二、題本形式分析

為減少學生的測驗誤差，標準化成就測驗應盡量統一測驗題本的形式，因此本節以題本的題型題數，四等級難易度安排，各年次四等級難度最高、最低值統計，95年第2次試題難度統計，試題正答安排，否定提問題數統計等項目的說明，做爲分析測驗題本形式是否適當的依據。茲列表說明如後。

表45　基測國文科試題「題本題型及題數」統計表

題型/題數	901	902	911	912	921	922	931	932	941	942	951	952
單題	32	34	34	33	33	34	34	34	34	33	34	34
題組	14	13	16	17	15	14	14	14	14	15	14	14
總計	46	47	50	50	48	48	48	48	48	48	48	48

表46 基測國文科試題「題本各年度次四等級難度平均值」分析表

四等級	901	902	911	912	921	922	931	932	941	942	951	952	總平均值	標準差
1-10	0.75	0.85	0.81	0.85	0.72	0.81	0.78	0.85	0.77	0.84	0.82	0.86	0.81	0.05
11-20	0.70	0.70	0.64	0.72	0.68	0.72	0.73	0.72	0.69	0.8	0.71	0.75	0.71	0.04
21-33、34	0.57	0.61	0.51	0.6	0.56	0.59	0.54	0.58	0.57	0.61	0.54	0.62	0.57	0.03
34-48	0.68	0.67	0.68	0.55	0.77	0.74	0.7	0.79	0.67	0.75	0.69	0.77	0.71	0.07

表47　基測國文科試題「題本各年度次四等級難度最高與最低值」分析表

四等級/年度次	難度高低值	901	902	911	912	921	922	931	932	941	942	951	952
1-10	最高	0.83	0.91	0.91	0.9	0.83	0.96	0.87	0.95	0.86	0.94	0.95	0.94
	最低	0.56	0.74	0.7	0.77	0.64	0.7	0.67	0.75	0.7	0.77	0.7	0.73
11-20	最高	0.82	0.79	0.76	0.82	0.8	0.9	0.81	0.81	0.77	0.95	0.83	0.88
	最低	0.50	0.63	0.56	0.61	0.55	0.64	0.65	0.55	0.64	0.72	0.6	0.59
21-33.34	最高	0.74	0.83	0.71	0.73	0.73	0.68	0.68	0.74	0.82	0.83	0.65	0.81
	最低	0.39	0.44	0.33	0.43	0.41	0.45	0.4	0.3	0.46	0.36	0.37	0.43
34-48	最高	0.91	0.89	0.88	0.92	0.95	0.88	0.88	0.9	0.84	0.91	0.9	0.92
	最低	0.53	0.38	0.53	0.2	0.41	0.48	0.42	0.67	0.42	0.47	0.38	0.5

表48　基測國文科試題「選項正答分配題數」統計表

	901	902	911	912	921	922	931	932	941	942	951	952
A	12	11	12	12	12	12	12	12	12	11	12	10
B	10	13	12	13	12	12	12	12	12	12	13	13
C	13	11	13	13	12	11	13	13	12	13	12	12
D	11	12	13	12	12	13	12	11	12	12	11	13
題數	46	47	50	50	48	48	49	48	48	48	48	48

表49　基測國文科試題「否定提問題數」統計表

	901	902	911	912	921	922	931	932	941	942	951	952
題數	7	7	10	8	5	7	6	6	2	3	3	5

根據表45可知，基測測驗題本的測驗題型以單題及題組爲主，兩者的分配比例，大致固定。

根據表46可知，基測測驗題本的試題排列順序，單題部份符合由易及難的原則，前10題最簡單，平均值爲0.81；其次爲11-20題，平均值爲0.71；最難的是21-33或34題，平均值爲0.57。但34、35-48題，平均值爲0.71。進一步分析各年度次四等級的試題難度平均值差異，多數在難度平均值正負一個標準差的範圍，例外的是，1-10題等級0.81正負0.05，9001年的0.75、9201年0.72爲負偏離。11-20題等級0.71正負0.04，9101年的0.64爲負偏離。21-33.34題等級0.56正負0.03，9002年的0.61、9402年的0.61、9502年的0.62爲正偏離。35-48題等級0.71正負0.07， 9102年的0.55爲負偏離。

根據表47可知，各年度次的四等級難度最高值與最低值變化頗大，如1-10題等級最高值爲0.96，最低值爲0.56。11-20題等級最高值爲0.95，最低值爲0.50。21-33.34題等級最高值爲0.83，最低值爲0.3。35-48題等級最高值爲0.95，最低值爲0.2。顯示各等級的試題難度差距過大，組題品質不夠穩定。

根據表48可知，基測試題選項正答的分配，參差不大，頗爲平均。

根據表49可知，基測否定提問的試題，有些年度比例較高，如91年第一、二次分別爲十題及八題；但94年之後比例偏高的問題，已略見改善。

綜上可知，基測在測驗實施程序表現較佳，測驗說明與測驗時間皆極恰當。在測驗題本形式的表現則有改善空間，特別是各年度次測驗各等級難度的內在差異性極大，顯示基測的組題品質不夠穩定，建議改善組題技巧並檢討試題預試的功能與預試試題分析的正確性。

本章小結

根據上文分析，可將基測試題有關測驗品質、試題品質及實施品質分析的具體結論及改善建議，列表說明如後。

表50　基測國文科試題「試題分析與改善建議」分析表

	特質	改善建議
1.測驗品質分析		
1-1信度分析	1. α信度係數估計平均值0.91，表現優良 2.各年度第二次信度估計值較低 3.試題難度中間偏易時鑑別度高則信度高 4.第二次因難度低、鑑別度低、所以信度低	1.宜提高第二次試題品質及難度，以提昇試題信度
1-2效度分析		
1-2-1恰適性	根據筆者編寫的「基測試題結構表」 1.試題含教學目標11項，評量指標3 6項 2.試題含記憶、理解、應用三種能力 3.教學目標多數能呼應課綱，但語法、應用文格式及文化常識部份指標，無法呼應課綱 4. 試題題材無法呼應古今中外及台灣文學代表性作品的課綱內容 5.缺乏分析能力，無法呼應增加閱讀深度廣度的課綱理念 6.國中多數教師認同基測的教學目標、評量指標	1.宜減少評量指標應用文格式、寫作格式、修辭法、語法及部份文化常識的試題 2.宜增加評量分析能力的試題 3.宜納入古今中外鄉土的代表作品爲試題題材

1-2-3代表性	1.試題多數能代表各教學目標及評量指標 2.各年度次教學目標、認知能力、評量指標試題題數變異性大 3. 國中多數教師認同基測評量指標的題數分配	1. 宜參考筆者編寫的「試題雙向細目建議表」使每年的試題結構（評量指標及題數分配比率）標準化（統一且固定）
2.試題品質分析		
2-1數量分析		
2-1-1試題難度	1.難度平均值0.69 2.難度分佈0.20-1.00 3.難度集中0.51-0.90 4.難度0. 51-0.80的試題鑑別度最高（均值0.47-0.44） 5.難度0.50以下試題鑑別度較差	1.宜增加難度0.5 0以下試題及品質
2-1-2試題鑑別度	1.鑑別度平均值0.45 2.教學目標平均值低於0.4 1爲：字形、讀音與應用文格式 3.評量指標平均值低於0.40爲：正確字形、正確讀音、多音字讀音、段落標題、段落寫作模式、推論韻文觀點 4.評量指標高於0.50爲：詮釋古文詞義、摘要古文內容、舉例簡句	1.宜提昇鑑別度較低之教學目標與評量指標的試題品質 2.宜參考各評量指標優良試題編寫試題
2-1-3誘答選項有效性	1.誘答選項，選答率低於百分之一的試題只有1題 2.誘答選項，選答率等於百分之一的試題有19題 3.誘答選項誘答人數超過正答人數，且試題有瑕疵的試題有6題	1.宜注意誘答選項的選答率
2-2品質分析		
2-2-1測驗品質	1.評量指標題數分配可改善 2.認知能力缺乏分析能力	1.宜參考「試題雙向細目建議表」規劃試題結構

2-2-2試題品質		
2-2-2-1形式	1.全數符合筆者編寫「基測試題檢核表」標準	
2-2-2-2內容	1.多數符合「基測試題檢核表」標準 2.試題內容瑕疵-不能提供充足的答題情境、不只評量一種能力 3.題幹瑕疵-敘述格式干擾閱讀、術語定義說明錯誤、提問重點不明確、提問重點易生爭議 4.選項瑕疵-正答不只一個、選項敘述不清晰、選項無法與題幹提問重點呼應 5.瑕疵試題多出現在30-34題的位置	1.宜注意難度高試題是否有試題瑕疵
3.測驗實施分析		
3-1測驗實施	1.測驗說明恰當 2.測驗時間恰當	
3-2測驗題本形式	1.題型、題數固定 2.正答選項分配平均 3.否定提問標示清晰 4.試題安排依易、中、難排列 5.1-10題難度平均值0.81。11-20題0.71。21-33.34題0.5635-48題0.71 6.各年度次1-10題、11-20題、21-33.34題、35-48題，難度差異性大	1.宜改善1-10題，11-20題，21-33.34題，35-48題的難度差距

第三章　字形、讀音試題的品質分析與改善建議

基測評量記憶能力的試題分字形、讀音兩類，本章針對這兩類教學目標的試題，說明試題品質及改善建議。

第一節　能認識常用字的字形

本節討論基測有關字形試題的品質分析與改善建議。品質分析分效度分析、數量分析、品質分析三項。效度分析先說明字形試題評量指標的擬定；接著根據「九年一貫課綱」，分析教學目標、評量指標與課綱的關聯性；再根據「基測推委會」公布的「各科取材範疇與依據」，分析字形試題的取材是否以基本識字量3500-4500字爲範圍，說明試題的恰適性。其次以「試題結構表」、「各年度次試題雙向細目表」，分析合乎評量指標、評量細目、認知能力試題及各年度次試題分配，說明試題的代表性。

數量分析根據「基測推委會」提供的考生試題反應數據，說明字形試題的試題反應。再據之分析試題難度及鑑別度，在整體、各年度次、各難度等級、各評量指標的統計特質，用以說明試題品質。

品質分析根據各評量指標的平均值，選擇正、負一個標準差之外的試題，分析高低鑑別度試題特質。其次根據「試題檢核表」，分類瑕疵試題。最後則歸納題幹用語瑕疵，說明各評量指標的格式化用語。

改善建議則根據上述各項分析，具體說明改善建議。

壹、效度分析

一、試題恰適性

效度分析旨在評估字形試題能否有效評量教學目標－能認識常用字形，所欲評量的重點。因此先以內容關聯效度的邏輯分析爲依據，利用下列步驟，分析字形試題的恰適性。

1.整理基測90-95年度，各年度次有關字形評量的試題。

2.根據試題題幹及選項，將字形試題依試題特性做進一步分類。

3.根據試題特性，採用Bloom2001年認知領域教育目標所提供的動詞，擬定評量指標。

4.檢核教學目標、評量指標與「九年一貫課綱」能力指標及學習內涵指標的關聯性，以說明試題的恰適性。

5.分析試題選項的字形是否合乎4500常用字的範圍，以說明試題的恰適性。

基測90-95年度，各年次有關字形評量的試題共有21題，根據試題題幹與選項內容分析，試題可分兩類：一類是選擇正確字形，一類是選擇形近同音字的正確字形。

選擇字形以評量記憶能力爲主，因此根據Bloom2001年版有關認知領域教育目標的能力分類架構，尋找記憶能力的行爲目標動詞描述，擬定字形試題的評量指標。Bloom2001年版記憶能力的行爲目標動詞描述有確認（recognizing）與回憶（recalling）兩種。確認的定義爲：確認長期記憶中，和現有事實一致的知識；回憶的定義爲：自長期記憶中，取回有關的知識（葉連祺、林淑萍，2003）。因此，確認與回憶的主要差別爲：「確認」僅具知識再回憶的過程，「回憶」則含有對既有知識進行簡單統整的過程。

選擇正確字形的試題，與確認的定義相近，可將評量指標定義爲：1.確認正確字形。選擇形近同音字正確字形的試題，與回憶的定義相近，可將評量指標定義爲：2.回憶形近同音字形。

其次將字形試題的教學目標與評量指標，與「九年一貫課綱」相關的能力指標及學習內涵指標比對，以說明試題的恰適性。茲將對照表說明如後：

表1　基測字形試題「教學目標、評量指標與課綱指標」對照表

<table>
<tr><th>教學目標</th><th>課綱能力指標</th><th>評量指標</th><th>課綱學習內涵指標</th></tr>
<tr><td rowspan="2">1.認識常用字字形</td><td rowspan="2">D-3-1能認識常用中國文字3500字-4500字</td><td>1-1確認正確字形</td><td>D-3-1-1能認識常用中國文字3500字-4500字</td></tr>
<tr><td>1-2回憶形近同音字字形</td><td>D-3-1-2能運用六書的原則，輔助認字</td></tr>
</table>

根據表1可知，基測字形試題的教學目標與評量指標，合乎九年一貫課綱有關識字與寫字能力D-3-1的能力指標與D-3-1-1、D-3-1-2的學習內涵指標。

其次分析試題題幹或選項內容的字形，是否合乎3500-4500常用字的範圍，以說明試題的恰適性。檢核標準以教育部國語推行委員會所公布的「87年常用語詞字頻表」及香港「小學中文科常用字研究」爲依據。檢核結果，字形試題所評量的字形，多數皆符合4500常用字的

範圍，只有下列字形超出範圍，茲以簡表說明如後。

表2　基測字形試題「超出4500常用字」說明表

基測試題選項	評量字形	常用字範圍	試題年度次/題號	選項選答率
徒自【蹉】歎	嗟	5000字	9001/26	0.15
【偈】見長官	謁	5000字	9002/1	0.02
玩日【偈】歲	愒	6000字	9201/10	0.08
【偃】苗助長	揠	6000字	9202/29	0.684※（正答）
【淌】這渾水	蹚	6000字	9402/32	0.16

根據表2可知，基測字形試題共有五題、五個選項超出4500的常用字範圍。分析各題該選項的選答率，只有「徒自蹉嘆」、「淌混水」二個選項，具有誘導考生誤答的傾向（選項超過百分之十即視爲具誤答傾向）。

二、試題的代表性

分析字形試題的代表性，先以評量指標分類各年度次試題；再根據試題形式，分類評量細目；接著統計合乎各評量指標及細目試題題數，做成「試題結構分析表」。其次分析各年度次試題在評量指標的分布，以說明試題的代表性。茲分別列表說明如後。

表3　基測字形試題「試題結構」分析表

題號	評量指標	認知能力	年度	評量細目題數	評量指標題數
1	1-1-1確認正確字形-詞語	記憶	9001		
2	1-1-1確認正確字形-詞語	記憶	9502	2	
3	1-1-2確認正確字形-句子	記憶	9002		
4	1-1-2確認正確字形-句子	記憶	9101		

5	1-1-2確認正確字形-句子	記憶	9102		
6	1-1-2確認正確字形-句子	記憶	9201		
7	1-1-2確認正確字形-句子	記憶	9301		
8	1-1-2確認正確字形-句子	記憶	9301		
9	1-1-2確認正確字形-句子	記憶	9401		
10	1-1-2確認正確字形-句子	記憶	9402		
11	1-1-2確認正確字形-句子	記憶	9502	9	
12	1-1-2確認正確字形-段落	記憶	9402		
14	1-1-3確認正確字形-段落	記憶	9501		
13	1-1-3確認正確字形-段落	記憶	9501	3	14
15	1-2-1回憶形近字形-詞語	記憶	9002		
16	1-2-1回憶形近字形-詞語	記憶	9401	2	
17	1-2-2回憶形近字形-句子	記憶	9002		
18	1-2-2回憶形近字形-句子	記憶	9202		
19	1-2-2回憶形近字形-句子	記憶	9302	3	
20	1-2-3回憶形近字形-段落	記憶	9001		
21	1-2-3回憶形近字形-段落	記憶	9101	2	7

表4　基測字形試題「各年度次雙向細目」分析表

教學目標	評量指標	認知能力	90 1	90 2	91 1	91 2	92 1	92 2	93 1	93 2	94 1	94 2	95 1	95 2	題數
1. 字形	1-1. 確認正確字形	記憶	1	1	1	1	1	0	2	0	1	2	2	2	14
	1-2. 回憶形近字形	記憶	1	2	1	0	0	1	0	1	1	0	0	0	7

根據表3.4可知，基測字形試題全數符合評量指標與認知能力的要求，確認字形14題，回憶字形7題。建議增加回憶形近同音字形試題，使各年度次字形試題，在確認正確字形及回憶形近字字形，各有一題，以呼應「基測試題雙向細目建議表」，使試題更具代表性。在評量細目

方面，各評量細目試題過少，建議刪除詞語，以句子及段落爲主，並增加段落形式的試題。

貳、數量分析

一、試題反應分析

根據「基測推委會」所提供的「各年度次基測國文科試題反應分析簡表」，將字形試題，做成難度、鑑別度、選項選答率的分析表（試題範例依序列於附錄二，以下各節皆同），茲說明如後。

表5　基測字形試題「試題反應」分析表

題號	評量指標	D	P	A	B	C	D	原題號	年度
1	1-1-1確認正確字形-詞語	0.32	0.73	0.73	0.09	0.11	0.07	13	9001
2	1-1-1確認正確字形-詞語	0.25	0.91	0.02	0.05	0.02	0.91	7	9502
3	1-1-2確認正確字形-句子	0.38	0.77	0.04	0.77	0.12	0.07	9	9002
4	1-1-2確認正確字形-句子	0.40	0.83	0.04	0.83	0.09	0.04	2	9101
5	1-1-2確認正確字形-句子	0.24	0.46	0.23	0.21	0.10	0.46	32	9102
6	1-1-2確認正確字形-句子	0.41	0.64	0.23	0.06	0.08	0.64	10	9201
7	1-1-2確認正確字形-句子	0.51	0.76	0.76	0.17	0.04	0.04	18	9301
8	1-1-2確認正確字形-句子	0.40	0.57	0.09	0.12	0.57	0.21	21	9301
9	1-1-2確認正確字形-句子	0.54	0.51	0.16	0.13	0.20	0.51	28	9401
10	1-1-2確認正確字形-句子	0.4	0.52	0.16	0.16	0.52	0.15	32	9402
11	1-1-2確認正確字形-句子	0.46	0.65	0.20	0.65	0.09	0.06	24	9502
12	1-1-2確認正確字形-段落	0.29	0.77	0.08	0.06	0.09	0.77	4	9402
14	1-1-3確認正確字形-段落	0.49	0.51	0.06	0.23	0.51	0.20	28	9501
13	1-1-3確認正確字形-段落	0.45	0.37	0.06	0.47	0.37	0.10	29	9501
15	1-2-1回憶形近字形-詞語	0.33	0.88	0.05	0.05	0.02	0.88	1	9002

題號	評量指標	D	P	A	B	C	D	原題號	年度
16	1-2-1回憶形近字形-詞語	0.46	0.81	0.07	0.81	0.11	0.01	1	9401
17	1-2-2回憶形近字形-句子	0.33	0.52	0.52	0.03	0.04	0.41	30	9002
18	1-2-2回憶形近字形-句子	0.54	0.68	0.03	0.11	0.18	0.68	29	9202
19	1-2-2回憶形近字形-句子	0.44	0.79	0.79	0.12	0.05	0.04	10	9302
20	1-2-3回憶形近字形-段落	0.49	0.74	0.74	0.04	0.15	0.07	26	9001
21	1-2-3回憶形近字形-段落	0.48	0.57	0.57	0.04	0.34	0.05	28	9101
	標準差	0.09	0.15						

二、難度、鑑別度平均值分析

為分析字形試題難度、鑑別度特質，先分析字形試題難度、鑑別度平均值，並與90-95年基測的整體難度、鑑別度平均值比較，了解整體的試題品質。其次分析各年度次難度、鑑別度平均值，了解各年度次的試題品質。接著分析各難度等級的鑑別度平均值，了解試題各難度等級的試題品質。最後分析各評量指標試題難度、鑑別度平均值，了解各評量指標的試題品質。茲分別列圖說明如後。

（一）整體分析

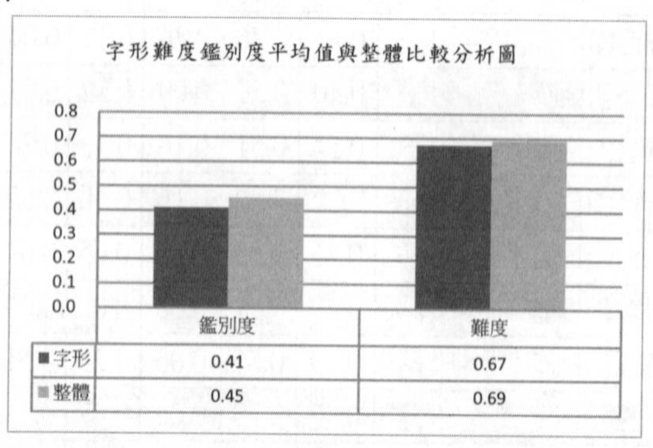

圖1　字形試題難度、鑑別度與整體試題難度、鑑別度比較分析圖

（二）年度次分析

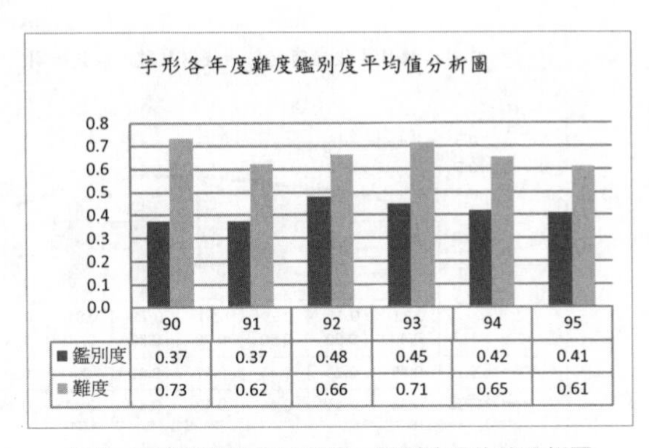

圖2　字形試題各年度難度、鑑別度平均值分析圖

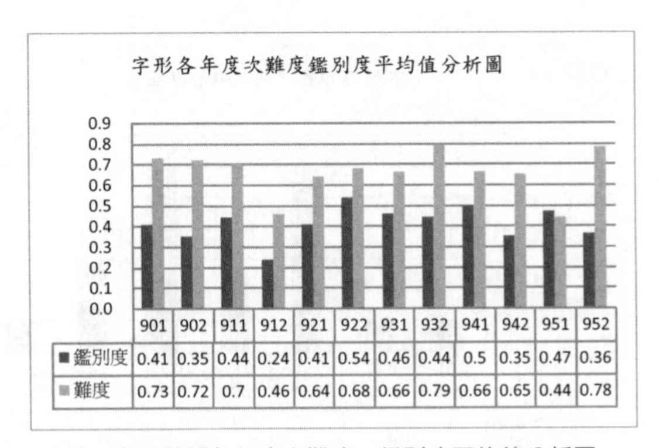

圖3　字形試題各年度次難度、鑑別度平均值分析圖

（三）難度等級分析

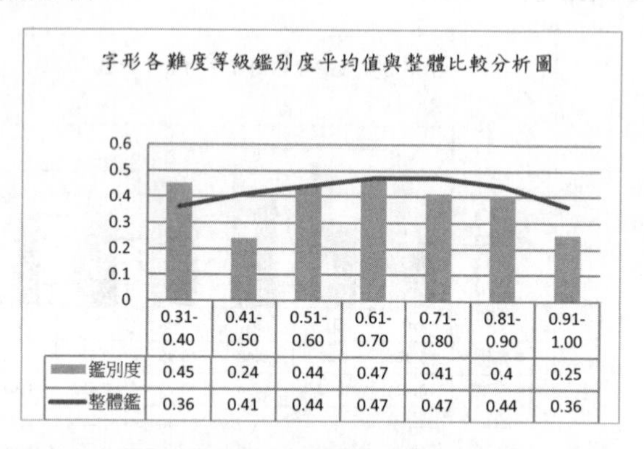

圖4　字形試題各難度等級鑑別度平均值與整體比較分析圖

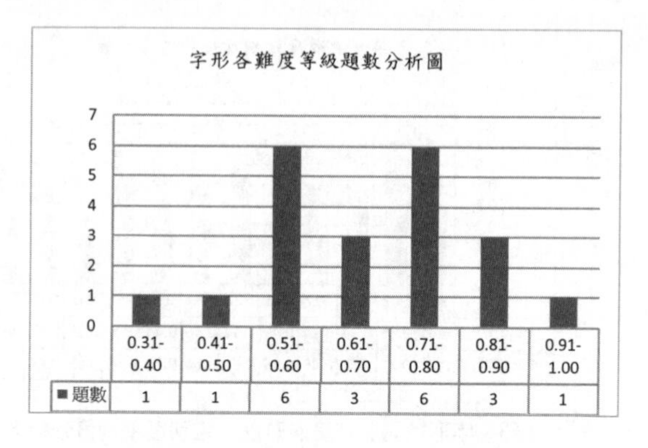

圖5　字形試題各難度等級題數分析圖

（四）評量指標分析

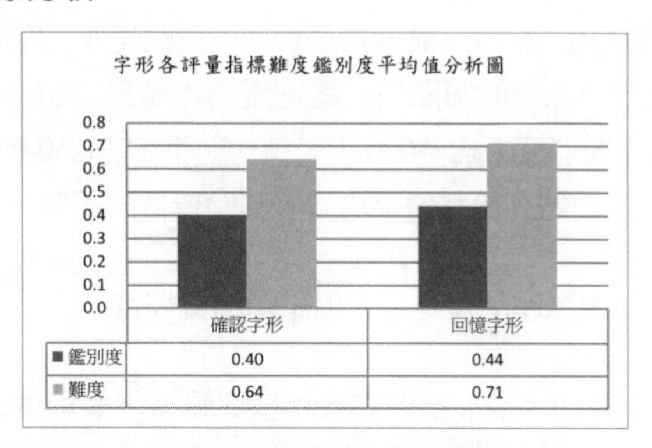

	確認字形	回憶字形
■鑑別度	0.40	0.44
■難度	0.64	0.71

圖6　字形試題各評量指標難度、鑑別度平均值分析圖

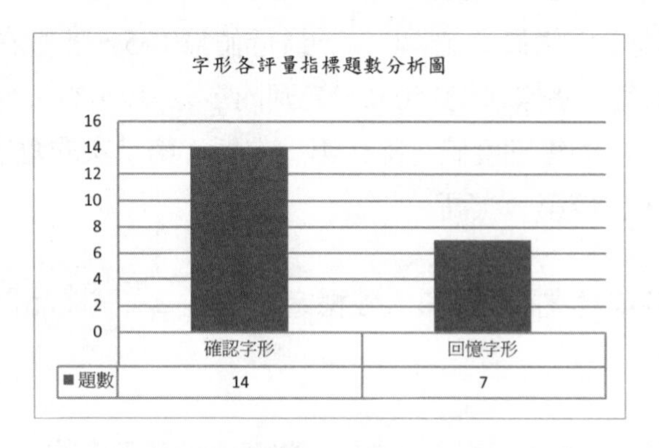

	確認字形	回憶字形
■題數	14	7

圖7　字形試題各評量指標題數分析圖

根據上圖分析，可得以下結論：

1.根據圖1可知，字形試題在整體難度與鑑別度的表現：其難度與鑑別度平均值與整體平均值相比，難度值在整體平均值負一個標準差範圍內，鑑別度在整體平均值負二個標準差內。

顯示試題較難，試題品質較差。

2.根據圖2可知，字形試題在各年度難度、鑑別度的表現：難度平均值最高值爲0.73，最低值爲0.61，在難度平均值0.67正、負一個標準差0.82-0.52的範圍內。鑑別度平均值最高值爲0.48，最低值爲0.37，在鑑別度平均值0.41正、負一個標準差0.50-0.32範圍內。92年鑑別度平均值高於整體平均值，其餘皆低於或等於整體平均值。

顯示各年度試題品質穩定，但試題品質較差。

3.根據圖3可知，字形試題在各年度次難度、鑑別度的表現：難度平均值最高值爲0.79，最低值爲0.44，多數在難度平均值0.67正、負一個標準差0.82-0.52範圍內，9102及9501的0.46、0.44爲負偏離。鑑別度平均值最高值爲0.54，最低值爲0.35，多數在鑑別度平均值0.41正負一個標準差0.50-0.32範圍內，只有9202的0.54爲正偏離。每年第二次的鑑別度值，都比第一次低；第二次的難度值，除90、91年外，也較第一次高。

顯示各年度次試題品質大致穩定，但第二次試題品質較差，試題較容易。

4.根據圖4.5可知，字形試題在各難度等級鑑別度的表現：試題難度等級分佈在0.51-0.70之間，鑑別度較高，試題難度等級分佈在0.71-90之間鑑別度較低。

顯示0.41-0.50，0.71-1.00難度等級試題的品質較差。

5.根據圖6.7可知，字形試題在各評量指標鑑別度的表現：各評量指標的鑑別度平均值皆低於整體平均值。

顯示各評量指標試題品質不佳，並以確認正確字形較嚴重。

參、品質分析

爲說明字形試題品質，乃根據表5的試題反應分析，選擇各評量指標鑑別度平均值超過正、負於一個標準差的試題，做爲高、低鑑別度試題，說明試題特質。其次根據「試題檢核表」檢視各試題的題幹與選項，如有不符合檢核表的標準，則列爲瑕疵試題，並說明修題建議。最後歸納試題題幹的用語瑕疵，並根據評量指標說明格式化用語。茲將各評量指標鑑別度平均值及高、低一個標準差數值分析表，及各難度等級高鑑別度試題，各選項選答率範圍分析表（此表先分析577題各難度等級試題，從中挑選最高鑑別度試題，再分析各選項選答率範圍），說明如後。

表6　字形試題「各評量指標鑑別度平均值及標準差數值」分析表

評量指標	鑑別度	標準差	高一個標準差	低一個標準差
確認正確字形	0.40	0.09	0.49	0.31
回憶形近字形	0.44	0.08	0.52	0.36

表7　基測難度「各難度等級高鑑別度試題選項選答率範圍」分析表

難度等級	選項選答率範圍
0.31-0.40	0.06-0.37
0.41-0.50	0.07-0.38
0.51-0.60	0.05-0.28
0.61-0.70	0.05-0.24
0.71-0.80	0.03-0.18
0.81-0.90	0.03-0.11
0.91-1.00	0.02-0.04

一、高鑑別度試題

根據表6合於高鑑別度試題的條件爲：再認正確字形試題，鑑別度高於0.49；回憶形近字形試題，鑑別度高於0.52。根據表6可得三題，茲分別說明如後。

甲、確認正確字形

01. 下列文句，何者用字完全正確？(9401)
（A）要有偉大的成就，先要有遠大的報負
（B）唯有建設性的見議，才是具體可行的
（C）若是一昧要求完美，反而會勢得其反
（D）新建的大樓通常裝潢華麗，設備新穎 ※

鑑別度	難度	A	B	C	D
0.54	51.27	15.72	12.77	20.17	51.27

說明：此題難度0.51，誘答選項A、B、C選答率【0.10-0.20】，爲高鑑別度試題。中、低分組考生對「遠大的報負」、「建設性的見議」、「一昧要求」、「勢得其反」的正確字形，精熟度不足。

02. 下列文句，何者用字完全正確？(9301)
（A）本班同學的卡片設計非常有創意，令人嘆爲觀止※
（B）今年高考，哥哥終於金榜提名，我們都爲他感到高興
（C）企鵝的超人氣招來了大批遊客，使得動物園市聲頂沸、熱鬧非凡
（D）許多家長安排孩子上才藝班，讓孩子不得休息，實在是偃苗助長

鑑別度	難度	A	B	C	D
0.51	75.55	75.55	16.69	4.05	3.64

說明：此題難度0.76，誘答選項B選答率在【0.15-0.20】，爲高鑑別度試題。低分組考生對「金榜題名」、「市聲鼎沸」、「揠苗助長」的正確字形，精熟度不足。

乙、回憶形近字形

03. 下列文句，何者用字完全正確？(9202)
（A）多年後再見面，他已經是白髮倉倉的老人，令我有蒼海桑田、蒼狗白雲之感
（B）在這個人芸亦芸的年代，想在云云眾生中尋找一名有自己見解的人並不容易
（C）放假不一定要出國，到發人思古悠情的名勝古蹟走走，也能過個幽閒的假期
（D）我能證明，這樣做會對他造成揠苗助長的結果，你們就偃旗息　鼓，別再爭了※

鑑別度	難度	A	B	C	D
0.54	67.67	2.94	10.95	18.38	67.67

說明：此題難度0.68，誘答選項B、C選答率在【0.10-0.20】，爲高鑑別度試題。低分組考生對「人云亦云」、「芸芸眾生」、「思古幽情」、「悠閒假期」的正確字形，精熟度不足。

二、低鑑別度試題

根據表6合於低鑑別度試題的條件爲：再認正確字形試題，鑑別度低於0.31；回憶形近字形試題，鑑別度低於0.36。根據表8可得五題，刪除瑕疵試題三題，得二題。再根據表7，說明原爲高鑑別度試題，但鑑別度低，是因學生學習精熟度不足。（以下各節低鑑別度判斷爲學習精熟度不足，皆根據此表，不再贅述。）茲分別說明如後。

甲、確認正確字形

01. 下列詞語，何者用字完全正確？(9502)【7】
（A）穿流不息 （B）去無存菁 （C）幽然神往 （D）豁然開朗※

鑑別度	難易度	A	B	C	D
0.25	90.79	2.46	4.54	2.18	90.79

說明：此題難度0.91，誘答選項A、B、C選答率在【0.00-0.05】，應爲高鑑別度試題，但鑑別度低。顯示高、中分組考生對「穿流不息」、「去無存菁」、「幽然神往」的正確字形，精熟度不足。

乙、回憶形近字形

02. 下列選項「 」中的同音字，何者用字完全正確？(9002)【30】
（A）在熱「烈」的演唱會中，歌迷撕「裂」了主唱者的外衣※
（B）「梢」後，月亮出現在樹「稍」上，灑下銀白色的光芒
（C）大家「期」待她能越過敵人的防線，把國「棋」送過來
（D）他「泱」心爲國捐軀，毅然寫了一封「絕」別書給家人

鑑別度	難易度	A	B	C	D
0.33	52.08	52.08	2.62	4.02	41.28

說明：此題難度0.52，誘答選項D選答率在【0.40-0.45】，應爲高鑑別度試題，但鑑別度低。顯示高分組考生對「絕別書」的正確字形，精熟度不足。

三、瑕疵試題

根據「試題檢核表」檢核，可得瑕疵試題三題，茲說明如後。

甲、試題非核心能力【2-1】（編號爲「試題檢核表」指標）

01. 下列選項「　」中的字，何者字形正確？(9002)【1】
（A）神態和「靄」（B）暮「藹」沈沈
（C）「偈」見長官　（D）筋疲力「竭」※

鑑別度	難易度	A	B	C	D
0.33	87.61	5.40	4.81	2.18	87.61

說明：此題難度0.88，誘答選項A、B、C選答率在【0.00-0.05】，應爲高鑑別度試題，但鑑別度低。顯示高分組考生對「暮藹」、「和靄」、「偈見」的正確字形，精熟度不足。但「偈見」爲5000字範圍，如能避免命題，應能提昇試題鑑別度。

修題建議：

（C）「羯」開序幕

乙、選項敘述不清晰【4-2】

02. 下列選項，何者用字完全正確? (9102)【32】
（A）誘人的美食廣告，總是讓人味口大開
（B）一張名信片，捎來了遠方友人的問候
（C）由於同學們的群策群力，我們終於打贏了這場球賽
（D）逢年過節時，機場大廳內常擠滿了候補機位的人潮※

鑑別度	難易度	A	B	C	D
0.24	45.85	22.99	20.83	10.26	45.85

說明：此題難度0.46，誘答選項A、B、C選答率在【0.10-0.25】，應爲高鑑別度試題，但鑑別度低。顯示高、中分組考生對「味口大開」、「名信片」、「打贏」的正確字形，精熟度不足。但試題如能在上述詞語加上「　」，應能提昇試題鑑別度。

修題建議：

（A）誘人的美食廣告，總是讓人「味口大開」
（B）一張「名信片」，捎來了遠方友人的問候
（C）由於同學們的群策群力，我們終於「打贏」了這場球賽
（D）逢年過節時，機場大廳內常擠滿了「候補機位」的人潮※

丙、選項內容非學習重點【4-4】

03. 以下是一篇關於中風的報導，哪一段文字用字完全正確？(9402)
（A）中風爲人類第二大死因，網路傳言，若有人中風，可用針刺激犯者的手指或耳垂
（B）這倒底是謠言，還是確有醫學根據？中風的第一時間，倒底如何才能自救救人呢
（C）臺灣約有十萬名中風病人，卻只有少部分人能康復。其時，中風只是生命的逗點
（D）如果不幸中風，生理和心理的復健一樣重要，只要有信心，重新站立並非難事※

鑑別度	難度	A	B	C	D
0.29	77.47	7.70	5.88	8.91	77.47

說明：此題難度爲0.78，A、B、C三個誘答選項選答率在【0.05-0.10】，應爲高鑑別度試題，但鑑別度極低。顯示高分組考生誤答嚴重，乃因選項的「犯者手指」、「倒底」、「其時」等字形，多非學習重點，容易造成答題陷阱，使考生誤答。

修題建議

（B）這到底是謠言，還是確有醫學「跟據」？中風的第一時間，到底如何才能自救救人呢
（C）臺灣約有十萬名中風病人，卻只有少部分人能康復。「其實」，中風只是生命的逗點※
（D）如果不幸中風，生理和心理的復健一樣重要，只要有信心，「從新」站立並非難事

四、試題用語瑕疵

（一）瑕疵說明

基測字形試題的試題用語缺失，約有以下三項，茲分別說明如後：

1.涵義相同，用語凌亂：如試題選項同爲句子，題幹敘述則有【下列文句】、【下列各句」】、【下列選項】三種，應加以統一。

2.「用字正確」一詞，涵義模糊：如：【下列詞語，何者用字完全正確】。字形正確，與用字正確涵義不盡相同。字形試題的評量重點是字形是否正確，並未涉及字的使用，爲求敘述清晰，宜以「錯別字」取代。

3.題幹與題材相混並列：如「青春年少時，終日流連電動玩具間，只圖玩樂，不知與同儕切「磋」(甲)進取；而今鬢髮霜白，臨事僅能「嗟」揉(乙)著雙手，苦無良計可施，徒自「蹉」歎(丙)年華已「搓」跎(丁)！上述短文畫線部分「　」中填入的字，何者正確？」此題題幹與題材並列陳述，易妨礙考生對題意的掌握，建議修改爲

「閱讀下文，並推斷「　」的字，何者不是錯別字?

青春年少時，終日流連電動玩具間，只圖玩樂，不知與同儕切「磋」(甲)進取；而今鬢髮霜白，臨事僅能「嗟」揉(乙)著雙手，苦無良計可施，徒自「蹉」歎(丙)年華已「搓」跎(丁)！」

（二）格式化用語

甲、確認正確字形

1.下列文句，何者沒有（有）錯別字？

2.閱讀下文，並推斷「」的字，何者是（不是）錯別字？

乙、回憶形近字形

1.下列文句「」的形近（同音）字，何者使用正確？

2.閱讀下文，並推斷「」的形近（同音）字，何者使用正確？

3.閱讀下文，依序爲□選擇恰當的形近（同音）字。

本節小結

爲歸納本節有關字形試題的品質分析與改善建議，試以分析表說明如後。

表8　基測字形試題「品質分析與改善建議」分析表

教學目標	1. 字形	改善建議
評量指標	1-1確認正確字形 1-2回憶形近字形	1-1確認正確字形 1-2回憶形近字形 各一題
評量細目	詞語 句子 段落	1-1句子、段落爲主 1-2句子、段落爲主
恰適性	合乎課綱及4500字範圍	以4500字爲命題範圍
代表性	合乎指標及認知能力 再認14題 回憶7題	增加回憶形近字形試題
整體分析	D 0.41　P 0.67 試題較難品質較差	提高試題鑑別度
年度次分析	各年度次品質穩定 但第二次較易鑑別度較低	提高第二次試題鑑別度及難度
難度等級分析	0.51-0.60　0.44 0.61-0.70　0.47 表現較佳	改善0.41-0.50及0.71-1.00的試題品質
評量指標分析	確認D0.40 回憶D0.44 皆低於0.45	提高回憶及確認形近字形試題品質
高鑑別試題	3題	
低鑑別度試題	5題，試題瑕疵3題	
瑕疵試題	3題	避免 1.試題非評量核心能力 2.選項非學習重點或敘述不清晰

第二節　能認識常用字的讀音

本節討論基測有關讀音試題的品質分析與改善建議。品質分析分效度分析、數量分析、品質分析三項。效度分析先說明讀音試題評量指標的擬定，接著根據「九年一貫課綱」，分析教學目標、評量指標與課綱的關聯性；再根據「基測推委會」公佈的「各科取材範疇與依據」，分析讀音試題的取材是否以基本識字量3500-4500字爲範圍，用以說明試題的恰適性。其次以「試題結構表」、「各年度次試題雙向細目表」，分析合乎評量指標、評量細目、認知能力試題及各年度次試題分配，以說明試題的代表性。

數量分析根據「基測推委會」提供的考生試題反應數據，說明讀音試題的試題反應。再據之分析試題難度及鑑別度，在整體、各年度次、各難度等級、各評量指標的統計特質，用以說明試題品質。

品質分析根據各評量指標的平均值，選擇正、負一個標準差之外的試題，分析高低鑑別度試題特質；其次根據「試題檢核表」，分類瑕疵試題；最後則歸納題幹用語瑕疵，說明各評量指標的格式化用語。

改善建議則根據上述各項分析，具體說明改善建議。

壹、效度分析

一、試題的恰適性

效度分析旨在評估讀音試題能否有效評量教學目標－能認識常用字讀音，所欲評量的重點。因此先以內容關聯效度的邏輯分析爲依據，利用下列步驟，分析讀音試題的恰適性。

1.整理基測90-95年度，各年度次有關讀音評量的試題。

2.根據試題題幹及選項，將讀音試題依試題特性做進一步分類。

3.根據試題特性，採用Bloom2001年認知領域教育目標所提供的動詞，擬定評量指標。

4.檢核教學目標、評量指標與「九年一貫課綱」能力指標及學習內涵指標的關聯性，以說明試題的恰適性。

5.分析試題選項的讀音是否合乎4500常用字的範圍，以說明試題的恰適性。

基測90-95年度，各年次有關讀音評量的試題共有14題，根據試題題幹與選項內容分析，試題可分三類：一類是選擇正確讀音，一類是選擇形近字讀音，一類是選擇多音字讀音。

選擇讀音以評量記憶能力爲主，因此根據Bloom2001年版有關認知領域教育目標的能力分類架構，尋找記憶能力的行爲目標動詞描述，擬定讀音試題的評量指標。Bloom2001年版記憶能力的行爲目標動詞描述有確認（recognizing）與回憶（recalling）兩種。確認的定義爲：確認長期記憶中，和現有事實一致的知識；回憶的定義爲：自長期記憶中取回相關的知識（葉連祺、林淑萍，2003）。因此，確認與回憶的主要差別爲：「確認」僅具知識再回憶的過程，「回憶」則含有對既有知識進行簡單統整的過程。

讀音有關選擇正確讀音的試題，與確認的定義相近，可將評量指標定義爲：1.確認正確字形。讀音有關選擇形近字讀音及多音字讀音的試題，與回憶的定義相近，可將評量指標定義爲：2.回憶形近字讀音。3.回憶多音字讀音。

其次將讀音試題的教學目標與評量指標，與「九年一貫課綱」相關的能力指標及學習內涵指標比對，以說明試題的恰適性。茲將對照表說明如後：

表1　基測讀音試題「教學目標、評量指標與課綱指標」對照表

<table>
<tr><th>教學目標</th><th>課綱能力指標</th><th>評量指標</th><th>課綱學習內涵指標</th></tr>
<tr><td rowspan="2">2.能認識常用字讀音</td><td rowspan="2">A-3-1能應用注音符號，分辨字詞音義，增進閱讀理解</td><td>2-1再認正確讀音</td><td>A-3-1-1能應用注音符號，分辨字詞的音義，增進閱讀理解</td></tr>
<tr><td>2-2回憶形近字讀音
2-3回憶多音字讀音</td><td>A-3-1-1能應用注音符號，分辨字詞的音義，增進閱讀理解</td></tr>
</table>

根據表1可知，基測讀音試題的教學目標與評量指標，合乎九一貫課綱有關注音符號應用能力A-3-1的能力指標與A-3-1-1的學習內涵指標。

其次分析試題題幹或選項內容的字形，是否合乎3500-4500常用字的範圍，以說明試題的恰適性。檢核標準以教育部國語推行委員會所公布

的「87年常用語詞字頻表」及香港「小學中文科常用字研究」爲依據。檢核結果，讀音試題所評量的讀音，多數皆符合4500常用字的範圍，只有下列讀音超出範圍，茲以簡表說明如後。

表2　基測讀音試題「超出4500常用字」說明表

基測試題選項	評量讀音	常用字範圍	試題年度次/題號	選項選答率
口【誅】筆伐	ㄓㄨ	5000字	9002/26	0.13
大肆【撻】伐	ㄊㄚˋ	5000字	9102/30	0.13【同一選項】
大力【抨】擊	ㄆㄥ	5000字	9102/30	0.13【同一選項】
【揶】揄嘲笑	ㄧㄝˊ	6000字	9102/30	0.63※
【鏗】鏘有力	ㄎㄥ	5000字	9102/30	0.19
【貽】笑大方	ㄧˊ	5000字	9301/7	0.03
【暌】違已久	ㄎㄨㄟˊ	5000字	9301/7	0.73※
一場夢【魘】	ㄧㄢˇ	5000字	9301/7	0.18【同一選項】
笑【靨】如花	ㄧㄝˋ	5000字	9301/7	0.18【同一選項】
貪得無【饜】	ㄧㄢˋ	5000字	9301/7	0.18【同一選項】
纏綿【悱】惻	ㄈㄟˇ	6000字	9302/24	0.22
一【畦】菜圃	ㄒㄧ	5000字	9401/2	0.07
流水【淙淙】	ㄘㄨㄥˊ	5000字	9501/16	0.06

根據表2可知，基測字形試題共有六題、十個選項超出4500的常用字範圍，分析各題該選項的選答率，有「誅」「撻抨」「揶」「鏗」「魘、靨、饜」、「悱」六個選項，具有誘導考生誤答的傾向。建議避免4500字以外的字爲讀音選項。

二、試題的代表性

分析讀音試題的代表性，先以評量指標分類各年度次試題；再根據試題內容，分類評量細目；接著統計合乎各評量指標及細目試題題數，做成「試題結構分析表」。其次分析各年度次試題在評量指標的分布，以說明試題的代表性。茲分別列表說明如後。

表3　基測讀音試題「試題結構」分析表

題號	讀音評量指標	教學目標	年度
1	確認正確讀音	記憶	9102
2	回憶形近字讀音	記憶	9001
3	回憶形近字讀音	記憶	9002
4	回憶形近字讀音	記憶	9301
5	回憶形近字讀音	記憶	9302
6	回憶形近字讀音	記憶	9401
7	回憶形近字讀音	記憶	9402
8	回憶形近字讀音	記憶	9501
9	回憶形近字讀音	記憶	9502
10	回憶一字多音字讀音	記憶	9101
11	回憶一字多音字讀音	記憶	9102
12	回憶一字多音字讀音	記憶	9201
13	回憶一字多音字讀音	記憶	9301
14	回憶一字多音字讀音	記憶	9502

表4　基測讀音試題「雙向細目表」分析表

教學目標	評量指標	記憶	理解	應用	分析	題數	總數
2.讀音	2-1確認正確讀音	1				1	
	2-2回憶形近字讀音	8				8	
	2-3回憶一字多音讀音	5				5	14

根據表3.4可知，基測讀音試題全數符合評量指標與認知能力的要求。確認讀音1題，回憶形近字讀音8題，回憶多音字讀音5題。建議增加回憶形近字讀音，刪除確認正確讀音及多音字讀音指標，使讀音試題以回憶形近字讀音爲主，各年度次各有一題，使試題更具代表性。

根據表5可知，再認正確讀音及回憶多音字讀音試題過少。建議刪除此兩類指標。

貳、數量分析

一、試題反應分析

根據「基測推委會」所提供的「各年度次基測國文科試題反應分析簡表」，將讀音試題，做成難度、鑑別度、選項選答率的分析表，茲說明如後。

表5　基測讀音試題「試題反應」分析表

題號	評量指標	D	P	A	B	C	D	原題號	年度
1	2-1確認正確讀音	0.29	0.63	0.13	0.63	0.05	0.19	30	9102
2	2-2回憶形近字讀音	0.31	0.50	0.22	0.50	0.09	0.19	19	9001
3	2-2回憶形近字讀音	0.33	0.65	0.06	0.65	0.16	0.13	26	9002
4	2-2回憶形近字讀音	0.57	0.73	0.03	0.73	0.18	0.05	7	9301
5	2-2回憶形近字讀音	0.33	0.63	0.22	0.63	0.04	0.11	24	9302
6	2-2回憶形近字讀音	0.51	0.72	0.11	0.72	0.10	0.07	2	9401
7	2-2回憶形近字讀音	0.43	0.43	0.05	0.43	0.43	0.09	33	9402
8	2-2回憶形近字讀音	0.44	0.74	0.06	0.74	0.14	0.06	16	9501
9	2-2回憶形近字讀音	0.48	0.62	0.15	0.17	0.62	0.07	20	9502
10	2-3回憶一字多音字讀音	0.24	0.91	0.02	0.91	0.02	0.06	1	9101
11	2-3回憶一字多音字讀音	0.5	0.68	0.10	0.11	0.11	0.68	21	9102
12	2-3回憶一字多音字讀音	0.43	0.57	0.05	0.21	0.57	0.17	29	9201
13	2-3回憶一字多音字讀音	0.33	0.81	0.00	0.04	0.00	0.16	20	9301
14	2-3回憶一字多音字讀音	0.38	0.94	0.01	0.01	0.04	0.94	1	9502
	標準差	0.10	0.14						

二、難度、鑑別度平均值分析

為分析讀音試題難度、鑑別度特質，先分析讀音試題難度、鑑別度平均值，並與90-95年基測的難度、鑑別度平均值比較，了解整體的試題品質。其次分析各年度次難度、鑑別度平均值，了解各年度次的試題品質。接著分析各難度等級的鑑別度平均值，了解試題各難度等級的試題品質。最後分析各評量指標試題難度、鑑別度平均值，了解各評量指標的試題品質。茲分別列圖說明如後。

（一）整體分析

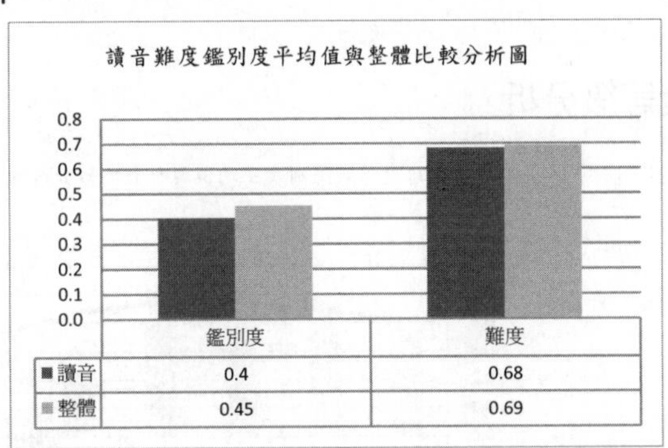

圖1　讀音試題難度、鑑別度與整體試題難度、鑑別度比較分析圖

（二）年度次分析

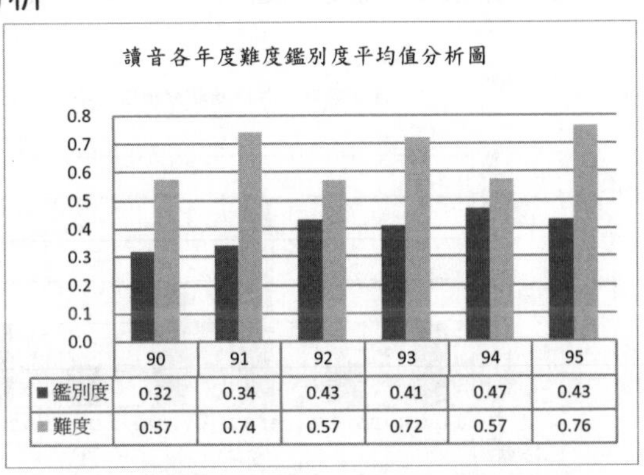

圖2　讀音試題各年度難度、鑑別度平均值分析圖

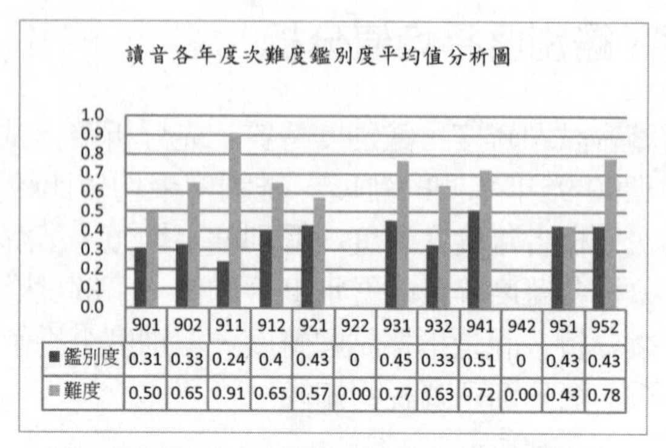

圖3　讀音試題各年次難度、鑑別度平均值分析圖

（三）難度等級分析

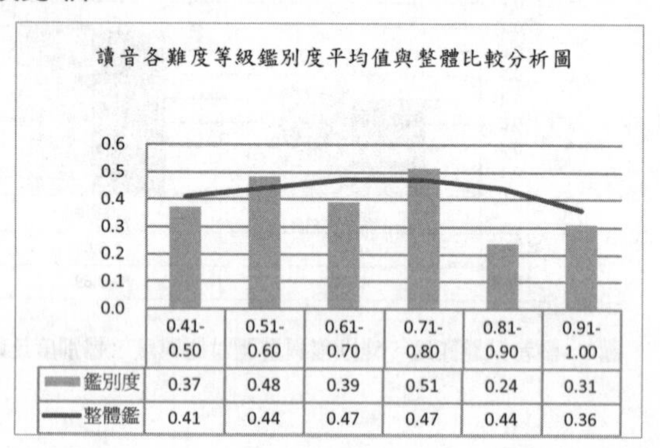

圖4　讀音試題各難度等級鑑別度平均值與整體比較分析圖

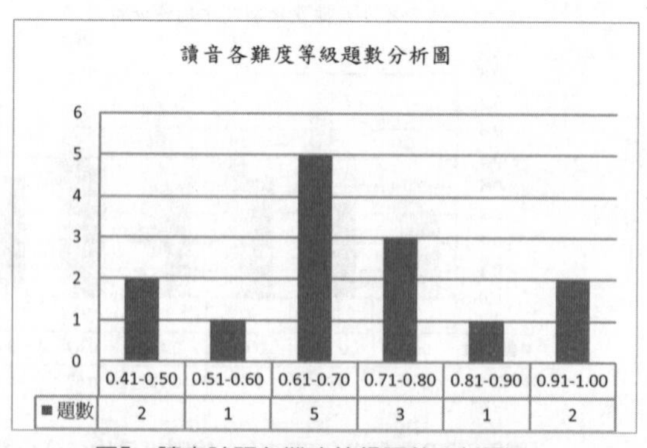

圖5　讀音試題各難度等級題數分析圖

（四）評量指標分析

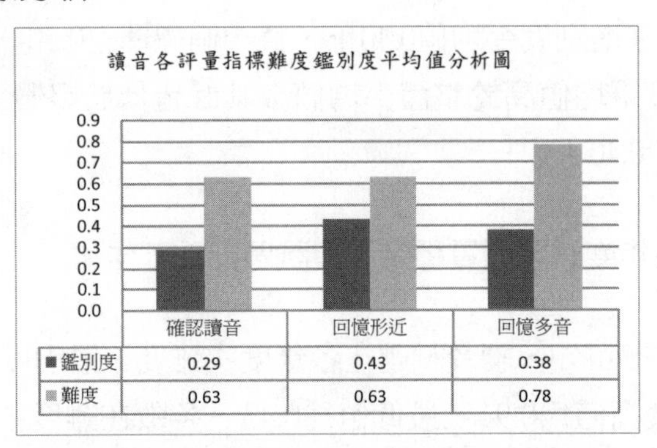

圖6　讀音試題各評量指標難度、鑑別度平均值分析圖

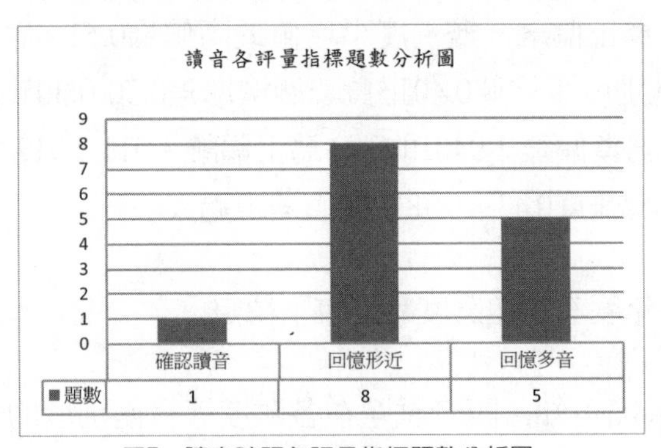

圖7　讀音試題各評量指標題數分析圖

根據上圖分析，可得以下結論：

1.根據圖1可知，讀音試題在整體難度與鑑別度的表現：其難度與鑑別度平均值與整體平均值相比，難度值在整體平均值負一個標準差範圍內，鑑別度在整體平均值負二個標準差之外。

顯示試題較難，試題品質較差。

2.根據圖2可知，讀音試題在各年度難度、鑑別度的表現：難度平均值最高值爲0.76，最低值爲0.57，在難度平均值0.68正、負一個標準差0.82-0.54的範圍內。鑑別度平均值最高值爲0.47，最低值爲0.32，在鑑別度平均值0.40正、負一個標準差0.50-0.30範圍內。94年鑑別度平均值高於整體平均值，其餘皆低於整體平均值，90-91年且低於0.40。

顯示各年度試題品質穩定，但試題品質不佳。

3. 根據圖3可知，讀音試題在各年度次難度、鑑別度的表現：難度平均值最高值爲0.91，最低值爲0.43，多數在難度平均值0.68正負一個標準差0.82-0.54範圍內，9001及9501的0.50、0.43爲負偏離，9101的0.91爲正偏離。鑑別度平均值最高值爲0.51，最低值爲0.24，多數在鑑別度平均值0.40正負一個標準差0.50-0.30範圍內，只有9101的0.24爲負偏離，9401的0.51爲正偏離。911及912難度0.91、0.65，951及952難度0.43、0.78難度值差距過大。

顯示各年度次試題難度品質較不穩定。

4.根據圖4.5可知，讀音試題在各難度等級鑑別度的表現：試題難度等級分佈在0.71-0.80之間，鑑別度較高，其餘難度等級試題鑑別度皆0.40以下，鑑別度較低。

顯示0.41-0.50，0.61-0.70，0.81-1.00難度等級的試題品質不佳。

5.根據圖6.7可知，讀音試題在各評量指標鑑別度的表現：各評量指標的鑑別度平均值皆低於整體平均值。

顯示各評量指標試題品質不佳，並以確認正確讀音、回憶多音字最嚴重。

參、品質分析

爲說明讀音試題品質，乃根據表5的試題反應分析，選擇各評量指標鑑別度平均值超過正、負於一個標準差的試題，做爲高、低鑑別度試題，說明試題特質及考生的學習效果。其次根據「試題檢核表」檢視各試題的題幹與選項，如有不符合檢核表的標準，則列爲瑕疵試題，並說明修題建議。最後歸納試題題幹的用語瑕疵，並根據評量指標說明格式化用語。茲將各評量指標鑑別度平均值與標準差，及高低一個標準差的數值，列表說明如後。

表6　讀音試題「各評量指標鑑別度平均值及標準差數值」分析表

評量指標	鑑別度	標準差	高一個標準差	低一個標準差
確認讀音	0.29	0.00	0.00	
回憶形近字讀音	0.43	0.09	0.52	0.34
回憶多音字讀音	0.38	0.10	0.48	0.28

一、高鑑別度試題

根據表6合於高鑑別度試題的條件爲：回憶形近字讀音試題，鑑別度高於0.52；回憶多音讀音試題，鑑別度高於0.48。根據表6可得二題，茲分別說明如後。

甲、回憶形近字讀音

01. 下列各組「　」中的字音，何者完全相同？(9301)【7】
　（A）懈「怠」／危「殆」／「貽」笑大方
　（B）閣「揆」／向日「葵」／「睽」違已久※
　（C）夢「魘」／笑「靨」如花／貪得無「饜」
　（D）懸「崖」／天「涯」海角／飢餓難「捱」

鑑別度	難易度	A	B	C	D
0.57	73.27	3.33	73.27	18.01	5.35

說明：此題難度0.73，誘答選項C選答率【0.15-0.20】，爲高鑑別度試題。低、分組考生對夢「魘」／笑「靨」如花／貪得無「饜」的讀音，精熟度不足，但讀音難度超出4500字的範圍。

乙、回憶多音字讀音

02. 下列選項中「爲」字的讀音，何者與其他三者不同？(9102)【21】
（A）今夫弈之「爲」數，小數也；不專心致志，則不得也
（B）使弈秋誨二人弈，其一人專心致志，惟弈秋之「爲」聽
（C）一人雖聽之，一心以「爲」有鴻鵠將至，思援弓繳而射之
（D）雖與之俱學，弗若之矣。「爲」是其智弗若與？曰：非然也
※

鑑別度	難易度	A	B	C	D
0.50	68.05	9.54	10.87	11.49	68.05

說明：此題難度0.68，誘答選項A、B、C選答率【0.10-0.15】，爲高鑑別度試題。低分組考生對「爲」數／「爲」聽／以「爲」，的讀音，精熟度不足。

二、低鑑別度試題

根據表6合於低鑑別度試題的條件爲：回憶形近字讀音試題，鑑別度低於0.34；回憶多音讀音試題，鑑別度低於0.28。根據表4可得五題，刪除瑕疵試題二題，得三題。茲分別說明如後。

甲、回憶形近字讀音

01. 下列各組字形相近的字，何者字音相同？(9001)【19】
(A)「朔」氣／「塑」膠
(B)「延」長／「筵」席※
(C)創「造」／粗「糙」
(D)「曾」子／「僧」侶

鑑別度	難易度	A	B	C	D
0.31	49.77	22.30	49.77	8.66	19.27

說明：此題難度0.50，誘答選項A、D選答率【0.15-0.25】，爲高鑑別度試題。但此題鑑別度低，顯示高、中分組考生對「朔」氣／「塑」膠、「曾」子／「僧」侶的讀音，精熟度不足。

02. 下列各組「　」中的字音，何者完全相同？(9301)【7】
(A)懈「怠」／危「殆」／「貽」笑大方
(B)閣「揆」／向日「葵」／「睽」違已久 ※
(C)夢「魘」／笑「靨」如花／貪得無「饜」
(D)懸「崖」／天「涯」海角／飢餓難「捱」

鑑別度	難易度	A	B	C	D
0.57	73.27	3.33	73.27	18.01	5.35

說明：此題難度0.73，誘答選項C選答率【0.15-0.20】，爲高鑑別度試題。但此題鑑別度低，顯示高分組考生對夢「魘」／笑「靨」如花／貪得無「饜」的讀音，精熟度不足。此選項超出4500字範圍。

乙、回憶多音字讀音

03. 下列選項「」中的字，何者讀音相同？(9101)【1】
（A）「禁」不起他苦苦哀求，爸爸終於解除了他「禁」止出門的命令
（B）聽到廣「播」不斷「播」放聖誕歌曲，令人感受到寒冬中的暖意※
（C）老闆很欣賞她，常「稱」讚她的工作表現很「稱」職
（D）「悶」熱的天氣，逼得他只得待在家中彈琴解「悶」

鑑別度	難易度	A	B	C	D
0.24	90.57	1.61	90.57	2.28	5.51

說明：此題難度0.91，誘答選項D選答率【0.05-0.10】，爲高鑑別度試題。但此題鑑別度低，顯示高分組考生對「悶」熱／解「悶」的讀音，精熟度不足。

三、瑕疵試題

根據「試題檢核表」檢核，可得瑕疵試題三題，茲分別說明如後。

甲、試題非核心能力【2-1】

01. 以下是甲、乙兩人的對話，( )內的注音，哪一選項完全正確？(9102)
（A）甲：姊弟戀該受到社會的撻(ㄊㄚˋ)伐和抨(ㄆㄥˊ)擊嗎
（B）乙：那是個人的選擇，無關道德，我不會因此揶揄(ㄧㄝˊ ㄩˊ)他們
（C）甲：哼!媒體就愛揭(ㄐㄧㄢ)發這類緋(ㄈㄟˇ)聞，加以炒作
（D）乙：嘿!不要以偏概全，媒體也不乏動中(ㄓㄨㄥˋ)事理，鏗(ㄎㄣ)鏘有力的報導啊

鑑別度	難易度	A	B	C	D
0.29	0.63	0.13	0.63	0.05	0.19

說明：此題難度0.63，A、D誘答選項選答率【0.10-0.20】，爲高鑑別度試題。但因揶揄、撻伐、抨擊、鏗鏘超出4500字範圍，使高分組誤答。此外讀音宜避免直接以注音符號提問，以免讀音滋生爭議。

修題建議：讀音不適合以注音符號形式命題，建議刪除此題。

02. 下列各組「」中的字何者字音前後相同？(9002)【26】
（A）戰戰「兢兢」／歌唱「競」賽
（B）根深「柢」固／「抵」死不從
（C）尖尖鳥「喙」／被鳥「啄」傷
（D）「殊」途同歸／口「誅」筆伐

鑑別度	難易度	A	B	C	D
0.33	0.65	0.05	0.65	0.16	0.13

說明：此題難度爲0.65，C、D誘答選項選答率【0.10-0.20】，爲高鑑別度試題。但因口「誅」筆伐超出4500字範圍，及考生對「鳥喙」、「啄傷」，的讀音精熟度不足，使高分組誤答。

修題建議：（D）壯士斷「腕」／委「婉」動人

03. 下列文句「」中的字，何者讀音相同？(9302)【24】
（A）割捨了纏綿「悱」惻的情感，他緊閉窗「扉」，足不出戶
（B）影壇巨星「遽」然而逝，他所主演的連續「劇」被迫停工※
（C）母親「催」促孩子用功讀書，將來才會有「璀」璨的前途
（D）他勤奮不「輟」的努力後，終於將這個古物補「綴」完成

鑑別度	難易度	A	B	C	D
0.33	0.63	0.22	0.63	0.04	0.11

說明：此題難度0.63，誘答選項A、D選答率【0.10-0.25】，爲高鑑別度試題。但因纏綿「悱」惻超出4500字範圍，及考生對「不輟」、「補綴」的讀音精熟度不足，使高分組誤答。

修題建議：

（A）歌星「緋」聞上報後，「翡」翠灣立刻變成熱門觀光 景點

乙、試題正答不只一個【2-7】

04. 下列文句「」中的字，何者讀音與其他三者不同？(9301)【20】
（A）他燙了一頭「卷」髮 ※（B）我有一「卷」寬膠帶
（C）蘇黃共閱一手「卷」※（D）漫「卷」詩書喜欲狂

鑑別度	難易度	A	B	C	D
0.33	0.81	0.00	0.04	0.00	0.16

說明：此題正答有兩個，爲試題瑕疵。

修題建議：（A）瓜藤有彎彎的「卷」鬚

四、試題用語瑕疵

（一）瑕疵說明

基測讀音試題的用語缺失，皆爲涵義相同，用語凌亂，但又可細分三項。茲分別說明如後。

1.讀音名稱，用語凌亂：如試題皆爲評量讀音，題幹用語有「注音」、「字音」、「讀音」三種，應統一爲「讀音」。

2.文句名稱，用語凌亂：選項同爲句子，題幹敘述有「下列文句」、「下列選項」兩種，應統一爲「下列文句」。

3.題幹敘述，用語凌亂

如：【下列各組字形相近的字，何者字音相同？】

【下列各組「 」中的字何者字音前後相同？】

【下列各組「 」中的字音，何者完全相同？】

【下列「 」中文字的讀音，何組相同？】

【下列各選項「 」中的文字，哪一組的讀音是相同的？】

【下列各組「 」中的字，何者前後讀音相同？】

試題內容皆爲比較四組詞語形近字的讀音，但題幹敘述，文字皆不相同，應加以統一。

再如：【下列文句「　」中的字，何者讀音兩兩相同】

【下列文句「　」中的字，何者讀音相同？】

試題內容皆爲比較文句形近字的讀音，用語各有不同，亦應加以統一。

（二）格式化用語

甲、回憶形近字讀音

1.下列詞語「　」形近字的讀音，何者兩兩相同（相異）？

2.下列文句，「　」形近字的讀音，何者兩兩相同（相異）？

本節小結

為歸納本節有關讀音試題的品質分析與改善建議，試以分析表說明如後。

表7　讀音試題「品質分析與改善建議」分析表

教學目標	2. 讀音	改善建議
評量指標	2-1確認正確讀音 2-2回憶形近字讀音 2-3回憶多音字讀音	2-2回憶形近讀音一題
評量細目	無	
恰適性	多數合乎課綱及4500字範圍	以4500字為命題範圍
代表性	合乎指標及認知能力 再認1題 回憶形近8題 回憶多音5題	增加回憶形近讀音試題
整體分析	D0.4　P0.68 試題略難、品質較差	提高試題鑑別度
年度次分析	各年度次品質穩定 但難度差異過大	提高難度、穩定度
難度等級分析	0.71-0.80　0.51 表現較佳	改善0.41-0.50，0.61-0.70，0.81-1.00的試題品質
評量指標分析	再認　D 0.29 回憶形近 D 0.43 回憶多音 D 0.38 皆低於0.45	提高回憶形近讀音試題品質
高鑑別度試題	2題	
低鑑別度試題	5題，試題瑕疵2題	
瑕疵試題	3題	避免 1.試題非評量核心能力 2.試題正答不只一個

第四章　詞義、句義試題的品質分析與改善建議

基測評量理解能力的試題分詞義、句義、段義、文化常識、修辭法、語法六類，本章針對詞義、句義教學目標的試題，說明試題品質及改善建議。

第一節　能認識詞義

本節討論基測有關詞義試題的品質分析與改善建議。品質分析分效度分析、數量分析、品質分析三項。效度分析先說明詞義試題評量指標的擬定，接著根據「九年一貫課綱」，分析教學目標、評量指標與課綱的關聯性，用以說明試題的恰適性。其次以「試題結構表」、「各年度次試題雙向細目表」，分析合乎評量指標、評量細目、認知能力試題及各年度次試題分配，以說明試題的代表性。

數量分析根據「基測推委會」提供的考生試題反應數據，說明詞義試題的試題反應。再據之分析試題難度及鑑別度，在整體、各年度次、各難度等級、各評量指標的統計特質，用以說明試題品質。

品質分析根據各評量指標的平均值，選擇正、負一個標準差之外的試題，爲高、低鑑別度試題，並分析試題特質；其次根據「試題檢核表」，分析瑕疵試題；最後則歸納題幹用語瑕疵，說明各評量指標的格式化用語。

改善建議則根據上述各項分析，具體說明改善建議。

壹、效度分析

一、試題恰適性

效度分析旨在評估字詞義題能否有效評量教學目標－能認識常用詞義，所欲評量的重點。因此先以內容關聯效度的邏輯分析為依據，利用下列步驟，分析詞義試題的恰適性。

1.整理基測90-95年度，各年度次有關詞義評量的試題。

2.根據試題題幹及選項，將詞義試題依試題特性做進一步分類。

3.根據試題特性，採用Bloom2001年認知領域教育目標所提供的動詞，擬定評量指標。

4.檢核教學目標、評量指標與「九年一貫課綱」能力指標及學習內涵指標的關聯性，以說明試題的恰適性。

基測90-95年度，各年度次有關詞義評量的試題共有44題，內容分爲四類，一類是選擇成語或文化詞涵義、一類是選擇字、詞、圖形涵義，一類是選擇多義詞、數字詞涵義，一類是選擇聲音新詞涵義。

選擇詞義以評量記憶、理解能力為主，根據Bloom2001年版有關認知領域教育目標的能力分類架構，記憶能力的行為目標動詞描述有確認（recognizing）與回憶（recalling）兩種。確認的定義為：確認長期記憶中，和現有事實一致的知識；回憶的定義為：自長期記憶中，取回有關的知識（葉連祺、林淑萍，2003）。因此，確認與回憶的主要差別為：「確認」僅具知識再回憶的過程，「回憶」則含有對既有知識進行簡單統整的過程。

詞義試題有關選擇成語及文化詞涵義的試題，與確認的定義相近，可將評量指標定義為：1.確認詞語涵義。

理解能力，根據Bloom2001年版有關認知領域教育目標的能力分類架構，行為目標動詞描述有詮釋（interpreting）、舉例（exemplifying）、分類（classifying）、摘要（summarizing）、推論（inferring）、比較（comparing）、解釋（explaining）七種。詮釋的定義為：由一種溝通形式轉換為另一種溝通形式；舉例的定義為：用例子說明概念或原則；分類的定義為：指出某物隸屬於某一特定類目；摘要的定義為：提出主題或要點；推論的定義為：從現有資訊提出具邏輯性的結論；比較的定義為：檢視兩個觀點事物或其他類似物間的一致性；解釋的定義為：建立一個系統的因果模式（葉連祺、林淑萍，2003）。

詞義有關選擇字義、詞義與圖形涵義的試題，與詮釋的定義相近，因此評量指標可定義為：2.詮釋詞語涵義。選擇多義詞、數字詞涵義的試題，強調詞義的比較，與比較的定義相近，可將評量指標定義為：3.比較詞語涵義。選擇聲音新詞詞涵義的試題，與分類的定義相近，可將評量指標定義為：4.分類詞語涵義。

其次將詞義試題的教學目標與評量指標，與九年一貫課綱相關的能力指標及學習內涵指標比對，以說明試題的恰適性。茲將對照表說明如後：

表1　基測詞義試題「教學目標、評量指標與課綱能力」分析表

教學目標	課綱能力指標	評量指標	課綱學習內涵指標
3.能認識詞義	E-3-1能熟習並靈活應用語體文及文言文作品中詞語的意義	3-1確認詞語涵義	3-1-1能熟習並能靈活應用語體及文言作品中詞語的意義。
		3-2詮釋詞語涵義	3-1-1能熟習並能靈活應用語體及文言作品中詞語的意義。
		3-3比較詞語涵義	3-1-1能熟習並能靈活應用語體及文言作品中詞語的意義。
		3-4分類詞語涵義	3-1-1能熟習並能靈活應用語體及文言作品中詞語的意義。

根據表1可知，基測詞義試題的教學目標與評量指標，合乎九一貫課綱有關閱讀能力E-3-1的能力指標與E-3-1-1的學習內涵指標。

二、試題代表性

分析詞義試題的代表性，先以評量指標分類各年度次試題；再根據試題內容，分類評量細目；接著統計合乎各評量指標及細目試題題數，做成「試題結構分析表」；其次分析各年度次試題在評量指標的分布，以說明試題的代表性。茲分別列表說明如後。

表2　基測詞義試題「試題結構」分析表

題號	評量指標	認知能力	年度	評量細目題數	評量指標題數
1	3-1-1確認詞語涵義-成語涵義	記憶	9001		
2	3-1-1確認詞語涵義-成語涵義	記憶	9102		
3	3-1-1確認詞語涵義-成語涵義	記憶	9202	3	
4	3-1-2確認詞語涵義-成語關係	記憶	9001		
5	3-1-2確認詞語涵義-成語關係	記憶	9102		
6	3-1-2確認詞語涵義-成語關係	記憶	9202		
7	3-1-2確認詞語涵義-成語關係	記憶	9302		
8	3-1-2確認詞語涵義-成語關係	記憶	9502	5	
9	3-1-3確認詞語涵義-文化詞涵義	記憶	9301		
10	3-1-3確認詞語涵義-文化詞涵義	記憶	9301		
11	3-1-3確認詞語涵義-文化詞涵義	記憶	9302		
12	3-1-3確認詞語涵義-文化詞涵義	記憶	9402		
13	3-1-3確認詞語涵義-文化詞涵義	記憶	9501	5	13
14	3-2-1詮釋詞語涵義-字義	理解	9101		
15	3-2-1詮釋詞語涵義-字義	理解	9201		
16	3-2-1詮釋詞語涵義-字義	理解	9202		
17	3-2-1詮釋詞語涵義-字義	理解	9202		
18	3-2-1詮釋詞語涵義-字義	理解	9302		
19	3-2-1詮釋詞語涵義-字義	理解	9401	6	
20	3-2-2詮釋詞語涵義-詞義	理解	9101		
21	3-2-2詮釋詞語涵義-詞義	理解	9202		
22	3-2-2詮釋詞語涵義-詞義	理解	9202		
23	3-2-2詮釋詞語涵義-詞義	理解	9202		
24	3-2-2詮釋詞語涵義-詞義	理解	9301		
25	3-2-2詮釋詞語涵義-詞義	理解	9301		
26	3-2-2詮釋詞語涵義-詞義	理解	9302		
27	3-2-2詮釋詞語涵義-詞義	理解	9501		

28	3-2-2詮釋詞語涵義-詞義	理解	9501	9	
29	3-2-3詮釋詞語涵義-圖形義	理解	9101	1	16
30	3-3-1比較詞語涵義-多義詞	理解	9001		
31	3-3-1比較詞語涵義-多義詞	理解	9002		
32	3-3-1比較詞語涵義-多義詞	理解	9102		
33	3-3-1比較詞語涵義-多義詞	理解	9102		
34	3-3-1比較詞語涵義-多義詞	理解	9202		
35	3-3-1比較詞語涵義-多義詞	理解	9401		
36	3-3-1比較詞語涵義-多義詞	理解	9402		
37	3-3-1比較詞語涵義-多義詞	理解	9402		
38	3-3-1比較詞語涵義-多義詞	理解	9501		
39	3-3-1比較詞語涵義-多義詞	理解	9501		
40	3-3-1比較詞語涵義-多義詞	理解	9502	11	
41	3-3-2比較詞語涵義-數字詞	理解	9101		
42	3-3-2比較詞語涵義-數字詞	理解	9301		
43	3-3-2比較詞語涵義-數字詞	理解	9501	3	14
44	3-4-1分類詞語涵義-聲音新詞	理解	9001	1	1

表3 基測詞義試題「各年度次雙向細目」分析表

教學目標	評量指標	認知能力	90 1	90 2	91 1	91 2	92 1	92 2	93 1	93 2	94 1	94 2	95 1	95 2	總數
3. 詞義	3-1 確認詞語涵義	記憶	2	0	0	2	0	2	2	2	0	1	1	1	13
	3-2 詮釋詞語涵義	理解	0	0	3	0	1	5	2	2	1	0	2	0	16
	3-3 比較詞語涵義	理解	1	1	1	2	0	1	1	0	1	2	3	1	14
	3-4 分類詞語涵義	理解	1	0	0	0	0	0	0	0	0	0	0	0	1

根據表2.3可知，基測詞義試題全數符合評量指標與認知能力的要求。確認詞義13題，詮釋詞義16題，比較詞義14題，分類詞義1題。

詞義應以評量理解能力爲主，建議刪除確認詞語涵義指標；分類詞語涵義試題只有1題，且聲音新詞[1]非學習重點，也建議刪除。其次，詮釋詞義是理解文義的基礎，建議增加詮釋詞義及比較詞義試題，使各年度次詮釋詞義有二題，比較詞義有一題，以呼應「基測試題雙向細目建議表」，使試題更具代表性。

評量細目方面，圖形義、數字詞，試題太少，建議刪除。

1 各版本教材並無聲音新詞單元。

貳、數量分析

一、試題反應分析

根據「基測推委會」所提供的各年度基測國文科試題反應分析檢表，將詞義試題，做成難度、鑑別度、選項選答率的分析表，茲說明如後。

表4　基測詞義試題「試題反應」分析表

題號	評量指標	D	P	A	B	C	D	原題號	年度
1	3-1-1確認詞語涵義-成語涵義	0.52	0.78	0.11	0.04	0.78	0.08	6	9001
2	3-1-1確認詞語涵義-成語涵義	0.39	0.63	0.23	0.07	0.63	0.06	31	9102
3	3-1-1確認詞語涵義-成語涵義	0.36	0.70	0.70	0.08	0.20	0.01	6	9202
4	3-1-2確認詞語涵義-成語關係	0.50	0.81	0.07	0.06	0.06	0.81	11	9001
5	3-1-2確認詞語涵義-成語關係	0.46	0.83	0.02	0.03	0.12	0.83	8	9102
6	3-1-2確認詞語涵義-成語關係	0.38	0.89	0.04	0.02	0.05	0.89	1	9202
7	3-1-2確認詞語涵義-成語關係	0.4	0.94	0.03	0.01	0.02	0.94	3	9302
8	3-1-2確認詞語涵義-成語關係	0.46	0.76	0.76	0.04	0.03	0.17	15	9502
9	3-1-3確認詞語涵義-文化詞涵義	0.49	0.65	0.06	0.16	0.65	0.13	24	9301
10	3-1-3確認詞語涵義-文化詞涵義	0.38	0.53	0.20	0.53	0.18	0.09	32	9301
11	3-1-3確認詞語涵義-文化詞涵義	0.52	0.61	0.07	0.16	0.15	0.61	28	9302
12	3-1-3確認詞語涵義-文化詞涵義	0.43	0.73	0.07	0.05	0.73	0.16	15	9402
13	3-1-3確認詞語涵義-文化詞涵義	0.59	0.62	0.06	0.08	0.23	0.62	25	9501
14	3-2-1詮釋詞語涵義-字義	0.56	0.47	0.47	0.08	0.38	0.07	29	9101
15	3-2-1詮釋詞語涵義-字義	0.27	0.64	0.64	0.15	0.18	0.03	13	9201
16	3-2-1詮釋詞語涵義-字義	0.35	0.73	0.06	0.73	0.13	0.08	4	9202
17	3-2-1詮釋詞語涵義-字義	0.47	0.82	0.09	0.05	0.82	0.04	5	9202
18	3-2-1詮釋詞語涵義-字義	0.42	0.63	0.25	0.63	0.03	0.09	14	9302

19	3-2-1詮釋詞語涵義-字義	0.48	0.79	0.06	0.79	0.11	0.04	9	9401
20	3-2-2詮釋詞語涵義-詞義	0.4	0.56	0.23	0.13	0.07	0.56	17	9101
21	3-2-2詮釋詞語涵義-詞義	0.38	0.69	0.04	0.11	0.16	0.69	11	9202
22	3-2-2詮釋詞語涵義-詞義	0.5	0.64	0.06	0.64	0.21	0.09	23	9202
23	3-2-2詮釋詞語涵義-詞義	0.44	0.49	0.49	0.31	0.06	0.14	33	9202
24	3-2-2詮釋詞語涵義-詞義	0.45	0.87	0.08	0.02	0.04	0.87	1	9301
25	3-2-2詮釋詞語涵義-詞義	0.46	0.82	0.02	0.82	0.10	0.06	4	9301
26	3-2-2詮釋詞語涵義-詞義	0.45	0.84	0.04	0.84	0.05	0.07	4	9302
27	3-2-2詮釋詞語涵義-詞義	0.57	0.70	0.17	0.09	0.05	0.70	13	9501
28	3-2-2詮釋詞語涵義-詞義	0.61	0.72	0.72	0.11	0.04	0.13	18	9501
29	3-2-3詮釋詞語涵義-圖形義	0.46	0.71	0.71	0.08	0.05	0.17	31	9101
30	3-3-1比較詞語涵義-多義詞	0.60	0.60	0.60	0.08	0.11	0.21	21	9001
31	3-3-1比較詞語涵義-多義詞	0.49	0.45	0.45	0.25	0.24	0.06	33	9002
32	3-3-1比較詞語涵義-多義詞	0.44	0.61	0.10	0.61	0.10	0.19	20	9102
33	3-3-1比較詞語涵義-多義詞	0.37	0.57	0.21	0.08	0.57	0.14	24	9102
34	3-3-1比較詞語涵義-多義詞	0.47	0.56	0.15	0.16	0.56	0.13	28	9202
35	3-3-1比較詞語涵義-多義詞	0.36	0.67	0.05	0.67	0.23	0.06	12	9401
36	3-3-1比較詞語涵義-多義詞	0.48	0.76	0.05	0.11	0.08	0.76	19	9402
37	3-3-1比較詞語涵義-多義詞	0.53	0.85	0.07	0.04	0.04	0.85	20	9402
38	3-3-1比較詞語涵義-多義詞	0.39	0.87	0.04	0.07	0.87	0.02	4	9501
39	3-3-1比較詞語涵義-多義詞	0.47	0.54	0.54	0.14	0.23	0.09	23	9501
40	3-3-1比較詞語涵義-多義詞	0.3	0.82	0.82	0.07	0.03	0.08	10	9502
41	3-3-2比較詞語涵義-數字詞	0.34	0.56	0.06	0.25	0.56	0.13	21	9101
42	3-3-2比較詞語涵義-數字詞	0.54	0.67	0.06	0.23	0.04	0.67	6	9301
43	3-3-2比較詞語涵義-數字詞	0.53	0.73	0.06	0.14	0.07	0.73	12	9501
44	3-4-1分類詞語涵義-聲音新詞	0.46	0.79	0.79	0.10	0.05	0.06	1	9001
	標準差	0.08	0.12						

二、難度、鑑別度平均值分析

為分析詞義試題難度、鑑別度特質，先分析詞義試題難度、鑑別度平均值，並與90-95年基測的整體難度、鑑別度平均值比較，了解試題的整體品質。其次分析各年度次詞義試題難度、鑑別度平均值，了解各年度次試題品質。接著分析各難度等級的鑑別度平均值，了解試題難度品質。最後分析各評量指標試題難度、鑑別度平均值，了解各評量指標的試題品質。茲分別列圖說明如後。

（一）整體分析

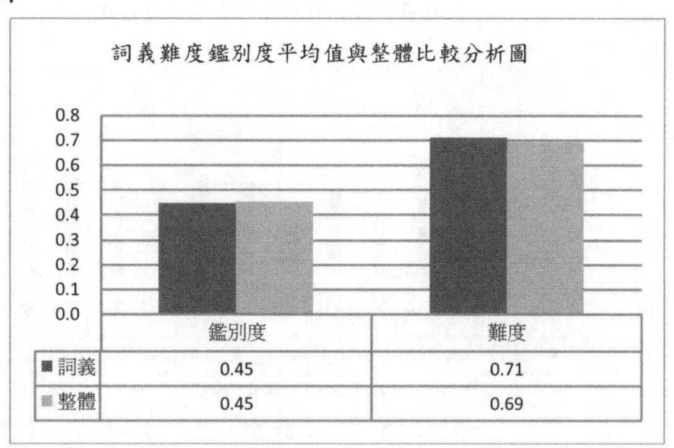

	鑑別度	難度
詞義	0.45	0.71
整體	0.45	0.69

圖1　詞義試題難度、鑑別度與整體試題難度、鑑別度比較分析圖

（二）年度次分析

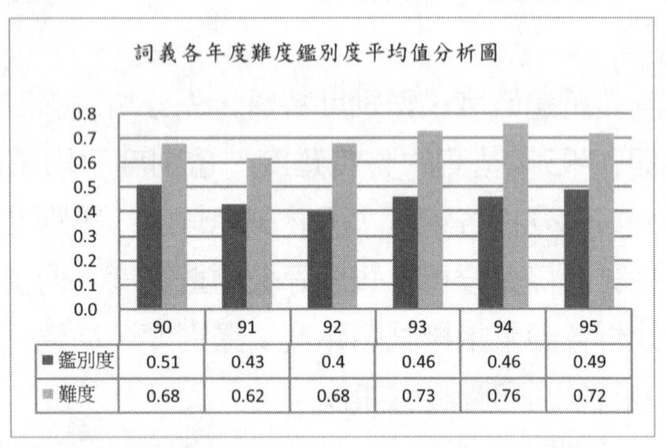

圖2　詞義試題各年度難度、鑑別度平均值分析圖

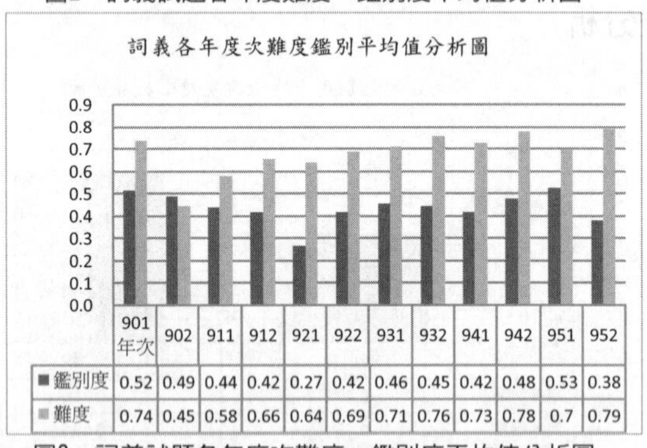

圖3　詞義試題各年度次難度、鑑別度平均值分析圖

（三）難度等級分析

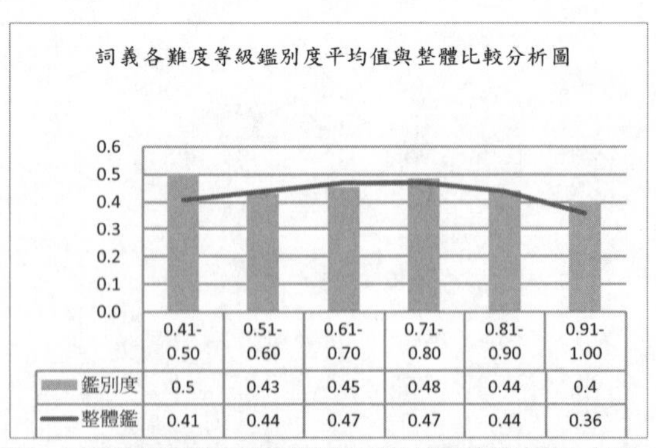

圖4　詞義試題各難度等級鑑別度平均值與整體比較分析圖

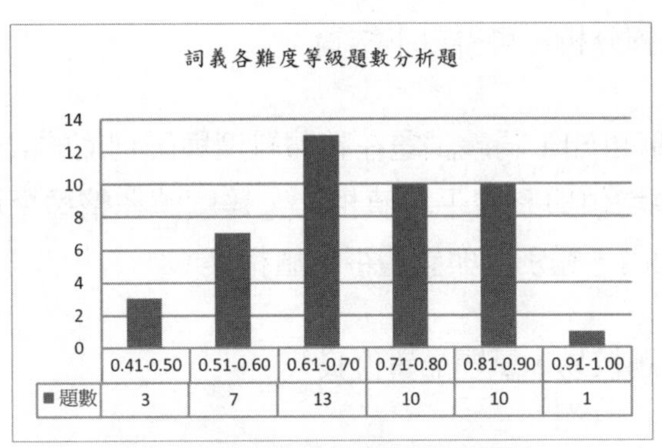

圖5　詞義試題各難度等級題數分析圖

（四）評量指標分析

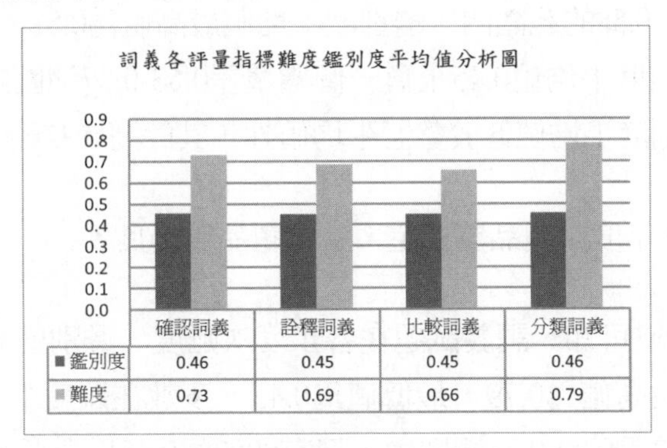

圖6　詞義試題各評量指標難度、鑑別度平均值分析圖

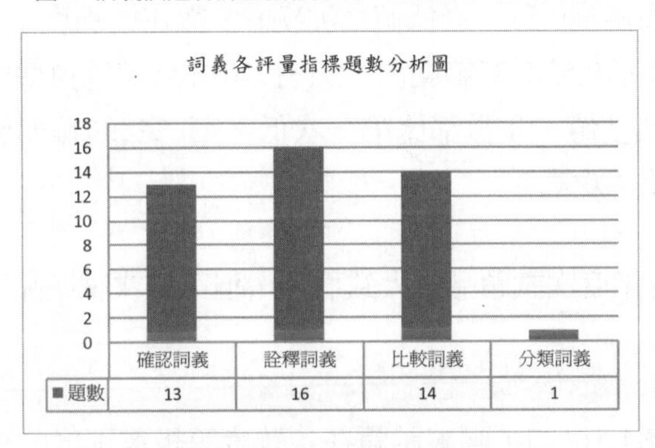

圖7　詞義試題各評量指標題數分析圖

根據上圖分析，可得以下結論：

1.根據圖1可知，詞義試題在整體難度與鑑別度的表現：其難度與鑑別度平均值與整體平均值相比，難度值在整體平均值正一個標準差範圍內，鑑別度與整體平均值相等。

顯示試題較易，試題品質優良。

2.根據圖2可知，詞義試題在各年度難度、鑑別度的表現：難度平均值最高值爲0.76，最低值爲0.62，在難度平均值0.70正負一個標準差0.82-0.58的範圍內。鑑別度平均值最高值爲0.51，最低值爲0.40，在鑑別度平均值0.45正負一個標準差0.53-0.37範圍內。除了91、92年鑑別度平均值低於整體平均值外，其餘高於整體平均值。

顯示各年度試題品質穩定，且試題品質優良。

3.根據圖3可知，詞義試題在各年度次難度、鑑別度的表現：難度平均值最高值爲0.79，最低值爲0.45，多數在難度平均值0.70正負一個標準差0.82-0.58範圍內，只有9002的0.45爲負偏離。鑑別度平均值最高值爲0.53，最低值爲0.27，多數在鑑別度平均值0.45正負一個標準差0.53-0.37範圍內，只有9201的0.27爲負偏離。每年第二次的鑑別度值，多數都比第一次低；第二次的難度值，除90年外，也較第一次高。

顯示各年度次試題品質大致穩定，但第二次試題品質略差，試題較容易。

4.根據圖4.5可知，詞義試題在各難度等級鑑別度的表現：試題難度等級分佈在0.71-0.90之間，鑑別度較高，試題難度等級分佈在0.51-

70之間鑑別度較低。

顯示0.51-0.70難度等級試題的品質較差。

5. 根據圖6.7可知，詞義試題在各評量指標鑑別度的表現：各評量指標的鑑別度平均值皆高於或等於整體平均值。顯示各評量指標試題品質優良。

參、品質分析

為說明詞義試題品質，乃根據表4的試題反應分析，選擇各評量指標鑑別度平均值超過正、負一個標準差的試題，做為高、低鑑別度試題，說明試題特質及考生的學習表現。其次根據「試題檢核表」檢視各試題的題幹與選項，如有不符合檢核表的標準，則列為暇疵試題，並說明修題建議。最後歸納試題題幹的用語瑕疵，並根據評量指標說明格式化用語。茲將各評量指標鑑別度平均值與標準差，及高、低一個標準差的數值，列表說明如後。

表5　詞義試題「各評量指標鑑別度平均值及標準差數值」分析表

評量指標	鑑別度	標準差	高一個標準差	低一個標準差
確認詞義	0.46	0.07	0.53	0.39
詮釋詞義	0.45	0.08	0.53	0.37
比較詞義	0.45	0.09	0.54	0.36
分類詞義	0.46	0.00		

一、高鑑別度試題

根據表5合於高鑑別度試題的條件爲：確認詞義試題，鑑別度高於0.53；詮釋詞義試題，鑑別度高於0.54；比較試題，鑑別度高於0.54。據此可得五題，分別說明如後。

甲、確認詞義

01. 甲說：「我已年近古稀，有子弱冠，大喜。」
乙說：「我虛度一甲子，膝下猶虛，哀！」
丙說：「我年近而立，方立志向學，爲時晚矣！」
丁說：「我已屆不惑，尙未成家，慘！」
戊說：「我雖知命之年，仍不認命。」
以上五人，依年齡排序，誰正好在中間？(9501)【25】
（A）甲　（B）乙　（C）丁　（D）戊※

鑑別度	難易度	A	B	C	D
0.59	62.40	6.34	7.96	23.22	62.40

說明：此題難易度爲0.62，誘答選項C選答率【0.20-0.25】，爲高鑑別度試題。低分組考生對「不惑」所指的年齡，精熟度不足。

乙、詮釋詞義

02. 下列各句「」中的字義，何者與其他三者不同？(9101)【29】
（A）盤根「錯」節※　（B）不知所「措」
（C）移一山「厝」朔東　（D）民安所「錯」其手足

鑑別度	難易度	A	B	C	D
0.56	47.21	47.21	7.71	37.98	6.97

說明：此題難度0.47，誘答選項C選答率【0.38-0.40】，爲高鑑別度試題。中、低分組考生對「厝」的詞義，精熟度不足。。

03. 「磨刀霍霍向豬羊」的「霍霍」是狀聲詞，用來形容磨刀的聲音。下列「　」中的詞語，何者也是形容聲音的狀聲詞？(9501)【18】
(A)「必必剝剝」的爐火※　(B)「稀稀疏疏」的雨滴
(C)「裊裊」上升的炊煙　(D)「滔滔」東流的江水

鑑別度	難易度	A	B	C	D
0.61	71.60	71.60	10.99	4.13	13.24

說明：此題難度為0.72，誘答選項B、D選答率【0.10-0.15】，為高鑑別度試題。低分組考生對「狀聲詞」的定義，精熟度不足。

04. 「臺灣新電影始於一九八二年，新銳編導們認為應當該拍攝貼近生活的戲，與先前的愛情或武俠片大相逕庭。新電影以西方電影美學及拍攝技術，呈現生活周遭人們的成長背景。在編導們的用心下，新電影參與國際影展，屢傳捷報。」根據上文，臺灣新電影之所以被稱為「新電影」，主要是基於什麼因素？(9501)【13】
(A)完全改用西方的電影製作技術
(B)新銳編導擁有深厚的美學素養
(C)參加國際影展常大有斬獲
(D)電影題材與傳統大為不同※

鑑別度	難易度	A	B	C	D
0.57	69.82	16.73	8.63	4.77	69.82

說明：此題難易度為0.70，誘答選項A、B選答率【0.05-0.20】，為高鑑別度試題。低分組考生對閱讀段落，進而判斷「新電影」的定義，精熟度不足。

丙、比較詞義

05. 下列各組「」中的字，何者意義相同？(9001)【21】
（A）無「的」放矢／一箭中「的」※
（B）千「乘」之國／「乘」風破浪
（C）「輾」轉難眠／「輾」碎
（D）「屏」息／「屏」棄

鑑別度	難易度	A	B	C	D
0.60	59.78	59.78	8.00	11.05	21.16

說明：此題難度爲0.60，誘答選項B、C、D選答率【0.05-0.25】，爲高鑑別度試題；中、低分組考生對「千乘之國」、「乘風破浪」、「輾轉難眠」、「輾碎」、「屏息」、「屏棄」的詞語涵義，精熟度不足。

二、低鑑別度試題

根據表5合於低鑑別度試題的條件爲：確認詞義試題，鑑別度低於0.39；詮釋詞義試題，鑑別度低於0.37；比較試題，鑑別度低於0.36。據此可得六題，刪除瑕疵試題一題，得五題，分別說明如後。

甲、確認詞義

01. 下列何者最適合作爲航空公司招攬顧客的廣告標題？(9202)【6】
（A）天涯比鄰※　（B）風起雲湧
（C）咫尺千里　（D）乘風破浪

鑑別度	難易度	A	B	C	D
0.36	70.31	70.31	8.05	20.13	1.45

說明：此題難度爲0.70，誘答選項B、C選答率【0.05-0.20】，爲高鑑別度試題，但鑑別度低，乃因高分組考生將「咫尺千里」，誤以爲「千里咫尺」。

02. 有一書生應考，考試於上午九時開始，因此最晚應該在當天什麼時辰到達才不致遲到？(9301)【32】
（A）卯時　（B）辰時※　（C）申時　（D）酉時

鑑別度	難易度	A	B	C	D
0.38	53.39	19.50	53.39	17.66	9.32

說明：此題難度爲0.53，誘答選項A、C、D選答率【0.05-0.20】，爲高鑑別度試題，但鑑別度低，乃因高、中分組考生對時辰代表的時間，精熟度不足。

乙、詮釋詞義

03. 下列文句「」中的字，何者替換後意義改變？(9202)【4】
（A）民安所「錯」其手足——措
（B）「咨」爾多士，爲民前鋒——茲※
（C）夜夜夜半啼，聞者淚沾「襟」——衿
（D）水陸草木之花，可愛者甚「蕃」——繁

鑑別度	難易度	A	B	C	D
0.35	72.85	5.78	72.85	13.36	7.98

說明：此題難度爲0.73，誘答選項A、B、C選答率【0.05-0.15】，爲高鑑別度試題，但鑑別度低，乃因高分組對「咨」、「茲」的詞義，精熟度不足。

丙、比較詞義

04. 「知其然，不知其所以然」句中「然」字作「這樣」解。下列文句中的「然」字，何者意思與此相同？(9502)【10】
(A) 辛勤耕耘必有所成，這是古今皆「然」的道理※
(B) 王校長平日道貌岸「然」，一臉嚴肅，令人生畏
(C) 這座公園的草坪寬廣，綠意盎「然」，頗受歡迎
(D) 美術館的畫作，都附有說明，讓人一目了「然」

鑑別度	難易度	A	B	C	D
0.30	82.09	82.09	7.37	2.90	7.61

說明：此題難度爲0.82，誘答選項B、D選答率【0.05-0.10】，爲高鑑別度試題，但鑑別度低，乃因高分組對道貌岸「然」、一目了「然」的詞義，精熟度不足。

05.下列「 」中的「一」字，何者在表達人、事或物的實際數量？(9101)【21】
(A) 「一提到」桂花，就彷彿聞到了那股子香味
(B) 他講話很守信用，是個「說一不二」的老實人
(C) 遠眺茫茫大海，覺得個人藐小得真如「滄海一粟」※
(D) 他和我走到車上，將橘子「一股腦兒」放在我的皮大衣上

鑑別度	難易度	A	B	C	D
0.34	56.30	6.19	24.60	56.30	12.84

說明：此題難度爲0.56，誘答選項B、D選答率【0.10-0.25】，爲高鑑別度試題，但鑑別度低，乃因高分組對「說一不二」、「一股腦兒」中「一」的詞義，精熟度不足。

三、試題瑕疵

根據「試題檢核表」檢核，可得瑕疵試題二題，茲分別說明如後。

甲、題幹敘述不清晰【3-4】

01. 「居惡在？仁是也；路惡在？義是也。」中的「惡」字的字義，應是下列何者？(9201)【13】
(A)何，哪裡※　(B)恨，討厭
(C)患，憂慮　(D)甚，非常

鑑別度	難易度	A	B	C	D
0.27	63.67	63.67	15.02	18.46	2.74

說明：此題難度0.64，誘答選項B、C選答率【0.15-0.20】，為高鑑別度試題，但鑑別度不高，乃因試題題幹敘述不夠清晰，無法提供充足的答題訊息，使高分組考生誤答。

修題建議：此題題幹不能提供充足的答題情境，無法修題。

乙、選項敘述不清晰【4-2】

02. 「吹面不寒楊柳風」和以下哪個成語所描述的情境最相近? (9102)【31】
(A)春風滿面　(B)春風化雨　(C)春風和暢※　(D)春寒料峭

鑑別度	難易度	A	B	C	D
0.39	63.19	23.16	7.09	63.19	6.49

說明：此題難度0.63，誘答選項A【0.20-0.25】，為高鑑別度試題，但鑑別度不高，乃因選項A【春風滿面】，高分組考生誤解為【春面拂面】，因而誤答。

修題建議：(A)滿面春風(C)春風和煦

四、試題用語瑕疵

（一）瑕疵說明

基測詞義試題的試題用語缺失，約有以下三項，茲分別說明如後：

1.詞語名稱，用語凌亂

如：【下列文句「 」中的語詞，何者前後意義相同】

【下列「 」中的詞語，哪一組意義前後相同】

題幹中的「語詞」、「詞語」、「何者」、「哪一組」涵義相同，用語未統一。

再如：【「事在人為」中「為」字的用法，與下列何者相同？】

【下列詞語皆有「著」字，何者與「顯著」中的「著」字意義相同？】

【「得之於人者太多」句中的「於」字和下列何者意思相同？】

題幹中的「用法」、「意思」、「意義」涵義相同，用語沒有統一。

2.題幹敘述，用語凌亂

如：【下列文句「 」中的字，何者替換後意義改變？】

【下列通同字的替換，何者意思改變？】

試題內容皆為評量詮釋字義，但用語不統一。

再如：【下列何者最貼近這最段話中所謂「真正的愛」？】

【下列敘述，何者最符合本文所謂「慢拍城市」的真正意涵？】

【根據上文，臺灣新電影之所以被稱爲「新電影」，主要是基於什麼因素？】

試題內容皆爲評量詮釋詞義，但用語未統一。

3.題幹說明體例，形式不統一

如：【下列「　」中的「一」字，何者在表達人、事或物的實際數量？】

【「四維八德」中的「四」與「八」皆代表實際的數量。下列文句「　」中的數字，何者也是實際的數量？】

題幹的說明體例，有的舉例說明，有的不舉例說明，應有統一格式。

（二）格式化用語

甲、詮釋詞語涵義

（甲）字義

1.下列文句「　」中的字，何者替換後意義改變？

（乙）詞義

1.閱讀下文，推斷下列有關「　」的詞義說明，何者正確？

乙、比較詞義

（甲）多義詞

1.下列文句「」中的詞義，何者兩兩相同。

2.下列詞語皆有「」字，何者與「」中的「」，涵義相同？

本節小結

為歸納本節有關詞義試題的品質分析與改善建議，試以分析表說明如後。

表6　詞義試題「品質分析與改善建議」分析表

教學目標	3. 詞義	改善建議
評量指標	3-1確認詞義 3-2詮釋詞義 3-3比較詞義 3-4分類詞義	3-2詮釋詞義　2題 3-3比較詞義　1題
評量細目	3-1成語、涵義關係、文化詞 3-2字義、詞義、圖義 3-3多義詞數字詞 3-4聲音新詞	3-2字義、詞義 3-3多義詞
恰適性	合乎課綱	
代表性	合乎指標及認知能力 3-1確認詞義13題 3-2詮釋詞義16題 3-3比較詞義14題 3-4分類詞義1題	增加詮釋-詞義試題
整體分析	D 0.45 P 0.7 試題較易，品質優良	提高試題難度
年度次分析	各年度次品質穩定 第二次較易、鑑別度較低	提高第二次試題品質

難度等級分析	0.71-0.80　0.48 0.81-0.90　0.44 表現佳	改善0.51-0.70品質
評量指標分析	3-1確認詞義D 0.46 3-2詮釋詞義D 0.45 3-3比較詞義D 0.45 3-4分類詞義D 0.46 皆高於於0.45	
高鑑別度試題	5題	
低鑑別度試題	6題，瑕疵1題	
瑕疵試題	2題	避免 1.題幹或選項敘述不清晰

第二節　能認識句義

本節討論基測有關句義試題的品質分析與改善建議。品質分析分效度分析、數量分析、品質分析三項。效度分析先說明句義試題評量指標的擬定，接著根據「九年一貫課綱」，分析教學目標、評量指標與課綱的關聯性，用以說明試題的恰適性。其次以「試題結構表」、「各年度次試題雙向細目表」，分析合乎評量指標、評量細目、認知能力試題及各年度次試題分配，以說明試題的代表性。

數量分析根據「基測推委會」提供的考生試題反應數據，說明句義試題的試題反應。再據之分析試題難度及鑑別度，在整體、各年度次、各難度等級、各評量指標的統計特質，用以說明試題品質。

品質分析根據各評量指標的平均值，選擇正、負一個標準差之外的試題，爲高、低鑑別度試題，分析試題特質；其次根據「試題檢核表」，分析瑕疵試題；最後則歸納題幹用語瑕疵，說明各評量指標的格式化用語。

改善建議則根據上述各項分析，具體說明改善建議。

壹、效度分析

一、試題恰適性

效度分析旨在評估句義試題能否有效評量教學目標－能認識句義，所欲評量的重點。因此先以內容關聯效度的邏輯分析爲依據，利用下列步驟，分析句義試題的恰適性。

1.整理基測90-95年度，各年度次有關句義評量的試題。

2.根據試題題幹及選項，將句義試題依試題特性做進一步分類。

3.根據試題特性，採用Bloom2001年認知領域教育目標所提供的動詞，擬定評量指標。

4.檢核教學目標、評量指標與「九年一貫課綱」能力指標及學習內涵指標的關聯性，以說明試題的恰適性。

基測90-95年度，各年度次有關句義評量的試題共有74題，內容分爲四類，一類選擇句子涵義、語序，一類選擇句子的要點、語氣、邏輯，一類選擇句子涵義的關係，一類選擇合乎特定觀點的句子。

選擇句義以評量理解能力爲主，根據Bloom2001年版有關認知領域教育目標的能力分類架構，理解能力行爲目標動詞描述有詮釋（interpreting）、舉例（exemplifying）、分類（classifying）、摘要（summarizing）、推論（inferring）、比較（compaaring）、解釋（explaining）七種。詮釋的定義爲由一種溝通形式轉換爲另一種溝通形式。舉例爲用例子說明概念或原則。分類爲指出某物隸屬於某一特定類目。摘要爲提出主題或要點。推論為從現有資訊提出具邏輯性的結論。比較檢視兩個觀點事物或其他類似物間的一致性；解釋建立一個系統的因果模式（葉連祺、林淑萍，2003）。

句義有關選擇句子涵義的試題，與詮釋的定義相近，可將評量指標可定義為：1.詮釋句子涵義。句義有關選擇句子的要點、語氣、邏輯的試題，與推論的定義相近，可將評量指標定義為：2.推論句子要點。句義有關選擇句子涵義關係的試題，與比較的定義相近，可將評量指標定義為：3.比較句子關係。句義有關選擇合乎特定觀點的句子，與舉例的定義相近，可將評量指標定義為：4.舉例句子特定觀點。

其次將句義試題的教學目標與評量指標，與「九年一貫課綱」相關的能力指標及學習內涵指標比對，以說明試題的恰適性。茲將對照表說明如後。

表1　基測句義試題「教學目標、評量指標與課綱指標」分析表

教學目標	課綱能力指標	評量指標	課綱學習內涵指標
4.能認識句義	E-3-3欣賞作品的寫作風格、特色及修辭技巧	4-1詮釋句子涵義	3-3-1能了解並詮釋作者所欲傳達的訊息，進行對話
		4-2推論句子要點	3-3-1能了解並詮釋作者所欲傳達的訊息，進行對話
		4-3比較句子關係	3-3-1能了解並詮釋作者所欲傳達的訊息，進行對話
		4-4舉例句子特定觀點	3-3-1能了解並詮釋作者所欲傳達的訊息，進行對話

根據表1可知，基測句義試題的教學目標與評量指標，合乎九一貫課綱有關閱讀能力E-3-3的能力指標與E-3-3-1的學習內涵指標。

二、試題代表性

分析句義試題的代表性，先以評量指標分類各年度次試題；再根據試題形式，分類評量細目；接著統計合乎各評量指標及細目試題題數，做成「試題結構分析表」；其次分析各年度次試題在評量指標的分布，以說明試題的代表性。茲分別列表說明如後。

表2　基測句義試題「試題結構」分析表

題號	評量指標	認知能力	年度	評量細目題數	評量指標題數
1	4-1-1詮釋句子涵義-句義	理解	9001		
2	4-1-1詮釋句子涵義-句義	理解	9002		
3	4-1-1詮釋句子涵義-句義	理解	9102		
4	4-1-1詮釋句子涵義-句義	理解	9102		
5	4-1-1詮釋句子涵義-句義	理解	9201		
6	4-1-1詮釋句子涵義-句義	理解	9302		
7	4-1-1詮釋句子涵義-句義	理解	9401		
8	4-1-1詮釋句子涵義-句義	理解	9402		
9	4-1-1詮釋句子涵義-句義	理解	9501	9	
10	4-1-2詮釋句子涵義-語序	理解	9001		
11	4-1-2詮釋句子涵義-語序	理解	9002		
12	4-1-2詮釋句子涵義-語序	理解	9002		
13	4-1-2詮釋句子涵義-語序	理解	9201	4	
14	4-1-3詮釋句子涵義-其他	理解	9001		
15	4-1-3詮釋句子涵義-其他	理解	9301		
16	4-1-3詮釋句子涵義-其他	理解	9402	3	16

17	4-2-1推論句子要點-觀點	理解	9001		
18	4-2-1推論句子要點-觀點	理解	9002		
19	4-2-1推論句子要點-觀點	理解	9101		
20	4-2-1推論句子要點-觀點	理解	9101		
21	4-2-1推論句子要點-觀點	理解	9102		
22	4-2-1推論句子要點-觀點	理解	9102		
23	4-2-1推論句子要點-觀點	理解	9201		
24	4-2-1推論句子要點-觀點	理解	9201		
25	4-2-1推論句子要點-觀點	理解	9202		
26	4-2-1推論句子要點-觀點	理解	9202		
27	4-2-1推論句子要點-觀點	理解	9302		
28	4-2-1推論句子要點-觀點	理解	9302		
29	4-2-1推論句子要點-觀點	理解	9402		
30	4-2-1推論句子要點-觀點	理解	9402		
31	4-2-1推論句子要點-觀點	理解	9502	15	
32	4-2-2推論句子要點-語氣	理解	9001		
33	4-2-2推論句子要點-語氣	理解	9002		
34	4-2-2推論句子要點-語氣	理解	9101	3	
35	4-2-3推論句子要點-邏輯	理解	9001		
36	4-2-3推論句子要點-邏輯	理解	9002		
37	4-2-3推論句子要點-邏輯	理解	9101	3	21
38	4-3比較句子關係	理解	9001		
39	4-3比較句子關係	理解	9002		
40	4-3比較句子關係	理解	9101		
41	4-3比較句子關係	理解	9102		
42	4-3比較句子關係	理解	9201		
43	4-3比較句子關係	理解	9201		
44	4-3比較句子關係	理解	9202		
45	4-3比較句子關係	理解	9202		
46	4-3比較句子關係	理解	9301		

47	4-3比較句子關係	理解	9301		
48	4-3比較句子關係	理解	9302		
49	4-3比較句子關係	理解	9401		
50	4-3比較句子關係	理解	9401		
51	4-3比較句子關係	理解	9401		
52	4-3比較句子關係	理解	9402		
53	4-3比較句子關係	理解	9402		
54	4-3比較句子關係	理解	9501		
55	4-3比較句子關係	理解	9501		
56	4-3比較句子關係	理解	9501		
57	4-3比較句子關係	理解	9501		
58	4-3比較句子關係	理解	9502		
59	4-3比較句子關係	理解	9502		
60	4-3比較句子關係	理解	9502		
61	4-3比較句子關係	理解	9502		24
62	4-4舉例句子特定觀點	理解	9101		
63	4-4舉例句子特定觀點	理解	9102		
64	4-4舉例句子特定觀點	理解	9102		
65	4-4舉例句子特定觀點	理解	9102		
66	4-4舉例句子特定觀點	理解	9202		
67	4-4舉例句子特定觀點	理解	9202		
68	4-4舉例句子特定觀點	理解	9302		
69	4-4舉例句子特定觀點	理解	9302		
70	4-4舉例句子特定觀點	理解	9402		
71	4-4舉例句子特定觀點	理解	9402		
72	4-4舉例句子特定觀點	理解	9502		
73	4-4舉例句子特定觀點	理解	9502		
74	4-4舉例句子特定觀點	理解	9502		13

表3 基測句義試題「各年度次評量指標題數」分析表

類別	評量指標		90 1	90 2	91 1	91 2	92 1	92 2	93 1	93 2	94 1	94 2	95 1	95 2	總數
4. 句義	4-1 詮釋句子涵義	4-1-1句義	1	1	0	2	1	0	0	1	1	1	1	0	9
		4-1-2語序	1	2	0	0	1	0	0	0	0	0	0	0	4
		4-1-3其他	1	0	0	0	0	0	1	0	0	1	0	0	3
	4-2 推論句子要點	4-2-1觀點	1	1	2	2	2	2	0	2	0	2	0	1	15
		4-2-2語氣	1	1	1	0	0	0	0	0	0	0	0	0	3
		4-2-3邏輯	1	1	1	0	0	0	0	0	0	0	0	0	3
	4-3 比較句子關係		1	1	1	1	2	2	2	1	3	2	4	4	24
	4-4 舉例句子特定觀點		0	0	1	3	0	2	0	2	0	2	0	3	13

根據表2.3可知，基測句義試題多數符合評量指標與認知能力的要求，詮釋句義16題，推論句子要點21題，比較句義關係24題，舉例詞子特定觀點13題，只有詮釋句義列爲其它三題，較不恰當。

句義爲理解文義的基礎，且學生普遍在推論句子要點的試題，精熟熟度不足，建議各年度次安排詮釋句義1題，推論句子要點2題，比較句義關係2題，舉例詞子特定觀點1題，以符合「試題雙向細目建議表」使試題更具代表性。

在評量細目方面，詮釋句子涵義中的語序，推論句子要點的語氣、邏輯，試題皆未超過6題，且92年之後，未再出題，建議將此類評量細目刪除。

貳、數量分析

一、試題反應分析

根據「基測推委會」所提供的「各年度次基測國文科試題反應分析簡表」，將句義試題，做成難度、鑑別度、選項選答率的分析表，茲說明如後。

表4　基測句義試題「試題反應」分析表

題號	評量指標	D	P	A	B	C	D	原題號	年度
1	4-1-1詮釋句子涵義-句義	0.37	0.59	0.04	0.27	0.59	0.10	27	9001
2	4-1-1詮釋句子涵義-句義	0.29	0.83	0.06	0.07	0.04	0.83	25	9002
3	4-1-1詮釋句子涵義-句義	0.51	0.68	0.11	0.68	0.05	0.16	18	9102
4	4-1-1詮釋句子涵義-句義	0.52	0.73	0.73	0.03	0.14	0.10	22	9102
5	4-1-1詮釋句子涵義-句義	0.54	0.67	0.14	0.67	0.07	0.12	17	9201
6	4-1-1詮釋句子涵義-句義	0.5	0.51	0.04	0.51	0.34	0.11	30	9302
7	4-1-1詮釋句子涵義-句義	0.55	0.55	0.15	0.55	0.16	0.14	26	9401
8	4-1-1詮釋句子涵義-句義	0.47	0.80	0.05	0.80	0.12	0.03	11	9402
9	4-1-1詮釋句子涵義-句義	0.53	0.70	0.70	0.19	0.03	0.08	5	9501
10	4-1-2詮釋句子涵義-語序	0.50	0.74	0.05	0.06	0.15	0.74	4	9001
11	4-1-2詮釋句子涵義-語序	0.47	0.83	0.05	0.83	0.06	0.06	8	9002
12	4-1-2詮釋句子涵義-語序	0.48	0.55	0.11	0.55	0.04	0.29	32	9002
13	4-1-2詮釋句子涵義-語序	0.55	0.74	0.11	0.74	0.02	0.13	3	9201
14	4-1-3詮釋句子涵義-其他	0.48	0.62	0.09	0.62	0.06	0.23	23	9001
15	4-1-3詮釋句子涵義-其他	0.41	0.78	0.06	0.09	0.78	0.08	5	9301
16	4-1-3詮釋句子涵義-其他	0.4	0.82	0.11	0.82	0.03	0.03	6	9402
17	4-2-1推論句子要點-觀點	0.39	0.83	0.83	0.08	0.06	0.03	2	9001
18	4-2-1推論句子要點-觀點	0.37	0.79	0.79	0.08	0.10	0.02	11	9002

19	4-2-1推論句子要點-觀點	0.35	0.83	0.08	0.03	0.83	0.06	9	9101
20	4-2-1推論句子要點-觀點	0.37	0.64	0.16	0.10	0.64	0.09	18	9101
21	4-2-1推論句子要點-觀點	0.35	0.83	0.10	0.07	0.83	0.01	1	9102
22	4-2-1推論句子要點-觀點	0.43	0.69	0.21	0.69	0.06	0.03	14	9102
23	4-2-1推論句子要點-觀點	0.41	0.76	0.11	0.06	0.76	0.07	4	9201
24	4-2-1推論句子要點-觀點	0.4	0.55	0.03	0.55	0.37	0.05	26	9201
25	4-2-1推論句子要點-觀點	0.48	0.64	0.64	0.12	0.06	0.17	26	9202
26	4-2-1推論句子要點-觀點	0.43	0.63	0.12	0.03	0.22	0.63	27	9202
27	4-2-1推論句子要點-觀點	0.29	0.95	0.95	0.03	0.01	0.01	1	9302
28	4-2-1推論句子要點-觀點	0.33	0.88	0.88	0.01	0.04	0.08	6	9302
29	4-2-1推論句子要點-觀點	0.22	0.81	0.13	0.81	0.01	0.04	5	9402
30	4-2-1推論句子要點-觀點	0.4	0.77	0.07	0.11	0.77	0.06	7	9402
31	4-2-1推論句子要點-觀點	0.44	0.70	0.01	0.01	0.70	0.29	16	9502
32	4-2-2推論句子要點-語氣	0.63	0.75	0.75	0.11	0.03	0.11	8	9001
33	4-2-2推論句子要點-語氣	0.52	0.60	0.05	0.05	0.60	0.30	21	9002
34	4-2-2推論句子要點-語氣	0.51	0.75	0.17	0.03	0.04	0.75	5	9101
35	4-2-3推論句子要點-邏輯	0.35	0.56	0.56	0.03	0.28	0.13	10	9001
36	4-2-3推論句子要點-邏輯	0.45	0.85	0.03	0.85	0.10	0.02	7	9002
37	4-2-3推論句子要點-邏輯	0.4	0.51	0.19	0.51	0.20	0.10	26	9101
38	4-3比較句子關係	0.61	0.59	0.11	0.16	0.59	0.13	17	9001
39	4-3比較句子關係	0.5	0.59	0.16	0.08	0.18	0.59	27	9002
40	4-3比較句子關係	0.37	0.33	0.41	0.33	0.06	0.19	33	9101
41	4-3比較句子關係	0.4	0.90	0.03	0.90	0.04	0.03	4	9102
42	4-3比較句子關係	0.57	0.80	0.04	0.04	0.80	0.12	12	9201
43	4-3比較句子關係	0.45	0.73	0.73	0.02	0.06	0.18	24	9201
44	4-3比較句子關係	0.52	0.80	0.07	0.04	0.80	0.09	10	9202
45	4-3比較句子關係	0.56	0.51	0.10	0.34	0.05	0.51	31	9202
46	4-3比較句子關係	0.54	0.71	0.06	0.71	0.13	0.11	16	9301
47	4-3比較句子關係	0.47	0.43	0.44	0.06	0.07	0.43	27	9301
48	4-3比較句子關係	0.43	0.44	0.44	0.40	0.12	0.04	33	9302

49	4-3比較句子關係	0.44	0.77	0.02	0.17	0.04	0.77	7	9401
50	4-3比較句子關係	0.49	0.80	0.80	0.08	0.06	0.06	8	9401
51	4-3比較句子關係	0.48	0.74	0.74	0.11	0.06	0.08	14	9401
52	4-3比較句子關係	0.43	0.84	0.06	0.84	0.07	0.03	17	9402
53	4-3比較句子關係	0.5	0.74	0.03	0.10	0.74	0.12	21	9402
54	4-3比較句子關係	0.5	0.73	0.73	0.06	0.12	0.09	6	9501
55	4-3比較句子關係	0.45	0.81	0.11	0.03	0.05	0.81	10	9501
56	4-3比較句子關係	0.42	0.56	0.20	0.56	0.13	0.11	26	9501
57	4-3比較句子關係	0.43	0.53	0.08	0.29	0.10	0.53	31	9501
58	4-3比較句子關係	0.4	0.88	0.01	0.88	0.02	0.08	3	9502
59	4-3比較句子關係	0.51	0.73	0.02	0.16	0.10	0.73	21	9502
60	4-3比較句子關係	0.53	0.77	0.07	0.11	0.77	0.05	26	9502
61	4-3比較句子關係	0.54	0.66	0.12	0.15	0.66	0.07	31	9502
62	4-4舉例句子特定觀點	0.45	0.87	0.09	0.02	0.87	0.02	4	9101
63	4-4舉例句子特定觀點	0.48	0.84	0.03	0.84	0.10	0.03	6	9102
64	4-4舉例句子特定觀點	0.53	0.82	0.82	0.06	0.07	0.05	11	9102
65	4-4舉例句子特定觀點	0.5	0.60	0.60	0.16	0.10	0.13	29	9102
66	4-4舉例句子特定觀點	0.53	0.79	0.03	0.79	0.12	0.06	19	9202
67	4-4舉例句子特定觀點	0.43	0.63	0.05	0.63	0.22	0.09	24	9202
68	4-4舉例句子特定觀點	0.54	0.68	0.02	0.08	0.22	0.68	17	9302
69	4-4舉例句子特定觀點	0.47	0.61	0.61	0.28	0.08	0.03	31	9302
70	4-4舉例句子特定觀點	0.48	0.85	0.04	0.02	0.08	0.85	9	9402
71	4-4舉例句子特定觀點	0.37	0.82	0.05	0.05	0.82	0.07	16	9402
72	4-4舉例句子特定觀點	0.42	0.84	0.12	0.02	0.84	0.02	6	9502
73	4-4舉例句子特定觀點	0.52	0.88	0.04	0.05	0.03	0.88	13	9502
74	4-4舉例句子特定觀點	0.42	0.63	0.63	0.08	0.15	0.14	27	9502

二、難度、鑑別度平均值分析

爲分析句義試題難度、鑑別度特質，先分析句義試題難度、鑑別度平均值，並與90-95年基測的難度、鑑別度平均值比較，了解整體的試題品質。其次分析各年度次難度、鑑別度平均值，了解各年度次的試題品質。接著分析各難度等級的鑑別度平均值，了解試題各難度等級的試題品質。最後分析各評量指標試題難度、鑑別度平均值，了解各評量指標的試題品質。茲分別列圖說明如後。

（一）整體分析

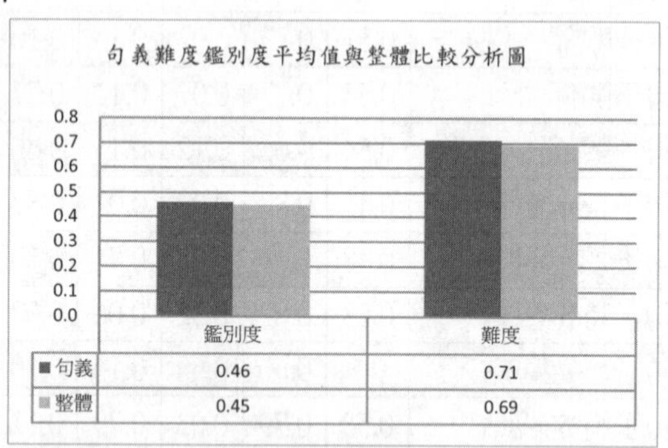

圖1　句義試題難度、鑑別度與整體試題難度、鑑別度比較分析圖

（二）年度次分析

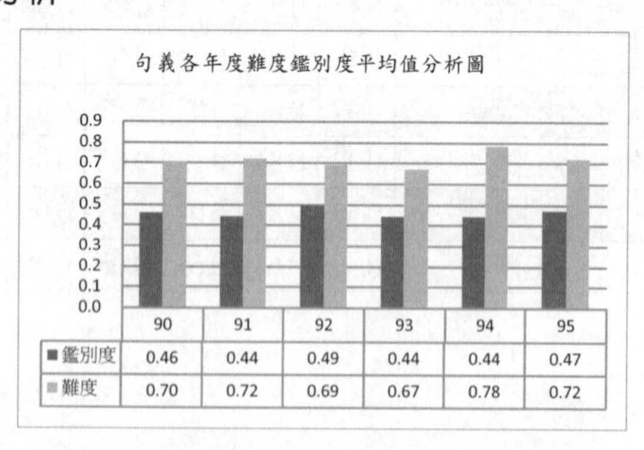

圖2　句義試題各年度難度、鑑別度平均值分析圖

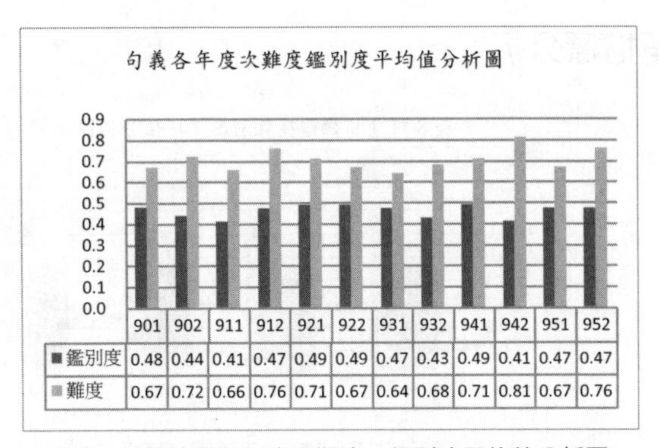

圖3　句義試題各年度次難度、鑑別度平均值分析圖

（三）難度等級分析

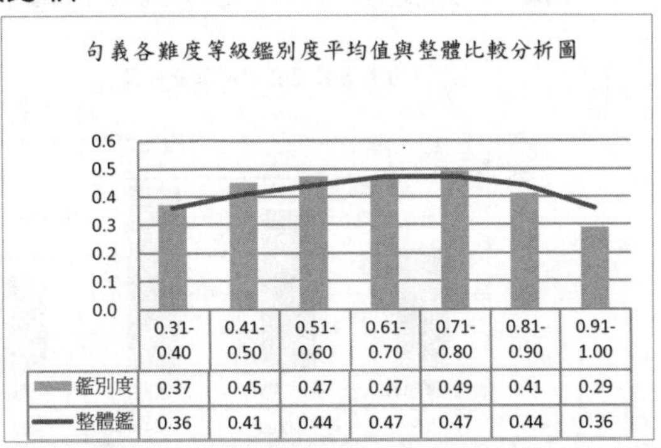

圖4　句義試題各難度等級鑑別度平均值與整體比較分析圖

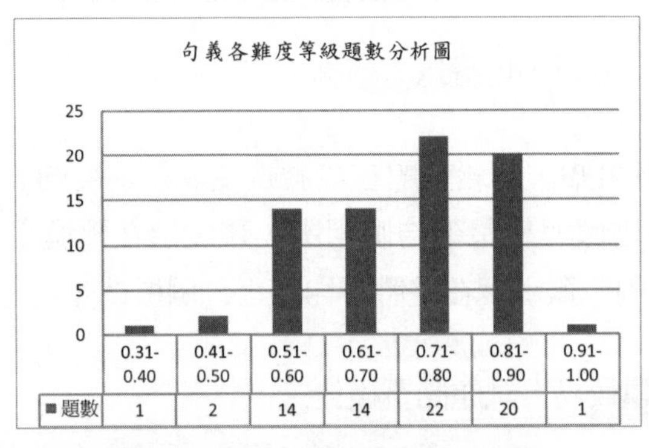

圖5　句義試題各難度等級題數分析圖

（四）評量指標分析

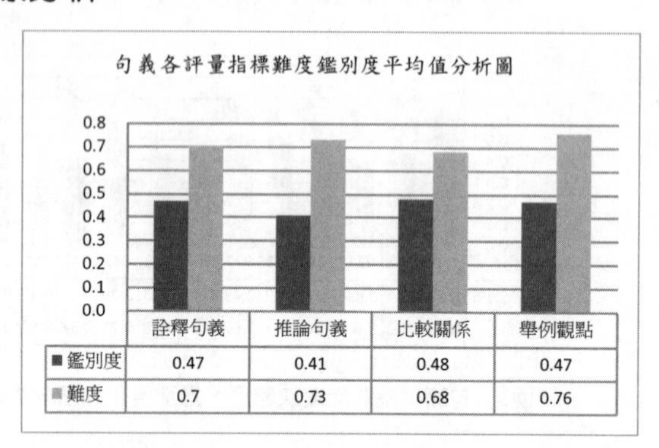

	詮釋句義	推論句義	比較關係	舉例觀點
■鑑別度	0.47	0.41	0.48	0.47
■難度	0.7	0.73	0.68	0.76

圖6　句義試題各評量指標難度、鑑別度平均值分析圖

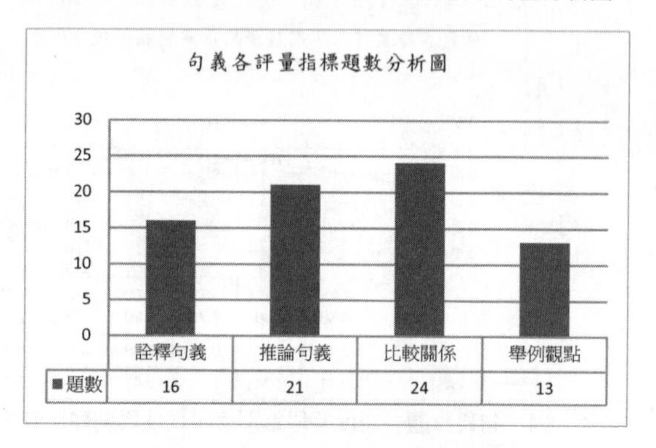

	詮釋句義	推論句義	比較關係	舉例觀點
■題數	16	21	24	13

圖7 句義試題各評量指標題數分析圖

根據上圖分析，可得以下結論：

1.根據圖1可知，句義試題在整體難度與鑑別度的表現：其難度與鑑別度平均值與整體平均值相比，難度值在整體平均值正一個標準差範圍內，鑑別度在整體平均值正一個標準差之內。

顯示試題較易，試題品質極佳。

2.根據圖2可知，句義試題在各年度難度、鑑別度的表現：難度平均值最高值爲0.78，最低值爲0.67，在難度平均值0.71正負一個標準差0.84-0.58的範圍內。鑑別度平均值最高值爲0.49，最低值爲0.44，在鑑別度平均值0.46正負一個標準差0.54-0.38範圍內。90、92、95年鑑別度平均值高於整體平均值。其餘低於整體平均值，但極接近。

顯示各年度試題品質穩定，但試題品質優良。

3. 根據圖3可知，句義試題在各年度次難度、鑑別度的表現：難度平均值最高值爲0.81，最低值爲0.64，全數在難度平均值0.71正負一個標準差0.84-0.58範圍內。鑑別度平均值最高值爲0.49，最低值爲0.41，全數在鑑別度平均值0.46正負一個標準差0.54-0.38範圍內。各年度第二次試題品質較差，試題較容易。

顯示各年度次試題品質穩定，可提高第二次試題難度與品質。

4.根據圖4.5可知，句義試題在各難度等級鑑別度的表現：試題難度等級分佈在0.51-0.80之間，鑑別度較高，0.81-0.90鑑別度較差。

顯示試題在0.81-0.90難度等級，品質不佳。

5.根據圖6.7可知，句義試題在各評量指標鑑別度的表現：各評量指標的鑑別度平均值除推論句義，其他皆高於整體平均值。根據難度與鑑別度表現的關連性，詮釋句義難度0.7，鑑別度等於0.47，推論句義難度0.73鑑別度低於0.47，比較關係難度0.68鑑別度高於0.47，舉例觀點難度0.76鑑別度等於0.47。

顯示各評量指標試題品質優良，推論句子要點則宜改善試題品質。

參、品質分析

爲說明句義試題品質，乃根據表4的試題反應分析，選擇各評量指標鑑別度平均值超過正、負於一個標準差的試題，做爲高、低鑑別度試題，說明試題特質及考生的學習效果。其次根據「試題檢核表」檢視各試題的題幹與選項，如有不符合檢核表的標準，則列爲瑕疵試題，並說明修題建議。最後歸納試題題幹的用語瑕疵，並根據評量指標說明格式化用語。茲將各評量指標鑑別度平均值及高低一個標準差數值分析表，說明如後。

表5　句義試題「各評量指標鑑別度平均值及標準差數值」分析表

評量指標	鑑別度	標準差	高一個標準差	低一個標準差
詮釋句義	0.47	0.07	0.54	0.40
推論要點	0.41	0.09	0.50	0.32
比較關係	0.48	0.06	0.54	0.42
舉例觀點	0.47	0.05	0.52	0.42

一、高鑑別度試題

根據表5合於高鑑別試題的條件爲：詮釋句義試題，鑑別度高於0.54；推論要點試題，鑑別度高於0.50；比較關係試題，鑑別度高於0.54；舉例觀點試題，鑑別度高於0.52。根據表5可得十一題，茲分別說明如後。

甲、詮釋句子涵義

01. 下列文句，哪一組意思前後相同？(9201) 【3】
（A）喝酒後絕不開車／開車後絕不喝酒
（B）人才來自各方／人才自各方來※
（C）反守爲攻／反攻爲守
（D）百戰百勝／百勝百戰

鑑別度	難易度	A	B	C	D
0.55	73.82	11.12	73.82	2.41	12.62

說明：此題難度0.74，誘答選項A、D選答率【0.10-0.15】，爲高鑑別度試題。低分組考生對「喝酒後絕不開車」「百戰百勝」的語序，精熟度不足。

02. 下列句意的說明，何者最爲正確？(9401) 【26】
（A）康德：「誠實比一切的智謀都更好。」——誠實的人絕不會吹噓自己
（B）莎士比亞：「只有『貧窮』是不勞而獲的東西。」——懶惰招致匱乏※
（C）亞里斯多德：「羽毛相同的鳥總會聚在一起。」——朋友是不可或缺的
（D）雪萊：「我們愈是學習，愈發覺自己的貧乏。」——逆境增加人的能力

鑑別度	難易度	A	B	C	D
0.55	54.87	15.14	54.87	16.31	13.61

說明：此題難度0.55，誘答選項A、C、D選答率【0.10-0.20】，爲高鑑別度試題。中、低分組考生對「誠實比一切的智謀都更好」，「羽毛相同的鳥總會聚在一起」，「我們愈是學習，愈發覺自己的貧乏」的句義，精熟度不足。

乙、推論文句要點

03. 下列各句所傳達的語氣，何者說明正確？(9001) 【8】
（A）「吾數年來欲買舟而下，猶未能也。子何恃而往？」——輕視的語氣※
（B）「我軍若進，中其計也，汝輩焉知？宜速退。」——勸慰的語氣
（C）「我親愛的手足，不要傷悲。」——斥責的語氣
（D）「應是母慈重，使爾悲不任。」——肯定的語氣

鑑別度	難易度	A	B	C	D
0.63	75.00	75.00	10.79	3.18	11.03

說明：此題難度0.75，誘答選項B、D選答率【0.10-0.15】，爲高鑑別度試題。低分組對「我軍若進，中其計也，汝輩焉知？宜速退」，「應是母慈重，使爾悲不任」所表達的語氣，精熟度不足。

04. 下列各句所傳達的語氣，何者說明錯誤？(9002) 【21】
（A）「咨爾多士，爲民前鋒」——期勉的語氣
（B）「嗟哉斯徒輩，其心不如禽」——斥責的語氣
（C）「噫！菊之愛，陶後鮮有聞」——驚訝的語氣※
（D）「其恕乎！己所不欲，勿施於人」——推測的語氣

鑑別度	難易度	A	B	C	D
0.52	60.03	5.12	5.32	60.03	29.54

說明：此題難度0.60，誘答選項D選答率【0.25-0.30】，爲高鑑別度試題。中、低分組對「其恕乎！己所不欲，勿施於人」所表達的語氣，精熟度不足。

05. 下列選項，何者語氣兩兩相同？(9101) 【5】
（A）今天，我就要你作主／沒有農夫，哪裡有飯吃
（B）記住，飯碗裡一粒米都不許剩／我的天，怎麼這樣酸
（C）大家都像你這樣怕冷，誰來種田／爸，我們的小雞全跑到坡上去了
（D）大約大去之期不遠矣／籠中鳥的苦悶，大概僅次於黏在膠紙上的蒼蠅※

鑑別度	難易度	A	B	C	D
0.51	75.46	16.88	3.43	4.14	75.46

說明：此題難度0.75，誘答選項A選答率【0.15-0.20】，為高鑑別度試題。低分組對「今天，我就要你作主／沒有農夫，哪裡有飯吃」所表達的語氣，精熟度不足。

丙、比較句義關係

06. 「人的一生，就是上天與社會的賜與，所以一個人做人做事該當飲水思源，滿懷感激。」上述為人處世的態度，比較接近下列哪一個選項？(9001)【17】
（A）顏淵從來不誇耀自己的長處，也不張揚自己的功勞
（B）五柳先生對於貧賤不感到憂慮，對於富貴也不汲汲營求
（C）愛因斯坦發表《相對論》時，強調是與朋友討論所得的成果※
（D）子路願把自己的馬車輕裘與朋友共用，即使用壞了也沒有怨憾

鑑別度	難易度	A	B	C	D
0.61	59.44	11.12	15.97	59.44	13.48

說明：此題難度0.59，誘答選項A、B、D選答率【0.10-0.20】，為高鑑別度試題。中、低分組對題幹的解讀，著重「為人處事的態度」，卻忽略「飲水思源，滿懷感激」，才是題幹提問重點。

07. 英國心理學家布洛認為，將事物的實用目的拋開，更能產生美的感受。下列對讀書的敘述，何者符合這個說法？(9201)【12】
（A）飽讀詩書，經世濟民　（B）窮究經書，匡正風俗
（C）吟詠詩詞，怡然自得※　（D）閱讀史籍，增廣見聞

鑑別度	難易度	A	B	C	D
0.57	79.80	4.48	3.99	79.80	11.68

說明：此題難度0.80，誘答選項D選答率【0.10-0.15】，為高鑑別度試題。低分組對提問重點感覺迷惑，因而誤答。建議修改試題，使低分組能清楚試題提問重點。

修正建議：

「將事物的實用目的拋開，更能產生美的感受」一句，所強調的讀書態度，與下列何者相近？

08. 子曰：「事父母，幾諫。」
下列敘述何者符合這句話的精神？(9202)【31】
（A）並肩作戰，親子如友　　（B）互助合作，親子連心
（C）當仁不讓，大義滅親　　（D）理直氣和，親子雙贏※

鑑別度	難易度	A	B	C	D
0.56	50.52	10.07	33.89	5.40	50.52

說明：此題難度0.50，誘答選項A、C選答率【0.05-0.10】，B選答率【0.30-0.35】，爲高鑑別度試題。 顯示中、低分組對「事父母，幾諫」的文義理解，精熟度不足。

丁、舉例句子特定觀點

09. 下列各選項「 」中的詩句所表達的心情，何者說明不正確？(9102)【11】
（A）打起黃鶯兒，莫教枝上啼。「啼時驚妾夢，不得到遼西」——開朗※
（B）向晚意不適，驅車登古原。「夕陽無限好，只是近黃昏」——惆悵
（C）「久旱逢甘雨，他鄉遇故知。」洞房花燭夜，金榜題名時——驚喜
（D）昔有吳起者，母歿喪不臨。「嗟哉斯徒輩，其心不如禽」——鄙斥

鑑別度	難易度	A	B	C	D
0.53	81.76	81.76	6.32	6.88	5.00

說明：此題難度0.82，誘答選項B、C、D選答率【0.05-0.10】，爲高鑑別度試題。低分組對「夕陽無限好，只是近黃昏」，「久旱逢甘雨，他鄉遇故知」，「嗟哉斯徒輩，其心不如禽」所表達的心情，精熟度不足。

10. 下列詩詞，何者最能表露出慈悲心腸？(9202)【19】
（A）白髮悲花落，青雲羨鳥飛
（B）愛鼠常留飯，憐蛾不點燈※
（C）薄命生遭風雨妒，多情枉受蝶蜂憐
（D）共看明月應垂淚，一夜鄉心五處同

鑑別度	難易度	A	B	C	D
0.53	79.18	2.68	79.18	11.70	6.37

說明：此題難度0.79，誘答選項C、D選答率【0.05-0.15】，爲高鑑別度試題。低分組對理解「薄命生遭風雨妒，多情枉受蝶蜂憐」，「共看明月應垂淚，一夜鄉心五處同」，所透露的情懷，精熟度不足。

11. 南宋文學家陸游是中國有名的愛國詩人，下列哪一詩句最能看出他報效朝廷的雄心壯志？(9302)【17】
（A）數間茅屋鏡湖濱，萬卷藏書不救貧
（B）衣上征塵雜酒痕，遠遊無處不消魂
（C）躬率本是英豪事，老死南陽未必非
（D）自笑滅胡心尚在，憑高慷慨欲忘身※

鑑別度	難易度	A	B	C	D
0.54	67.80	2.23	8.22	21.69	67.80

說明：此題難度0.68，誘答選項B、C選答率【0.05-0.25】，爲高鑑別度試題。低分組考生對「躬率本是英豪事，老死南陽未必非」，「衣上征塵雜酒痕，遠遊無處不消魂」的文義，及「老死南陽」的典故，精熟度不足。

二、低鑑別度試題

根據表5合於低鑑別試題的條件為：詮釋句義試題，鑑別度低於0.40；推論要點試題，鑑別度低於0.32；比較關係試題，鑑別度低於0.42；舉例觀點試題，鑑別度低於0.42。根據表5可得六題，刪除四題瑕疵試題，得二題。茲分別說明如後。

甲、推論文句要點

01. 「薄襯衫的季節結束，厚大衣的季節已經來到城市黃昏的街角。」這句話主要在敘述什麼？(9402)【5】
(A) 夜晚的來臨
(B) 時序的轉換※
(C) 城市的變遷
(D) 衣服的流行

鑑別度	難易度	A	B	C	D
0.22	80.95	13.21	80.95	1.46	4.36

說明：此題難度0.81，誘答選項A選答率【0.10-0.15】，為高鑑別度試題，但鑑別度低。乃因高分組考生對理解「厚大衣的季節已經來到」是文句關鍵，精熟度不足。

乙、舉例句子特定觀點

02. 如果要選一則座右銘來勉勵自己把握時間，下列何者最恰當？(9402)【16】
(A) 無事勤掃屋，勝如上藥鋪
(B) 機會是上帝不想簽名時的匿名
(C) 勇於求知的人絕不至於空閒無事※
(D) 立志在堅不在銳，成功在久不在速

鑑別度	難易度	A	B	C	D
0.37	81.78	5.48	5.26	81.78	7.45

說明：此題難度0.82，誘答選項A、B、D選答率【0.05-0.10】，為高鑑別度試題，但鑑別度低。乃因高分組考生認為「勇於求知的人絕不至於空閒無事」的重點是勇於求知，因而誤答。

三、瑕疵試題

根據「試題檢核表」檢核，可得瑕疵試題八題，茲分別說明如後。

甲、評量重點非學習核心【2-1】

01. 下列何者推論正確？(9001)【10】
（A）「唯有正直的人是君子」，所以君子都是正直的人※
（B）「美女的命都不好」，所以命不好的人都是美女
（C）「該來的人不來」，所以不來的人都是該來的
（D）「會叫的狗不咬人」，所以不咬人的狗都會叫

鑑別度	難易度	A	B	C	D
0.35	56.00	56.00	2.64	28.17	13.18

說明：此題難度0.56，誘答選項C選答率【0.25-0.30】、D選答率【0.10-0.15】，應為高鑑別度試題，但鑑別度只有0.36，顯示高分組誤答嚴重，乃因此題的試題內容，並非國中國語文教學的核心重點。

修題建議：

此題非國文教學核心，建議刪除。

乙、試題未給予充足的答題情境【2-2】

02. 孔子以「生，於我乎館；死，於我乎殯」的精神來待人接物，下列何者與孔子這種胸懷較爲接近？(9201)【4】
(A)忠　(B)孝　(C)仁※　(D)信

鑑別度	難易度	A	B	C	D
0.41	76.34	11.08	5.92	76.34	6.63

說明：此題難度0.76，誘答選項A、B、C選答率皆在【0.05-0.10】，應爲高鑑別度試題，但鑑別度只有0.41，顯示高分組有誤答，乃因題幹「生，於我乎館；死，於我乎殯」涵義不清，考生較難作答。

修題建議：題幹敘述不清晰，無法修題。

03. 下列何者與「君子有終身之憂，無一朝之患」的「終身之憂」涵義相近？(9301)【27】
(A)生於憂患，死於安樂
(B)入則孝，出則弟，守先待後
(C)頭可斷，血可流，身不可辱
(D)士不可不弘毅，任重而道遠※

鑑別度	難易度	A	B	C	D
0.47	43.48	43.66	5.83	6.94	43.48

說明：此題難度0.43，誘答選項A選答率爲0.44超過正答，乃因題幹的提示太少，考生不易從題幹了解終身之憂的涵義，所以多數考生選擇有憂患的選項。

修題建議：題幹敘述不清晰，無法修題。

丙、試題未清楚表達題意【2-3】

04. 下列文句所引用的名言俗語，何者不恰當？(9301)【5】
    （A）「休息是爲了走更長的路」，過度疲累會影響身心健康，反而降低工作效率，有害無益
    （B）「世事豈能盡如人意？但求無愧我心」，凡事只要盡最大努力，成功失敗無須過於掛懷
    （C）「見人說人話，見鬼說鬼話」，培養多項語言能力，才能夠符合世界潮流、增加競爭力※
    （D）「婚姻是戀愛的墳墓」，許多夫妻忽略經營彼此之間的婚姻生活，以致失去甜蜜的愛情

鑑別度	難易度	A	B	C	D
0.41	78.04	5.52	8.81	78.04	7.58

說明：此題難度0.78，誘答選項A、B、D選答率【0.05-0.10】，應爲高鑑別度試題，但鑑別度只有0.41，顯示高分組有誤答，乃因此題題意不清，影響考生答題判斷。

修題建議：此題題意不清，無法修題。

丁、試題太簡單【2-7】

05. 某家眼鏡公司推出鈦金屬鏡架，它的廣告詞是「新造型，鈦輕巧，超彈性，不變形」。下列何者不是它所標榜的特色？(9302)【1】
    （A）便宜※　（B）耐用　（C）時髦　（D）舒適

鑑別度	難易度	A	B	C	D
0.29	95.35	95.35	2.61	1.14	0.89

說明：此題難度爲0.95，試題過易，鑑別度低。

修題建議：試題太容易，建議刪除。

戊、選項敘述不清晰【4-2】

06. 下列各句勉勵語的說明，何者是不正確的？(9001)【27】
（A）「放下屠刀，立地成佛」——勉人及時改過遷善
（B）「欲窮千里目，更上一層樓」——勉人力爭上游，發憤圖強
（C）「吃得苦中苦，做得人中人」——勉人不怕吃苦，就能出人頭地※
（D）「盛年不重來，一日難再晨」——勉人把握時光、及時努力

鑑別度	難易度	A	B	C	D
0.37	58.78	4.00	27.07	58.78	10.16

說明：此題難度0.59，誘答選項B選答率【0.25-0.30】，D選答率【0.10-0.15】，應爲高鑑別度試題，但鑑別度只有0.37，顯示高分組有誤答，乃因此題的C選項「吃得苦中苦，做得人中人」，「人中人」含義模糊。

建議修題：

（C）「吃得苦中苦，做得人上人」－勉人要想做大官就要先學會吃苦

07. 下列廣告詞的句意說明，何者錯誤？(9002)【25】
（A）「我是在當爸爸之後，才知道怎麼當爸爸的！」——人在學習中成長
（B）「科技始終來自人性！」——科技產品是爲了符合人類需要而創造的
（C）「知識使人美麗！」——書本可以充實心靈
（D）「美麗不是負擔！」——美麗可以使人成長※

鑑別度	難易度	A	B	C	D
0.29	82.61	5.67	7.23	4.49	82.61

說明：此題難度0.83，誘答選項A、B、C選答率皆在【0.05-0.10】，應為高鑑別度試題，但鑑別度只有0.29，顯示高分組有誤答，乃因此題以廣告詞為背景，但選項D「美麗不是負擔！」涵義不清，考生較難作答。

修題建議：選項D「美麗不是負擔！」涵義不清，較難修題。

己、選項無法呼應題幹提問【4-3】

08. 「得之於人者太多，出之於己者太少。因為需要感謝的人太多了，就感謝天罷。」這段話的涵義和下列何者最相近？(9101)【33】
(A) 有人需要妳的愛，滿足他們吧！此時，你將是上天賜給他們的恩典
(B) 豐收是自然和人類合作的大手筆，人豈可貪天之功而愚昧地自鳴得意※
(C) 生活充滿困惑與潛在的混亂，宗教的力量可以指導我們找到意義與秩序
(D) 對生命有真切的擁抱後，看任何事就能寬宏大量，擁有海闊天空的人生觀

鑑別度	難易度	A	B	C	D
0.37	33.33	41.38	33.33	5.62	19.49

說明：此題難度0.33，誘答選項A選答率為0.41超過正答，乃因正答B強調的重點是農作物的豐收，與題幹強調「謙虛的心態」並不完全吻合，所以考生選答與上天較有關係的A。此題有選項無法呼應題幹重點的瑕疵。

修題建議：

(B) 人的成就，是上天與社會的賜與，不宜自居其功，自鳴得意

09.「當我們吃著香噴噴的白飯時，我們是在吃好幾個月的陽光、雨露、水和泥土的養分。」下列何者與這段話的涵義最為接近？（9502）【3】
（A）人不但可以役使自然，還可以創造自然
（B）生活所需是上天與社會的賜予，人們當飲水思源※
（C）從生至死，社會支配著人類的物質生活和精神生活
（D）水、土、空氣和陽光是農業的要素，也是構成宇宙的要素

鑑別度	難易度	A	B	C	D
0.40	88.45	1.28	88.45	2.23	8.01

說明：此題難度0.88，誘答選項D選答率【0.05-0.10】，爲高鑑別度試題，但鑑別度低，乃因題幹文句強調食物爲大自然所孕育，並無社會及感恩意涵，導致高分組考生對正答有疑慮。

修題建議：

(B) 生活所需的食物，往往來自大自然的孕育

四、試題用語瑕疵

（一）瑕疵說明

基測句義試題的用語缺失，皆爲涵義相同，用語凌亂，但又可細分二項。茲分別說明如後。

1.詞語涵義相同，用語凌亂：

如：【下列文句的文義說明，何者正確】

【下列句意的說明，何者最爲正確】

【下列語句含意的說明，何者正確】

其中的文義說明、句意的說明、語句含意的說明，皆指文句涵義，但用語不統一。

2.題幹用語凌亂：

如：【這句話旨在說明什麼】

【這段話最主要的意思是什麼】

【這段文字的主要用意是在說明什麼】

【這段文字最主要再強調什麼觀念】

【這句話主要在敘述什麼】

【根據這句話，下列說明何者正確】

上述提問都以文句要旨爲重點，但用語各異，應加以統一。

再如：【上述爲人處事的態度，比較接近下列哪一個選項】

【這句話的以意義與下列何者較爲接近】

【這段話的涵義和下列何者最接近】

【這句話的涵義，與下列何者最接近】

【這段話的含義，與下列哪一個選項最接近】

【這句話的內涵，與下列何者最相近】

【這句話的寓意，與下列何者最接近】

上述提問都以文句涵義與何者最接近爲重點，但用語各異，應加以統一。

又如：【下列選項，何者】

【下列哪一選項】

【下列詩句】

【下列詩詞】

【下列哪一詩句】

【下列文句】

上述題幹只提問詩句及文句兩類內容，但用語各異，應加以統一。

（二）格式化用語

甲、詮釋句子涵義

1.下列文句的涵義說明，何者正確？

2.「段落引文」，其中「文句」的涵義是什麼？

乙、推論句子要點

1.「文句」，這句話旨在說明什麼？

2.其他有關觀點提問試題，題幹較難統一。

丙、比較句義關係

1.「文句」，這句話的涵義與下列何者最接近？

丁、舉例特定觀點

1.下列文句（詩句），何者以「」為描寫（敘述）重點？

本節小結

表6　句義試題「品質分析與改善建議」分析表

教學目標	4. 句義	改善建議
評量指標	4-1詮釋句義 4-2推論要點 4-3比較關係 4-4舉例觀點	4-1詮釋句字涵義1題 4-2推論要點2題 4-3比較關係2題 4-4舉例觀點1題
評量細目	4-1句義、語序 4-2觀點、語氣、邏輯	4-1句義 4-2觀點（要旨）
恰適性	合乎課綱	
代表性	合乎指標及認知能力 4-1詮釋句義16題 4-2推論要點21題 4-3比較關係24題 4-4舉例觀點13題	增加推論要點、比較關係試題
整體分析	D 0.46　P 0.71 試題較易，品質優良	
年度次分析	各年度次品質穩定 但第二次品質較差	提高第二次試題品質
難度等級分析	0.51-0.80　0.47、0.47、0.49 表現佳	改善0.81-0.90的試題品質
評量指標分析	4-1詮釋句義0.47 4-2推論要點0.41 4-3比較關係0.48 4-4舉例觀點0.47 多數高於0.45	改善 推論要點試題品質
高鑑別度試題	11題	
低鑑別度試題	6題 瑕疵4題	
瑕疵試題	9題	避免 1.試題非學習重點、未提供充足情境、題意不清、太簡單 2.選項敘述不清、無法呼應題幹

第五章　段義試題的品質分析與改善建議

基測評量理解能力的試題分詞義、句義、段義、文化常識、修辭法、語法六類，本章針對段義教學目標的試題，說明試題品質及改善建議。

第一節　能認識段義

本節討論基測有關段義試題的品質分析與改善建議。品質分析分效度分析、數量分析、品質分析三項。效度分析先說明段義試題評量指標的擬定；接著根據「九年一貫課綱」，分析教學目標、評量指標與課綱的關聯性，用以說明試題的恰適性。其次以「試題結構表」、「各年度次試題雙向細目表」，分析合乎評量指標、評量細目、認知能力試題及各年度次試題分配，說明試題的代表性。

數量分析根據「基測推委會」提供的考生試題反應數據，說明段義試題的試題反應。再據之分析試題難度及鑑別度，在整體、各年度次、各難度等級、各評量指標的統計特質，說明試題品質。

品質分析根據各評量指標的平均值，選擇正、負一個標準差之外的試題，爲高、低鑑別度試題，分析試題特質。其次根據「試題檢核表」，分析瑕疵試題。最後則歸納題幹用語瑕疵，說明各評量指標的格式化用語。

改善建議則根據上述各項分析，具體說明改善建議。

壹、效度分析

一、試題恰適性

效度分析旨在評估段義試題能否有效評量教學目標－能認識段義，所欲評量的重點。因此先以內容關聯效度的邏輯分析爲依據，利用下列步驟，分析段義試題的恰適性。

1.整理基測90-95年度，各年度次有關段義評量的試題。

2.根據試題題幹及選項，將段義試題依試題特性做進一步分類。

3.根據試題特性，採用Bloom2001年認知領域教育目標所提供的動詞，擬定評量指標。

4.檢核教學目標、評量指標與「九年一貫課綱」能力指標及學習內涵指標的關聯性，以說明試題的恰適性。

基測90-95年度，各年度次有關段義評量的試題共有83題，內容分爲五類，一類是選擇段落要旨，一類是選擇段落觀點，一類是選擇段落標題，一類是選擇段落內容，一類是解釋段落寫作模式。

選擇段義以評量理解能力爲主，根據Bloom2001年版有關認知領域教育目標的能力分類架構，理解能力行爲目標動詞描述有詮釋（interpreting）、舉例（exemplifying）、分類（classifying）、摘要（summarizing）、推論（inferring）、比較（compaaring）、解釋（explaining）七種。詮釋的定義爲由一種溝通形式轉換爲另一種溝通形式；舉例爲用例子說明概念或原則；分類爲指出某物隸屬於某一特定類目；摘要爲提出主題或要點；推論爲從現有資訊提出具邏輯性的結論；比較檢視兩個觀點事物或其他類似物間的一致性；解釋建立一個系統的因果模式（葉連祺、林淑萍，2003）。

段義有關選擇段落要旨的試題，與摘要的定義相近，因此評量指標可定義爲：1.摘要段落要旨。有關選擇段落觀點的試題，與推論的定義相近，可將評量指標定義爲：2.推論段落觀點。選擇段落標題的試題，與推論的定義相近，可將評量指標定義爲：3.推論段落標題。選擇段落內容的試題，與摘要的定義接近，可將評量指標定義爲：4.摘要段落內容。而選擇段落寫作模式的試題，與解釋的定義相近，可將評量指標定義爲：5.解釋段落寫作模式。

其次將段義試題的教學目標與評量指標，與九年一貫課綱相關的能力指標及學習內涵指標比對，以說明試題的恰適性。茲將四者對照說明如後。

表1　基測段義試題「教學目標、評量指標與課綱指標」分析表

教學目標	課綱能力指標	評量指標	課綱學習內涵指標
5.能認識段義	E-3-2能靈活應用不同的閱讀理解策略，發展自己的讀書方法 E-3-3欣賞作品的寫作風格、特色及修辭技巧	5-1摘要段落要旨 5-2推論段落觀點 5-3推論段落標題 5-4摘要段落內容 5-5解釋段落寫作模式	E -3-3-1能了解並詮釋作者所欲傳達的訊息，進行對話 E -3-2-6能依據文章內容進行推測和下結論 E -3-2-6能依據文章內容進行推測和下結論 E -3-3-1能了解並詮釋作者所欲傳達的訊息，進行對話 E-3-3-2能分辨文體寫作的特質和要求

根據表1可知，基測段義試題的教學目標與評量指標，合乎九一貫課綱有關閱讀能力E-3-2、 E-3-3的能力指標與E-3-3-1、E-3-2-6 、E-3-3-2的學習內涵指標，試題具恰適性。

二、試題代表性

分析段義試題的代表性，先以評量指標分類各年度次試題，再根據試題內容，分類評量細目，接著統計合乎各評量指標及細目試題題數，做成「試題結構分析表」；其次分析各年度次試題在評量指標的分布，以說明試題的代表性。茲分別列表說明如後。

表2　基測段義試題「試題結構」分析表

題號	評量指標	認知能力	年度	評量細目題數	評量指標題數
1	5-1-1摘要段落要旨-現代文	理解	9001		
2	5-1-1摘要段落要旨-現代文	理解	9002		
3	5-1-1摘要段落要旨-現代文	理解	9002		
4	5-1-1摘要段落要旨-現代文	理解	9101		
5	5-1-1摘要段落要旨-現代文	理解	9101		
6	5-1-1摘要段落要旨-現代文	理解	9102		
7	5-1-1摘要段落要旨-現代文	理解	9202		
8	5-1-1摘要段落要旨-現代文	理解	9202		
9	5-1-1摘要段落要旨-現代文	理解	9301		
10	5-1-1摘要段落要旨-現代文	理解	9302		
11	5-1-1摘要段落要旨-現代文	理解	9302		
12	5-1-1摘要段落要旨-現代文	理解	9302		
13	5-1-1摘要段落要旨-現代文	理解	9401		
14	5-1-1摘要段落要旨-現代文	理解	9401		
15	5-1-1摘要段落要旨-現代文	理解	9401		
16	5-1-1摘要段落要旨-現代文	理解	9401		

17	5-1-1摘要段落要旨-現代文	理解	9401		
18	5-1-1摘要段落要旨-現代文	理解	9402		
19	5-1-1摘要段落要旨-現代文	理解	9501		
20	5-1-1摘要段落要旨-現代文	理解	9501		
21	5-1-1摘要段落要旨-現代文	理解	9501		
22	5-1-1摘要段落要旨-現代文	理解	9501		
23	5-1-1摘要段落要旨-現代文	理解	9502		
24	5-1-1摘要段落要旨-現代文	理解	9502		
25	5-1-1摘要段落要旨-現代文	理解	9502	25	
26	5-1-2摘要段落要旨-文言文	理解	9002		
27	5-1-2摘要段落要旨-文言文	理解	9301		
28	5-1-2摘要段落要旨-文言文	理解	9501	3	
29	5-1-3摘要段落要旨-韻文	理解	9101		
30	5-1-3摘要段落要旨-韻文	理解	9301		
31	5-1-3摘要段落要旨-韻文	理解	9302		
32	5-1-3摘要段落要旨-韻文	理解	9401		
33	5-1-3摘要段落要旨-韻文	理解	9502	5	
34	5-1-4摘要段落要旨-圖表	理解	9402	1	34
35	5-2-1推論段落觀點-現代文	理解	9001		
36	5-2-1推論段落觀點-現代文	理解	9101		
37	5-2-1推論段落觀點-現代文	理解	9102		
38	5-2-1推論段落觀點-現代文	理解	9102		
39	5-2-1推論段落觀點-現代文	理解	9102		
40	5-2-1推論段落觀點-現代文	理解	9201		
41	5-2-1推論段落觀點-現代文	理解	9201		
42	5-2-1推論段落觀點-現代文	理解	9201		
43	5-2-1推論段落觀點-現代文	理解	9201		
44	5-2-1推論段落觀點-現代文	理解	9202		
45	5-2-1推論段落觀點-現代文	理解	9202		
46	5-2-1推論段落觀點-現代文	理解	9301		
47	5-2-1推論段落觀點-現代文	理解	9302		

48	5-2-1推論段落觀點-現代文	理解	9302		
49	5-2-1推論段落觀點-現代文	理解	9401		
50	5-2-1推論段落觀點-現代文	理解	9401		
51	5-2-1推論段落觀點-現代文	理解	9402		
52	5-2-1推論段落觀點-現代文	理解	9501		
53	5-2-1推論段落觀點-現代文	理解	9501		
54	5-2-1推論段落觀點-現代文	理解	9502	20	
55	5-2-2推論段落觀點-文言文	理解	9001		
56	5-2-2推論段落觀點-文言文	理解	9201	2	
57	5-2-3推論段落觀點-韻文	理解	9002		
58	5-2-3推論段落觀點-韻文	理解	9201		
59	5-2-3推論段落觀點-韻文	理解	9202		
60	5-2-3推論段落觀點-韻文	理解	9301		
61	5-2-3推論段落觀點-韻文	理解	9401		
62	5-2-3推論段落觀點-韻文	理解	9402		
63	5-2-3推論段落觀點-韻文	理解	9501		
64	5-2-3推論段落觀點-韻文	理解	9502	8	30
65	5-3推論段落標題	理解	9001		
66	5-3推論段落標題	理解	9002		
67	5-3推論段落標題	理解	9202		
68	5-3推論段落標題	理解	9402		
69	5-3推論段落標題	理解	9501	5	5
70	5-4-1摘要段落內容-現代文	理解	9002		
71	5-4-1摘要段落內容-現代文	理解	9101		
72	5-4-1摘要段落內容-現代文	理解	9102		
73	5-4-1摘要段落內容-現代文	理解	9201		
74	5-4-1摘要段落內容-現代文	理解	9401	5	
75	5-4-2摘要段落內容-韻文	理解	9201	1	
76	5-4-3摘要段落內容-應用文	理解	9002		
77	5-4-3摘要段落內容-應用文	理解	9401		
78	5-4-3摘要段落內容-應用文	理解	9402		

79	5-4-3摘要段落內容-應用文	理解	9501	4	10
80	5-5解釋段落寫作模式	理解	9002		
81	5-5解釋段落寫作模式	理解	9301		
82	5-5解釋段落寫作模式	理解	9401		
83	5-5解釋段落寫作模式	理解	9402		4

表3 基測段義試題「各年度次評量指標試題」分析表

教學目標	評量指標	認知能力	90 1	90 2	91 1	91 2	92 1	92 2	93 1	93 2	94 1	94 2	95 1	95 2	總數
5. 段義	5-1 摘要段落要旨	理解	1	3	2	2	0	2	3	4	6	2	5	4	34
	5-2 推論段落觀點	理解	2	1	1	3	6	3	2	2	3	2	3	2	30
	5-3 推論段落標題	理解	1	1	0	0	0	1	0	0	0	1	1	0	5
	5-4 摘要段落內容	理解	0	2	2	0	2	0	0	0	2	1	1	0	10
	5-5 解釋段落寫作模式	理解	0	1	0	0	0	0	1	0	1	1	0	0	4

根據表2.3可知，基測段義試題全數符合評量指標與認知能力的要求。摘要段落要旨爲34題，推論段落觀點有30題，推論段落標題有5題，摘要段落內容有10題，解釋段落寫作模式有4題。

段義爲理解文義的核心，建議各年度次安排摘要段落要旨2題，推論段落觀點有2題，摘要段落內容有2題，解釋段落寫作模式2題，而推論段落標題因兼含創意表現，較不宜以選擇題型評量，建議刪除，以呼應「基測試題雙向細目建議表」，使試題更具代表性。因此，應增加摘要段落內容及解釋段落寫作模式試題。

在評量細目部份，摘要段落要旨的評量細目-圖表只有1題，建議刪除。在摘要要旨、推論觀點、摘要內容中，文言文、韻文試題較少，應增加此類別試題。

貳、數量分析

一、試題反應分析

根據「基測推委會」所提供的「各年度基測國文科試題反應分析簡表」；將段義試題，做成難度、鑑別度、選項選答率的分析表，茲說明如後。

表4　基測段義試題「試題反應」分析表

題號	評量指標	D	P	A	B	C	D	原題號	年度
1	5-1-1摘要段落要旨-現代文	0.49	0.82	0.02	0.82	0.06	0.10	15	9001
2	5-1-1摘要段落要旨-現代文	0.48	0.91	0.04	0.02	0.91	0.03	3	9002
3	5-1-1摘要段落要旨-現代文	0.43	0.87	0.87	0.02	0.01	0.09	5	9002
4	5-1-1摘要段落要旨-現代文	0.54	0.59	0.08	0.59	0.16	0.17	14	9101
5	5-1-1摘要段落要旨-現代文	0.41	0.63	0.63	0.04	0.14	0.19	15	9101
6	5-1-1摘要段落要旨-現代文	0.33	0.43	0.02	0.43	0.29	0.26	33	9102
7	5-1-1摘要段落要旨-現代文	0.33	0.96	0.02	0.01	0.96	0.01	2	9202
8	5-1-1摘要段落要旨-現代文	0.41	0.64	0.64	0.02	0.10	0.24	17	9202
9	5-1-1摘要段落要旨-現代文	0.39	0.78	0.05	0.04	0.13	0.78	10	9301
10	5-1-1摘要段落要旨-現代文	0.29	0.95	0.01	0.02	0.95	0.02	2	9302
11	5-1-1摘要段落要旨-現代文	0.43	0.65	0.18	0.09	0.65	0.08	22	9302
12	5-1-1摘要段落要旨-現代文	0.36	0.69	0.07	0.07	0.17	0.69	26	9302
13	5-1-1摘要段落要旨-現代文	0.58	0.75	0.13	0.75	0.08	0.04	13	9401
14	5-1-1摘要段落要旨-現代文	0.45	0.72	0.72	0.05	0.04	0.19	15	9401

15	5-1-1摘要段落要旨-現代文	0.37	0.61	0.07	0.28	0.61	0.03	21	9401
16	5-1-1摘要段落要旨-現代文	0.53	0.60	0.10	0.08	0.60	0.22	23	9401
17	5-1-1摘要段落要旨-現代文	0.52	0.82	0.05	0.07	0.06	0.82	29	9401
18	5-1-1摘要段落要旨-現代文	0.43	0.81	0.81	0.02	0.08	0.09	12	9402
19	5-1-1摘要段落要旨-現代文	0.45	0.82	0.07	0.03	0.82	0.09	8	9501
20	5-1-1摘要段落要旨-現代文	0.37	0.80	0.04	0.05	0.11	0.80	9	9501
21	5-1-1摘要段落要旨-現代文	0.51	0.62	0.07	0.15	0.16	0.62	19	9501
22	5-1-1摘要段落要旨-現代文	0.41	0.51	0.27	0.06	0.16	0.51	30	9501
23	5-1-1摘要段落要旨-現代文	0.43	0.87	0.01	0.87	0.10	0.02	2	9502
24	5-1-1摘要段落要旨-現代文	0.49	0.82	0.07	0.82	0.03	0.08	12	9502
25	5-1-1摘要段落要旨-現代文	0.46	0.82	0.11	0.03	0.82	0.03	17	9502
26	5-1-2摘要段落要旨-文言文	0.28	0.53	0.53	0.18	0.24	0.05	18	9002
27	5-1-2摘要段落要旨-文言文	0.46	0.86	0.05	0.04	0.86	0.05	2	9301
28	5-1-2摘要段落要旨-文言文	0.55	0.65	0.14	0.16	0.65	0.05	22	9501
29	5-1-3摘要段落要旨-韻文	0.58	0.56	0.18	0.56	0.18	0.08	19	9101
30	5-1-3摘要段落要旨-韻文	0.56	0.78	0.78	0.04	0.12	0.06	3	9301
31	5-1-3摘要段落要旨-韻文	0.45	0.47	0.47	0.11	0.17	0.24	29	9302
32	5-1-3摘要段落要旨-韻文	0.51	0.46	0.46	0.33	0.11	0.10	34	9401
33	5-1-3摘要段落要旨-韻文	0.46	0.81	0.02	0.10	0.81	0.08	8	9502
34	5-1-4摘要段落要旨-圖表	0.3	0.87	0.01	0.09	0.03	0.87	1	9402
35	5-2-1推論段落觀點-現代文	0.53	0.79	0.02	0.79	0.15	0.04	16	9001
36	5-2-1推論段落觀點-現代文	0.43	0.62	0.62	0.24	0.02	0.12	16	9101
37	5-2-1推論段落觀點-現代文	0.4	0.84	0.84	0.04	0.09	0.04	7	9102
38	5-2-1推論段落觀點-現代文	0.37	0.70	0.08	0.19	0.70	0.03	19	9102
39	5-2-1推論段落觀點-現代文	0.55	0.64	0.12	0.64	0.13	0.12	25	9102
40	5-2-1推論段落觀點-現代文	0.41	0.64	0.64	0.05	0.25	0.06	9	9201
41	5-2-1推論段落觀點-現代文	0.44	0.66	0.66	0.10	0.19	0.05	19	9201
42	5-2-1推論段落觀點-現代文	0.4	0.75	0.02	0.08	0.75	0.14	20	9201
43	5-2-1推論段落觀點-現代文	0.39	0.46	0.46	0.06	0.08	0.41	31	9201
44	5-2-1推論段落觀點-現代文	0.46	0.79	0.06	0.04	0.79	0.10	7	9202
45	5-2-1推論段落觀點-現代文	0.42	0.45	0.07	0.45	0.39	0.09	32	9202

46	5-2-1推論段落觀點-現代文	0.47	0.72	0.08	0.09	0.72	0.10	14	9301
47	5-2-1推論段落觀點-現代文	0.39	0.82	0.03	0.09	0.82	0.05	5	9302
48	5-2-1推論段落觀點-現代文	0.38	0.79	0.03	0.01	0.17	0.79	11	9302
49	5-2-1推論段落觀點-現代文	0.6	0.82	0.06	0.11	0.82	0.02	4	9401
50	5-2-1推論段落觀點-現代文	0.37	0.46	0.03	0.05	0.46	0.46	32	9401
51	5-2-1推論段落觀點-現代文	0.36	0.94	0.94	0.04	0.01	0.01	2	9402
52	5-2-1推論段落觀點-現代文	0.28	0.95	0.01	0.02	0.03	0.95	1	9501
53	5-2-1推論段落觀點-現代文	0.41	0.58	0.23	0.58	0.13	0.06	24	9501
54	5-2-1推論段落觀點-現代文	0.5	0.63	0.63	0.06	0.21	0.10	32	9502
55	5-2-2推論段落觀點-文言文	0.37	0.39	0.09	0.30	0.22	0.39	32	9001
56	5-2-2推論段落觀點-文言文	0.44	0.63	0.09	0.18	0.09	0.63	27	9201
57	5-2-3推論段落觀點-韻文	0.44	0.65	0.22	0.65	0.11	0.03	28	9002
58	5-2-3推論段落觀點-韻文	0.38	0.59	0.59	0.07	0.31	0.03	23	9201
59	5-2-3推論段落觀點-韻文	0.61	0.63	0.63	0.07	0.20	0.10	22	9202
60	5-2-3推論段落觀點-韻文	0.41	0.65	0.13	0.05	0.17	0.65	17	9301
61	5-2-3推論段落觀點-韻文	0.56	0.64	0.20	0.10	0.05	0.64	22	9401
62	5-2-3推論段落觀點-韻文	0.43	0.72	0.04	0.03	0.21	0.72	14	9402
63	5-2-3推論段落觀點-韻文	0.38	0.60	0.08	0.18	0.60	0.14	20	9501
64	5-2-3推論段落觀點-韻文	0.5	0.84	0.08	0.03	0.84	0.04	11	9502
65	5-3推論段落標題	0.41	0.73	0.14	0.05	0.07	0.73	5	9001
66	5-3推論段落標題	0.28	0.88	0.03	0.06	0.88	0.03	2	9002
67	5-3推論段落標題	0.41	0.72	0.72	0.06	0.17	0.04	8	9202
68	5-3推論段落標題	0.38	0.57	0.04	0.12	0.57	0.27	23	9402
69	5-3推論段落標題	0.39	0.85	0.06	0.85	0.03	0.06	7	9501
70	5-4-1摘要段落內容-現代文	0.47	0.88	0.07	0.88	0.03	0.03	4	9002
71	5-4-1摘要段落內容-現代文	0.5	0.81	0.81	0.06	0.05	0.08	8	9101
72	5-4-1摘要段落內容-現代文	0.45	0.87	0.87	0.08	0.03	0.02	3	9102
73	5-4-1摘要段落內容-現代文	0.54	0.71	0.03	0.71	0.04	0.22	5	9201
74	5-4-1摘要段落內容-現代文	0.47	0.46	0.46	0.23	0.11	0.20	31	9401
75	5-4-2摘要段落內容-韻文	0.46	0.60	0.07	0.60	0.30	0.02	28	9201
76	5-4-3摘要段落內容-應用文	0.51	0.68	0.68	0.09	0.09	0.13	31	9002

77	5-4-3摘要段落內容-應用文	0.54	0.77	0.04	0.09	0.10	0.77	17	9401
78	5-4-3摘要段落內容-應用文	0.5	0.72	0.09	0.08	0.10	0.72	27	9402
79	5-4-3摘要段落內容-應用文	0.47	0.86	0.86	0.02	0.02	0.10	2	9501
80	5-5解釋段落寫作模式	0.13	0.77	0.02	0.77	0.19	0.02	15	9002
81	5-5解釋段落寫作模式	0.45	0.74	0.13	0.09	0.74	0.04	11	9301
82	5-5解釋段落寫作模式	0.51	0.64	0.21	0.64	0.07	0.08	19	9401
83	5-5解釋段落寫作模式	0.24	0.84	0.84	0.01	0.06	0.09	10	9402
	標準差	0.09	0.14						

二、難度、鑑別度平均值分析

爲分析段義試題難度、鑑別度特質，先分析段義試題難度、鑑別度平均值，並與90-95年基測的難度、鑑別度平均值比較，了解整體的試題品質。其次分析各年度次難度、鑑別度平均值，了解各年度次的試題品質。接著分析各難度等級的鑑別度平均值，了解試題各難度等級的試題品質。最後分析各評量指標試題難度、鑑別度平均值，了解各評量指標的試題品質。茲分別列圖說明如後。

（一）整體分析

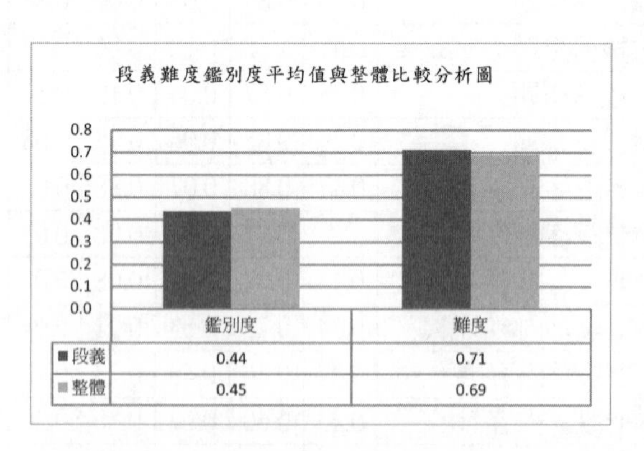

圖1　段義試題難度、鑑別度與整體試題難度、鑑別度比較分析圖

（二）年度次分析

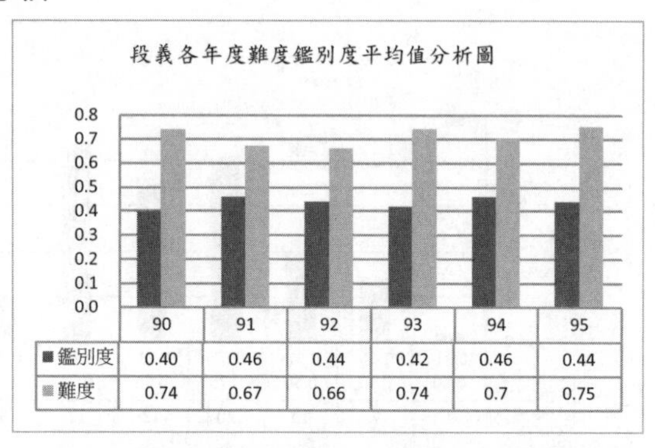

	90	91	92	93	94	95
■鑑別度	0.40	0.46	0.44	0.42	0.46	0.44
■難度	0.74	0.67	0.66	0.74	0.7	0.75

圖2　段義試題各年度難度、鑑別度平均值分析圖

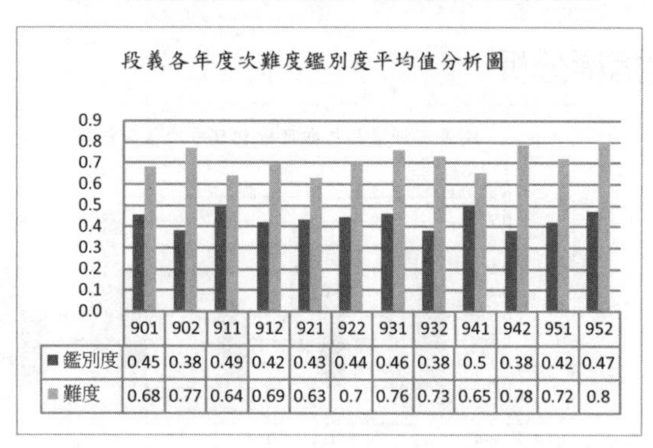

	901	902	911	912	921	922	931	932	941	942	951	952
■鑑別度	0.45	0.38	0.49	0.42	0.43	0.44	0.46	0.38	0.5	0.38	0.42	0.47
■難度	0.68	0.77	0.64	0.69	0.63	0.7	0.76	0.73	0.65	0.78	0.72	0.8

圖3　段義試題各年度次難度、鑑別度平均值分析圖

（三）難度等級分析

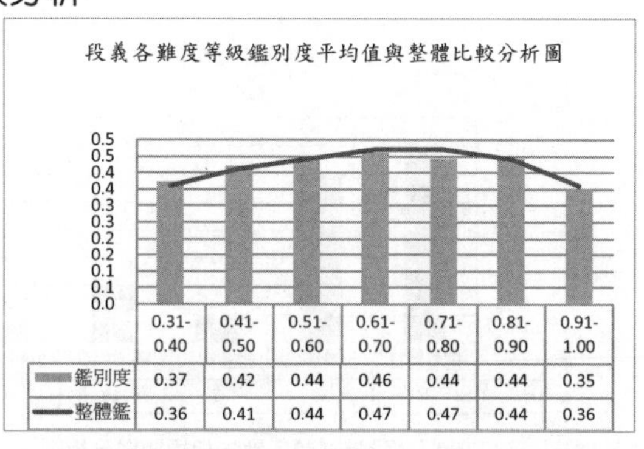

	0.31-0.40	0.41-0.50	0.51-0.60	0.61-0.70	0.71-0.80	0.81-0.90	0.91-1.00
鑑別度	0.37	0.42	0.44	0.46	0.44	0.44	0.35
整體鑑	0.36	0.41	0.44	0.47	0.47	0.44	0.36

圖4　段義試題各難度等級鑑別度平均值與整體比較分析圖

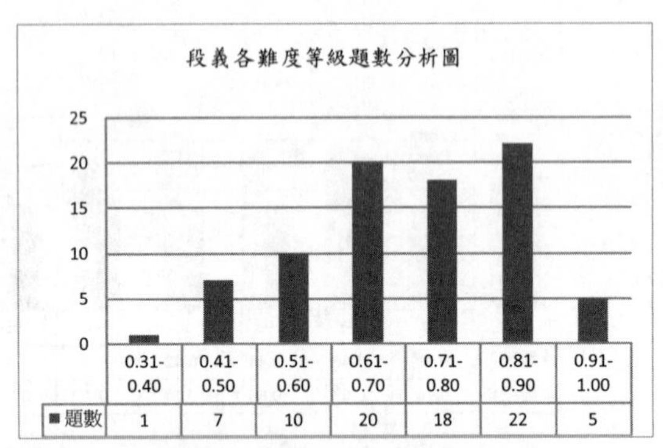

圖5　段義試題各難度等級題數分析圖

（四）評量指標分析

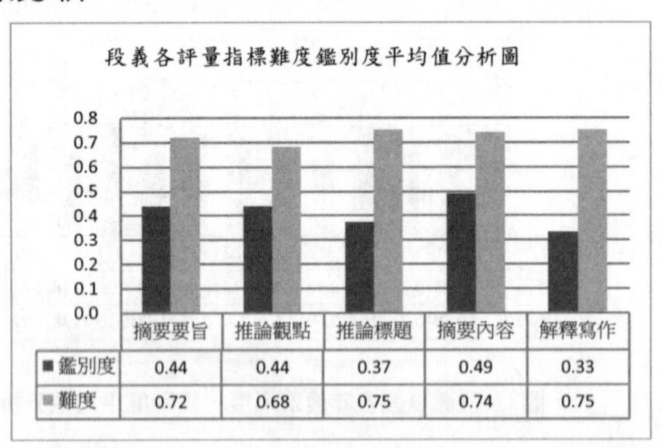

圖6　段義試題各評量指標難度、鑑別度平均值分析圖

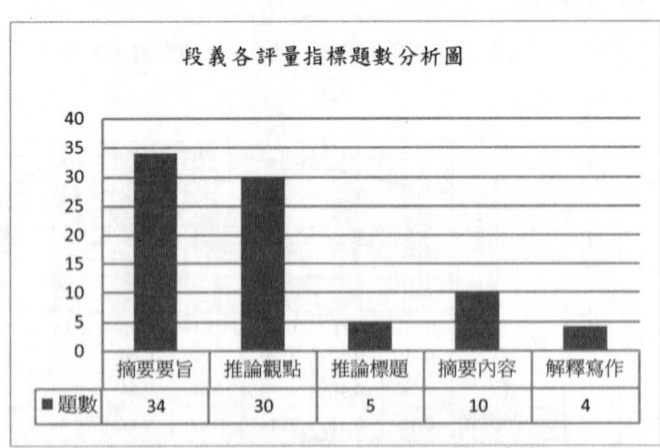

圖7　段義試題各評量指標題數分析圖

根據上圖分析，可得以下結論：

1.根據圖1可知，段義試題在整體難度與鑑別度的表現：其難度與鑑別度平均值與整體平均值相比，難度值在整體平均值正一個標準差範圍內，鑑別度在整體平均值負一個標準差之內。

顯示試題較易，試題品質較差。

2.根據圖2可知，段義試題在各年度難度、鑑別度的表現：難度平均值最高值爲0.75，最低值爲0.66，在難度平均值0.71正負一個標準差0.85-0.57的範圍內。鑑別度平均值最高值爲0.46，最低值爲0.40，在鑑別度平均值0.44正負一個標準差0.53-0.35範圍內。91、94年鑑別度平均值高於整體平均值。其餘低於整體平均值，90年品質較差。

顯示各年度試題品質穩定，可提昇試題品質。

3. 根據圖3可知，段義試題在各年度次難度、鑑別度的表現：難度平均值最高值爲0.80，最低值爲0.64，全數在難度平均值0.71正負一個標準差0.85-0.57範圍內。鑑別度平均值最高值爲0.50，最低值爲0.38，全數在鑑別度平均值0.44正負一個標準差0.53-0.35範圍內。各年度第二次試題品質較差，試題較容易。

顯示各年度次試題品質穩定，可提高第二次試題難度與品質。

4.根據圖4.5可知，段義試題在各難度等級鑑別度的表現：試題難度等級分佈在0.61-0.80之間，鑑別度較低，其餘等級表現較佳。

顯示試題在0.61-0.80難度等級，品質不佳。

5.根據圖6.7可知，段義試題在各評量指標鑑別度的表現：各評量指標的鑑別度平均值除摘要內容，其他皆低於整體平均值。

顯示各評量指標試題品質不佳，推論標題及解釋寫作模式更宜提昇試題品質。

參、品質分析

為說明段義試題品質，乃根據表4的試題反應分析，選擇各評量指標鑑別度平均值超過正、負於一個標準差的試題，做為高、低鑑別度試題，說明試題特質。其次根據「試題檢核表」檢視各試題的題幹與選項，如有不符合檢核表的標準，則列為瑕疵試題，並說明修題建議。最後歸納試題題幹的用語瑕疵，並根據評量指標說明格式化用語。茲將各評量指標鑑別度平均值與標準差，及高、低一個標準差的數值，列表說明如後。

表5　段義試題「各評量指標鑑別度平均值及標準差數值」分析表

評量指標	鑑別度	標準差	高一個標準差	低一個標準差
摘要要旨	0.44	0.08	0.52	0.36
推論觀點	0.44	0.08	0.52	0.36
推論標題	0.37	0.05	0.42	0.32
摘要內容	0.49	0.03	0.52	0.46
解釋寫作模式	0.33	0.02	0.35	0.31

一、高鑑別度試題

根據表5合於高鑑別度試題的條件爲：摘要要旨試題，鑑別度高於0.52；推論觀點試題，鑑別度高於0.52；推論標題試題，鑑別度高於0.42；摘要內容試題，鑑別度高於0.52；解釋寫作模式，鑑別度高於0.35。據此可得十五題，茲分別說明如後。

甲、摘要段落要旨

01. 「方仲永爲一農家子弟，五歲時無師自通寫了一首詩，不但極富意義，文詞運用亦巧妙，眾人皆讚爲奇才。其父遂帶領仲永四處展現才藝，卻未曾安排他接受教育。久之，仲永奇才就不復存在了。」下列何者最貼近以上這則故事的寓意？(9101)【14】
（A）學而時習之，不亦說乎
（B）聰與敏，可恃而不可恃也※
（C）謂學不暇給者，雖暇亦不能學
（D）一日暴之，十日寒之，未有能生者也

鑑別度	難易度	A	B	C	D
0.54	58.85	7.96	58.85	16.04	17.04

說明：此題難度0.59，誘答選項A選答率【0.05-0.10】，誘答選項C、D選答率【0.15-0.20】，爲高鑑別度試題。顯示中、低分組對「謂學不暇給者，雖暇亦不能學」、「一日暴之，十日寒之，未有能生者也」的文義理解，精熟度不足。

02. 「某現金卡廣告詞：『借錢是高尚的行爲。』引發了社會的爭議。打廣告當然是爲了賣商品，但廣告訊息傳播的價值觀，不僅影響消費者的觀感，也影響商品本身的形象。」下列何者最符合這段文字的說明？(9401)【13】
（A）廣告影響消費者的觀感時，才能有利於行銷
（B）廣告以創意凸顯產品的形象時，應審慎行事※
（C）廣告設計應該以突破社會既定價值觀爲目的
（D）廣告若能引發社會爭議，必能帶動消費潮流

鑑別度	難易度	A	B	C	D
0.58	75.46	12.99	75.46	7.53	3.98

說明：此題難度0.75，誘答選項A選答率【0.10-0.15】，誘答選項C選答率【0.05-0.10】，爲高鑑別度試題。顯示低分組對選項的重點，精熟度不足。
此題題幹的重點是「廣告傳播的價值觀影響消費者觀感與產品形象」，而選項重點則是，因爲「廣告傳播的價值觀影響消費者觀感與產品形象」，所以「廣告應謹慎行事」。由於選項答案並非單純的提問題幹重點而是題幹重點的因果關係，所以造成低分組答題困難。

03. 「到過世界各地的人，可能還是胸懷窄小，過著執迷不悟的生活，就像有些人，儘管利用雷射高科技治療眼睛的近視、斜視，卻一直忽略了他的『短視』一樣。」這段話旨在說明什麼道理？(9401)【23】
（A）科技進步的速度，永遠追不上疾病變化的速度
（B）資訊的發達，交通的便利，縮短人與人的距離
（C）有宏觀的視野，才能體會天有多高，海有多深※
（D）旅遊時若走馬看花，就不能深入瞭解風土民情

鑑別度	難易度	A	B	C	D
0.53	60.11	9.70	8.32	60.11	21.81

說明：此題難度0.60，誘答選項A、B選答率【0.05-0.10】，誘答選項D選答率【0.20-0.25】，爲高鑑別度試題。顯示中、低分組對題幹的文義理解，精熟度不足。

04. 「德盛者，其心和平，見人皆可取，故口中所許可者多。德薄者，其心刻傲，見人皆可憎，故目中所鄙棄者眾。」這段話的涵義，與下列何者最接近？（9501）【22】
（A）見人有善，如己有善；見人有過，如己有過
（B）利人者，人必從而利之；惡人者，人必從而惡之
（C）聖人見人，皆聖人也；不肖人見人，則皆不肖矣※
（D）眾惡必察，眾好必察，易；自惡必察，自好必察，難

鑑別度	難易度	A	B	C	D
0.55	65.04	13.56	16.17	65.04	5.13

說明：此題難度0.65，誘答選項A、B選答率【0.10-0.20】、誘答選項C選答率【0.05-0.10】，爲高鑑別度試題。顯示低分組對題幹或選項的文義，精熟度不足。

05. 「你騎馬來我騎驢，看看眼前我不如。回頭一看推車漢，比上不足比下餘。」本詩主旨在說明什麼？(9101)【19】
（A）職業不分貴賤
（B）知足才能常樂※
（C）從比較中求進步
（D）勝不驕，敗不餒

鑑別度	難易度	A	B	C	D
0.58	55.78	18.49	55.78	17.88	7.76

說明：此題難度0.56，誘答選項A、C選答率【0.15-0.20】、誘答選項D誘答率【0.05-0.1】，爲高鑑別度試題。顯示中、低分組對題幹騎馬、騎驢、推車漢之間關聯性與寓意的了解，精熟度不足。

06. 明朝林瀚〈誡子弟〉云：「何事紛爭一角牆，讓他幾尺也無妨；長城萬里今猶在，不見當年秦始皇。」這首詩最主要是在告誡子弟什麼道理？(9301)【3】
（A）勿逞強好勝，理性寬容萬事通※
（B）勿臨渴掘井，事未至而預先謀
（C）勿好高騖遠，腳踏實地必有成
（D）勿驕傲自負，聰明反被聰明誤

鑑別度	難易度	A	B	C	D
0.56	77.82	77.82	4.35	12.16	5.61

說明：此題難度0.78，誘答選項C選答率【0.10-0.15】，誘答選項B、D選答率【0.00-0.1】，爲高鑑別度試題。顯示低分組對題幹「爲何有牆角的紛爭，讓幾尺與牆角有何關係，秦始皇和牆角紛爭有何關係」等閱讀背景的了解，精熟度不足。

乙、推論段落觀點

07. 毛空說：「前日從天上掉下來一大塊肉，有三十丈長，十丈寬。」艾先生說：「哪會有這樣的怪事？」毛空說：「路上的人都這麼說，難道還會假嗎？」從這段對話，可知毛空犯了什麼錯誤？(9001)【16】
（A）主觀判斷，自以爲是
（B）人云亦云，道聽塗說※
（C）誇大其詞，吹牛不打草稿
（D）自相矛盾，無法自圓其說

鑑別度	難易度	A	B	C	D
0.53	78.87	2.48	78.87	14.84	3.82

說明：此題難度0.79，誘答選項C選答率【0.10-0.15】，爲高鑑別度試題。顯示低分組對題幹核心重點「路上的人都這麼說」，無法精確掌握。

08. 「一扇門關上時，另一扇卻開了。不過我經常十分懊喪地久久望著這扇關了的門，而不見爲我們敞開的那扇門。」這段文字指出人往往會犯什麼樣的錯誤？(9102)【25】
（A）見異思遷 （B）囿於所見※
（C）三心二意 （D）好高騖遠

鑑別度	難易度	A	B	C	D
0.55	63.59	12.11	63.59	12.58	11.66

說明：此題難度0.64，誘答選項A、C、D選答率【0.10-0.15】，爲高鑑別度試題。顯示低分組對題幹以「關門、開門暗示機會」的寓意不太了解，所以無法與錯失機會產生聯想。其次提問重點是進一步推論錯失機會的原因，低分組也可能知道題幹重點是錯失機會，但不知道如何推論錯失機會的原因。

09. 筱文閱讀武俠小說時，讀到以下文字：「以翻雲手張嵐爲代表的無影劍派，在張嵐死後，由柳青接續掌門。他們的劍法，基本上並未超出旋風劍派的範圍。因爲張嵐習武的寂空門，本是捲雨僧嚴峻所創立，而嚴峻爲追魂客蕭玉的門徒，正是旋風劍派的正宗嫡傳。」文中所提及的人物，彼此間傳承的先後關係最可能是下列何者？(9401)【4】

（A）張嵐　柳青　蕭玉　嚴峻
（B）張嵐　柳青　嚴峻　蕭玉
（C）蕭玉　嚴峻　張嵐　柳青※
（D）蕭玉　張嵐　嚴峻　柳青

鑑別度	難易度	A	B	C	D
0.60	81.80	5.79	10.58	81.80	1.78

說明：此題難度0.82，誘答選項A、B選答率【0.05-0.15】，爲高鑑別度試題。顯示低分組對次序的選擇，習慣依照敘述的先後次序，或一小部分只能進一步在小範圍的次序中，留意蕭玉與嚴峻的先後。

10. 「江雨霏霏江草齊，六朝如夢鳥空啼。無情最是臺城柳，依舊煙籠十里堤。」這是一首詠史詩，下列何者所抒發的情感與此詩相近？(9202)【22】

（A）宮花草埋幽徑，晉代衣冠成古丘※
（B）山代有才人出，各領風騷數百年
（C）蕭蕭兮易水寒，壯士一去兮不復返
（D）人生自古誰無死，留取丹心照汗青

鑑別度	難易度	A	B	C	D
0.61	62.80	62.80	6.86	20.07	10.15

說明：此題難度0.63，誘答選項B、D選答率【0.05-0.10】，誘答選項C選答率【0.15-0.20】，爲高鑑別度試題。顯示低分組對「六朝如夢鳥空啼」，的寓意不瞭解，所以抓住「無情」，選擇相關的壯士一去不復返，或人生自古誰無死。

11. 王勃〈滕王閣〉：「閒雲潭影日悠悠，物換星移幾度秋。閣中帝子今何在？檻外長江空自流。」詩句中抒發了下列哪一種感慨？(9401)【22】
（A）相思悠悠，度日如年 （B）年華老去，一事無成
（C）壯志未酬，生活潦倒 （D）景物依舊，人事全非※

鑑別度	難易度	A	B	C	D
0.56	64.21	20.11	10.40	5.24	64.21

說明：此題難度0.64，誘答選項A選答率【0.15-0.20】，誘答選項B選答率【0.05-0.10】，爲高鑑別度試題。顯示低分組對「閣中帝子今何在」的寓意不瞭解，所以抓住「悠悠」，選擇相關的「相思悠悠，度日如年」，抓住「物換星移幾度秋」，選擇相關的「年華老去，一事無成」。

丙、摘要段落內容

12. 有一個鋸木工人面對堆積如山的木材，他只埋頭不停地鋸，緊張得不敢休息，希望把木材快點鋸完。鄰居勸他：「我看你的鋸子都有點鈍了，應該休息一下，磨磨你的鋸子吧！」工人卻不耐煩的地說：「你沒看到我有這麼多木材要鋸嗎？哪有時間去磨鋸子！」根據這則故事，下列敘述何者正確？(9201)【5】
（A）鄰居好逸惡勞，缺乏毅力（B）工人求功心切，不得其法※
（C）鄰居旁敲側擊，說話迂迴（D）工人積極進取，爭取時效

鑑別度	難易度	A	B	C	D
0.54	71.32	2.71	71.32	3.81	22.12

說明：此題難度0.71，誘答選項D選答率【0.20-0.25】，爲高鑑別度試題。顯示低分組對「磨鋸子比忙於工作更能增加工作效率」的段落重點，精熟度不足。

13. 這是葫蘆國郵政劃撥儲金存款收據上的注意事項：

1. 本收據請妥為保管，以便日後查考。
2. 如欲查詢存款入帳情形，請檢附本收據及已填妥之查詢函交原存款局辦理。
3. 本收據各項金額、數字係機器印製，如非機器列印、或經塗改、或無收款郵局收訖章者皆無效。

根據以上的敘述，下列何者正確？(9401)【17】
（A）欲查詢款項是否已入帳，可到任何郵局辦理
（B）收據上的數字如塗改，須經郵局蓋章才有效
（C）這些事項是在郵局提款之前必須注意的事
（D）收據上的金額、數字都是機器列印的※

鑑別度	難易度	A	B	C	D
0.54	76.56	4.23	8.86	10.30	76.56

說明：此題難度0.77，誘答選項B、C選答率【0.05-0.10】，為高鑑別度試題。顯示低分組對題幹說明重點的理解，精熟度不足。

丁、解釋寫作模式

14. 弘仁想寫一篇以「網路科技生活」為主題的文章，他的篇章架構依序如下：「網路科技提供人們豐富的資訊 → 近來新聞報導青少年沉迷網咖造成不良的後果 → 正確運用網路科技才能真正享受到便利。」依據他的構思，可以推判他論證的方法最可能是下列哪一項？（9301）【11】
（A）先揭示主題，再分項演繹闡述意旨
（B）以反面立論破題，以勸勉鼓勵作結
（C）分從正、反雙面論述，再合論作結※
（D）各段落獨立，再歸納各段意旨作結

鑑別度	難易度	A	B	C	D
0.45	74.12	13.08	8.76	74.12	3.98

說明：此題難度0.74，誘答選項A、B選答率【0.05-0.15】，爲高鑑別度試題。顯示低分組對議論文「論證方法」的學習，精熟度不足。

15. 若以「傘」爲作文題目，下列何者是從反面進行構思聯想？（9401）【19】
（A）頂著豔陽，頂著風雨，傘把困難留給自己，把方便讓給別人
（B）長久生活在保護傘下，將難以鍛鍊堅強的意志及獨立的人格※
（C）開闔自如的傘，就好像能屈能伸的大丈夫可適應不同的環境
（D）撲素堅實的黑傘，一如父親堅定有力的臂膀，護育兒女成長

鑑別度	難易度	A	B	C	D
0.51	63.94	21.27	63.94	7.08	7.61

說明：此題難度0.64，誘答選項A選答率【0.20-0.25】，誘答選項C、D選答率【0.05-0.10】，爲高鑑別度試題。顯示低分組對「反面構思」的涵義，精熟度不足。

二、低鑑別度試題

根據表5合於低鑑別度試題的條件爲：摘要要旨試題，鑑別度低於0.36；推論觀點試題，鑑別度低於0.36；推論標題試題，鑑別度低於0.32；摘要內容試題，鑑別度低於0.46；解釋寫作模式，鑑別度低於0.31。據此可得八題，刪除瑕疵試題五題，得三題。茲分別說明如後。

01. 「瑜少精意於音樂，雖三爵之後，其有闕誤，瑜必知之，知之必顧。故時人謠曰：『曲有誤，周郎顧。』」這段文字旨在說明周瑜具備什麼？(9002)【18】
（A） 專精的音樂素養※
（B） 嶔崎磊落的品格
（C） 犯顏直諫的勇氣
（D） 千杯不醉的海量

鑑別度	難易度	A	B	C	D
0.28	52.95	52.95	17.56	24.47	5.02

說明：此題難度0.53，誘答選項B、C選答率【0.15-0.25】，為高鑑別度試題，但鑑別度低，顯示高、中分組對此段文言文涵義的理解，精熟度不足。

02. 報載：「在苗栗 竹南 龍鳳漁港，有漁民發現二、三百隻臺灣原生種斑龜。根據縣政府判斷，可能是有人買來放生。可是斑龜屬陸上淡水型烏龜，把牠們放生到海邊，說是放生，事實上卻是殺生。」下列何者最適合作為本報導的標題？(9002)【2】
（A）愛，就是還他自由
（B）過度的溺愛是一種傷害
（C）錯誤的放生，是一種滅絕的行為※
（D）愛惜生命，不要再有放生的行為

鑑別度	難易度	A	B	C	D
0.28	87.76	3.44	6.25	87.76	2.54

說明：此題難度0.88，誘答選項B選答率【0.05-0.10】，為高鑑別度試題，但鑑別度低，顯示高分組對掌握此段段落要旨，精熟度不足。

03. 下列是四篇短文的題目和部分內容，何者的描述最為切題、合理？（9402）【10】
（A）「我的志願」——「我希望讀理工科，將來能夠學以致用，在科技業發展。」※
（B）「沒有水的日子」——「大家都應該節約用水，沒有熱水洗澡　時，洗冷水就好了。」
（C）「逛中古商場」——「明亮的櫥窗裡陳列著各式新品，衣香鬢影往來穿梭，好不熱鬧。」
（D）「我的暑假生活」——「暑假生活真無聊，都在念書，但爸媽曾帶我去玩，所以非常精彩。」

鑑別度	難易度	A	B	C	D
0.24	84.22	84.22	1.42	5.75	8.60

說明：此題難度0.84，誘答選項C、D選答率【0.05-0.10】，為高鑑別度試題，但鑑別度低，顯示高分組對判斷「中古市場」的涵義及「無聊與精彩」的邏輯錯誤，精熟度不足。

三、瑕疵試題

根據「試題檢核表」檢核，可得瑕疵試題十題，茲分別說明如後。

甲、試題非評量核心能力【2-1】

1.

圖中小孩的下場，最適合用下列何者來說明？(9402)【1】
（A）舉手之勞，做好環保（B）己所不欲，勿施於人
（C）人必自侮，而後人侮（D）種什麼因，得什麼果※

鑑別度	難易度	A	B	C	D
0.30	87.42	0.65	9.17	2.75	87.42

說明：此題難度0.87，誘答選項B選答率【0.05-0.10】，為高鑑別度試題，但鑑別度低，顯示高分組沒注意到上圖第四格老人壓到小孩的重點，對四格漫畫涵義重點的理解，精熟度不足。但四格漫畫的解讀，並非國中國文科的學習重點，建議將此類試題改為非選擇題型的評量。

修題建議：

改爲非選擇題

乙、試題評量兩種能力【2-5】

2.「方仲永爲一農家子弟，五歲時無師自通寫了一首詩，不但極富意義，文詞運用亦巧妙，眾人皆讚爲奇才。其父遂帶領仲永四處展現才藝，卻未曾安排他接受教育。久之，仲永奇才就不復存在了。」下列何者最貼近以上這則故事的寓意？(9101)【14】
（A）學而時習之，不亦說乎
（B）聰與敏，可恃而不可恃也※
（C）謂學不暇給者，雖暇亦不能學
（D）一日暴之，十日寒之，未有能生者也

鑑別度	難易度	A	B	C	D
0.54	58.85	7.96	58.85	16.04	17.04

說明：此題難度0.59，誘答選項A選答率【0.05-0.10】，誘答選項C、D選答率【0.15-0.20】，爲高鑑別度試題。但選項爲文言文，考生雖熟知題幹的文義重點，如不精熟文言文閱讀，無法答對此題。因此，此題含兩種閱讀理解能力的評量，無法有效診斷學生誤答是段義不了解，還是選項句義不了解。

修題建議：

此試題評量兩種閱讀理解能力，無法掌握評量重點，建議刪除。

3.「德盛者，其心和平，見人皆可取，故口中所許可者多。德薄者，其心刻傲，見人皆可憎，故目中所鄙棄者眾。」這段話的涵義，與下列何者最接近？（9501）【22】
（A）見人有善，如己有善；見人有過，如己有過
（B）利人者，人必從而利之；惡人者，人必從而惡之
（C）聖人見人，皆聖人也；不肖人見人，則皆不肖矣※
（D）眾惡必察，眾好必察，易；自惡必察，自好必察，難

鑑別度	難易度	A	B	C	D
0.55	65.04	13.56	16.17	65.04	5.13

說明：此題難度0.65，誘答選項A、B選答率【0.10-0.20】、誘答選項C選答率【0.05-0.10】，爲高鑑別度試題。但但選項爲文言文，考生雖熟知題幹的文義重點，如不精熟文言文閱讀，無法答對此題。因此，此題含兩種閱讀理解能力的評量，無法有效診斷學生誤答是段義不了解，還是選項句義不了解。

修題建議：

此試題評量兩種閱讀理解能力，無法掌握評量重點，建議刪除。

丙、試題過於簡單【2-7】

04. 「中國傳統教育並不鼓勵直接表達情緒。喜怒必須不形於色；生氣是不對的；人不應該妒嫉別人；男子有淚不輕彈；害怕？多沒出息！……類似這樣的教育方式，根深柢固的留在我們的生活裡，以致人人壓抑、掩飾自己的感情，不敢以真面目見人，面具戴久了，連自己也找不到自己的樣子了。」下列何者是這段文字的主旨？(9202)【2】
（A）抑制情緒，因人而異　（B）抑制情緒，有礙健康
（C）掩藏情緒，失去真我※　（D）掩藏情緒，加深怨尤

鑑別度	難易度	A	B	C	D
0.33	95.80	1.96	1.41	95.80	0.82

說明：此題難度0.96，誘答選項A、B、D選答率低 ，試題過於簡單。

修題建議：

試題題材過易，較難修題。

05. 「幾遍的箺草，幾遍的撒肥料，幾遍的噴農藥，還得不時顧田水、拔稗草，才能望到收割、晒穀。」這段話的涵義與下列哪一句諺語最接近？(9302)【2】
（A）巧婦難爲無米炊　　（B）一粒米飼百樣人
（C）一粒米流百滴汗※　（D）當家方知柴米貴

鑑別度	難易度	A	B	C	D
0.29	95.16	0.68	2.02	95.16	2.13

說明：此題難度0.95，誘答選項A、B、D選答率【0.00-0.05】，試題過於簡單。

修題建議：

試題題材過易，較難修題。

06. 考試過後，小明在週記中寫到這次考試的結果：「小南的考卷令大家相形失色，上面爬滿了口水的痕跡。小云真是出類拔萃，這麼簡單的題目也可以考成這樣。小榕雖然成績遙遙領先，但也不應該太自鳴得意。小川這次的表現出人意料，竟然進步了那麼多。」由上文可知，真正得到小明讚美的是哪一位同學？（9501）【1】
（A）小南　（B）小云　（C）小榕　（D）小川※

鑑別度	難易度	A	B	C	D
0.28	94.81	1.02	1.55	2.60	94.81

說明：此題難度0.95，誘答選項A、B、C選答率【0.00-0.05】，試題過於簡單。

修題建議：

試題題材過易，較難修題。

丁、題幹形式干擾閱讀【3-2】

07. 二十世紀初，維也納有位極負盛名的鋼琴家——維特史坦，他在二次世界大戰中，被砲彈炸斷了慣用的右手。維特史坦不願向命運低頭，到處懇求作曲家特別爲他僅存的左手譜寫《左手鋼琴協奏曲》，因而他仍能彈奏出優美的樂章。下列何者不能用來形容維特史坦的精神？（9201）【31】
   （A）英雄何懼出身低※
   （B）路是人走出來的
   （C）逆境中寓有新生的契機
   （D）痛苦的人，沒有悲觀的權利

鑑別度	難易度	A	B	C	D
0.39	45.51	45.51	5.91	8.00	40.51

說明：此題難度0.46，誘答選項D選答率【0.40-0.45】，應爲高鑑別度試題，但鑑別度低，顯示高分組誤答嚴重，而此題的段旨與國中許多課文的要旨相近，考生答對不難，難度卻只有0.45，顯示學生誤答此題。D選項選答率偏高，推斷「痛苦的人，沒有悲觀的權利」，是考生對此類文章要旨熟悉的答案，但考生沒看清此題是否定提問，因而誤答。此題瑕疵只是否定提問藏在文章最後，雖然有雙線標示，但文章又同時有許多單線私名號，產生閱讀干擾，造成誤答。

修題建議：

閱讀下文，並推斷下列何者不能用來形容維特史坦的精神？

二十世紀初，維也納有位極負盛名的鋼琴家——維特史坦，他在二次世界大戰中，被砲彈炸斷了慣用的右手。維特史坦不願向命運低頭，到處懇求作曲家特別為他僅存的左手譜寫《左手鋼琴協奏曲》，因而他仍能彈奏出優美的樂章。

戊、題幹提問重點，敘述不明確【3-4】

08. 蘇軾〈記承天夜遊〉：「庭中如積水空明，水中藻荇交橫，蓋竹柏影也。何夜無月？何處無竹柏？但少閒人如吾兩人耳！」作者所呈現的心境與下列何者最接近？（9001）（11）
（A）忙人無是非，閒人是非多
（B）人閒桂花落，夜靜春山空
（C）人莫樂於閒，非無所事事之謂也
（D）江山風月，本無常主，閒者便是主人※

鑑別度	難易度	A	B	C	D
0.37	39.05	8.83	29.91	22.22	39.05

說明：此題難度0.40，誘答選項B、C選答率【0.20-0.30】，應爲高鑑別度試題，但鑑別度低，顯示高分組誤答嚴重，乃因題幹的提問重點「作者心境」，涵義模糊，所以有很多學生誤答B「人閒桂花落，夜靜春山空」或C「人莫樂於閒，非無所事事之謂也」。

修題建議：

閱讀下文，並推斷「何夜無月？何處無竹柏？但少閒人如吾兩人耳！」的要旨是什麼？
（A）竹柏、明月易得，好友不易得
（B）幽靜的月景，適合與朋友共賞
（C）閒暇之餘，才能從容欣賞月景
（D）心情閒適，才易發現景物之美※

己、選項敘述不清晰【4-2】

09. 辛棄疾〈清平樂〉：「茅簷低小，溪上青青草。醉裡吳音相媚好，白髮誰家翁媼？　大兒鋤豆溪東，中兒正織雞籠，最喜小兒亡賴，溪頭臥剝蓮蓬。」有關這闋詞的內容安排，次序爲何？(9002)【15】
（A）先寫空間，再寫時間　（B）先寫景物，再寫人情※
（C）先寫遠景，再寫近景　（D）先寫事理，再寫感想

鑑別度	難易度	A	B	C	D
0.13	77.24	1.99	77.24	19.02	1.75

說明：此題難度0.77，誘答選項C選答率【0.15-0.20】，爲高鑑別度試題，但鑑別度低，顯示高分組不理解（B）選項的人情是指什麼。

修題建議：

（B）先寫景物，再寫人物活動（D）先寫事理，再寫作者體悟

庚、選項敘述無法呼應題幹提問重點【4-3】

10. 「有一個實驗是這樣的：在盛滿水的鍋子放入一條魚，然後把水的溫度以非常緩慢的速度逐漸升高。剛開始魚兒在水中悠然自得，一點都沒有異樣，但是在兩個小時之後，魚兒竟一點也沒有掙扎地死了。」此則故事的寓意是在說明何種道理? (9102) 【33】
（A）人恆過，然後能改
（B）習之中人，甚矣哉※
（C）勞則思，逸則淫，物之情也
（D）飽食終日，無所用心，難矣哉

鑑別度	難易度	A	B	C	D
0.33	42.86	2.31	42.86	28.66	26.10

說明：此題難度0.43，誘答選項C、D選答率【0.25-0.30】，應爲高鑑別度試題，但鑑別度低，顯示高分組誤答嚴重，乃因題幹重點爲「魚適應逐漸升溫的水後，對溫度反應遲鈍」，正答「習慣對人的影響很大」，適應水溫與習慣，關聯性不大，所以高分組誤答與「悠然自得」相關的「勞則思，逸則淫，物之情也」、「飽食終日，無所用心，難矣哉」。此外，此題也有無法判斷學生誤答是因爲題幹段義不了解，還是選項句義不了解的缺失。

修題建議：

閱讀下文，推斷它的寓意是什麼？

有一個實驗是這樣的：在盛滿水的鍋子放入一條魚，然後把水的溫度以非常緩慢的速度逐漸升高。剛開始魚兒在水中悠然自得，一點都沒有異樣，但是在兩個小時之後，魚兒竟一點也沒有掙扎地死了。

（A）習慣環境的改變，往往容易喪生
（B）習慣容易使人麻木不仁※
（C）安逸的環境容易喪失求生的意志
（D）實驗幫助我們了解真相

四、試題用語瑕疵

（一）瑕疵說明

基測段義試題的用語缺失，皆爲詞語涵義相同，用語凌亂。茲說明如後。

1.詞語涵義相同，用語凌亂

如：【以上文句說明了什麼道理】

【以上這則故事的啓示爲何】

【下列何者最貼近以上這則故事的寓意】

【以上文句說明了什麼道理】

【下列何者是這段文字的主旨】

其中的「道理」「啓示」「寓意」「主旨」，皆有要旨的涵義，用語未統一。

再如：【依上文，下列敘述何者正確】

【關於上文，下列說明何者正確】

【這段話的涵義和下列何者最接近】

【根據以上的敘述，下列何者正確】

其中的「說明」「敘述」「涵義」，意義相同，用語應統一。

（二）格式化用語

甲、摘要要旨

1.閱讀下文，並推斷它的要旨是什麼？

乙、推論觀點

此指標較難建立固定的格式用語。

丙、摘要段落內容

1.閱讀下文，並推斷有關它的內容說明，何者正確？

丁、解釋寫作模式

此指標較難建立固定的格式用

本節小結

爲歸納本節有關段義試題的品質分析與改善建議，試以分析表說明如後。

表6　段義試題「品質分析與改善建議」分析表

教學目標	5. 段義	改善建議
評量指標	5-1摘要要旨 5-2推論觀點 5-3推論標題 5-4摘要內容 5-5解釋寫作模式	5-1摘要要旨1題 5-2推論觀點2題 5-3摘要內容2題 5-5解釋寫作模式2題
評量細目	5-1現代、文言、韻文 5-2現代、文言、韻文 5-3現代、文言、韻文 5-4現代、文言、韻文	5-1現代、文言、韻文 5-2現代、文言、韻文 5-3現代、文言、韻文
恰適性	合乎課綱	
代表性	合乎指標及認知能力 5-1摘要要旨34題 5-2推論觀點30題 5-3推論標題5題 5-4摘要內容10題 5-5解釋寫作模式4題	增加摘要內容、解釋寫作模式試題
整體分析	D 0.44　P 0.71 試題較易，品質略差	增加試題難度，提高試題鑑別度
年度次分析	各年度次品質穩定 但第二次品質較差	提高第二次試題品質
難度等級分析	0.41-0.60　0.42、0.44. 0.81-0.90　0.44 表現佳	改善0.61-0.80品質
評量指標分析	5-1摘要要旨D 0.44 5-2推論觀點D 0.44 5-3推論標題D 0.37 5-4摘要內容D 0.49 5-5解釋寫作模式D 0.33 多數皆低0.45	改善解釋寫作模式品質

高鑑別度試題	15題	
低鑑別度試題	8題 試題瑕疵5題	
瑕疵試題	10題	避免 1.試題評量兩種能力或非學習核心或試題過簡單 2.題幹形式干擾閱讀或敘述不清晰 選項敘述不清或不能呼應提問重點

第六章　文化常識、修辭法、語法試題的品質分析與改善建議

基測評量理解能力的試題分詞義、句義、段義、文化常識、修辭法、語法六類，本章針對文化常識、修辭法、語法教學目標的試題，說明試題品質及改善建議。

第一節　能認識文化常識

本節討論基測有關文化常識試題的品質分析與改善建議。品質分析分效度分析、數量分析、品質分析三項。效度分析先說明文化常識試題評量指標的擬定；接著根據「九年一貫課綱」，分析教學目標、評量指標與課綱的關聯性，說明試題的恰適性。其次以「試題結構表」、「各年度次試題雙向細目表」，分析合乎評量指標、評量細目、認知能力試題及各年度次試題分配，說明試題的代表性。

數量分析根據「基測推委會」提供的考生試題反應數據，說明文化常識試題的試題反應。再據之分析試題難度及鑑別度，在整體、各年度次、各難度等級、各評量指標的統計特質，說明試題品質。

品質分析根據各評量指標的平均值，選擇正、負一個標準差之外的試題，分析高、低鑑別度試題特質。其次根據「試題檢核表」，分析瑕疵試題。最後則歸納題幹用語瑕疵，說明各評量指標的格式化用語。

改善建議則根據上述各項品質分析，具體說明改善建議。

壹、效度分析

一、試題恰適性

效度分析旨在評估文化常識試題能否有效評量教學目標－能認識文化常識，所欲評量的重點。因此先以內容關聯效度的邏輯分析為依據，利用下列步驟，分析文化常識試題的恰適性。

1.整理基測90-95年度，各年度次有關文化常識評量的試題。

2.根據試題題幹及選項，將文化常識試題依試題特性做進一步分類。

3.根據試題特性，採用Bloom2001年認知領域教育目標所提供的動詞，擬定評量指標。

4.檢核教學目標、評量指標與「九年一貫課綱」能力指標及學習內涵指標的關聯性，以說明試題的恰適性。

基測90-95年度，各年次有關文化常識評量的試題共有23題，內容分為四類，一類是選擇文化常識，一類是選擇文學常識，一類是選擇書體及六書常識，一類是選擇工具書常識。

選擇文化常識以評量理解能力為主，根據Bloom2001年版有關認知領域教育目標的能力分類架構，理解能力行為目標動詞描述有詮釋（interpreting）、舉例（exemplifying）、分類（classifying）、摘要（summarizing）、推論（inferring）、比較（compaaring）、解釋（explaining）七種。詮釋的定義為由一種溝通形式轉換為另一種溝通形式；舉例為用例子說明概念或原則；分類爲指出某物隸屬於某一特定類目；摘要爲提出主題或要點；推論爲從現有資訊提出具邏輯性的結論；比較檢視兩個觀點事物或其他類似物間的一致性；解釋建立一個系統的因果模式。（葉連祺、林淑萍，2003）

文化常識有關選擇文化常識、文學常識、書體與六書常識、工具書常識的試題，與推論的定義相近，因此評量指標可定義爲：1.推論文化常識。2.推論文學常識。3.推論書體與六書常識4.推論工具書常識。

其次將文化常識試題的教學目標與評量指標，與九年一貫課綱相關的能力指標及學習內涵指標比對，以說明試題的恰適性。茲將對照表說明如後。

表1　基測文化常識試題「教學目標、評量指標與課綱指標」分析表

教學目標	課綱能力指標	評量指標	課綱學習內涵指標
6.能認識文化常識	D-3-2會查字辭典、成語辭典等，擴充詞彙，分辨詞義	6-1推論文化常識	無明確對應指標
		6-2推論文學常識	無明確對應指標
		6-3推論書體及六書常識	D -3-1-4能說出六書的基本原則，並分析文字的字形結構，理解文字字義[1] D-2-6-2能辨識各種書體（篆隸楷行）的特色
		6-4推論工具書常識	D-3-2-1會查字辭典、成語辭典等，擴充詞彙，分辨詞義

根據表1可知，基測段義試題的教學目標與評量指標，合乎九一貫課綱有關閱讀能力E-3-2、 E-3-3的能力指標與E-3-3-1、E-3-2-6 、E-3-3-2的學習內涵指標部份呼應。推論文化與文學常識，則無可呼應的能力指標與學習內涵指標。試題恰適性不足。

二、試題代表性

分析文化常識試題的代表性，先以評量指標分類各年度次試題；再根據試題內容，分類評量細目；接著統計合乎各評量指標及細目試題題數，做成「試題結構分析表」。其次分析各年度次試題在評量指標的分佈，以說明試題的代表性。茲分別列表說明如後。

表2　基測文化常識試題「試題結構」分析表

題號	評量指標	認知能力	年度	評量細目題數	評量指標題數
1	6-1-1推論文化常識-人物	理解	9001		
2	6-1-1推論文化常識-人物	理解	9202		
3	6-1-1推論文化常識-人物	理解	9302	3	
4	6-1-2推論文化常識-典籍	理解	9101		
5	6-1-2推論文化常識-典籍	理解	9202		
6	6-1-2推論文化常識-典籍	理解	9301		
7	6-1-2推論文化常識-典籍	理解	9501	4	
8	6-1-3推論文化常識-節慶習俗	理解	9101		
9	6-1-3推論文化常識-節慶習俗	理解	9202		
10	6-1-3推論文化常識-節慶習俗	理解	9401		
11	6-1-3推論文化常識-節慶習俗	理解	9501	4	11
12	6-2-1推論文學常識-格律	理解	9101		
13	6-2-1推論文學常識-格律	理解	9201		
14	6-2-1推論文學常識-格律	理解	9301		
15	6-2-1推論文學常識-格律	理解	9401		
16	6-2-1推論文學常識-格律	理解	9502	5	
17	6-2-2推論文學常識-風格	理解	9301	1	6
18	6-3推論書體及六書常識	理解	9001		

19	6-3推論書體及六書常識	理解	9101		
20	6-3推論書體及六書常識	理解	9201		
21	6-3推論書體及六書常識	理解	9302		
22	6-3推論書體及六書常識	理解	9302	5	5
23	6-4推論工具書常識	理解	9001	1	1

表3 基測文化常識試題「各年度次雙向細目」分析表

教學目標	評量指標	認知能力	90 1	90 2	91 1	91 2	92 1	92 2	93 1	93 2	94 1	94 2	95 1	95 2	題數
6. 文化常識	6-1推論文化常識	理解	1	0	2	0	0	3	1	1	1	0	2	0	11
	6-2推論文學常識	理解	0	0	1	0	1	0	2	0	1	0	0	1	6
	6-3推論書體及六書常識	理解	1	0	1	0	1	0	0	2	0	0	0	0	5
	6-4推論工具書常識	理解	1	0	0	0	0	0	0	0	0	0	0	0	1

根據表2.3可知，基測文化常識試題全數符合評量指標與認知能力的要求。其中推論文化常識爲11題，推論文學常識爲6題，推論書體及六書常識爲5題，推論工具書常識1題。

文化常識多數未呼應課綱，而推論書體及工具書試題低於6題，且非國文學習核心，建議刪除，並根據「基測試題雙向細目建議表」，安排各年度次安排文化及文學常識1題，使試題具代表性。

在評量細目方面，建議以推論文化常識的人物、典籍，推論文學常識的格律爲試題範圍，並增加此類別試題。

貳、數量分析

一、試題反應分析

根據「基測推委會」所提供的「各年度基測國文科試題反應分析簡表」；將文化常識試題，做成難度、鑑別度、選項選答率的分析表，茲說明如後。

表4　基測文化常識試題「試題反應」分析表

題號	評量指標	D	P	A	B	C	D	原題號	年度
1	6-1-1推論文化常識-人物	0.48	0.57	0.25	0.09	0.09	0.57	25	9001
2	6-1-1推論文化常識-人物	0.45	0.71	0.06	0.71	0.17	0.06	12	9202
3	6-1-1推論文化常識-人物	0.43	0.81	0.02	0.04	0.13	0.81	15	9302
4	6-1-2推論文化常識-典籍	0.38	0.56	0.56	0.15	0.22	0.06	25	9101
5	6-1-2推論文化常識-典籍	0.46	0.66	0.08	0.17	0.09	0.66	14	9202
6	6-1-2推論文化常識-典籍	0.54	0.68	0.05	0.68	0.07	0.20	23	9301
7	6-1-2推論文化常識-典籍	0.4	0.42	0.13	0.42	0.16	0.30	33	9501
8	6-1-3推論文化常識-節慶習俗	0.34	0.87	0.03	0.87	0.05	0.05	7	9101
9	6-1-3推論文化常識-節慶習俗	0.38	0.69	0.11	0.05	0.69	0.15	16	9202
10	6-1-3推論文化常識-節慶習俗	0.39	0.86	0.86	0.05	0.05	0.05	3	9401
11	6-1-3推論文化常識-節慶習俗	0.32	0.64	0.64	0.12	0.12	0.12	15	9501
12	6-2-1推論文學常識-格律	0.41	0.51	0.10	0.27	0.51	0.13	27	9101
13	6-2-1推論文學常識-格律	0.44	0.41	0.38	0.41	0.12	0.09	33	9201
14	6-2-1推論文學常識-格律	0.33	0.77	0.77	0.03	0.10	0.09	12	9301
15	6-2-1推論文學常識-格律	0.46	0.53	0.53	0.15	0.21	0.11	30	9401

16	6-2-1推論文學常識-格律	0.41	0.43	0.43	0.11	0.36	0.09	34	9502
17	6-2-2推論文學常識-風格	0.53	0.74	0.08	0.09	0.74	0.09	8	9301
18	6-3推論書體及六書常識	0.31	0.58	0.14	0.14	0.58	0.14	29	9001
19	6-3推論書體及六書常識	0.47	0.70	0.14	0.05	0.10	0.70	12	9101
20	6-3推論書體及六書常識	0.51	0.57	0.05	0.18	0.20	0.57	21	9201
21	6-3推論書體及六書常識	0.55	0.74	0.03	0.05	0.74	0.18	23	9302
22	6-3推論書體及六書常識	0.5	0.60	0.22	0.60	0.07	0.10	32	9302
23	6-4推論工具書常識	0.42	0.65	0.10	0.16	0.65	0.09	20	9001
	標準差	0.07	0.13						

二、難度、鑑別度平均值分析

爲分析文化常識試題難度、鑑別度特質，先分析文化常識試題難度、鑑別度平均值，並與90-95年基測的難度、鑑別度平均值比較，了解整體的試題品質。其次分析各年度次難度、鑑別度平均值，了解各年度次的試題品質。接著分析各難度等級的鑑別度平均值，了解試題各難度等級的試題品質。最後分析各評量指標試題難度、鑑別度平均值，了解各評量指標的試題品質。茲分別列圖說明如後。

（一）整體分析

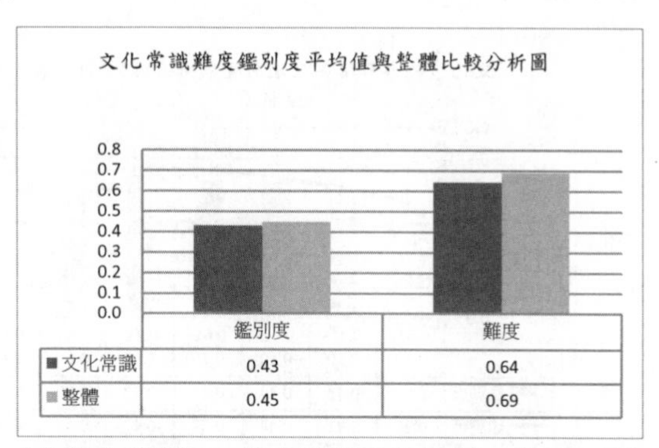

圖1　文化常識試題難度、鑑別度與整體試題難度、鑑別度比較分析圖

（二）年度次分析

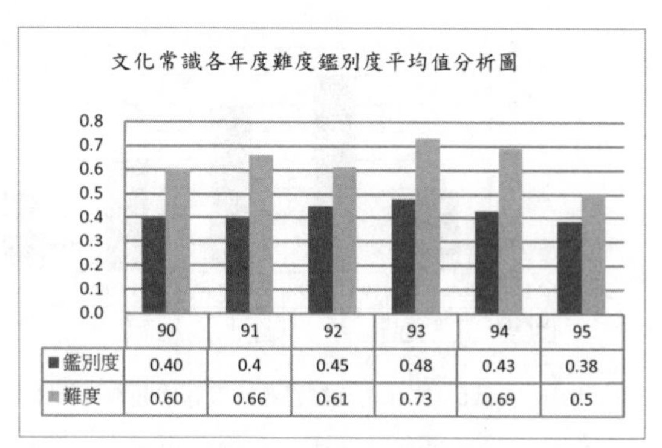

圖2　文化常識試題各年度難度、鑑別度平均值分析圖

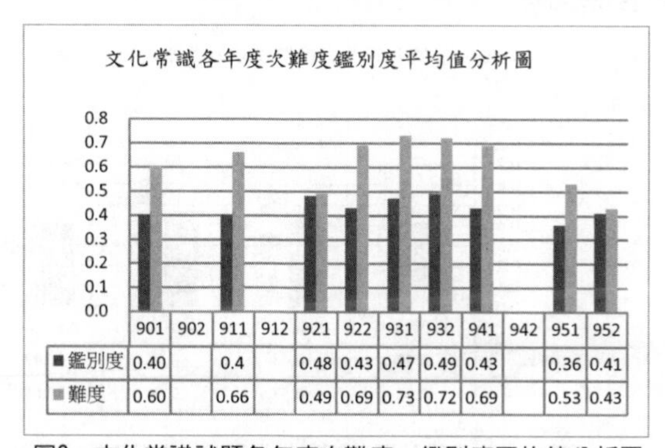

圖3　文化常識試題各年度次難度、鑑別度平均值分析圖

（三）難度等級分析

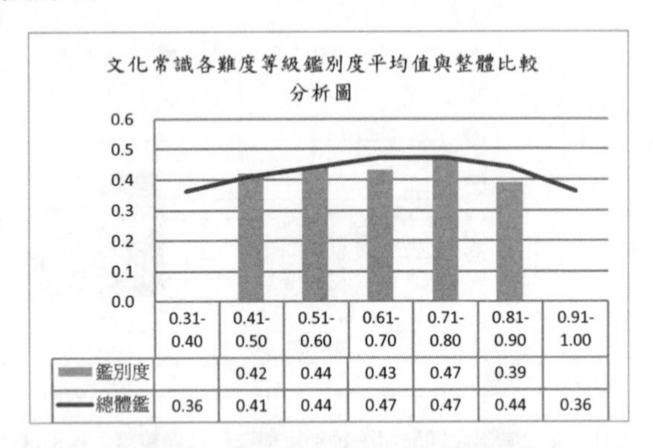

圖4　文化常識試題各難度等級鑑別度平均值與整體比較分析圖

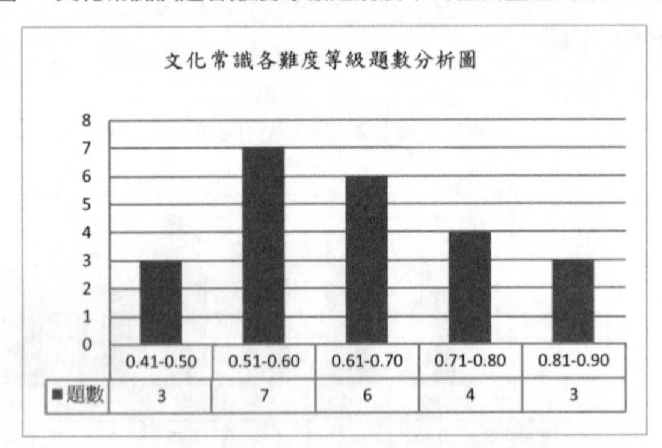

圖5　文化常識試題各難度等級題數分析圖

（四）評量指標分析

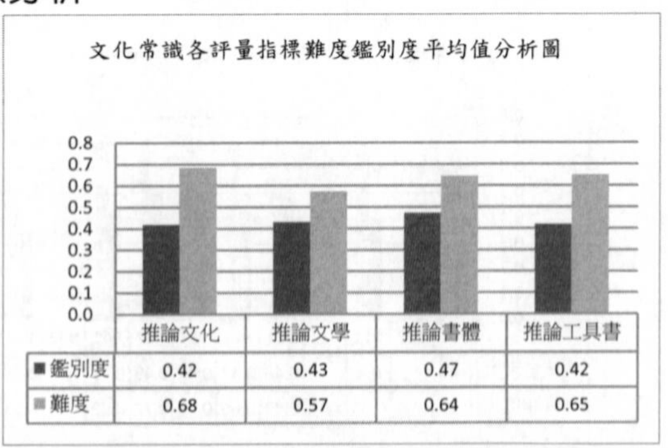

圖6　文化常識試題各評量指標難度、鑑別度平均值分析圖

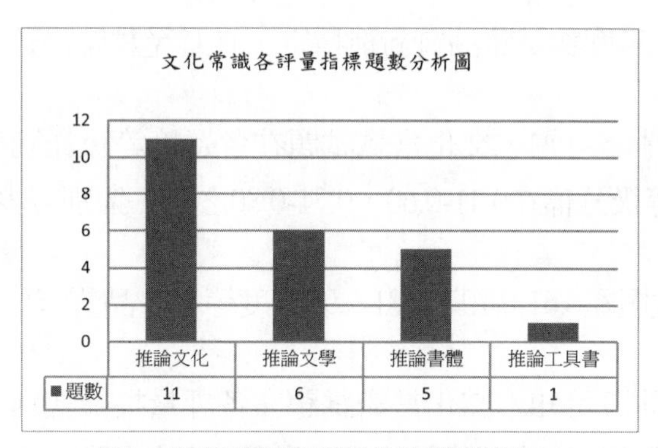

圖7 文化常識試題各評量指標題數分析圖

根據上圖分析，可得以下結論：

1.根據圖1可知，文化常識試題在整體難度與鑑別度的表現：其難度與鑑別度平均值與整體平均值相比，難度值在整體平均值負二個標準差範圍內，鑑別度在整體平均值負一個標準差之內。

顯示試題極難，試題品質較差。

2.根據圖2可知，文化常識試題各年度難度平均值最高值為0.73，最低值為0.5，接近難度平均值0.64正、負一個標準差0.77-0.51。鑑別度平均值最高值為0.48，最低值為0.40，在鑑別度平均值0.43正、負一個標準差0.50-0.36範圍內，試題品質穩定。

顯示各年度試題品質穩定，難度略難。

3. 根據圖3可知，文化常識試題各年度次難度平均值最高值為0.73，最低值為0.43，多數接近難度平均值0.64正一個標準差0.77-0.51，只有95年第2次的0.43有負偏離。鑑別度平均值最高值為0.48，最低值為0.40，在鑑別度平均值0.43正、負一個標準差0.50-0.36範圍內，顯示各年度次試題品質尚稱穩定，宜避免試題過難。

4.根據圖4.5可知，文化常識試題在各難度等級鑑別度的表現：試題難度等級分佈在0.41-0.60，0.71-0.80之間，鑑別度表現佳。

顯示試題在0.61-0.70，0.81-0.90難度等級，品質不佳。

5.根據圖6.7可知，文化常識試題在各評量指標鑑別度的表現：各評量指標的鑑別度平均值除推論書體，其他皆低於整體平均值。

顯示各評量指標除推論書體外試題品質不佳，宜提昇試題品質。

參、品質分析

爲說明文化常識試題品質，乃根據表4的試題反應分析，選擇各評量指標鑑別度平均值超過正、負於一個標準差的試題，做爲高、低鑑別度試題，說明試題特質及考生的學習效果。其次根據「試題檢核表」檢視各試題的題幹與選項，如有不符合檢核表的標準，則列爲瑕疵試題，並說明修題建議。最後歸納試題題幹的用語瑕疵，並根據評量指標說明格式化用語。茲將各評量指標鑑別度平均值與標準差，及高、低一個標準差的數值，列表說明如後。

表5　文化常識「各評量指標鑑別度平均值及標準差數值」分析表

評量指標	鑑別度	標準差	高一個標準差	低一個標準差
推論文化常識	0.42	0.06	0.48	0.36
推論文學常識	0.43	0.07	0.50	0.36
推論書體六書常識	0.47	0.09	0.56	0. 38
推論工具書常識	0.42	0		

一、高鑑別度試題

根據表5合於優良試題的條件爲：推論文化常識試題，鑑別度高於0.48；推論文學常識試題，鑑別度高於0.50；推論書體及六書常識試題，鑑別度高於0.56。根據表5可得三題，茲分別說明如後。

甲、推論文化常識

01. 國文老師要同學上台介紹《論語》這本書，下列四位同學的說法何者正確？(9301)【23】
（A）王小明：《論語》是道家重要的經典
（B）張一虎：《論語》的中心思想是「仁」※
（C）丁中美：《論語》中詳載孔子一生的經歷
（D）吳之慧：《論語》的作者是孔子及其弟子和再傳弟子

鑑別度	難易度	A	B	C	D
0.54	68.37	4.70	68.37	7.08	19.79

說明：此題難度0.68，誘答選項C、D選答率【0.05-0.20】，爲高鑑別度試題。顯示低分組對「論語的作者及內容」精熟度不足。

乙、推論文學常識

02. 王維早年詩風積極進取，雄渾豪邁；中年以後風格轉爲清雅閑淡，意境悠遠。下列詩句，何者最可能是他早年的作品？(9301)【8】
（A）泉聲咽危石，日色冷青松
（B）行到水窮處，坐看雲起時
（C）暮雲空磧時驅馬，秋日平原好射雕※
（D）山中習靜觀朝槿，松下清齋折露葵

鑑別度	難易度	A	B	C	D
0.53	74.39	8.21	8.75	74.39	8.59

說明：此題難度0.74，誘答選項A、B、D選答率【0.05-0.10】，爲高鑑別度試題。顯示低分組對判斷「詩歌風格」，精熟度不足。

丙、推論書體及六書常識

03. 以下是巧韻整理的中國造字原則分析圖：據此，「花好月圓」這四個字分別爲六書中的哪一類？(9302)【23】
（A）會意、指事、會意、形聲　（B）形聲、會意、指事、象形
（C）形聲、會意、象形、形聲※　（D）會意、指事、象形、形聲

鑑別度	難易度	A	B	C	D
0.55	74.35	2.85	5.07	74.35	17.69

說明：此題難度0.74，誘答選項D選答率【0.15-0. 20】，爲高鑑別度試題。顯示低分組對判斷「會意與指事」，精熟度不足。

二、低鑑別度試題

根據表5合於優良試題的條件爲：推論文化常識試題，鑑別度低於0.36；推論文學常識試題，鑑別度高於0.36；推論書體及六書常識試題，鑑別度高於0.38。根據表5可得三題，玆分別說明如後。

甲、推論文化常識

01. 下列描繪節慶景象的詩句，何者所對應的節日正確？(9101)【7】
（A）爆竹聲中歲又除，頓回和氣滿寰區。春風解綠江南樹，不與人間　　染白鬚——元宵
（B）鼓聲三下紅旗開，兩龍躍出浮水來。棹影斡波飛萬劍，鼓聲劈浪　　鳴千雷——端午※
（C）有燈無月不娛人，有月無燈不算春。春到人間人似玉，燈繞月下　　月如銀——中秋
（D）暮雲收盡溢清寒，銀漢無聲轉玉盤。此生此夜不長好，明年明月　　何處看——七夕

鑑別度	難易度	A	B	C	D
0.34	86.55	3.20	86.55	5.21	4.97

說明：此題難度0.87，誘答選項A、C、D選答率【0.00-0. 05】，爲高鑑別度試題，但鑑別度低。顯示高分組對判斷C、D選項對應的節日，精熟度不足。

乙、文學常識

02. 李小明在書中看到一首詩：「誓掃匈奴不顧身，五千貂錦喪胡塵。可憐無定河邊骨，猶是春閨夢裡人。」他和幾位同學討論這首詩，下列哪一個人的說法正確？(9301)【12】
（A）陳大同：此詩是七言絕句※
（B）王一修：這是一首田園詩
（C）趙向前：詩中有兩個韻腳
（D）錢來也：詩中有一組對句

鑑別度	難易度	A	B	C	D
0.33	77.30	77.30	3.01	10.36	9.27

說明：此題難度0.77，誘答選項C、D選答率【0.05-0.10】，爲高鑑別度試題，但鑑別度低。顯示高分組對判斷「韻腳、對偶」，精熟度不足。

丙、推論書體及六書常識

03. 中國的書法，歷經朝代的演變，而產生不同形式的字體，如楷書、行書、草書等。其中，「行書」重視上下字間相連的筆意，書體自由，講究點畫、結構和墨色的變化、筆勢與字形介於楷書與草書之間，比草書端莊，近於楷書。下列何者屬於行書？(9001)【29】

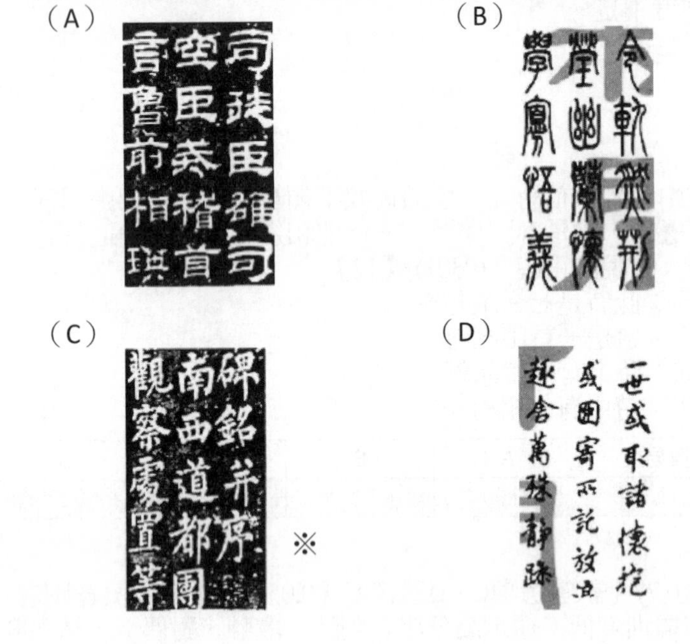

鑑別度	難易度	A	B	C	D
0.31	57.93	14.17	13.76	57.93	14.15

說明：此題難度0.58，誘答選項A、B、D選答率【0.10-0.15】，為高鑑別度試題，但鑑別度低。顯示高分組對判斷「行書」，精熟度不足。

三、瑕疵試題

根據「試題檢核表」檢核，無瑕疵試題。

四、試題用語瑕疵

（一）瑕疵說明

基測文化常識試題，內容用語較爲複雜，且提問相近問題的試題量較少，較難歸納用語瑕疵與格式化用語。

本節小結

爲歸納本節有關文化常識試題的品質分析與改善建議，試以分析表說明如後。

表6　文化常識試題「品質分析與改善建議」分析表

教學目標	5.文化常識	改善建議
評量指標	6-1推論文化常識 6-2推論文學常識 6-3推論書體、六書常識 6-4推論工具書常識	6-1推論文化文學常識1題
評量細目	6-1人物、典籍、節慶 6-2格律、風格	6-1人物、典籍 6-2格律
恰適性	不合乎課綱（教材有作者題解及語文常識）	
代表性	合乎指標及認知能力 6-1推論文化常識11題 6-2推論文學常識6題 6-3推論書體、六書常識5題 6-4推論工具書常識1題	增加推論文化、文學試題
整體分析	D 0.43　P 0.64 試題極難，品質較差	降低試題難度，提高試題鑑別度
年度次分析	各年度次品質尙稱穩定 難度差距略大	降低難度
難度等級分析	0.41-0.60　0.42、0.44. 0.71-0.80　0.47 表現佳	改善0.61-0.70，0.81-0.90品質
評量指標分析	6-1推論文化D 0.42 6-2推論文學D 0.43 6-3推論書體D 0.47 6-4推論工具D 0.42 多數低於0.45	改善推論文化、文學試題品質
高鑑別試題	3題	
低鑑別試題	3題	
瑕疵試題	0題	

第二節　能認識修辭法

本節討論基測有關修辭法試題的品質分析與改善建議。品質分析分效度分析、數量分析、品質分析三項。效度分析先說明修辭法試題評量指標的擬定；接著根據「九年一貫課綱」，分析教學目標、評量指標與課綱的關聯性，說明試題的恰適性。其次以「試題結構表」、「各年度次試題雙向細目表」，分析合乎評量指標、評量細目、認知能力試題及各年度次試題分配，說明試題的代表性。

數量分析根據「基測推委會」提供的考生試題反應數據，說明詞義試題的試題反應。再據之分析試題難度及鑑別度，在整體、各年度次、各難度等級、各評量指標的統計特質，說明試題品質。

品質分析根據各評量指標的平均值，選擇正、負一個標準差之外的試題，分析高低鑑別度試題特質。其次根據「試題檢核表」，分析瑕疵試題。最後則歸納題幹用語瑕疵，說明各評量指標的格式化用語。

改善建議則根據上述各項分析，具體說明改善建議。

壹、效度分析

一、試題恰適性

效度分析旨在評估修辭法試題能否有效評量教學目標－能認識修辭法，所欲評量的重點。因此先以內容關聯效度的邏輯分析爲依據，利用下列步驟，分析修辭法試題的恰適性。

1.整理基測90-95年度，各年度次有關修辭法評量的試題。

2.根據試題題幹及選項，將修辭法試題依試題特性做進一步分類。

3.根據試題特性，採用Bloom2001年認知領域教育目標所提供的動詞，擬定評量指標。

4.檢核教學目標、評量指標與「九年一貫課綱」能力指標及學習內涵指標的關聯性，以說明試題的恰適性。

基測90-95年度，各年度次有關修辭法評量的試題共有27題，內容分爲一類，選擇恰當修辭法。

選擇修辭法以評量理解能力爲主，根據Bloom2001年版有關認知領域教育目標的能力分類架構，理解能力行爲目標動詞描述有詮釋（interpreting）、舉例（exemplifying）、分類（classifying）、摘要（summarizing）、推論（inferring）、比較（compaaring）、解釋（explaining）七種。詮釋的定義爲由一種溝通形式轉換爲另一種溝通形式；舉例爲用例子說明概念或原則；分類爲指出某物隸屬於某一特定類目；摘要爲提出主題或要點；推論爲從現有資訊提出具邏輯性的結論；比較檢視兩個觀點事物或其他類似物間的一致性；解釋建立一個系統的因果模式（葉連祺、林淑萍，2003）。

修辭法有關選擇恰當修辭法的試題，與舉例的定義相近，因此評量指標可定義為：1.舉例修辭法。

其次將修辭法試題的教學目標與評量指標，與九年一貫課綱相關的能力指標及學習內涵指標比對，以說明試題的恰適性。茲將對照表說明如後。

表1　基測修辭法試題「教學目標、評量指標與課綱指標」分析表

教學目標	課綱能力指標	評量指標	課綱學習內涵指標
7.能認識修辭法	E-3-3能欣賞作品的寫作風格、特色及修辭技巧	7-1舉例修辭法	E-3-3-5能欣賞作品的寫作風格、特色及修辭技巧

根據表1可知，基測修辭法試題的教學目標與評量指標，合乎九一貫課綱有關閱讀能力E-3-3的能力指標與E-3-3-5的學習內涵指標。

二、試題代表性

分析修辭法試題的代表性，先以評量指標分類各年度次試題，再根據試題內容，分類評量細目；接著統計合乎各評量指標及細目試題題數，做成「試題結構分析表」。其次分析各年度次試題在評量指標的分布，以說明試題的代表性。茲分別列表說明如後。

表2　基測修辭法試題「試題結構」分析表

題號	評量指標	認知能力	年度	評量細目題數	評量指標題數
1	7-1-1舉例修辭法-譬喻	理解	9002		
2	7-1-1舉例修辭法-譬喻	理解	9102		
3	7-1-1舉例修辭法-譬喻	理解	9401		
4	7-1-1舉例修辭法-譬喻	理解	9501	4	
5	7-1-2舉例修辭法-映襯	理解	9001		
6	7-1-2舉例修辭法-映襯	理解	9102		
7	7-1-2舉例修辭法-映襯	理解	9202		
8	7-1-2舉例修辭法-映襯	理解	9302	4	
9	7-1-3舉例修辭法-借代	理解	9201		
10	7-1-3舉例修辭法-借代	理解	9301	2	
11	7-1-4舉例修辭法-轉化	理解	9002		
12	7-1-4舉例修辭法-轉化	理解	9101		
13	7-1-4舉例修辭法-轉化	理解	9101		
14	7-1-4舉例修辭法-轉化	理解	9201		
15	7-1-4舉例修辭法-轉化	理解	9202		
16	7-1-4舉例修辭法-轉化	理解	9402	6	
17	7-1-5舉例修辭法-設問	理解	9002		
18	7-1-5舉例修辭法-設問	理解	9101	2	
19	7-1-6舉例修辭法-雙關	理解	9301	1	
20	7-1-7舉例修辭法-對偶	理解	9102		
21	7-1-7舉例修辭法-對偶	理解	9402	2	
22	7-1-8舉例修辭法-層遞	理解	9201	1	
23	7-1-9舉例修辭法-回文	理解	9502	1	
24	7-1-10舉例修辭法-諧音	理解	9002		
25	7-1-10舉例修辭法-諧音	理解	9101		
26	7-1-10舉例修辭法-諧音	理解	9402		
27	7-1-10舉例修辭法-諧音	理解	9502	4	27

表3 基測修辭法試題「各年度次雙向細目」分析表

教學目標	評量指標	認知能力	90 1	90 2	91 1	91 2	92 1	92 2	93 1	93 2	94 1	94 2	95 1	95 2	題數
7.修辭法	7-1舉例修辭法		1	4	4	3	3	2	2	2	1	3	1	2	4

根據表2.3可知，基測修辭法試題全數符合評量指標與認知能力的要求。舉例修辭法27題。但國中教師建議題數低，建議根據「基測試題雙向細目建義表」，各年度次安排舉例修辭法1題，使試題更具代表性。

在評量指標方面，除轉化外，皆未超過5題，分類過於零碎。建議選擇試題數量較多的細目如譬喻、映襯、轉化等，歸併爲三類，並增加此三類細目的試題。

貳、數量分析

一、試題反應分析

根據「基測推委會」所提供的「各年度基測國文科試題反應分析簡表」，將修辭法試題，做成難度、鑑別度、選項選答率的分析表，茲說明如後。

表4 基測修辭法試題「試題反應」分析表

題號	評量指標	D	P	A	B	C	D	原題號	年度
1	7-1-1舉例修辭法-譬喻	0.55	0.74	0.09	0.74	0.09	0.08	12	9002
2	7-1-1舉例修辭法-譬喻	0.37	0.80	0.80	0.02	0.04	0.14	5	9102
3	7-1-1舉例修辭法-譬喻	0.66	0.67	0.04	0.24	0.67	0.04	20	9401
4	7-1-1舉例修辭法-譬喻	0.55	0.81	0.81	0.08	0.07	0.04	14	9501
5	7-1-2舉例修辭法-映襯	0.56	0.76	0.04	0.08	0.13	0.76	9	9001
6	7-1-2舉例修辭法-映襯	0.55	0.80	0.04	0.80	0.09	0.06	10	9102
7	7-1-2舉例修辭法-映襯	0.54	0.69	0.15	0.05	0.11	0.69	13	9202
8	7-1-2舉例修辭法-映襯	0.5	0.78	0.10	0.04	0.78	0.08	16	9302
9	7-1-3舉例修辭法-借代	0.44	0.59	0.59	0.16	0.16	0.09	15	9201
10	7-1-3舉例修辭法-借代	0.55	0.54	0.16	0.54	0.18	0.12	26	9301
11	7-1-4舉例修辭法-轉化	0.56	0.86	0.04	0.05	0.86	0.05	6	9002
12	7-1-4舉例修辭法-轉化	0.45	0.55	0.13	0.26	0.06	0.55	23	9101
13	7-1-4舉例修辭法-轉化	0.38	0.45	0.14	0.20	0.45	0.21	32	9101
14	7-1-4舉例修辭法-轉化	0.45	0.50	0.07	0.20	0.50	0.23	32	9201
15	7-1-4舉例修辭法-轉化	0.44	0.70	0.11	0.07	0.70	0.11	18	9202
16	7-1-4舉例修辭法-轉化	0.41	0.95	0.01	0.95	0.02	0.02	13	9402
17	7-1-5舉例修辭法-設問	0.5	0.65	0.04	0.11	0.65	0.20	29	9002
18	7-1-5舉例修辭法-設問	0.44	0.80	0.08	0.05	0.07	0.80	3	9101
19	7-1-6舉例修辭法-雙關	0.32	0.47	0.26	0.13	0.15	0.47	29	9301
20	7-1-7舉例修辭法-對偶	0.51	0.65	0.65	0.17	0.11	0.07	17	9102
21	7-1-7舉例修辭法-對偶	0.44	0.52	0.52	0.26	0.03	0.18	31	9402
22	7-1-8舉例修辭法-層遞	0.55	0.73	0.05	0.73	0.04	0.18	11	9201
23	7-1-9舉例修辭法-回文	0.39	0.90	0.03	0.01	0.06	0.90	5	9502
24	7-1-10舉例修辭法-諧音	0.49	0.66	0.66	0.13	0.08	0.12	22	9002
25	7-1-10舉例修辭法-諧音	0.61	0.70	0.70	0.06	0.11	0.14	20	9101
26	7-1-10舉例修辭法-諧音	0.58	0.83	0.83	0.04	0.10	0.02	25	9402
27	7-1-10舉例修辭法-諧音	0.49	0.72	0.03	0.72	0.20	0.05	18	9502
		0.08	0.13						

二、難度、鑑別度平均值分析

爲分析修辭法試題難度、鑑別度特質，先分析修辭法試題難度、鑑別度平均值，並與90-95年基測的難度、鑑別度平均值比較，了解整體的試題品質。其次分析各年度次難度、鑑別度平均值，了解各年度次的試題品質。接著分析各難度等級的鑑別度平均值，了解試題各難度等級的試題品質。最後分析各評量指標試題難度、鑑別度平均值，了解各評量指標的試題品質。茲分別列圖說明如後。

（一）整體分析

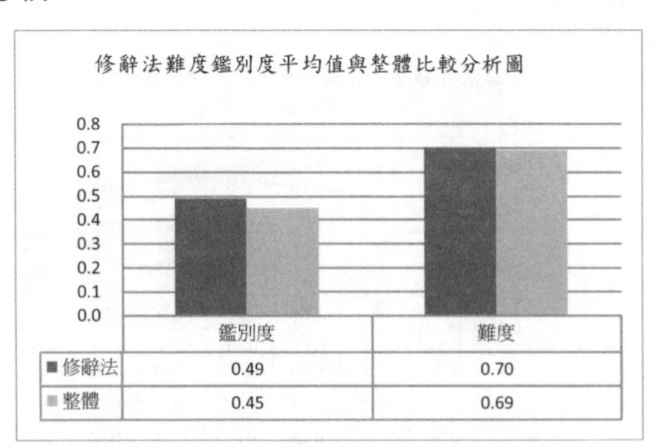

圖1　修辭法試題難度、鑑別度與整體試題難度、鑑別度比較分析圖

（二）年度次分析

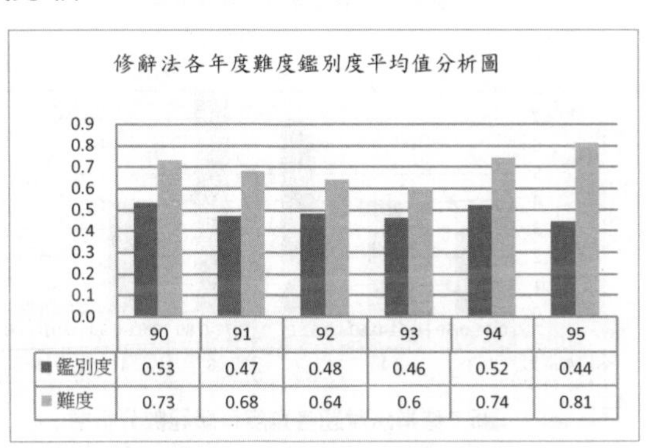

圖2　修辭法試題各年度難度、鑑別度平均值分析圖

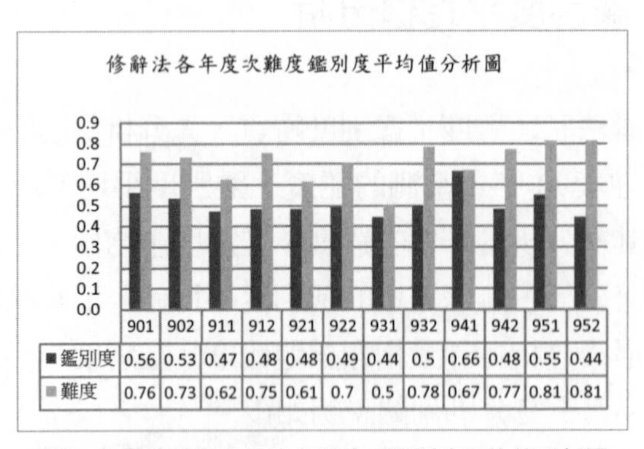

圖3　修辭法試題各年度次難度、鑑別度平均值分析圖

（三）難度等級分析

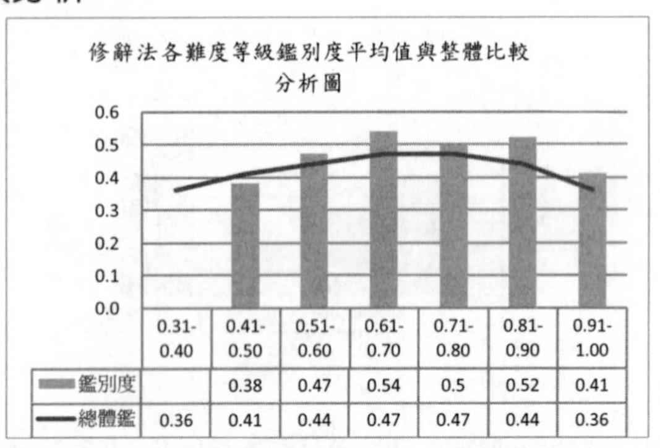

圖4　修辭法試題各難度等級鑑別度平均值與整體比較分析圖

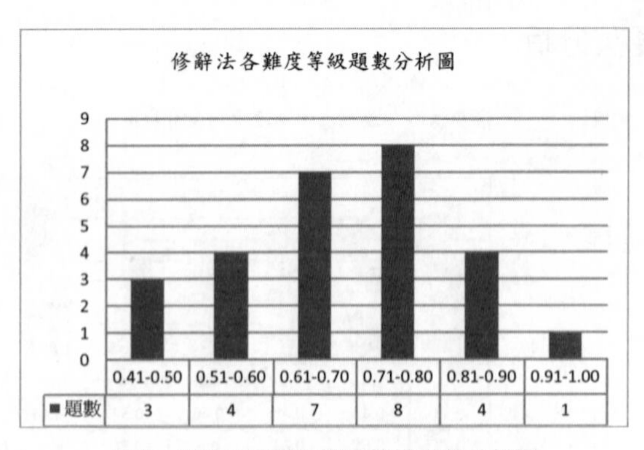

圖5　修辭法試題各難度等級題數分析圖

（四）評量指標分析

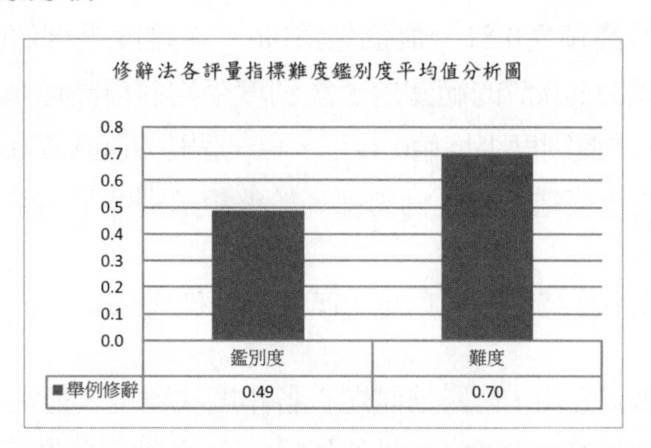

圖6　修辭法試題各評量指標難度、鑑別度平均值分析圖

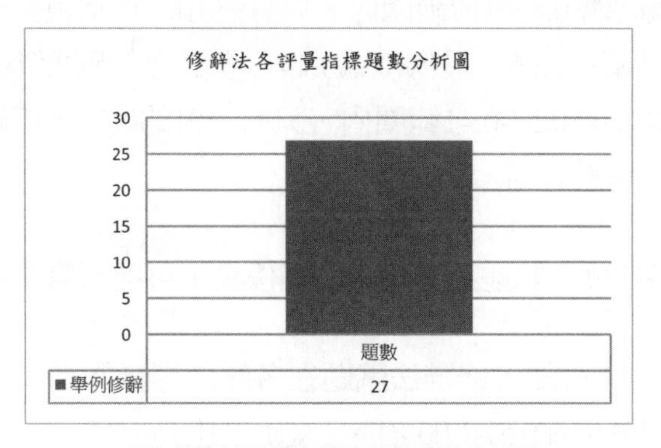

圖7 修辭法試題各評量指標題數分析圖

根據上圖分析，可得以下結論：

1.根據圖1可知，修辭法試題在整體難度與鑑別度的表現：其難度與鑑別度平均值與整體平均值相比，難度值在整體平均值正一個標準差範圍內，鑑別度在整體平均值正二個標準差之內。

顯示試題較易，試題品質極優良。

2.根據圖2可知，修辭法試題在各年度難度、鑑別度的表現：難度平均值最高值爲0.81，最低值爲0.6，在難度平均值0.70正、負一個標準差0.83-0.57的範圍內。鑑別度平均值最高值爲0.53，最低值爲0.44，在鑑別度平均值0.49正、負一個標準差0.57-0.41範圍內。95年外，各年度鑑別度平均值都高於整體鑑別度平均值。

顯示各年度試題品質穩定，試題品質極優良。

3. 根據圖3可知，修辭法試題在各年度次難度、鑑別度的表現：難度平均值最高值爲0.81，最低值爲0.5，多數在難度平均值0.70正、負一個標準差0.83-0.57範圍內，只有9301的0.5爲負偏離。鑑別度平均值最高值爲0.66，最低值爲0.44，多數在鑑別度平均值0.49正、負一個標準差0.57-0.41範圍內，只有9401的0.66爲正偏離。各年度第二次試題較容易。

顯示各年度次試題品質穩定且極優良，可提高第二次試題難度。

4.根據圖4.5可知，修辭法試題在各難度等級鑑別度的表現：試題難度等級分佈在0.51-1.00之間，鑑別度極高。

顯示試題難度等級，無品質不佳。

5.根據圖6.7可知，修辭法試題在各評量指標鑑別度的表現：各評量指標的鑑別度平均值高於整體平均值。

顯示評量指標試題品質佳。

參、品質分析

爲說明修辭法試題品質，乃根據表4的試題反應分析，選擇各評量指標鑑別度平均值超過正、負於一個標準差的試題，做爲高、低鑑別度試題，說明試題特質及考生的學習效果。其次根據「試題檢核表」檢視各試題的題幹與選項，如有不符合檢核表的標準，則列爲瑕疵試題，並說明修題建議。最後歸納試題題幹的用語瑕疵，並根據評量指標說明格式化用語。茲將各評量指標鑑別度平均值與標準差，及高、低一個標準差的數值，列表說明如後。

表5　修辭法試題「各評量指標鑑別度平均值及標準差數值」分析表

評量指標	鑑別度	標準差	高一個標準差	低一個標準差
舉例修辭法	0.49	0.08	0.57	0.41

一、高鑑別度試題

根據表7合於高鑑別度試題的條件爲：舉例修辭法試題，鑑別度高於0.57。根據表7可得三題，茲分別說明如後。

甲、諧音

01. 「滔滔口才訓練公司教導你講話技巧，使你『千辯萬話』，無往不利」，「千辯萬話」是借用同音字賦予「新義」，以達到意想不到文學趣味。下列「　」中詞語，何者也具有同樣效果？(9101)【20】
（A）九二一大地震，全國人民發揮同胞愛，踴躍捐款，「賑賑有慈」※
（B）中國是一個愛月的民族，賦予月亮一種永恆而「美麗的詩趣」
（C）高級寢具用品大折扣，蠶絲被輕柔保暖，讓妳「夜夜好眠」

（D）最新美白用品，雙重滋養，呵護肌膚，使肌膚「嫩白抗皺」

鑑別度	難易度	A	B	C	D
0.61	69.64	69.64	6.00	10.63	13.63

說明：此題難度0.70，誘答選項B、C、D選答率【0.05-0.15】，為高鑑別度試題。顯示低分組對「諧音」修辭法的使用，精熟度不足。

02. 「沒沒無蚊的奉獻」這則電蚊香廣告用語，是借用「沒沒無聞」的諧音來引起消費者注意，下列何者也使用同樣的表達方式？(9402)【25】
（A）近扇近美——電風扇※
（B）別讓你的權利睡著了——消基會
（C）說來說去，說不出我的手掌心——手機
（D）今日吃選票，明日吃鈔票——政黨選舉文宣

鑑別度	難易度	A	B	C	D
0.58	82.89	82.89	4.42	10.48	2.19

說明：此題難度0.83，誘答選項C選答率【0.05-0.10】，為高鑑別度試題。顯示低分組對「諧音」修辭法的使用，精熟度不足。

乙、譬喻

03. 下列何者的修辭技巧，與「惡習如野草，要快割盡除」相同？(9401)【20】
（A）考前他一如往常，早早就寢，毫不緊張
（B）行事須謹慎，如自作聰明，必自食惡果
（C）知足如同天然的財富，讓人生豐碩※
（D）苦苦等待之後，他終於如願以償了

鑑別度	難易度	A	B	C	D
0.66	67.23	4.21	24.49	67.23	4.02

說明：此題難度0.67，誘答選項B選答率【0.20-0.25】，為高鑑別度試題。顯示低分組對「譬喻」修辭法的使用，精熟度不足。

二、低鑑別度試題

根據表7合於高鑑別度試題的條件爲：舉例修辭法試題，鑑別度低於0.41。根據表7可得三題，瑕疵試題三題，無低鑑別度試題。

三、瑕疵試題

根據「試題檢核表」檢核，可得瑕疵試題四題，茲分別說明如後。

甲、試題非學科核心能力【2-1】

01. 「窮呀！豈止短褐穿結，連鞋子也腳踏實地了。」句中「腳踏實地」語帶雙關，而且顯出某種自嘲性的幽默。下列何者也用了相同的表達方式？(9301)【29】
(A)「聰明絕頂」的張老伯那顆光禿的腦袋可真是愈來愈亮了
(B) 站在鏡前，看著滿臉「違章建築」般的青春痘，實在心痛
(C) 同學們的數學都考及格了，只有我「大智若愚」地只考了一分
(D) 他受傷後，跛著腳，逢人便道：「我現在可是『舉足輕重』哦！」※

鑑別度	難易度	A	B	C	D
0.32	46.66	25.73	12.60	14.82	46.66

說明：此題難度0.47，誘答選項A、B、C選答率【0.10-0.30】，應爲高鑑別度試題，但 是題鑑別度低，顯示高分組考生有誤答現象。乃因：「自嘲性幽默」不屬於修辭法教學內容，

修題建議：此題非學習核心，建議刪題。

乙、選項敘述不夠清晰【4-2】

02. 用具體的描述來表達抽象的意念，可使文章更爲生動。下列何者不屬於此類？ (9101)【32】

（A）爸媽的關懷與呵護，爲我們築成了一座堅不可摧的堡壘
（B）漫步在夕陽餘暈裏，晚景的溫存就這樣被我偷嘗了不少
（C）黃槐那豔麗耀眼的黃色花朵，在陽光下是一種龐大集團的色彩※
（D）看著鳥兒高踞枝頭，臨風顧盼——好銳利的喜悅刺上我的心頭

鑑別度	難易度	A	B	C	D
0.38	44.86	13.69	20.31	44.86	20.95

說明：此題難度0.45，誘答選項A、B、D選答率【0.10-0. 25】，應爲高鑑別度試題，但是題鑑別度僅爲中等，顯示高分組考生有誤答現象。乃因：選項A「堡壘」與「關懷呵護」以具體的堡壘表達抽象的關懷與呵護。但選項B「偷嘗」與「晚景的溫柔」以具體的偷嘗表達抽象的欣賞。選項D「銳利」與「喜悅」以具體的銳利表達抽象的強烈。如是則A與B、D的選項屬性並不完全相同，A中「堡壘」等同「關懷呵護」，B、D則「偷嘗」、「銳利」不等同「晚景的溫柔」、「喜悅」，顯示選項設計缺乏邏輯一致性，使題意不清晰。

修題建議：

（A）爸媽的關懷與呵護，爲我們築成了一座堅不可摧的「堡壘」
（B）漫步在夕陽餘暉裏，晚景的溫存就這樣被我「偷嘗」了不少
（C）黃槐那豔麗耀眼的黃色花朵，在陽光下是一種「龐大集團」的色彩※
（D）看著鳥兒高踞枝頭，臨風顧盼——好「銳利」的喜悅刺上我的心頭

丙、選項不能呼應題幹提問重點【4-3】

03. 創作時，若能將抽象的情感以具體的事物來表達，常能使讀者更能領略作品的內涵。下列文句對「痛苦」的描述，何者符合上述的寫作技巧？(9202)【18】
（A）小狗的眼睛流露出痛楚的神色，不斷絕望地搖晃著腦袋
（B）一日應盡的責任沒有盡到，到夜裡便會承受苦痛的折磨
（C）痛楚一次一次地加劇，初如針刺，次如電擊，再如刀割※

（D）「痛苦會過去，美會留下。」無論多痛苦，他都不放棄

鑑別度	難易度	A	B	C	D
0.44	70.28	11.34	7.18	70.28	11.16

說明：此題難度0.70，誘答選項A、B、D選答率【0.05-0. 15】，應爲高鑑別度試題，但試題鑑別度低，顯示高分組誤答嚴重。主因試題幹的「將抽象的情感以具體的事物來表達」，爲轉化修辭法的定義，但選項C則爲譬喻修辭法，導致高分組考生不敢選答。

修題建議：

創作時，若能將抽象的情感用具體的事物爲比喻，常能使讀者更能領略作品的內涵。下列文句對「痛苦」的描述，何者符合上述的寫作
技巧？

04. 在文句中故意顛倒語序，可呈現回環往復的效果，例如：「喝酒不開車，開車不喝酒」。下列何者也使用了同樣的修辭技巧？(9502)【5】
（A）吸煙有害健康，吸毒有害生命
（B）壞人因畏懼而服從，好人因愛而服從
（C）凡事絕不能太貪心，貪心不一定占便宜
（D）財富不是永遠的朋友，朋友才是永遠的財富※

鑑別度	難易度	A	B	C	D
0.39	89.66	3.30	0.87	6.16	89.66

說明：此題難度0.89，誘答選項A、C選答率【0.00-0. 10】，應爲高鑑別度試題，但是題鑑別度低，顯示高分組考生有誤答現象。乃因正答選項「財富不是永遠的朋友，朋友才是永遠的財富」，與回文的定義不盡相同。

修題建議：（D）好書是朋友，朋友是好書。

四、試題用與瑕疵

（一）瑕疵說明

基測修辭法試題的用語缺失，爲題幹格式，用語凌亂。茲說明如後。

1.題幹格式，用語凌亂

如：【紅紅的玫瑰花園，有如興旺的火海，充滿了春天的氣息」，　是用了「譬喻」的修辭　法。下列哪一項也使用了「譬喻」的修辭技巧？】

【下列何者的修辭技巧，與「惡習如野草，要快割盡除」相同？】

【擬人法是將物比擬爲人的修辭法。下列文句，何者不屬於擬人法？】

上述題幹的說明方式有：列舉範例、說明修辭法定義、說明修辭法定義且列舉範例三種，建議統一。

（二）格式化用語

甲、舉例修辭法

「範例」一句，使用了「……」的修辭法。下列文句何者也使用相同的修辭法？

本節小結

為歸納本節有關修辭法試題的品質分析與改善建議，試以分析表說明如後。

表6 修辭法試題「品質分析與改善建議」分析表

教學目標	7.修辭法	改善建議
評量指標	7-1舉例修辭法	7-1舉例修辭法1題
評量細目	7-1譬喻、映襯、借代、轉化、設 問、雙關、對偶、層遞、回文、諧音	7-1譬喻、映襯、轉化
恰適性	合乎課綱	
代表性	合乎指標及認知能力 7-1舉例修辭法27題	增加譬喻、映襯、轉化試題
整體分析	D 0.49　P 0.70 試題較易，品質極優良	增加試題難度
年度次分析	各年度次品質穩定 但第二次品質較差試題較易	提高第二次試題品質
難度等級分析	0.51-1.00　0.47、0.54、0.5、0.52、0.41 表現極佳	各級品質佳
評量指標分析	7-1舉例修辭D 0.49 高於0.45	
高鑑別試題	3題	
低鑑別度試題	3題瑕疵試題3題	
瑕疵試題	4題	避免 1.試題非核心能力 2.選項敘述不清或不能呼應題幹重點

第三節　能認識語法

本節討論基測有關語法試題的品質分析與改善建議。品質分析分效度分析、數量分析、品質分析三項。效度分析先說明段義試題評量指標的擬定；接著根據「九年一貫課綱」，分析教學目標、評量指標與課綱的關聯性，說明試題的恰適性。其次以「試題結構表」、「各年度次試題雙向細目表」，分析合乎評量指標、評量細目、認知能力試題及各年度次試題分配，說明試題的代表性。

數量分析根據「基測推委會」提供的考生試題反應數據，說明詞義試題的試題反應。再據之分析試題難度及鑑別度，在整體、各年度次、各難度等級、各評量指標的統計特質，說明試題品質。

品質分析根據各評量指標的平均值，選擇正、負一個標準差之外的試題，分析高低鑑別度試題特質。其次根據「試題檢核表」，分析瑕疵試題。最後則歸納題幹用語瑕疵，說明各評量指標的格式化用語。

改善建議則根據上述各項分析，具體說明改善建議。

壹、效度分析

一、試題恰適性

效度分析旨在評估語法試題能否有效評量教學目標－能認識語法，所欲評量的重點。因此先以內容關聯效度的邏輯分析爲依據，利用下列步驟，分析語法試題的恰適性。

1.整理基測90-95年度，各年度次有關語法評量的試題。

2.根據試題題幹及選項，將語法試題依試題特性做進一步分類。

3.根據試題特性，採用Bloom2001年認知領域教育目標所提供的動詞，擬定評量指標。

4.檢核教學目標、評量指標與「九年一貫課綱」能力指標及學習內涵指標的關聯性，以說明試題的恰適性。

基測90-95年度，各年度次有關語法評量的試題共有46題，內容共有四類，分別爲選擇複詞、詞性、句法結構、簡句。

選擇語法以評量理解能力爲主，根據Bloom2001年版有關認知領域教育目標的能力分類架構，理解能力行爲目標動詞描述有詮釋（interpreting）、舉例（exemplifying）、分類 （classifying）、摘要（summarizing）、推論（inferring）、比較（compaaring）、解釋（explaining）七種。詮釋的定義爲由一種溝通形式轉換爲另一種溝通形式；舉例爲用例子說明概念或原則；分類爲指出某物隸屬於某一特定類目；摘要爲提出主題或要點；推論爲從現有資訊提出具邏輯性的結論；比較檢視兩個觀點事物或其他類似物間的一致性；解釋建立一個系統的因果模式（葉連祺、林淑萍，2003）。

語法有關選擇恰當複詞、詞性、句法、簡句的試題，與分類的定義相近，因此，評量指標可定義爲：1.分類複詞2.分類詞性3.分類句法4.分類簡句。

其次將語法試題的教學目標與評量指標，與九年一貫課綱相關的能力指標及學習內涵指標比對，以說明試題的恰適性。茲將對照表說明如後。

表1　基測段義試題「教學目標、評量指標與課綱指標」分析表

教學目標	課綱能力指標	評量指標	課綱學習內涵指標
8.能認識語法	無對應課綱指標	8-1分類複詞 8-2分類詞性 8-3分類句法 8-4分類簡句	無對應課綱指標

根據表1可知，基測語法試題的教學目標與評量指標皆無恰當的課綱呼應，但各版本教材有語法常識的單元。根據考生的答題反應，除分類複詞難度較低，其餘難度皆高於試題整體難度平均值。而認識分類複詞及分類簡句，對考生閱讀理解並無幫助，建議刪除此二類的評量指標，以減輕學生學習負擔。

二、試題代表性

分析語法試題的代表性，先以評量指標分類各年度次試題；再根據試題內容，分類評量細目；接著統計合乎各評量指標及細目試題題數，做成「試題結構分析表」。其次分析各年度次試題在評量指標的分布，以說明試題的代表性。茲分別列表說明如後。

表2　基測語法試題「試題結構」分析表

題號	評量指標	認知能力	年度	評量細目題數	評量指標題數
1	8-1-1分類複詞-合義複詞	理解	9001		
2	8-1-1分類複詞-合義複詞	理解	9001		
3	8-1-1分類複詞-合義複詞	理解	9201		
4	8-1-1分類複詞-合義複詞	理解	9402	4	
5	8-1-2分類複詞-衍聲複詞	理解	9101		
6	8-1-2分類複詞-衍聲複詞	理解	9202		
7	8-1-2分類複詞-衍聲複詞	理解	9301		
8	8-1-2分類複詞-衍聲複詞	理解	9501	4	
9	8-1-3分類複詞-偏義複詞	理解	9202	1	
10	8-1-4分類複詞-其他	理解	9002	1	10
11	8-2-1分類詞性-詞性	理解	9001		
12	8-2-1分類詞性-詞性	理解	9002		
13	8-2-1分類詞性-詞性	理解	9101		
14	8-2-1分類詞性-詞性	理解	9101		
15	8-2-1分類詞性-詞性	理解	9102		
16	8-2-1分類詞性-詞性	理解	9102		
17	8-2-1分類詞性-詞性	理解	9201		
18	8-2-1分類詞性-詞性	理解	9201		
19	8-2-1分類詞性-詞性	理解	9201		
20	8-2-1分類詞性-詞性	理解	9301		
21	8-2-1分類詞性-詞性	理解	9301		
22	8-2-1分類詞性-詞性	理解	9301		
23	8-2-1分類詞性-詞性	理解	9302		
24	8-2-1分類詞性-詞性	理解	9401		
25	8-2-1分類詞性-詞性	理解	9502	15	
26	8-2-2分類詞性-詞性活用	理解	9001		
27	8-2-2分類詞性-詞性活用	理解	9202		

28	8-2-2分類詞性-詞性活用	理解	9402	3	
29	8-2-3分類詞性-詞語結構	理解	9101		
30	8-2-3分類詞性-詞語結構	理解	9201		
31	8-2-3分類詞性-詞語結構	理解	9202		
32	8-2-3分類詞性-詞語結構	理解	9502	4	22
33	8-3分類句法結構	理解	9001		
34	8-3分類句法結構	理解	9002		
35	8-3分類句法結構	理解	9402	3	3
36	8-4-1分類簡句-判斷句	理解	9001		
37	8-4-1分類簡句-判斷句	理解	9101		
38	8-4-1分類簡句-判斷句	理解	9202		
39	8-4-1分類簡句-判斷句	理解	9401		
40	8-4-1分類簡句-判斷句	理解	9502	5	
41	8-4-2分類簡句-有無句	理解	9002	1	
42	8-4-3分類簡句-敘事句	理解	9102		
43	8-4-3分類簡句-敘事句	理解	9201		
44	8-4-3分類簡句-敘事句	理解	9302		
45	8-4-3分類簡句-敘事句	理解	9501	4	
46	8-4-4分類簡句-表態句	理解	9301	1	11

表3 基測語法試題「各年度次雙向細目」分析表

教學目標	評量指標	認知能力	90 1	90 2	91 1	91 2	92 1	92 2	93 1	93 2	94 1	94 2	95 1	95 2	題數

8.語法	8-1分類複詞	理解	2	1	1	0	1	2	1	0	0	1	1	0	10
	8-2分類詞性	理解	2	1	3	2	4	2	3	1	1	1	0	2	22
	8-3分類句法	理解	1	1	0	0	0	0	0	0	0	1	0	0	3
	8-4分類簡句	理解	1	1	1	1	1	1	1	1	1	0	1	1	11

根據表2.3可知，基測語法試題多數符合評量指標與認知能力的要求，只有分類複詞一題其他，較難歸類。其中分類複詞爲10題，分類詞性22題，分類句法3題，分類簡句11題。

語法無呼應課綱指標，而分類複詞與分類簡句，無關閱讀理解，建議刪除。建議依據「基測試題雙向細目建議表」，各年度次安排語法1題，使試題具代表性。

在評量細目部份，建議以詞性活用、句法結構爲主。

貳、數量分析

一、試題反應分析

根據「基測推委會」所提供的「各年度基測國文科試題反應分析簡表」；將語法試題，做成難度、鑑別度、選項選答率的分析表，茲說明如後。

表4　基測語法試題「試題反應」分析表

題號	評量指標	D	P	A	B	C	D	原題號	年度
1	8-1-1分類複詞-合義複詞	0.57	0.79	0.08	0.79	0.07	0.06	3	9001
2	8-1-1分類複詞-合義複詞	0.24	0.60	0.17	0.13	0.60	0.10	22	9001
3	8-1-1分類複詞-合義複詞	0.51	0.83	0.83	0.04	0.07	0.06	6	9201
4	8-1-1分類複詞-合義複詞	0.45	0.88	0.04	0.04	0.88	0.05	3	9402
5	8-1-2分類複詞-衍聲複詞	0.57	0.60	0.60	0.12	0.14	0.14	24	9101
6	8-1-2分類複詞-衍聲複詞	0.41	0.89	0.05	0.04	0.03	0.89	3	9202
7	8-1-2分類複詞-衍聲複詞	0.38	0.56	0.13	0.24	0.56	0.07	28	9301
8	8-1-2分類複詞-衍聲複詞	0.51	0.85	0.04	0.09	0.85	0.02	3	9501
9	8-1-3分類複詞-偏義複詞	0.51	0.75	0.75	0.13	0.07	0.05	9	9202
10	8-1-4分類複詞-其他	0.47	0.63	0.06	0.27	0.63	0.04	17	9002
11	8-2-1分類詞性-詞性	0.37	0.54	0.29	0.10	0.54	0.06	28	9001
12	8-2-1分類詞性-詞性	0.35	0.66	0.06	0.09	0.19	0.66	14	9002
13	8-2-1分類詞性-詞性	0.43	0.76	0.06	0.10	0.76	0.08	11	9101
14	8-2-1分類詞性-詞性	0.41	0.65	0.13	0.08	0.65	0.14	13	9101
15	8-2-1分類詞性-詞性	0.52	0.68	0.11	0.12	0.09	0.68	16	9102
16	8-2-1分類詞性-詞性	0.54	0.58	0.58	0.18	0.08	0.17	27	9102
17	8-2-1分類詞性-詞性	0.52	0.67	0.67	0.07	0.15	0.11	16	9201
18	8-2-1分類詞性-詞性	0.33	0.42	0.02	0.15	0.40	0.42	25	9201
19	8-2-1分類詞性-詞性	0.49	0.59	0.10	0.59	0.18	0.13	30	9201
20	8-2-1分類詞性-詞性	0.5	0.58	0.58	0.24	0.04	0.14	25	9301
21	8-2-1分類詞性-詞性	0.48	0.51	0.51	0.15	0.17	0.16	31	9301
22	8-2-1分類詞性-詞性	0.5	0.48	0.18	0.12	0.21	0.48	33	9301
23	8-2-1分類詞性-詞性	0.44	0.77	0.03	0.08	0.77	0.11	8	9302
24	8-2-1分類詞性-詞性	0.41	0.75	0.75	0.12	0.09	0.04	5	9401
25	8-2-1分類詞性-詞性	0.44	0.62	0.20	0.62	0.11	0.08	29	9502
26	8-2-2分類詞性-詞性活用	0.45	0.58	0.19	0.58	0.13	0.10	31	9001
27	8-2-2分類詞性-詞性活用	0.47	0.46	0.12	0.16	0.26	0.46	34	9202

28	8-2-2分類詞性-詞性活用	0.6	0.78	0.04	0.78	0.09	0.08	18	9402
29	8-2-3分類詞性-詞語結構	0.4	0.62	0.11	0.21	0.62	0.06	22	9101
30	8-2-3分類詞性-詞語結構	0.56	0.55	0.55	0.10	0.24	0.12	18	9201
31	8-2-3分類詞性-詞語結構	0.6	0.70	0.19	0.07	0.04	0.70	20	9202
32	8-2-3分類詞性-詞語結構	0.49	0.52	0.25	0.52	0.14	0.09	30	9502
33	8-3分類句法結構	0.54	0.59	0.14	0.19	0.59	0.08	24	9001
34	8-3分類句法結構	0.47	0.61	0.10	0.16	0.61	0.13	24	9002
35	8-3分類句法結構	0.38	0.54	0.35	0.54	0.08	0.03	30	9402
36	8-4-1分類簡句-判斷句	0.51	0.77	0.09	0.10	0.04	0.77	14	9001
37	8-4-1分類簡句-判斷句	0.51	0.74	0.09	0.74	0.07	0.09	6	9101
38	8-4-1分類簡句-判斷句	0.53	0.62	0.10	0.04	0.25	0.62	25	9202
39	8-4-1分類簡句-判斷句	0.6	0.67	0.67	0.08	0.12	0.13	11	9401
40	8-4-1分類簡句-判斷句	0.59	0.77	0.09	0.77	0.09	0.06	14	9502
41	8-4-2分類簡句-有無句	0.58	0.66	0.20	0.66	0.07	0.07	23	9002
42	8-4-3分類簡句-敘事句	0.59	0.54	0.17	0.15	0.54	0.13	28	9102
43	8-4-3分類簡句-敘事句	0.46	0.72	0.08	0.13	0.72	0.07	2	9201
44	8-4-3分類簡句-敘事句	0.41	0.64	0.64	0.10	0.12	0.13	25	9302
45	8-4-3分類簡句-敘事句	0.53	0.64	0.03	0.64	0.25	0.07	27	9501
46	8-4-4分類簡句-表態句	0.56	0.40	0.40	0.26	0.17	0.17	34	9301
	標準差	0.08	0.12						

二、難度、鑑別度平均值分析

為分析語法試題難度、鑑別度特質，先分析語法試題難度、鑑別度平均值，並與

90-95年基測的難度、鑑別度平均值比較，了解整體的試題品質。其次分析各年度次難度、鑑別度平均值，了解各年度次的試題品質。接著分析各難度等級的鑑別度平均值，了解試題各難度等級的試題品質。

最後分析各評量指標試題難度、鑑別度平均值，了解各評量指標的試題品質。茲分別列圖說明如後。

（一）整體分析

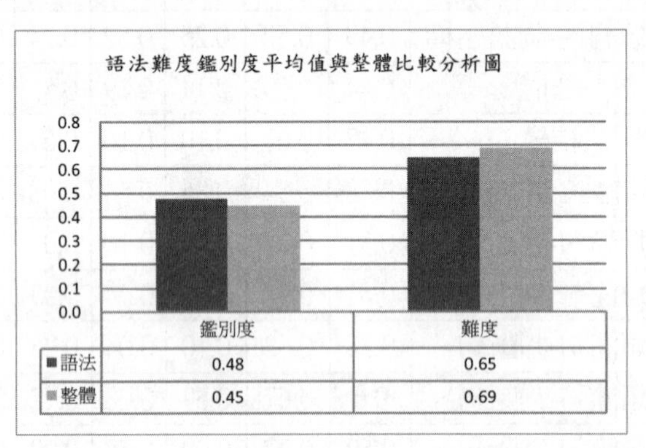

	鑑別度	難度
語法	0.48	0.65
整體	0.45	0.69

圖1　語法試題難度、鑑別度與整體試題難度、鑑別度比較分析圖

（二）年度次分析

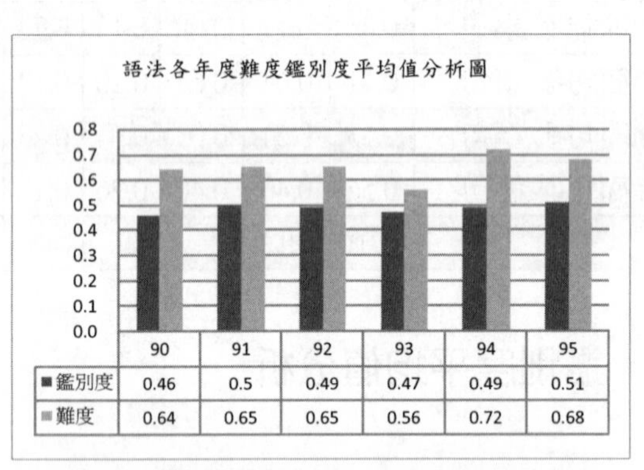

	90	91	92	93	94	95
鑑別度	0.46	0.5	0.49	0.47	0.49	0.51
難度	0.64	0.65	0.65	0.56	0.72	0.68

圖2　語法試題各年度難度、鑑別度平均值分析圖

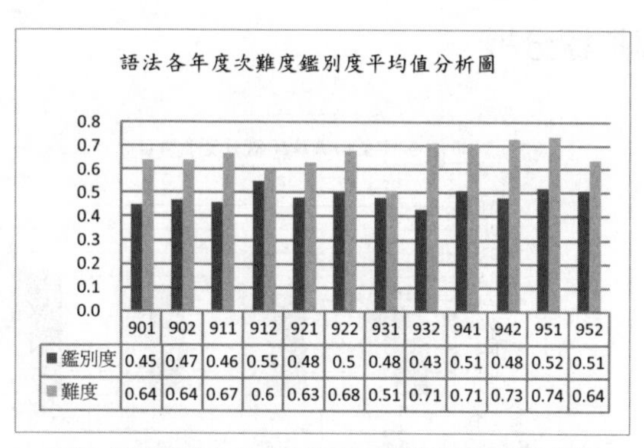

圖3　語法試題各年度次難度、鑑別度平均值分析圖

（三）難度等級分析

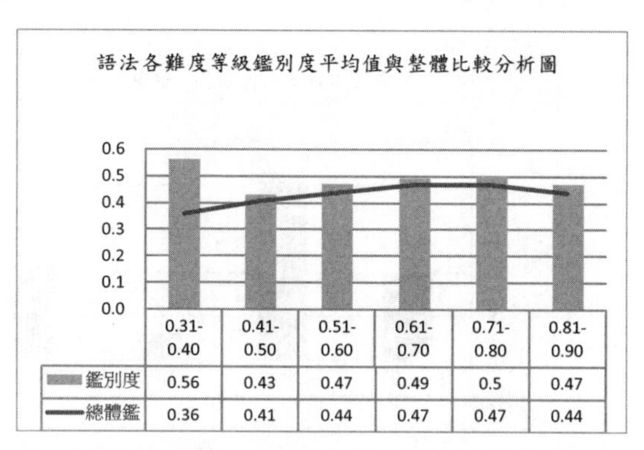

圖4　語法試題各難度等級鑑別度平均值與整體比較分析圖

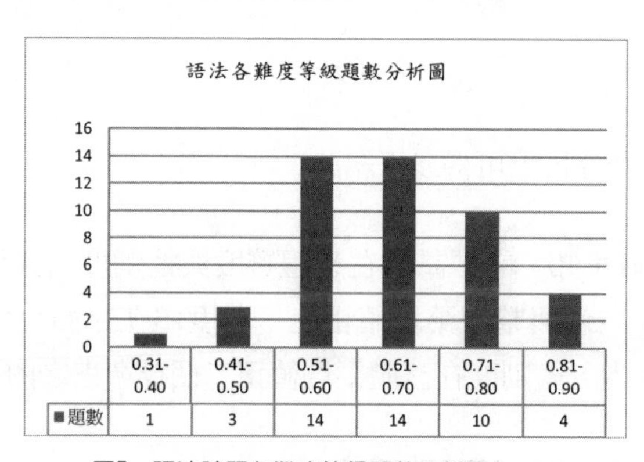

圖5　語法試題各難度等級題數分析圖

（四）評量指標分析

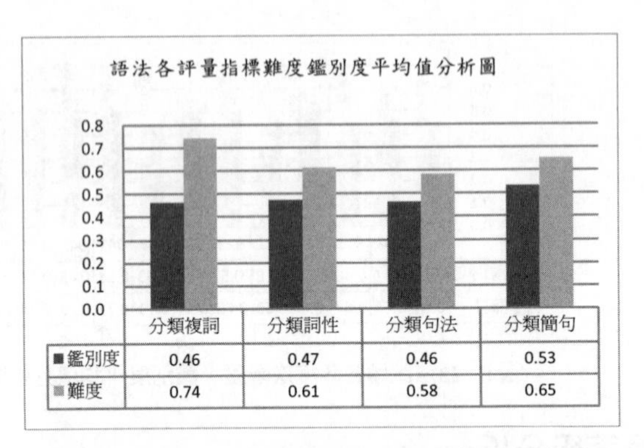

圖6　語法試題各評量指標難度、鑑別度平均值分析圖

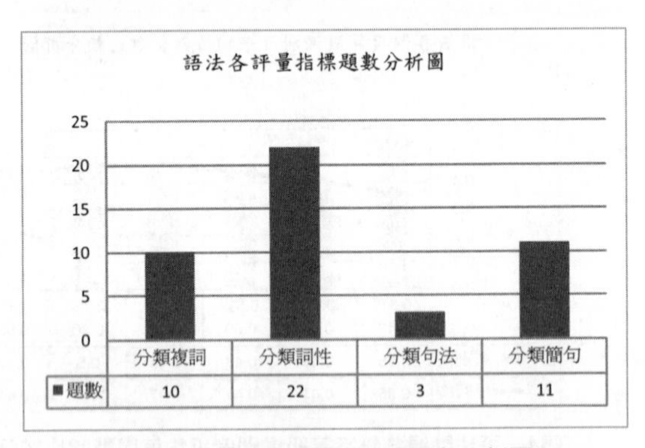

圖7 語法試題各評量指標題數分析圖

根據上圖分析，可得以下結論：

1.根據圖1可知，語法試題在整體難度與鑑別度的表現：其難度與鑑別度平均值與整體平均值相比，難度值在整體平均值負二個標準差範圍內，鑑別度在整體平均值正二個標準差之內。

顯示試題極難，試題品質極佳。

2.根據圖2可知，語法試題在各年度難度、鑑別度的表現：各年度難度平均值最高值爲0.72，最低值爲0.56，在難度平均值0.65正、負一個標準差0.77-0.53的範圍內。鑑別度平均值最高值爲0.51，最低值爲0.46，在鑑別度平均值0.48正、負一個標準差0.56-0.40範圍內，試題品質穩定且優良。各年度鑑別度平均值都高於整體的鑑別度平均值。

顯示各年度試題品質穩定且優良。

3. 根據圖3可知，語法試題在各年度次難度、鑑別度的表現：各年度次難度平均值最高值爲0.74，最低值爲0.51，多數接近難度平均值0.65正負一個標準差0.77-0.53，只有93年第1次的0.51爲較大負偏離。鑑別度平均值最高值爲0.55，最低值爲0.43，在鑑別度平均值0.48正、負一個標準差0.56-0.40範圍內，試題品質穩定且優良。

顯示各年度次試題品質穩定。

4.根據圖4.5可知，語法試題在各難度等級鑑別度的表現：試題難度等級分佈在0.41-0.90之間，鑑別度極佳。

顯示試題在各難度等級，品質均佳。

5.根據圖6.7可知，語法試題在各評量指標鑑別度的表現：各評量指標的鑑別度平均值皆高於整體平均值。

顯示各評量指標試題品質佳。

參、品質分析

爲說明語法試題品質，乃根據表4的試題反應分析，選擇各評量指標鑑別度平均值超過正、負於一個標準差的試題，做爲高、低鑑別度試題，說明試題特質及考生的學習效果。其次根據「試題檢核表」檢視各試題的題幹與選項，如有不符合檢核表的標準，則列爲瑕疵試題，並說明修題建議。最後歸納試題題幹的用語瑕疵，並根據評量指標說明格式化用語。茲將各評量指標鑑別度平均值與標準差，及高、低一個標準差的數值，列表說明如後。

表5　語法試題「各評量指標鑑別度平均值及標準差數值」分析表

評量指標	鑑別度	標準差	高一個標準差	低一個標準差
分類複詞	0.46	0.1	0.56	0.36
分類詞性	0.47	0.07	0.54	0.40
分類句法	0.43	0.06	0.49	0.37
分類簡句	0.53	0.06	0.59	0.47

一、高鑑別度試題

根據表5合於高鑑別試題的條件爲：分類複詞試題，鑑別度高於0.56；分類詞性試題，鑑別度高於0.54；分類句法試題，鑑別度高於0.49；分類簡句試題，鑑別度高於0.59。根據表7可得七題，茲分別說明如後。

甲、分類複詞

01. 「天地」一詞中，「天」、「地」均能單獨成詞，表達意義。下列何者與此相同？(9001)【3】
(A)蝴蝶　(B)蜜蜂※　(C)蜻蜓　(D)螳螂

鑑別度	難易度	A	B	C	D
0.57	78.54	8.48	78.54	6.62	6.36

說明：此題難度0.79，誘答選項A、C、D選答率【0.05-0.10】，為高鑑別度試題。顯示低分組考生對「單獨成詞」的學習重點，精熟度不足。

02. 「自從那天在阡陌(甲)交織的田中，偶然邂逅(乙)一群悠遊於朦朧夜色的美麗螢火蟲，及引吭高歌的蟋蟀(丙)。讀書一向囫圇(丁)吞棗的他，開始認真的閱讀相關資料，想要更了解那群提燈的小精靈與夜間音樂家。」
上文中畫線處的詞，何者拆開後仍各自成詞，且意義不同？(9101)【24】
（A）甲※　（B）乙　（C）丙　（D）丁

鑑別度	難易度	A	B	C	D
0.57	59.64	59.64	11.73	14.21	14.31

說明：此題難度0.60，誘答選項B、C、D選答率【0.10-0.15】，為高鑑別度試題。顯示中、低分組考生對「單獨成詞」的學習重點，精熟度不足。

乙、分類詞性

03. 「春風又綠江南岸」的「綠」字改變詞性為動詞之後，使得詩意更為生動活潑。下列詩句「」中的字，何者也改變詞性，當動詞使用？(9402)【18】
（A）「銀」燭朝天紫陌長，禁城春色曉蒼蒼
（B）最是秋風管閒事，紅他楓葉「白」人頭※
（C）白髮悲花落，「青」雲羨鳥飛
（D）連山晚照「紅」，遠岸秋沙白

鑑別度	難易度	A	B	C	D
0.60	78.14	4.08	78.14	9.42	8.31

說明：此題難度0.78，誘答選項C、D選答率【0.05-0.10】，爲高鑑別度試題。顯示低分組對「形容詞轉爲動詞」的學習重點，精熟度不足。

04. 「青山綠水」這個詞語是由「形容詞＋名詞＋形容詞＋名詞」所構成，下列何者也是相同結構？(9201)【18】
（A）斷枝殘幹※ （B）夙興夜寐 （C）怒髮衝冠 （D）山高水長

鑑別度	難易度	A	B	C	D
0.56	54.86	54.86	9.63	23.56	11.89

說明：此題難度0.55，誘答選項B、C、D選答率【0.05-0.25】，爲高鑑別度試題。顯示中、低分組對「夙興夜寐」、「怒髮衝冠」「山高水長」的詞性結構，精熟度不足。

05. 「海闊天空」一詞的結構是「名詞＋形容詞＋名詞＋形容詞」。下列成語，何者也是這樣的結構？（9202）【20】
（A）鳶飛魚躍 （B）敬業樂群 （C）進德修業 （D）理直氣壯※

鑑別度	難易度	A	B	C	D
0.60	70.39	18.90	6.69	3.98	70.39

說明：此題難度0.70，誘答選項A選答率【0.15-0.20】，誘答選項B選答率【0.05-0. 10】，爲高鑑別度試題。顯示低分組對「鳶飛魚躍」、「敬業樂群」的詞性結構，精熟度不足。

丙、分類句法

06. 下列各選項「 」中部分，何者不是該句的主語？(9002)【24】
（A）「問題」已浮現在檯面了
（B）「他們」簡直是無法無天
（C）「屋頂」上的雨水滴落下來※
（D）「教育」是孔子心愛的職業

鑑別度	難易度	A	B	C	D
0.47	61.34	9.85	15.61	61.34	13.20

說明：此題難度0.61，誘答選項A、B、D選答率【0.10-0.20】，為高鑑別度試題。顯示低分組對「主語」的學習內容，精熟度不足。

丁、分類簡句

07. 從句型來看，「良將乃國之棟梁」是判斷句。下列選項「　」中的句型，何者也屬於判斷句？(9401)【11】
（A）「人非草木」，孰能無情※
（B）「求仁得仁」，又有何怨
（C）「人而無信」，不知其可
（D）「死生有命」，富貴在天

鑑別度	難易度	A	B	C	D
0.60	67.04	67.04	8.02	12.34	12.52

說明：此題難度0.67，誘答選項B、C、D選答率【0.05-0.15】，為高鑑別度試題。顯示低分組對「判斷句」的學習重點，精熟度不足。

二、低鑑別度試題

根據表5合於低鑑別度試題的條件為：分類複詞試題，鑑別度低於0.36；分類詞性試題，鑑別度低於0.40；分類句法試題，鑑別度低於0.37；分類簡句試題，鑑別度低於0.47。根據表7可得四題，刪除瑕疵試題二題，得二題，茲分別說明如後。

甲、分類詞性

01. 下列各組「　」中的字，何者詞性相同？(9001)【28】
（A）孔子說：生，於我乎「館」／請問這兒是李公「館」嗎
（B）「淑」世是孔子的理想／被愛沖昏頭的你，當心遇人不「淑」
（C）遲到的我，只能「白」瞪著眼，看火車離開／再怎麼勸他，也是「白」費力氣※
（D）他說完了這句格言，就「絕」了氣／我「絕」不答應你的要

求，　　　別打如意算盤了

鑑別度	難易度	A	B	C	D
0.37	54.46	29.41	9.85	54.46	6.29

說明：此題難度0.54，誘答選項A選答率【0.25-0.30】，誘答選項B、D選答率【0.05-0.10】為高鑑別度試題，但鑑別度低，顯示高分組對「館與李公館」的詞性分別，精熟度不足。

02. 「待到重陽日，還來就菊花」，句中「還」字的詞性與下列何者相同？(9002)【14】
（A）「明」月松間照
（B）把「酒」話桑麻
（C）白日依山「盡」
（D）「但」使願無違※

鑑別度	難易度	A	B	C	D
0.35	66.15	6.20	8.96	18.70	66.15

說明：此題難度0.67，誘答選項C選答率【0.15-0.20】，誘答選項A、B答率【0.05-0.10】為高鑑別度試題。但鑑別度低，顯示高分組對詞性的學習重點，精熟度不足。

三、瑕疵試題

根據「試題檢核表」檢核，可得瑕疵試題三題，茲分別說明如後。

甲、題幹未使用明確的術語定義【3-3】

01. 中國文字通常一字一義，但亦有兩個字合起來才能表達意義的，如「葡萄」、「琵琶」等即是。下列文句「　」內的詞語，何者也屬於此類？(9301)【28】
（A）彷彿是朝來人們的「祈禱」，參差地翳入了天聽
（B）有時候，遇見一株美麗的樹的心情無法確切的「形容」
（C）六隻小雞由草坡上走來，膽怯怯的在外圍「徘徊」觀望※

（D）大自然像「戲劇」，大西北雨的序幕如同惡魔與妖巫之出世

鑑別度	難易度	A	B	C	D
0.38	56.04	12.86	24.37	56.04	6.64

說明：此題難度0.56，誘答選項A、B選答率【0.10-0.25】，應爲高鑑別度試題，但鑑別度低，顯示高分組誤答嚴重。乃因考生對「葡萄」、「琵琶」的詞語特性，精熟度不足，及題幹未以衍聲複詞的術語，說明「葡萄」、「琵琶」的詞語特性。但考生不了解詞語特性，無礙文義了解，此類試題過於瑣碎，建議可刪除。

修題建議：

「葡萄」、「琵琶」是與意義無關的衍聲複詞，下列文句「　」的詞語何者也是「衍聲複詞」？

乙、選項不是學習重點【4-2】

02. 下列各組「　」中的字，那一組詞性前後相同？(9201)【25】
（A）我將他給我做的紫色毛衣「鋪」好座位／他在一個錢「鋪」裡做夥計
（B）「極」其言，茲若人之儔乎／要革除一種惡習慣，便須下「極」大的決心
（C）再向外看時，他已抱著橘子「望」回走了／他能從這扇門「望」見日出美景
（D）有人力爭上游；有人「卻」自甘墮落／這「卻」不然，責任要解 除了才沒有※

鑑別度	難易度	A	B	C	D
0.33	42.25	2.17	15.43	40.05	42.25

說明：此題難度0.42，誘答選項B選答率【0.15-0.20】，誘答選項C選答率【0.35-0.40】，應爲高鑑別度試題，但鑑別度低，顯示高分組誤答嚴重。乃因考生對「極其言」、「望回走」、「望見」、「這卻不然」的詞性不知如何判斷。但考生不了解詞性，無礙文義了解，此類試題過於艱澀，建議可刪除。

修題建議：試題選項非學習核心，且過於艱澀，建議刪除此題。

03. 「喜」和「悅」都是「高興」的意思，「喜悅」一詞就稱爲「同義複詞」。下列「　」中的詞語，何者不是同義複詞？(9001)【22】
（A）這個小孩的「遭遇」，著實令人同情
（B）你住的那小小的島，我難以「描繪」
（C）「窗戶」要擦乾淨，才不會有礙觀瞻※
（D）對於過去種種不是，我深感「慚愧」

鑑別度	難易度	A	B	C	D
0.24	59.69	16.70	13.42	59.69	10.19

說明：此題難度0.60，誘答選項A、B、D誘答率【0.10-0.20】，應爲高鑑別度試題，但試題鑑別度低，顯示高分組誤答嚴重。乃因考生對詞語特性，精熟度不足。但考生不了解詞語特性，無礙文義了解，此類試題過於瑣碎，建議可刪除。

修題建議：試題選項非學習核心，且過於瑣碎，建議刪除此題。

四、試題用語瑕疵

（一）瑕疵說明

基測語法試題的用語缺失，爲題幹敘述不清晰，其中又分未說明提問重點及未定義提問重點二項。茲分別說明如後。

1.題幹未說明提問重點：

如：【下列各組「　」中的字，何者詞性相同？】

【下列各組「　」中的字，那一組詞性前後相同？】

【下列文句中的「息」字，何者詞性與其他三者不同？】

【「待到重陽日，還來就菊花」，句中「還」字的詞性與下列何者相同？】

此類題幹，未說明此題所要評量的重點，建議應明確說明欲提問的詞性，如動詞等。

2.題幹未定義提問重點

【下列各選項「」中部分，何者不是該句的主語？】

【「豐收的微笑已經來到拾穗婦人的嘴角。」下列何者是這句話的主語？】

此類題幹，未能定義提問重點，建議應對提問的主語，說明定義。

（二）格式化用語

甲、分類詞性

1.下列詩（文）句「」中的字，何者不是動詞？

2.「小孩在綠油油的草地上嬉戲」一句，「綠油油」是形容詞。下列文句「」中的詞語，何者也是形容詞？

3.「青山綠水」的詞語結構是「形容詞＋名詞＋形容詞＋名詞」。下列詞語的詞語結構何者與它相同？

乙、分類句法

1.用來描述主語的性質或狀態的叫「表語」。下列文句「」中的詞語，何者是表語？

本節小結

爲歸納本節有關語法試題的品質分析與改善建議，試以分析表說明如後。

表6　語法試題「品質分析與改善建議」分析表

教學目標	8.語法	改善建議
評量指標	8-1分類複詞 8-2分類詞性 8-3分類句法 8-4分類簡句	8-1分類詞性句法1題
評量細目	8-1合義、衍聲、偏義 8 -2詞性、詞性活用、詞語結構 8-4判斷、有無、敘事、表態	8-2詞性、詞性活用 8-3主語、述語、賓語
恰適性	不合乎課綱	
代表性	合乎指標及認知能力 8-1分類複詞10題 8-2分類詞性22題 8-3分類句法3題 8-4分類簡句11題	增加分類句法試題
整體分析	D 0.48　P 0.65 試題極難，品質極佳	降低試題難度
年度次分析	各年度次品質穩定	
難度等級分析	0.41-0.90　0.43、0.47、0.49、0.5、0.47 表現佳	
評量指標分析	8-1分類複詞D 0.46 8-2分類詞性D 0.47　1 8-3分類句法D 0.46 8-4分類簡句D 0.53 皆高於0.45	
高鑑別度試題	7題	
低鑑別度試題	4題瑕疵試題2題	
瑕疵試題	3題	避免 1.題幹未使用術語定義 2.選項不是學習重點

第七章　寫作格式、應用文格式試題的品質分析與改善建議

基測評量應用能力的試題分寫作格式、應用文格式二類，本章針對寫作格式、應用文格式教學目標的試題，說明試題品質及改善建議。

第一節　能認識寫作格式

本節討論基測有關寫作格式試題的品質分析與改善建議。品質分析分效度分析、數量分析、品質分析三項。效度分析先說明寫作格式試題評量指標的擬定；接著根據「九年一貫課綱」，分析教學目標、評量指標與課綱的關聯性，說明試題的恰適性。其次以「試題結構表」、「各年度次試題雙向細目表」，分析合乎評量指標、評量細目、認知能力試題及各年度次試題分配，說明試題的代表性。

數量分析根據「基測推委會」提供的考生試題反應數據，說明寫作格式試題的試題反應。再據之分析試題難度及鑑別度，在整體、各年度次、各難度等級、各評量指標的統計特質，說明試題品質。

品質分析根據各評量指標的平均值，選擇正、負一個標準差之外的試題，分析高低鑑別度試題特質。其次根據「試題檢核表」，分析瑕疵試題。最後則歸納試題用語瑕疵，說明各評量指標的格式化用語。

改善建議則根據上述各項分析，具體說明改善建議。

壹、效度分析

一、試題恰適性

效度分析旨在評估寫作格式試題能否有效評量教學目標－能認識寫作格式，所欲評量的重點。因此先以內容關聯效度的邏輯分析為依據，利用下列步驟，分析寫作格式試題的恰適性。

1.整理基測90-95年度，各年度次有關寫作格式評量的試題。

2.根據試題題幹及選項，將寫作格式試題依試題特性做進一步分類。

3.根據試題特性，採用Bloom2001年認知領域教育目標所提供的動詞，擬定評量指標。

4.檢核教學目標、評量指標與「九年一貫課綱」能力指標及學習內涵指標的關聯性，以說明試題的恰適性。

基測90-95年度，各年度次有關寫作格式評量的試題共有50題，內容分為三類，一類是選擇恰當詞語，一類是選擇恰當句子，一類是選擇恰當段落。

選擇寫作格式以評量應用能力為主，根據Bloom2001年版有關認知領域教育目標的能力分類架構，應用能力行為目標動詞描述有執行(executing) 實行(implementing)二種，執行的定義為應用一個程式於已熟悉的工作；實行的定義為應用一個程式於陌生的工作(葉連祺、林淑萍，2003) 。

寫作格式有關選擇恰當詞語、恰當句子、恰當段落的試題，與實行的定義相近，因此，評量指標可定義爲：1.實行恰當詞語2.實行恰當句子3.實行恰當段落。

其次將寫作格式試題的教學目標與評量指標，與九年一貫課綱相關的能力指標及學習內涵指標比對，以說明試題的恰適性。茲將對照表說明如後。

表1　基測寫作格式試題「教學目標、評量指標與課綱指標」分析表

教學目標	課綱能力指標	評量指標	課綱學習內涵指標
9.能認識寫作格式	F-3-2能精確的遣詞用字，並靈活應用各種句型寫作 F-3-6了解標點符號的功能，並適當使用	9-1實行恰當詞語 9-2實行恰當句子 9-3實行恰當段落	F-3-2-1能精確的遣詞用字，恰當的表情達意 F-3-2-1能精確的遣詞用字，恰當的表情達意 F-3-2-2能靈活應用各種句型，充分表達自己的見解 F-3-6-1能配合寫作需要，恰當選用標點符號和標點方式，達到寫作效果

根據表1可知，基測寫作格式試題的教學目標與評量指標，合乎九一貫課綱有關寫作能力F-3-2、 F-3-6的能力指標與F-3-2-1、F-3-2-2 、F-3-6-1的學習內涵指標。試題具恰適性。

二、試題代表性

分析寫作格式試題的代表性，先以評量指標分類各年度次試題，再根據試題內容，分類評量細目，接著統計合乎各評量指標及細目試題題數，做成「試題結構分析表」；其次分析各年度次試題在評量指標的分布，以說明試題的代表性。茲分別列表說明如後。

表2　基測寫作格式試題「試題結構」分析表

題號	評量指標	認知能力	年度	評量細目題數	評量指標題數
1	9-1-1實行恰當詞語-成語	應用	9001		
2	9-1-1實行恰當詞語-成語	應用	9002		
3	9-1-1實行恰當詞語-成語	應用	9002		
4	9-1-1實行恰當詞語-成語	應用	9102		
5	9-1-1實行恰當詞語-成語	應用	9201		
6	9-1-1實行恰當詞語-成語	應用	9202		
7	9-1-1實行恰當詞語-成語	應用	9301		
8	9-1-1實行恰當詞語-成語	應用	9301		
9	9-1-1實行恰當詞語-成語	應用	9301		
10	9-1-1實行恰當詞語-成語	應用	9302		
11	9-1-1實行恰當詞語-成語	應用	9302		
12	9-1-1實行恰當詞語-成語	應用	9401		
13	9-1-1實行恰當詞語-成語	應用	9402		
14	9-1-1實行恰當詞語-成語	應用	9402		
15	9-1-1實行恰當詞語-成語	應用	9501		
16	9-1-1實行恰當詞語-成語	應用	9502		
17	9-1-1實行恰當詞語-成語	應用	9502		
18	9-1-1實行恰當詞語-成語	應用	9502		
19	9-1-2實行恰當詞語-詞語	應用	9101		
20	9-1-2實行恰當詞語-詞語	應用	9201		

21	9-1-2實行恰當詞語-詞語	應用	9302		
22	9-1-2實行恰當詞語-詞語	應用	9302		
23	9-1-2實行恰當詞語-詞語	應用	9401		
24	9-1-2實行恰當詞語-詞語	應用	9402		
25	9-1-2實行恰當詞語-詞語	應用	9501	25	
26	9-1-3實行恰當詞語-連接詞	應用	9101		
27	9-1-3實行恰當詞語-連接詞	應用	9302		
28	9-1-3實行恰當詞語-連接詞	應用	9502	3	
29	9-1-4實行恰當詞語-數量詞	應用	9002		
30	9-1-4實行恰當詞語-數量詞	應用	9401	2	
31	9-1-5實行恰當詞語-其他	應用	9302		
32	9-1-5實行恰當詞語-其他	應用	9401	2	32
33	9-2實行恰當句子	應用	9001		
34	9-2實行恰當句子	應用	9002		
35	9-2實行恰當句子	應用	9202		
36	9-2實行恰當句子	應用	9301		
37	9-2實行恰當句子	應用	9302		
38	9-2實行恰當句子	應用	9401		
39	9-2實行恰當句子	應用	9401		
40	9-2實行恰當句子	應用	9402		
41	9-2實行恰當句子	應用	9501		
42	9-2實行恰當句子	應用	9502	10	10
43	9-3-1實行恰當段落-重組	應用	9102		
44	9-3-2實行恰當段落-標點	應用	9002		
45	9-3-2實行恰當段落-標點	應用	9102		
46	9-3-2實行恰當段落-標點	應用	9302		
47	9-3-2實行恰當段落-標點	應用	9401		
48	9-3-2實行恰當段落-標點	應用	9402		
49	9-3-2實行恰當段落-標點	應用	9501		
50	9-3-2實行恰當段落-標點	應用	9502	8	8

表3基測寫作格式試題「各年度次雙向細目」分析表

教學目標	評量指標	認知能力	90 1	90 2	91 1	91 2	92 1	92 2	93 1	93 2	94 1	94 2	95 1	95 2	題數
9. 寫作格式	9-1 實行恰當詞語	應用	1	2	2	1	2	1	3	6	4	3	2	4	32
	9-2 實行恰當句子	應用	1	1	0	0	0	1	1	1	2	1	1	1	10
	9-3 實行恰當段落	應用	0	1	0	2	0	0	0	1	1	1	1	1	8

根據表2.3可知，基測寫作格式試題多數符合評量指標與認知能力的要求，其中實行恰當詞語有二題其他，較難歸類。其中實行恰當詞語爲32題，實行恰當句子爲10題，實行恰當段落爲8題。由於基測另有寫作題，參照國中教師意見，根據「基測試題雙向細目建議表」各年度次安排實行恰當詞語爲2題，實行恰當段落爲1題，使試題具代表性。

在評量細目部份，數量詞、其他試題太少，建議刪除；重組試題太少，應增加試題。

貳、數量分析

一、試題反應分析

根據「基測推委會」所提供的「各年度基測國文科試題反應分析簡表」，將寫作格式試題，做成難度、鑑別度、選項選答率的分析表，茲說明如後。

表4　基測寫作格式試題「試題反應」分析表

題號	評量指標	D	P	A	B	C	D	原題號	年度
1	9-1-1實行恰當詞語-成語	0.49	0.76	0.76	0.09	0.05	0.09	7	9001
2	9-1-1實行恰當詞語-成語	0.44	0.72	0.72	0.16	0.02	0.09	16	9002
3	9-1-1實行恰當詞語-成語	0.5	0.68	0.07	0.19	0.06	0.68	20	9002
4	9-1-1實行恰當詞語-成語	0.49	0.75	0.02	0.21	0.02	0.75	12	9102
5	9-1-1實行恰當詞語-成語	0.51	0.75	0.09	0.09	0.75	0.06	14	9201
6	9-1-1實行恰當詞語-成語	0.38	0.62	0.19	0.62	0.12	0.08	30	9202
7	9-1-1實行恰當詞語-成語	0.61	0.71	0.71	0.09	0.08	0.12	13	9301
8	9-1-1實行恰當詞語-成語	0.54	0.67	0.13	0.08	0.67	0.12	15	9301
9	9-1-1實行恰當詞語-成語	0.45	0.74	0.06	0.02	0.17	0.74	19	9301
10	9-1-1實行恰當詞語-成語	0.47	0.76	0.03	0.76	0.17	0.04	13	9302
11	9-1-1實行恰當詞語-成語	0.42	0.61	0.15	0.61	0.15	0.08	21	9302
12	9-1-1實行恰當詞語-成語	0.46	0.50	0.09	0.50	0.23	0.18	27	9401
13	9-1-1實行恰當詞語-成語	0.34	0.59	0.05	0.27	0.59	0.09	26	9402
14	9-1-1實行恰當詞語-成語	0.29	0.36	0.02	0.58	0.36	0.03	28	9402
15	9-1-1實行恰當詞語-成語	0.44	0.50	0.05	0.14	0.50	0.32	32	9501
16	9-1-1實行恰當詞語-成語	0.53	0.73	0.10	0.05	0.12	0.73	9	9502
17	9-1-1實行恰當詞語-成語	0.32	0.59	0.08	0.14	0.18	0.59	19	9502

18	9-1-1實行恰當詞語-成語	0.44	0.52	0.06	0.52	0.05	0.37	33	9502
19	9-1-2實行恰當詞語-詞語	0.57	0.43	0.16	0.26	0.15	0.43	30	9101
20	9-1-2實行恰當詞語-詞語	0.55	0.63	0.06	0.20	0.11	0.63	22	9201
21	9-1-2實行恰當詞語-詞語	0.45	0.75	0.75	0.10	0.07	0.08	9	9302
22	9-1-2實行恰當詞語-詞語	0.4	0.30	0.19	0.26	0.30	0.25	34	9302
23	9-1-2實行恰當詞語-詞語	0.39	0.70	0.07	0.19	0.04	0.70	6	9401
24	9-1-2實行恰當詞語-詞語	0.39	0.76	0.14	0.03	0.76	0.07	22	9402
25	9-1-2實行恰當詞語-詞語	0.45	0.70	0.10	0.09	0.70	0.11	17	9501
26	9-1-3實行恰當詞語-連接詞	0.38	0.70	0.17	0.09	0.03	0.70	10	9101
27	9-1-3實行恰當詞語-連接詞	0.55	0.78	0.04	0.13	0.78	0.05	12	9302
28	9-1-3實行恰當詞語-連接詞	0.32	0.89	0.08	0.01	0.89	0.02	4	9502
29	9-1-4實行恰當詞語-數量詞	0.43	0.79	0.10	0.06	0.79	0.05	13	9002
30	9-1-4實行恰當詞語-數量詞	0.46	0.71	0.71	0.03	0.09	0.17	10	9401
31	9-1-5實行恰當詞語-其他	0.38	0.84	0.05	0.07	0.84	0.04	7	9302
32	9-1-5實行恰當詞語-其他	0.51	0.66	0.09	0.02	0.66	0.23	25	9401
33	9-2實行恰當句子	0.52	0.74	0.06	0.11	0.74	0.09	18	9001
34	9-2實行恰當句子	0.45	0.69	0.06	0.10	0.15	0.69	19	9002
35	9-2實行恰當句子	0.45	0.65	0.24	0.65	0.07	0.04	21	9202
36	9-2實行恰當句子	0.48	0.66	0.66	0.12	0.11	0.11	22	9301
37	9-2實行恰當句子	0.48	0.75	0.05	0.06	0.14	0.75	20	9302
38	9-2實行恰當句子	0.48	0.66	0.17	0.09	0.66	0.08	18	9401
39	9-2實行恰當句子	0.4	0.59	0.06	0.07	0.27	0.59	24	9401
40	9-2實行恰當句子	0.42	0.64	0.04	0.19	0.64	0.12	29	9402
41	9-2實行恰當句子	0.56	0.83	0.04	0.83	0.07	0.06	11	9501
42	9-2實行恰當句子	0.52	0.81	0.02	0.81	0.13	0.04	23	9502
43	9-3-1實行恰當段落-重組	0.4	0.86	0.03	0.07	0.86	0.03	2	9102
44	9-3-2實行恰當段落-標點	0.54	0.74	0.10	0.11	0.04	0.74	10	9002
45	9-3-2實行恰當段落-標點	0.53	0.77	0.04	0.05	0.14	0.77	9	9102
46	9-3-2實行恰當段落-標點	0.46	0.62	0.62	0.14	0.18	0.06	27	9302
47	9-3-2實行恰當段落-標點	0.45	0.65	0.12	0.10	0.13	0.65	16	9401

48	9-3-2實行恰當段落-標點	0.42	0.88	0.02	0.06	0.03	0.88	8	9402
49	9-3-2實行恰當段落-標點	0.44	0.47	0.14	0.15	0.24	0.47	34	9501
50	9-3-2實行恰當段落-標點	0.38	0.53	0.53	0.03	0.08	0.37	28	9502
	標準差	0.07	0.13						

二、難度、鑑別度平均值分析

爲分析寫作格式試題難度、鑑別度特質，先分析寫作格式試題難度、鑑別度平均值，並與90-95年基測的難度、鑑別度平均值比較，了解整體的試題品質。其次分析各年度次難度、鑑別度平均值，了解各年度次的試題品質。接著分析各難度等級的鑑別度平均值，了解試題各難度等級的試題品質。最後分析各評量指標試題難度、鑑別度平均值，了解各評量指標的試題品質。茲分別列圖說明如後。

（一）整體分析

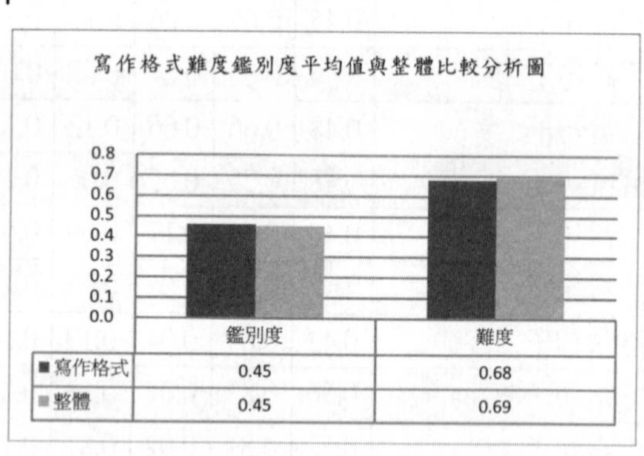

圖1　寫作格式試題難度、鑑別度與整體試題難度、鑑別度比較分析圖

（二）年度次分析

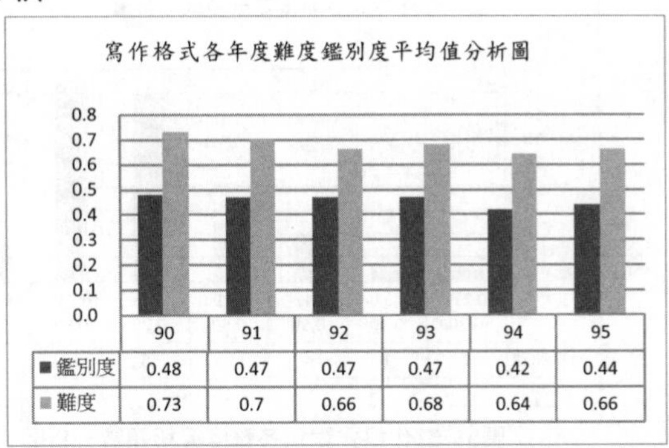

圖2　寫作格式試題各年度難度、鑑別度平均值分析圖

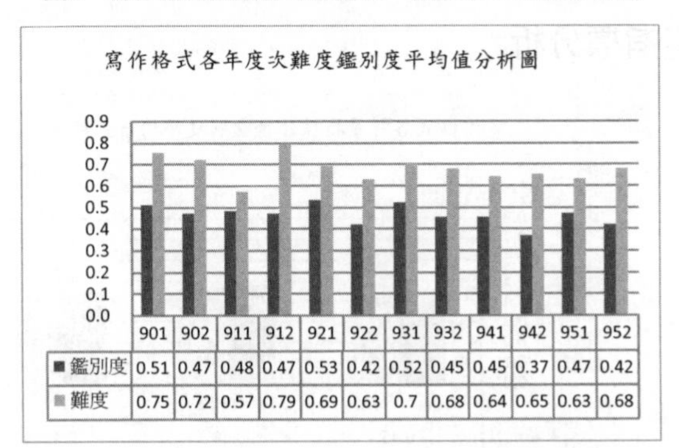

圖3　寫作格式試題各年度次難度、鑑別度平均值分析圖

（三）難度等級分析

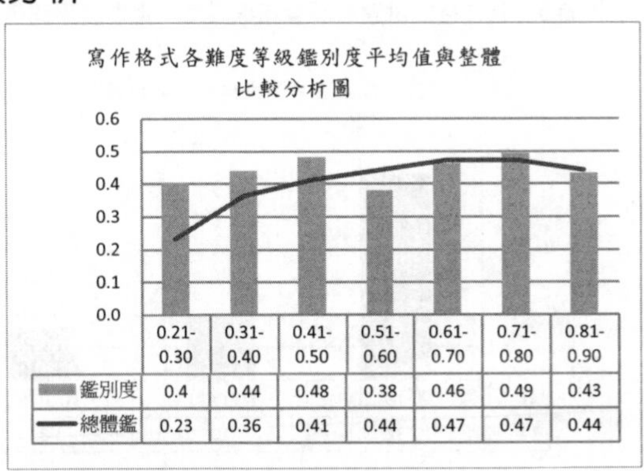

圖4　寫作格式試題各難度等級鑑別度平均值與整體比較分析圖

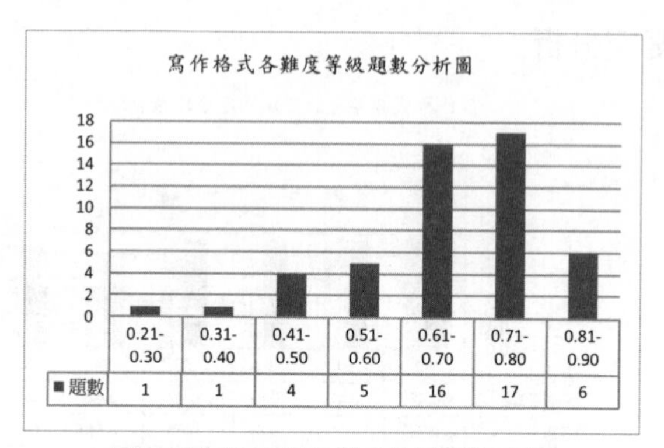

圖5　寫作格式試題各難度等級題數分析圖

（四）評量指標分析

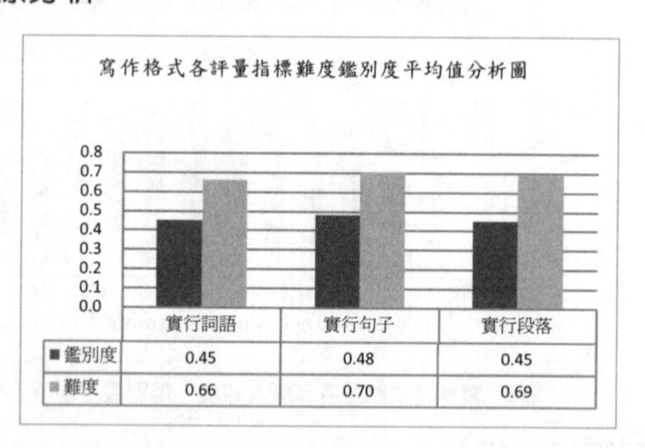

圖6　寫作格式試題各評量指標難度、鑑別度平均值分析圖

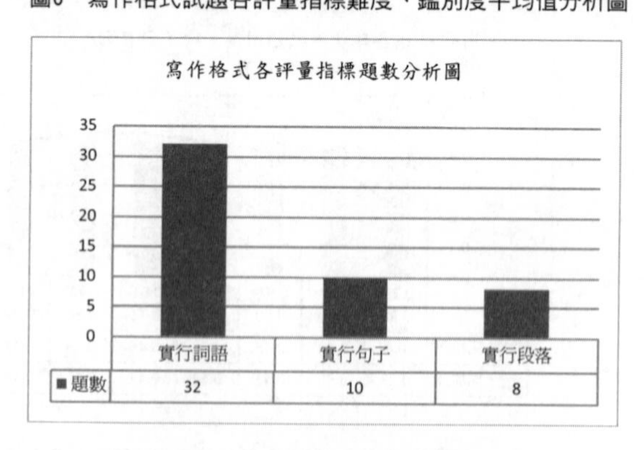

圖7 寫作格式試題各評量指標題數分析圖

根據上圖分析，可得以下結論：

1.根據圖1可知，寫作格式試題在整體難度與鑑別度的表現：其難度與鑑別度平均值與整體平均值相比，難度值在整體平均值負一個標準差範圍內，鑑別度與整體平均值相等。

顯示試題略難，試題品質優良。

2.根據圖2可知，寫作格式試題在各年度難度、鑑別度平均值的表現：難度平均值最高值為0.73，最低值為0.64，在難度平均值0.68正、負一個標準差0.81-0.55的範圍內。鑑別度平均值最高值為0.48，最低值為0.42，在鑑別度平均值0.45正，負一個標準差0.52-0.38範圍內，試題品質穩定且優良。90-93年鑑別度平均值高於整體平均值， 94-95年則鑑別度平均值低於整體平均值，應注意提高試題編寫品質。

顯示各年度試題品質穩定。

3.根據圖3可知，寫作格式試題在各年度次難度、鑑別度平均值的表現：各年度次難度平均值最高值為0.79，最低值為0.57，全數在難度平均值0.68正、負一個標準差0.81-0.55範圍內。鑑別度平均值最高值為0.53，最低值為0.37，多數在鑑別度平均值0.45正、負一個標準差0.52-0.38範圍內，只有921的0.53有正偏離，942的0.37有負偏離，試題品質穩定。但每年第二次的鑑別度值，都比第一次低。

顯示各年度次試題品質尚稱穩定，宜提高第二次試題品質。

4.根據圖4.5可知，寫作格式試題在各難度等級鑑別度的表現：試題難度等級分佈在0.41-0.50，0.71-0.80之間，鑑別度表現佳。

顯示試題在0.51-0.60難度等級，品質不佳。

5.根據圖6.7可知，寫作試題在各評量指標鑑別度的表現：各評量指標的鑑別度平均值皆高於整體平均值。。

顯示各評量指標試題品質佳。

參、品質分析

為說明寫作格式試題品質，乃根據表4的試題反應分析，選擇各評量指標鑑別度平均值超過正、負於一個標準差的試題，做為高、低鑑別度試題，說明試題特質及考生的學習效果。其次根據「試題檢核表」檢視各試題的題幹與選項，如有不符合檢核表的標準，則列為瑕疵試題，並說明修題建議。最後歸納試題題幹的用語瑕疵，並根據評量指標說明格式化用語。茲將各評量指標鑑別度平均值與標準差，及高、低一個標準差的數值，列表說明如後。

表5　寫作格式「各評量指標鑑別度平均值及標準差數值」分析表

評量指標	鑑別度	標準差	高一個標準差	低一個標準差
實行恰當詞語	0.45	0.08	0.53	0.37
實行恰當句子	0.48	0.05	0.53	0.43
實行恰當段落	0.45	0.06	0.51	0.39

一、高鑑別度試題

根據表5合於優良試題的條件爲：實行恰當詞語試題，鑑別度高於0.53；實行恰當句子試題，鑑別度高於0.53；實行恰當段落試題，鑑別度高於0.51。根據表7可得七題，茲分別說明如後。

甲、恰當詞語

01. 對聯的上下兩聯必須字數相等，詞性相同、從這個特徵來看，「天文奇景流星雨，大地□□土石流」，□□中最適宜填入的詞語爲何？(9101)【30】
（A）變色　（B）災難　（C）滾滾　（D）悲歌※

鑑別度	難易度	A	B	C	D
0.57	42.91	15.83	26.27	14.90	42.91

說明：此題難度0.42，誘答選項A、B、C選答率【0.15-0.30】，爲高鑑別度試題。顯示中、低分組忽略題幹強調的詞性，未考慮「奇景」的詞性爲形＋名，只選擇詞義可通的答案。

02. 下列文句，何者用語最爲恰當？(9201)【22】
（A）窗外細雨滂沱，真是詩情畫意
（B）刺耳的噪音隨風飄蕩，令人心煩意亂
（C）寒冷的強風徐徐吹來，簡直是難以抵擋
（D）傷心的淚潸潸而下，他的難過可想而知※

鑑別度	難易度	A	B	C	D
0.55	63.35	5.53	19.68	11.40	63.35

說明：此題難度0.63，誘答選項A、B、C選答率【0.05-0.20】，爲高鑑別度試題。顯示低分組不了解選項應判斷的重點。

03. 下列文句「　」中的詞語，何者使用不恰當？(9301)【13】
(A) 這次演唱會，阿妹打扮得「美輪美奐」，令人驚艷※
(B) 面對考試，用功的學生「成竹在胸」，一點也不驚慌
(C) 小英做事認真負責，「一絲不苟」，贏得老師的讚賞
(D) 現在的年輕人，個個身懷絕技，真是「後生可畏」

鑑別度	難易度	A	B	C	D
0.61	71.03	71.03	8.67	7.82	12.43

說明：此題難度0.71，誘答選項B、C、D選答率【0.05-0.15】，為高鑑別度試題。顯示低分組對成語用法的學習精熟度不足。

04. 某外籍交換學生學習期滿，離臺前要向全校師生致謝，以下是他所擬的開場白草稿：「能到這裡學習，使貴校蓬蓽生輝甲。貴校歷史悠久，校長風雲際會乙，學生出類拔萃丙，真令我躊躇滿志丁，忐忑不安。」草稿中畫線部分的詞語，何者使用正確？(9301)【15】
(A) 甲　(B) 乙　(C) 丙※　(D) 丁

鑑別度	難易度	A	B	C	D
0.54	66.84	12.74	8.34	66.84	11.99

說明：此題難度0.67，誘答選項A、B、D選答率【0.05-0.15】，為高鑑別度試題。顯示低分組對成語用法的學習精熟度不足。

05. 下列文句「　」中語詞的使用，何者不正確？(9302)【12】
(A) 人要成功，「除了」自己的努力之外，「還得」仰仗朋友的幫忙
(B) 古聖先賢，「無不」經過百般的錘鍊，「才能」名留青史
(C) 他們「不僅」是親兄弟，「而且」在個性上迥然不同※
(D) 冬日「不論」多淒冷，「總有」遠去的時候

鑑別度	難易度	A	B	C	D
0.55	78.02	3.76	13.01	78.02	5.17

說明：此題難度0.78，誘答選項B、D選答率【0.05-0.15】，為高鑑別度試題。顯示低分組對「無不」雙重否定用法，精熟度不足。

乙、恰當句子

06. 下列文句，何者用字最精簡？(9501)【11】
（A）他痴痴地凝望看著蒼穹，心中好像如有所悟
（B）融融春陽下，眺望蒼闊的海面，令人心曠神怡※
（C）假使時間充裕，我絕對一定會準備好這次段考
（D）在世間生活，需努力打拚，才不致徒然枉費為人

鑑別度	難易度	A	B	C	D
0.56	83.48	3.57	83.48	6.75	6.16

說明：此題難度0.83，誘答選項A、C、D選答率【0.00-0.10】，為高鑑別度試題。顯示低分組對判斷「凝望、看著」「絕對、一定」「徒然、枉費」的冗贅，精熟度不足。

丙、恰當段落

07. 八十歲的張老先生為人偏心，為了把財產全部留給兒子而立下了遺囑：「八十老翁親生一子所有財產完全給予女婿外人不得爭奪」。這段文字要如何標點，才能達到張老先生的心願？(9002)【10】
（A）八十老翁親生一子，所有財產完全給予女婿、外人，不得爭奪。
（B）八十老翁親生一子；所有財產完全給予女、婿，外人不得爭奪。
（C）八十老翁親生一子。所有財產，完全給予女，婿外人不得爭奪。
（D）八十老翁親生一子，所有財產完全給予。女婿外人，不得爭奪。※

鑑別度	難易度	A	B	C	D
0.54	74.49	10.20	11.40	3.91	74.49

說明：此題難度0.75，誘答選項A、B選答率【0.10-0.15】，為高鑑別度試題。顯示低分組對判斷題幹文義，精熟度不足，所以誤答。

二、低鑑別度試題

根據表5合於優良試題的條件爲：實行恰當詞語試題，鑑別度低於0.37；實行恰當句子試題，鑑別度低於0.43；實行恰當段落試題，鑑別度低於0.39。根據表5可得七題，，刪除瑕疵試題一題，得六題。茲分別說明如後。

甲、實行恰當詞語

01. 下列各句「」中的詞語，何者使用最恰當？(9402)【26】
（A）他登上竹筏，在湖面上泛游，享受「緣木求魚」的垂釣樂
（B）爲效法班超投筆從戎的精神，他「從容就義」，報考軍校
（C）雖慘遭挫敗，但我以「破釜沈舟」的決心，立誓東山再起※
（D）「見異思遷」的人，不墨守成規，不拘泥固執，備受讚譽

鑑別度	難易度	A	B	C	D
0.34	59.49	4.64	27.26	59.49	8.56

說明：此題難度0.59，誘答選項B選答率【0.25-0.30】，爲高鑑別度試題，但鑑別度低，顯示中高分組對「從容就義」的使用，精熟度不足，所以誤答。

02. 下列文句中的詞語，何者使用最恰當？（9402）【28】

（A）選舉中，他一開始就勢如破竹，落後其他候選人
（B）他的個性十分驕傲，常常妄自菲薄，頗惹人厭惡
（C）青年是社會的中流砥柱，必須即時努力充實自我※
（D）在千夫所指的情況下，盼望已久的旅行終於成行

鑑別度	難易度	A	B	C	D
0.29	36.45	2.05	58.06	36.45	3.41

說明：此題難度0.36，誘答選項B選答率【0.55-0.60】，超過正答，顯示中高分組對「妄自菲薄」的使用，精熟度不足。

03. 下列「　」中所使用的語詞與文意搭配，何者完全正確？（9502）【4】
（A）「與其」辛苦耕耘，「不如」含淚收穫，大家「就」別再抱怨了
（B）「雖然」他很富有，「而且」喜歡大自然，「所以」買下了整座山
（C）「不但」要博學多聞，「而且」要靈活運用，「才」不會變書呆子※
（D）「因爲」出去走走，「所以」心煩意亂，「不過」現在已經好多了

鑑別度	難易度	A	B	C	D
0.32	89.26	8.16	0.96	89.26	1.60

說明：此題難度0.89，誘答選項A選答率【0.05-0.0.10】，爲高鑑別度試題，但鑑別度低，顯示高分組對「與其……不如」的使用，精熟度不足。

乙、實行恰當句子

04. 下列各句，何者文字使用最爲精簡？(9401)【24】
（A）電影「魔戒」甫才一上片，影迷隨即爭相走告，因而場場爆滿
（B）美國九一一事件後，全美各地沒有一處無不是籠罩在恐懼之中
（C）媒體將偷拍光碟流入到市面，侵犯個人隱私，我們該加以抵制
（D）政治人物和偶像歌手一同上臺獻唱，將跨年演唱會帶入最高潮※

鑑別度	難易度	A	B	C	D
0.40	59.49	6.02	7.31	27.11	59.49

說明：此題難度0.59，誘答選項C選答率【0.25-0.30】，爲高鑑別度試題，但鑑別度低，顯示中，高分組對「流入到」的到爲冗贅，無法判斷。

05. 下列文句，何者沒有冗言贅字？(9402)【29】
（A）琳珠總是常常在課堂上睡覺，令老師非常頭痛
（B）一聞到披薩的香味，光耀的口水馬上垂涎三尺
（C）芸湘設計的廣告向來有口皆碑，這次也不例外※
（D）社會風氣世風日下，人人唯利是圖、趨炎附勢

鑑別度	難易度	A	B	C	D
0.42	63.75	4.41	19.47	63.75	12.30

說明：此題難度0.64，誘答選項B、D選答率【0.10-0.20】，爲高鑑別度試題，但鑑別度低，顯示高分組對「口水就是垂涎的涎」、「社會風氣就是世風」的判斷，精熟度不足。

丙、實行恰當段落

06. 下列各句標點符號的使用，何者完全正確？(9502)【28】
（A）孔子曾說：「有朋自遠方來，不亦樂乎？」這句話告訴我們：交友是一件令人欣喜的事。※
（B）孔子曾說「有朋自遠方來，不亦樂乎？」這句話告訴我們：交友是一件令人欣喜的事。
（C）孔子曾說「有朋自遠方來，不亦樂乎？」這句話告訴我們：「交友是一件令人欣喜的事。」
（D）孔子曾說：「有朋自遠方來，不亦樂乎？」這句話告訴我們：「交友是一件令人欣喜的事」。

鑑別度	難易度	A	B	C	D
0.38	52.81	52.81	2.61	8.04	36.51

說明：此題難度0.53，誘答選項D選答率【0.35-0.40】，爲高鑑別度試題，但鑑別度低，顯示高分組對「不是說話內容不宜使用「」」的注音符號使用原則，精熟度不足。

三、瑕疵試題

根據「試題檢核表」檢核，可得瑕疵試題六題，茲分別說明如後。

甲、題幹說明不清晰【3-4】

01. 對聯的上下兩聯必須字數相等，詞性相同、從這個特徵來看，「天文奇景流星雨，大地□□土石流」，□□中最適宜填入的詞語爲何？(9101)【30】
（A）變色　（B）災難　（C）滾滾　（D）悲歌※

鑑別度	難易度	A	B	C	D
0.57	42.91	15.83	26.27	14.90	42.91

說明：此題難度0.42，誘答選項A、B、C選答率【0.15-0.30】，爲高鑑別度試題。顯示中、低分組忽略題幹強調的詞性，未考慮「奇景」的詞性爲形＋名，只選擇詞義可通的答案，應在題幹強調詞性的項目。

修題建議：

對聯的上下兩聯必須字數相等，詞性相同、從這個特徵來看，「天文奇景流星雨，大地□□土石流」，□□中最適宜填入的詞語爲何？

02. 下列文句，何者有語病？(9401)【18】
（A）水落所以石出　（B）樂極反而生悲
（C）好高但是騖遠※　（D）巧詐不如拙誠

鑑別度	難易度	A	B	C	D
0.48	65.56	17.47	9.24	65.56	7.64

說明：此題難度0.66，誘答選項A、B、D選答率【0.05-0.20】，爲高鑑別度試題。但題幹的語病說明不清晰。

建議修題：

下列文句，何者的語意邏輯不正確？

乙、選項說明不清晰【4-2】

03. 下列文句，何者用語最爲恰當？(9201)【22】
（A）窗外細雨滂沱，真是詩情畫意
（B）刺耳的噪音隨風飄蕩，令人心煩意亂
（C）寒冷的強風徐徐吹來，簡直是難以抵擋
（D）傷心的淚潸潸而下，他的難過可想而知※

鑑別度	難易度	A	B	C	D
0.55	63.35	5.53	19.68	11.40	63.35

說明：此題難度0.63，誘答選項A、B、C誘答率【0.05-0.20】，爲高鑑別度試題。顯示低分組不了解選項應判斷的重點。

修題建議：

下列文句「」的詞語使用，何者最恰當？(9201)【22】
（A）窗外細雨「滂沱」，真是詩情畫意
（B）刺耳的噪音隨風「飄蕩」，令人心煩意亂
（C）寒冷的強風「徐徐」吹來，簡直是難以抵擋
（D）傷心的淚「潸潸」而下，他的難過可想而知※

04. 下列文句中的語詞，何者使用最爲恰當？(9401)【6】
（A）吳院長內閣總辭，出庭之日，各部會離情依依
（B）這次選舉，他以些微票數落幕，心中遺憾不已
（C）槍擊要犯載譽歸國，檢警人員立刻展開緝捕
（D）張先生思慮周密，行事果決，深受長官器重※

鑑別度	難易度	A	B	C	D
0.39	70.05	6.70	19.11	4.09	70.05

說明：此題難度0.70，誘答選項A、B誘答率【0.05-0.20】，應為高鑑別度試題，但鑑別度低，顯示高分組誤答嚴重，乃因考生不確定選項的提問重點是那個詞語。

修題建議：

下列文句「」中的語詞運用，何者最恰當？
（A）吳院長內閣總辭，「出庭」之日，各部會離情依依
（B）這次選舉，他以些微票數「落幕」，心中遺憾不已
（C）槍擊要犯「載譽歸國」，檢警人員立刻展開緝捕
（D）張先生「思慮周密」，行事果決，深受長官器重※

05. 下列文句，何者有語病？(9501)【17】
（A）春天來了，大地充滿了活潑的生命氣息
（B）紅燭映照，新人臉上洋溢著幸福的笑容
（C）多霧的春晨，滿山籠罩在朦朧的暮靄中※
（D）樂透彩券風行，中獎號碼成了熱門話題

鑑別度	難易度	A	B	C	D
0.45	69.71	9.84	9.00	69.71	11.32

說明：此題難度0.70，誘答選項A、B誘答率【0.05-0.15 】，應為高鑑別度試題，但鑑別度中等，顯示高分組有誤答，乃因考生不確定語病的重點是什麼。

建議修題：

下列文句「」的詞語運用，何者不恰當？
（A）春天來了，大地充滿了活潑的生命「氣息」
（B）紅燭映照，新人臉上「洋溢」著幸福的笑容
（C）多霧的春晨，滿山籠罩在朦朧的「暮靄」中※
（D）樂透彩券「風行」，中獎號碼成了熱門話題

06. 下列文句中詞語的運用，何者最恰當？(9502) 【19】
（A）做爲屬下要懂得庸人自擾的道理，毋需老闆開口，就要把自己的工作打理好
（B）強烈颱風伯林來襲，風雨之大，大到無垠無涯的地步，使得許多人頓失家園
（C）四到七個月的小嬰兒，正值長牙的階段，最容易饞涎欲滴，把衣襟都弄溼了
（D）初次上學的小孩，害怕陌生的環境，一發現父母悄然離開，往往就泫然欲泣※

鑑別度	難易度	A	B	C	D
0.32	58.90	8.38	14.24	18.40	58.90

說明：此題難度0.59，誘答選項A、B、C誘答率【0.05-0.20】，應爲高鑑別度試題，但鑑別度低，顯示高分組有誤答，乃因考生不確定選項的提問重點是那個詞語。

修題建議：

下列文句「 」的詞語運用，何者最恰當？
（A）做爲屬下要懂得「庸人自擾」的道理，毋需老闆開口，就要把自己的工作打理好
（B）強烈颱風伯林來襲，風雨之大，大到「無垠無涯」的地步，使得許多人頓失家園
（C）四到七個月的小嬰兒，正值長牙的階段，最容易「饞涎欲滴」，把衣襟都弄溼了
（D）初次上學的小孩，害怕陌生的環境，一發現父母悄然離開，往往就「泫然欲泣」※

四、試題用語瑕疵

（一）瑕疵說明

基測寫作格式試題的用語缺失，爲題幹格式，用語凌亂。茲說明如後。

1.題幹用語凌亂

如：【下列各句「　」中詞語的運用，何者正確？】

【下列文句「　」中的成語，何都運用最恰當？】

【下列文句「　」中的詞語，何者使用不恰當？】

【下列文句「　」中的成語，何者使用最恰當？】

上述題幹皆提問成語的運用，但用語凌亂

再如：【下列各選項「　」中連詞的使用，何者完全正確】

【下列「　」中所使用的語詞與文意搭配，何者完全正確？】

上述題幹皆提問連詞的運用，但用語凌亂

又如：【下列各句，何者沒有繁冗多餘的語詞？】

【下列各句，何者文字使用最爲精簡？】

【下列文句，何者沒有冗言贅字？】

【下列文句，何者用字最爲精簡？】

上述題幹皆提問句子用語何者最精簡，但用語凌亂

又如：【下列選項中，何者標點符號的使用最恰當？】

【下列各句標點符號的使用，何者完全正確？】

【下列文句中標點符號的使用，何者正確?】

上述題幹皆提問標點符號的使用，但用語凌亂

（二）格式化用語

甲、實行恰當詞語

1.下列文句「 」中的成語（語詞、連詞、數量詞）運用，何者最恰當？

乙、實行恰當句子

1.下列文句，何者沒有贅詞？

2.下列文句，何者的「 」不正確？

丙、實行恰當段落

1.下列文句標點符號的使用，何者正確?

2.閱讀下文，並依序爲甲、乙、丙、丁選擇恰當排序，使文義清晰流暢。

本節小結

爲歸納本節有關寫作格式試題的品質分析與改善建議，試以分析表說明如後。

表6　寫作格式試題「品質分析與改善建議」分析表

教學目標	9. 寫作格式	改善建議
評量指標	9-1實行恰當詞語 9-2實行恰當句子 9-3實行恰當段落	9-1實行恰當詞語2題 9-2實行恰當句子1題 9-3實行恰當段落2題
評量細目	9-1成語、詞語、數量詞、連接詞 9-3重組、標點	9-1成語、詞語、連接詞 9-3重組、標點
恰適性	合乎課綱	
代表性	合乎指標及認知能力 9-1實行恰當詞語32題 9-2實行恰當句子10題 9-3實行恰當段落8題	增加實行句子、實行段落試題
整體分析	D 0.45　P 0.68 試題較難，品質佳	
年度次分析	各年度次品質穩定 但第二次品質較差	提高第二次試題品質
難度等級分析	0.41-0.50　D 0.48 0.71-0.80　D 0.49 表現佳	改善0.51-0.60品質
評量指標分析	9-1實行詞語D 0.45 9-2實行句子D 0.48 9-3實行段落D 0.45 高於0.45	
高鑑別試題	7題	
低鑑別度試題	7題　瑕疵試題1題	
瑕疵試題	6題	避免 1.題幹敘述不清晰 2.選項敘述不清晰

第二節　能認識應用文格式

本節討論基測有關應用文格式試題的品質分析與改善建議。品質分析分效度分析、數量分析、品質分析三項。效度分析先說明應用文格式試題評量指標的擬定；接著根據「九年一貫課綱」，分析教學目標、評量指標與課綱的關聯性，說明試題的恰適性。其次以「試題結構表」、「各年度次試題雙向細目表」，分析合乎評量指標、評量細目、認知能力試題及各年度次試題分配，說明試題的代表性。

數量分析根據「基測推委會」提供的考生試題反應數據，說明應用文格式試題的試題反應。再據之分析試題難度及鑑別度，在整體、各年度次、各難度等級、各評量指標的統計特質，說明試題品質。

品質分析根據各評量指標的平均值，選擇正、負一個標準差之外的試題，分析高低鑑別度試題特質。其次根據「試題檢核表」，分析瑕疵試題。最後則歸納題幹用語瑕疵，說明各評量指標的格式化用語。

改善建議則根據上述各項分析，具體說明改善建議。

壹、效度分析

一、試題恰適性

效度分析旨在評估應用文格式試題能否有效評量教學目標－能認識應用文格式，所欲評量的重點。因此先以內容關聯效度的邏輯分析為依據，利用下列步驟，分析應用文格式試題的恰適性。

1.整理基測90-95年度，各年度次有關應用文格式評量的試題。

2.根據試題題幹及選項，將應用文格式試題依試題特性做進一步分類。

3.根據試題特性，採用Bloom2001年認知領域教育目標所提供的動詞，擬定評量指標。

4.檢核教學目標、評量指標與「九年一貫課綱」能力指標及學習內涵指標的關聯性，以說明試題的恰適性。

基測90-95年度，各年度次有關應用文格式評量的試題共有21題，內容一類，即選擇恰當的書信、柬帖、對聯、題辭、稱謂語格式。

由於應用文格式以評量應用能力為主，根據Bloom2001年版有關認知領域教育目標的能力分類架構，應用能力行為目標動詞描述有執行(executing) 實行(implementing)二種，執行的定義為應用一個程式於已熟悉的工作；實行的定義為應用一個程式於陌生的工作(葉連祺、林淑萍，2003)。

應用文格式有關選擇恰當的書信、柬帖、對聯、題辭、稱謂語格式的試題，與實行的定義相近，因此，評量指標可定義為：1.實行應用文格式。

其次將應用文格式試題的教學目標與評量指標，與九年一貫課綱相關的能力指標及學習內涵指標比對，以說明試題的恰適性。茲將對照表說明如後。

表1　基測應用文格式試題「教學目標、評量指標與課綱指標」分析表

教學目標	課綱能力指標	評量指標	課綱學習內涵指標
10.能認識應用文格式	無對應課綱能力指標	10-1實行應用文格式	無對應課綱學習內涵指標

根據表1可知，基測應用文格式試題的教學目標與評量指標，無恰當的課綱能力指標及學習內涵指標可呼應，恰適性不足。各版本教材所安排的語文常識，可提供相關的知識。但因語文知識為附列單元，教學活動的時間不能太多，因此學生，學習精熟度不足，答題較為困難。

二、試題代表性

分析應用文格式試題的代表性，先以評量指標分類各年度次試題；再根據試題內容，分類評量細目；接著統計合乎各評量指標及細目試題題數，做成「試題結構分析表」。其次分析各年度次試題在評量指標的分佈，以說明試題的代表性。茲分別列表說明如後。

表2　基測應用文格式試題「試題結構」分析表

題號	評量指標	認知能力	年度	評量細目題數	評量指標題數
1	10-1-1實行書信格式	應用	9002		
2	10-1-1實行書信格式	應用	9102		
3	10-1-1實行書信格式	應用	9301		
4	10-1-1實行書信格式	應用	9502	4	
5	10-1-2實行柬帖格式	應用	9102		
6	10-1-2實行柬帖格式	應用	9201		
7	10-1-2實行柬帖格式	應用	9302	3	
8	10-1-3實行對聯格式	應用	9301		
9	10-1-3實行對聯格式	應用	9302	2	
10	10-1-4實行題辭格式	應用	9001		
11	10-1-4實行題辭格式	應用	9102		
12	10-1-4實行題辭格式	應用	9201		
13	10-1-4實行題辭格式	應用	9202		
14	10-1-4實行題辭格式	應用	9501		
15	10-1-4實行題辭格式	應用	9502	6	
16	10-1-5實行稱謂語格式	應用	9001		
17	10-1-5實行稱謂語格式	應用	9101		
18	10-1-5實行稱謂語格式	應用	9102		
19	10-1-5實行稱謂語格式	應用	9201		
20	10-1-5實行稱謂語格式	應用	9401		
21	10-1-5實行稱謂語格式	應用	9402	6	21

表3 基測應用文格式試題「各年度次雙向細目」分析表

教學目標	評量指標	認知能力	90 1	90 2	91 1	91 2	92 1	92 2	93 1	93 2	94 1	94 2	95 1	95 2	題數
10. 應用文	10-1 實行應用文格式	應用	2	1	1	4	3	1	2	2	1	1	1	2	21

根據表2.3可知，基測應用文格式試題全數符合評量指標與認知能力的要求。實行應用文格式試題21題。但應用文格式無對應的課綱指標，試題不宜過多，建議依據「基測試題雙向細目建議表」，各年度次安排實行應用文格式1題，使試題具代表性。

在評量細目方面，各評量細目試題過少。如實行書信格式爲4題，實行柬帖格式爲3題，實行對聯格式爲2題，實行題辭格式爲6題，實行稱謂語格式6題。其中柬帖、對聯、稱謂語，題數少且非核心教學目標，建議刪除。

貳、數量分析

一、試題反應分析

根據「基測推委會」所提供的「各年度基測國文科試題反應分析簡表」；將應用文格式試題，做成難度、鑑別度、選項選答率的分析表，茲說明如後。

表4　基測應用文格式試題「試題反應」分析表

題號	評量指標	D	P	A	B	C	D	原題號	年度
1	10-1-1實行書信格式	0.3	0.44	0.16	0.21	0.20	0.44	34	9002
2	10-1-1實行書信格式	0.29	0.37	0.04	0.12	0.47	0.37	26	9102
3	10-1-1實行書信格式	0.46	0.51	0.09	0.51	0.21	0.19	30	9301
4	10-1-1實行書信格式	0.37	0.54	0.54	0.06	0.28	0.12	25	9502
5	10-1-2實行柬帖格式	0.36	0.71	0.09	0.71	0.19	0.01	23	9102
6	10-1-2實行柬帖格式	0.49	0.67	0.03	0.28	0.02	0.67	8	9201
7	10-1-2實行柬帖格式	0.24	0.55	0.08	0.15	0.22	0.55	19	9302
8	10-1-3實行對聯格式	0.38	0.82	0.05	0.06	0.08	0.82	9	9301
9	10-1-3實行對聯格式	0.46	0.64	0.64	0.11	0.08	0.17	18	9302
10	10-1-4實行題辭格式	0.25	0.76	0.15	0.03	0.76	0.06	12	9001
11	10-1-4實行題辭格式	0.45	0.74	0.02	0.04	0.20	0.74	13	9102
12	10-1-4實行題辭格式	0.46	0.81	0.03	0.05	0.81	0.11	7	9201
13	10-1-4實行題辭格式	0.37	0.90	0.04	0.03	0.90	0.04	15	9202
14	10-1-4實行題辭格式	0.45	0.62	0.62	0.16	0.05	0.17	21	9501
15	10-1-4實行題辭格式	0.27	0.62	0.18	0.10	0.62	0.10	22	9502
16	10-1-5實行稱謂語格式	0.28	0.45	0.08	0.15	0.32	0.45	30	9001
17	10-1-5實行稱謂語格式	0.43	0.33	0.06	0.33	0.47	0.14	34	9101
18	10-1-5實行稱謂語格式	0.38	0.76	0.04	0.76	0.05	0.15	15	9102
19	10-1-5實行稱謂語格式	0.4	0.70	0.03	0.20	0.08	0.70	1	9201
20	10-1-5實行稱謂語格式	0.57	0.57	0.04	0.25	0.57	0.14	33	9401
21	10-1-5實行稱謂語格式	0.51	0.65	0.06	0.09	0.20	0.65	24	9402
	標準差	0.09	0.15						

二、難度、鑑別度平均值分析

爲分析應用文格式試題難度、鑑別度特質，先分析應用文格式試題難度、鑑別度平均值，並與90-95年基測的難度、鑑別度平均值比較，了解整體的試題品質。其次分析各年度次難度、鑑別度平均值，了解各年度次的試題品質。接著分析各難度等級的鑑別度平均值，了解試題各難度等級的試題品質。最後分析各評量指標試題難度、鑑別度平均值，了解各評量指標的試題品質。茲分別列圖說明如後。

（一）整體分析

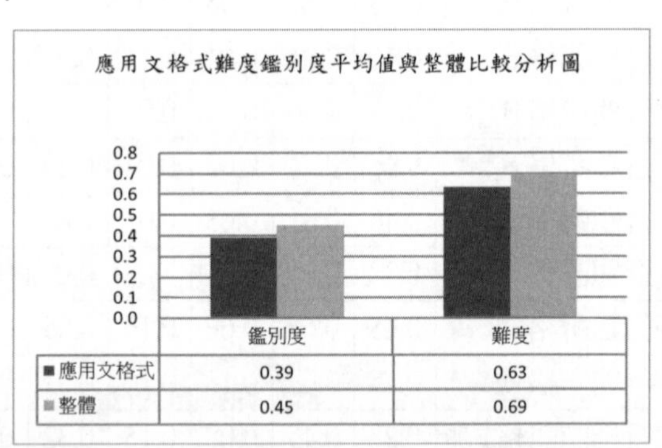

	鑑別度	難度
應用文格式	0.39	0.63
整體	0.45	0.69

圖1　應用文格式試題難度、鑑別度與整體試題難度、鑑別度比較分析圖

（二）年度次分析

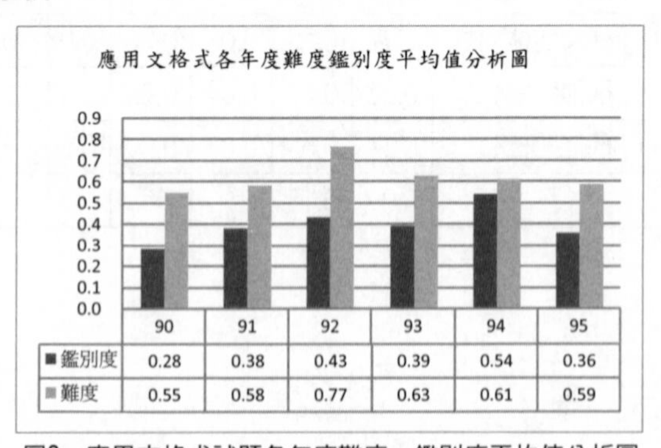

	90	91	92	93	94	95
鑑別度	0.28	0.38	0.43	0.39	0.54	0.36
難度	0.55	0.58	0.77	0.63	0.61	0.59

圖2　應用文格式試題各年度難度、鑑別度平均值分析圖

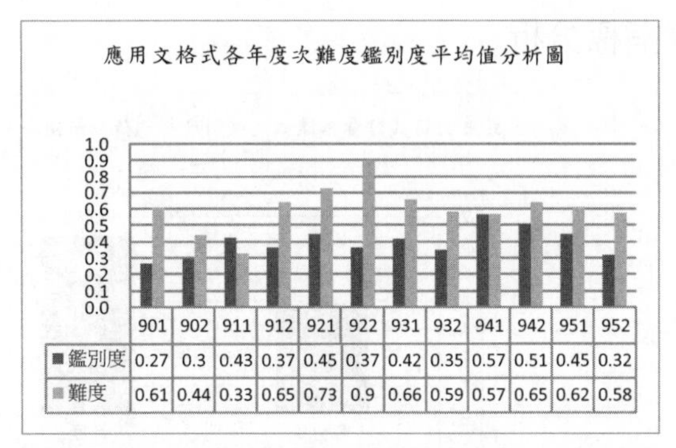

	901	902	911	912	921	922	931	932	941	942	951	952
鑑別度	0.27	0.3	0.43	0.37	0.45	0.37	0.42	0.35	0.57	0.51	0.45	0.32
難度	0.61	0.44	0.33	0.65	0.73	0.9	0.66	0.59	0.57	0.65	0.62	0.58

圖3　應用文格式試題各年度次難度、鑑別度平均值分析圖

（三）難度等級分析

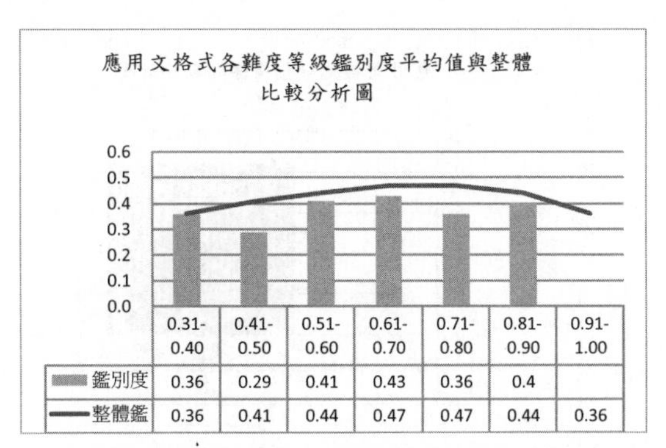

	0.31-0.40	0.41-0.50	0.51-0.60	0.61-0.70	0.71-0.80	0.81-0.90	0.91-1.00
鑑別度	0.36	0.29	0.41	0.43	0.36	0.4	
整體鑑	0.36	0.41	0.44	0.47	0.47	0.44	0.36

圖4　應用文格式試題各難度等級鑑別度平均值與整體比較分析圖

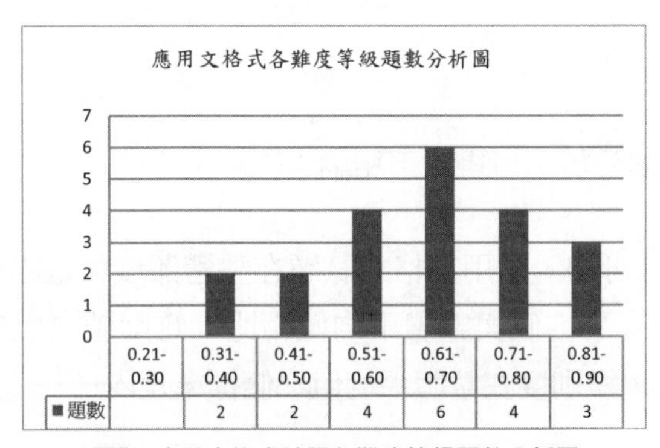

	0.21-0.30	0.31-0.40	0.41-0.50	0.51-0.60	0.61-0.70	0.71-0.80	0.81-0.90
題數		2	2	4	6	4	3

圖5　應用文格式試題各難度等級題數分析圖

（四）評量指標分析

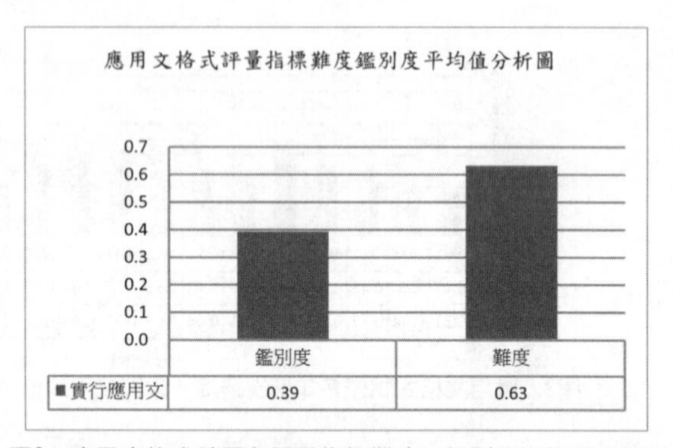

圖6　應用文格式試題各評量指標難度、鑑別度平均值分析圖

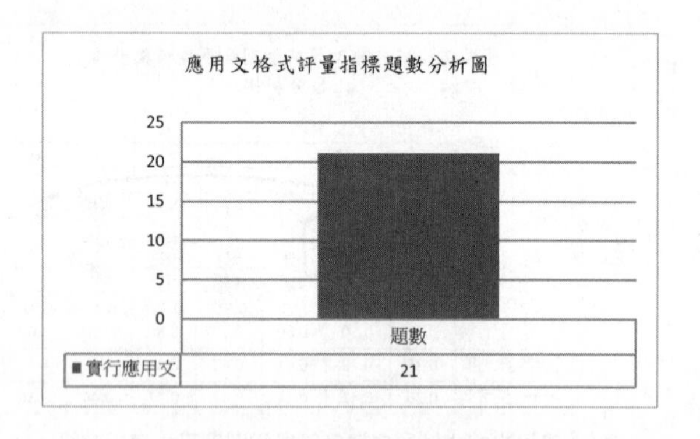

圖7 應用文格式試題各評量指標題數分析圖

根據上圖分析，可得以下結論：

1.根據圖1可知，應用文格式試題在整體難度與鑑別度的表現：難度與鑑別度平均值與整體平均值相比，難度值在整體平均值二個標準差內，鑑別度在整體平均值三個標準差內。

顯示試題極難，試題品質極差。

2.根據圖2可知，應用文格式試題在各年度難度與鑑別度的表現：難度平均值最高值爲0.77，最低值爲0.55，在難度平均值0.63正、負一個標準差0.78-0.48的範圍內。鑑別度平均值最高值爲0.54，最低值爲0.28，多數在鑑別度平均值0.39正、負一個標準差0.48-0.30範圍內，只有94年的0.54爲正偏離，90年的0.28爲負偏離，試題品質尚稱穩定。94年鑑別度平均值高於整體鑑別度平均值，其餘皆低於整體鑑別度平均值。92年試題難度平均值高於整體難度平均值，其餘皆低整體難度平均值。

顯示各年度試題品質尚稱穩定，難度過難，品質不佳。

3.根據圖3可知，應用文格式試題各年度次難度與鑑別度的表現：難度平均值最高值爲0.9，最低值爲0.33，多數在難度平均值0.63正負一個標準差0.78-0.48範圍內， 9202的0.9爲正偏離，9101的0.33爲負偏離。鑑別度平均值最高值爲0.57，最低值爲0.27，多數在鑑別度平均值0.39正負一個標準差0.48-0.30範圍內， 9401及9402的0.51、0.57爲正偏離，9001的0.27爲負偏離，試題品質尚稱穩定。除90年外，每年第二次的鑑別度值，都比第一次低。

顯示各年度次試題品質較不穩定，宜提升第二次試題品質。

4.根據圖4.5可知，應用文格式試題在各難度等級鑑別度的表現：難度等級0.31-0.40之間鑑別度較高。

顯示試題在0.41-0.90難度等級，品質不佳，0.41-0.50及0.71-0.80表現尤差。

5.根據圖6.7可知，應用文格式試題在各評量指標鑑別度的表現：評量指標的鑑別度平均值低於整體平均值。

顯示評量指標試題品質不佳，宜提昇試題品質。顯示中、低分組考生對應用文格式的學習精熟度不足。

參、品質分析

為說明應用文格式試題品質，乃根據表4的試題反應分析，選擇各評量指標鑑別度平均值超過正、負於一個標準差的試題，做為高、低鑑別度試題，說明試題特質及考生的學習效果。其次根據「試題檢核表」檢視各試題的題幹與選項，如有不符合檢核表的標準，則列為瑕疵試題，並說明修題建議。最後歸納試題題幹的用語瑕疵，並根據評量指標說明格式化用語。茲將各評量指標鑑別度平均值與標準差，及高、低一個標準差的數值，列表說明如後。

表5　應用文格式「各評量指標鑑別度平均值及標準差數值」分析表

評量指標	鑑別度	標準差	高一個標準差	低一個標準差
實行應用文格式	0.39	0.09	0.48	0.30

一、高鑑別度試題

根據表5合於優良試題的條件為：實行應用文格式試題，鑑別度高於0.48。根據表5可得三題，茲分別說明如後。

甲、實行柬帖格式

01.

謹訂於本〈二〉月十日〈星期六〉上午九時假臺中市連雲路二段16號悅遠大飯店舉行本公司春節團拜敬備酒會□□
□□

網速通公司董事長
伊媚兒　僅訂

下列詞語，何者最適合填入這張請柬中的□□ □□中？(9201)【8】
（A）叩請　金安　（B）敬請　鈞安
（C）順問　近棋　（D）恭候　台光※

鑑別度	難易度	A	B	C	D
0.49	67.32	2.55	28.27	1.82	67.32

說明：此題難度0.67，誘答選項B選答率【0.25-0.30】，為高鑑別度試題。顯示低分組對柬帖的格式精熟度不足

乙、實行稱謂語格式

02. 若有人問：「尊師是否仍執教於貴校？」下列應答何者最恰當？(9401)【33】
（A）唉！愚師已於去年因病過世
（B）是的，令師依然在本校授業
（C）不，敝業師已轉至他校任教※
（D）先師已屆齡退休，返鄉養老

鑑別度	難易度	A	B	C	D
0.57	57.13	3.81	24.61	57.13	14.38

說明：此題難度0.57，誘答選項B、D選答率【0.15-0. 25】，為高鑑別度試題。顯示中低分組對稱謂語的學習精熟度不夠。

03. 進佑從高職畢業後，急欲找工作，寫了很多求職信。信中不能用下列那個語詞來自稱？(9402)【24】
(A) 在下　(B) 敝人　(C) 不才　(D) 足下※

鑑別度	難易度	A	B	C	D
0.51	65.36	6.10	8.84	19.66	65.36

說明：此題難度0.65，誘答選項A、B選答率【0.05-0.10】，誘答選項C選答率【0.15-0.20】，爲高鑑別度試題。顯示低分組對稱謂語的格式，精熟度不足。

一、低鑑別度試題

根據表5合於優良試題的條件爲：實行應用文格式試題，鑑別度低於0.30。根據表5可得五題，刪除瑕疵試題三題，得二題，茲分別說明如後。

甲、實行柬帖格式

01. 小梅要向結婚的好友致賀，下列題辭何者恰當？(9001)【12】
(A) 詩禮傳家　(B) 三陽開泰
(C) 鳳凰于飛※　(D) 龜鶴遐齡

鑑別度	難易度	A	B	C	D
0.25	76.47	14.76	3.07	76.47	5.70

說明：此題難度0.76，誘答選項A、D選答率【0.05-0.15】，爲高鑑別度試題，但鑑別度低。顯示高分組對「詩禮傳家」的使用，精熟度不足。

2.
建國兄：

前日到貴府打擾，受到賢伉儷（甲）熱情招待，深情厚誼，永銘內心。而賢侄（乙）的應對得體也叫人讚賞；想到小兒（丙）粗魯不文，調教無方，深感慚愧。來日，敝伉儷（丁）定當好好向吾　兄請教。專此，順頌

時綏

弟信華敬上三月三十一日

上面這封信畫線處所使用的稱謂，何者不恰當？（9001）【30】
（A）甲　（B）乙　（C）丙　（D）丁※

鑑別度	難易度	A	B	C	D
0.28	45.25	8.35	14.65	31.74	45.25

說明：此題難度0.45，誘答選項A、B、C選答率【0.05-0.35】，爲高鑑別度試題，但鑑別度低。顯示高分組對「稱謂語」的使用，精熟度不足。

三、試題瑕疵

根據「試題檢核表」檢核，有瑕疵試題三題。

甲、題幹說明不清晰【3-4】

01. 我們常以「華佗再世，妙手回春」的題辭贈予醫生，因爲華佗是東漢時期醫術精湛的醫生。那麼，「魯班藝巧動斧似無跡，輪扁技高運斤如有神」最適合用來贈予下列何者？(9502)【22】
（A）演員訓練班
（B）書法才藝班
（C）室內裝潢公司※
（D）貨車出租公司

鑑別度	難易度	A	B	C	D
0.27	62.08	18.06	9.59	62.08	10.21

說明：此題難度0.62，誘答選項A、B、D選答率【0.10-0.20】，應爲高鑑別度試題，但鑑別度低，顯示高分組誤答嚴重，乃因考生不確定輪扁、魯班的技藝是否與裝潢有關。且「魯班藝巧動斧似無跡，輪扁技高運斤如有神」並非題辭形式，應修改。

修題建議：

我們常以「華佗再世，妙手回春」的題辭贈予醫生，因爲華佗是東漢時期醫術精湛的醫生。那麼，「魯班巧藝，輪扁高技」最適合用來贈予下列何者？
（C）木雕工作室※

乙、選項敘述不清晰【4-2】

02. 以下中式橫寫信封畫線處的格式與寫法，何者錯誤？(9102)【26】

234
大吉縣大利市金榜路二段 130 號 (1)
高娜娜

567
大富縣大貴鎮成功街一段 195 號 (2)
何　先　生　星　星(3) 恭啟 (4)

（A）(1)　（B）(2)　（C）(3)　（D）(4)※

鑑別度	難易度	A	B	C	D
0.29	37.47	3.89	11.57	46.99	37.47

說明：此題難度0.37，誘答選項B、選答率【0.10-0.15】，誘答選項C，選答率超過正答，且鑑別度低，顯示高分組有誤答。乃因考生先發現星星應小寫，所以選答C。

修題建議：

何先生星星（3）恭啓（4）

03. 黃技安收到了同學周大雄的結婚請帖。他在致贈禮金的封套上該如何撰寫才恰當？(9302)【19】

(C)

大雄先生
宜靜小姐
結婚誌喜
之子于歸
黃技安敬啟

(D)

大雄先生
宜靜小姐
結婚誌喜
良緣天定
黃技安敬賀

(C)

大雄先生
宜靜小姐
結婚誌喜
之子于歸
黃技安敬啟

(D)

大雄先生
宜靜小姐
結婚誌喜
良緣天定
黃技安敬賀

鑑別度	難易度	A	B	C	D
0.24	55.24	7.70	14.74	22.29	55.24

說明：此題難度0.55，誘答選項B、D選答率【0.10-0.25】，誘答選項A選答率【0.05-0.10】，應爲高鑑別度試題，但鑑別度低，顯示高、中分組誤答嚴重。乃因提問重點四項太多，且未說明清楚，考生未注意「署名敬辭的錯誤」。

修題建議：

黃技安收到了同學周大雄的結婚請帖。他在致贈禮金的封套上該如何撰寫「賀詞、稱謂、署名、敬辭」，才恰當？(9302)【19】

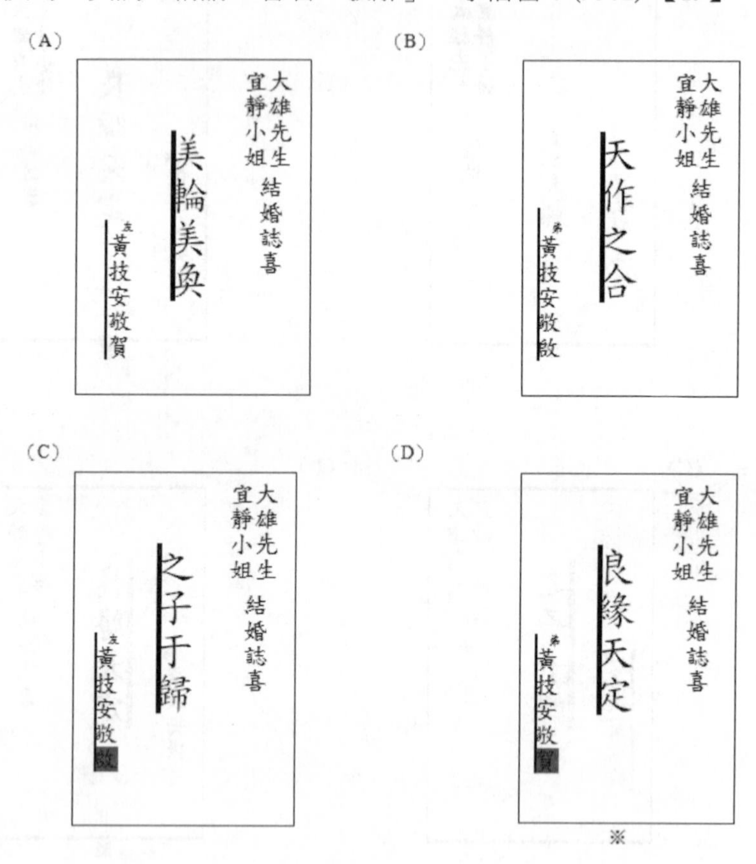

四、試題用語瑕疵

基測應用文格式試題，內容需設計情境，較難規範格式化用語。

本節小結

爲歸納本節有關應用文格式試題的品質分析與改善建議，試以分析表說明如後。

表6　應用文格式試題「品質分析與改善建議」分析表

教學目標	10. 應用文格式	改善建議
評量指標	10-1實行應用文格式	10-1實行應用文格式1題
評量細目	10-1書信、柬帖、對聯、題辭、稱謂語	10-1書信、題辭
恰適性	不合乎課綱（教材有語文常識）	
代表性	合乎指標及認知能力 10-1實行應用文格式21題	增加書信、題辭試題
整體分析	D 0.39　P 0.63 試題極難，品質極差	降低試題難度，提高試題鑑別度
年度次分析	各年度次品質較不穩定 品質較差	提昇第二次試題品質
難度等級分析	0.31-0.40　0.36 表現佳	改善0.41-0.90品質
評量指標分析	10-1實行應用D 0.39　P 0.63 低於0.47	改善試題品質
高鑑別度試題	3題	
低鑑別度試題	5題 瑕疵試題3題	
瑕疵試題	3題	避免 1.題幹敘述不清晰 2.選項敘述不清晰

第八章　現代文閱讀試題的品質分析與改善建議

基測評量理解能力的閱讀題組試題分現代文、古文、韻文三類，本章針對現代文閱讀教學目標的試題，說明試題品質及改善建議。

第一節　能認識現代文閱讀

本節討論基測有關現代文閱讀試題的品質分析與改善建議。品質分析分效度分析、數量分析、品質分析三項。效度分析先說明現代文閱讀試題評量指標的擬定；接著根據「九年一貫課綱」，分析教學目標、評量指標與課綱的關聯性，說明試題的恰適性。其次以「試題結構表」、「各年度次試題雙向細目表」，分析合乎評量指標、評量細目、認知能力試題及各年度次試題分配，說明試題的代表性。

數量分析根據「基測推委會」提供的考生試題反應數據，說明現代文閱讀試題的試題反應。再據之分析試題難度及鑑別度，在整體、各年度次、各難度等級、各評量指標的統計特質，說明試題品質。

品質分析根據各評量指標的平均值，選擇正、負一個標準差之外的試題，爲高、低鑑別度試題，分析試題特質。其次根據「試題檢核表」，分析瑕疵試題。最後則歸納試題用語瑕疵，說明各評量指標的格式化用語。

改善建議則根據上述各項分析，具體說明改善建議。

壹、效度分析

一、試題恰適性

效度分析旨在評估現代文閱讀試題能否有效評量教學目標－能認識現代文閱讀，所欲評量的重點。因此先以內容關聯效度的邏輯分析爲依據，利用下列步驟，分析現代文閱讀試題的恰適性。

1.整理基測90-95年度，各年度次有關現代文閱讀評量的試題。

2.根據試題題幹及選項，將現代文閱讀試題依試題特性做進一步分類。

3.根據試題特性，採用Bloom2001年認知領域教育目標所提供的動詞，擬定評量指標。

4.檢核教學目標、評量指標與「九年一貫課綱」能力指標及學習內涵指標的關聯性，以說明試題的恰適性。

基測90-95年度，各年次有關現代文閱讀評量的試題共有87題，內容分爲六類，一類爲選擇短文詞語涵義、一類爲選擇短文句子涵義、一類爲選擇短文內容、一類爲選擇短文觀點、一類爲選擇短文模式、一類爲其他（不符合閱讀評量重點，含字形、標點、修辭法、六書、恰當詞語、恰當句子）。

由於現代文閱讀以評量理解能力爲主，根據Bloom2001年版有關認知領域教育目標的能力分類架構，理解能力行爲目標動詞描述有詮釋（interpreting）、舉例（exemplifying）、分類 （classifying）、摘要

（summarizing）、推論（inferring）、比較（compaaring）、解釋（explaining）七種。詮釋的定義爲由一種溝通形式轉換爲另一種溝通形式；舉例爲用例子說明概念或原則；分類爲指出某物隸屬於某一特定類目；摘要爲提出主題或要點；推論爲從現有資訊提出具邏輯性的結論；比較檢視兩個觀點事物或其他類似物間的一致性；解釋建立一個系統的因果模式爲另一種溝通形式；舉例爲用例子說明概念或原則；分類爲指出某物隸屬於某一特定類目；摘要爲提出主題或要點；推論爲從現有資訊提出具邏輯性的結論；比較檢視兩個觀點事物或其他類似物間的一致性；解釋建立一個系統的因果模式（葉連祺、林淑萍，2003）。

現代文閱讀有關選擇短文詞句涵義的試題，與詮釋的定義相近，評量指標可定義爲：1.詮釋短文詞語涵義。選擇短文句子涵義的試題，與詮釋的定義相近，評量指標可定義爲：2.詮釋短文句子涵義。選擇短文內容的試題。與摘要的定義相近，評量指標可定義爲：3.摘要短文內容。選擇短文觀點的試題，與推論的定義相近，評量指標可定義爲：4.推論短文觀點。選擇短文模式的試題，與解釋的定義相近，評量指標可定義爲：5.解釋短文模式。不符合閱讀評量重點試題則歸爲其他。

其次將現代文閱讀試題的教學目標與評量指標，與九年一貫課綱相關的能力指標及學習內涵指標比對，以說明試題的恰適性。茲將對照表說明如後。

表1　基測現代文閱讀試題「教學目標、評量指標與課綱指標」分析表

教學目標	課綱能力指標	評量指標	課綱學習內涵指標
11.能認識短文閱讀－現代文	E-3-1能熟習並靈活應用語體文及文言文作品中詞語的意義 E-3-2能靈活應用不同的閱讀理解策略，發展自己的讀書方法 E-3-3能欣賞作品的寫作風格、特色及修辭技巧	11-1詮釋現代文詞語涵義 11-2詮釋現代文句子涵義 11-3摘要現代文內容 11-4推論現代文觀點 11-5解釋現代文模式	E-3-1-1能熟習並靈活應用語體文及文言文作品中詞語的意義 E-3-3-1能了解並詮釋作者所欲傳達的訊息，進行對話 E-3-3-4能欣賞作品的內涵及文章結構 E-3-2-6能依據文章內容，進行推測和下結論 E-3-3-5能欣賞作品的寫作風格、修辭技巧及特色

根據表1可知，基測現代文閱讀試題的教學目標與評量指標，合乎九一貫課綱有關閱讀能力E-3-1、 E-3-2、E-3-3的能力指標與E-3-1-1、E-3-3-1、E-3-3-4、E-3-2-6、E-3-3-5的學習內涵指標。但九年一貫課綱另有閱讀能力指標E-3-5，能主動閱讀古今中外及鄉土文學的名著，擴充閱讀視野，在試題題材的選擇中並未納入，建議應適度納入，使試題具恰適性。

二、試題代表性

分析現代文閱讀試題的代表性，先以評量指標分類各年度次試題；再根據試題內容，分類評量細目；接著統計合乎各評量指標及細目試題題數，做成「試題結構分析表」。其次分析各年度次試題在評量指標的分布，說明試題的代表性。茲分別列表說明如後。

表2　基測現代文閱讀試題「試題結構」分析表

題號	評量指標	認知能力	原題號	年度
1	11-3摘要短文內容-內容	理解	39	9001
2	11-5解釋短文模式	理解	40	9001
3	11-3摘要短文內容-要旨	理解	41	9001
4	11-3摘要短文內容-內容	理解	42	9001
5	11-4推論短文觀點	理解	43	9001
6	11-4推論短文觀點	理解	44	9001
7	11-2詮釋短文句子涵義	理解	45	9001
8	11-4推論短文觀點	理解	46	9001
9	11-5解釋短文模式	理解	44	9002
10	11-4推論短文觀點	理解	45	9002
11	11-4推論短文觀點	理解	46	9002
12	11-4推論短文觀點	理解	47	9002
13	11-4推論短文觀點	理解	45	9101
14	11-4推論短文觀點	理解	46	9101
15	11-3摘要短文內容-要旨	理解	47	9101
16	11-3摘要短文內容-內容	理解	48	9101
17	11-4推論短文觀點	理解	49	9101
18	11-4推論短文觀點	理解	50	9101
19	11-4推論短文觀點	理解	42	9102

20	11-4推論短文觀點	理解	43	9102
21	11-4推論短文觀點	理解	47	9102
22	11-3摘要短文內容-內容	理解	48	9102
23	11-3摘要短文內容-內容	理解	49	9102
24	11-2詮釋短文句子涵義	理解	50	9102
25	11-6其他	理解	34	9201
26	11-2詮釋短文句子涵義	理解	35	9201
27	11-6其他	理解	36	9201
28	11-4推論短文觀點	理解	37	9201
29	11-4推論短文觀點	理解	38	9201
30	11-2詮釋短文句子涵義	理解	41	9201
31	11-2詮釋短文句子涵義	理解	42	9201
32	11-4推論短文觀點	理解	43	9201
33	11-4推論短文觀點	理解	35	9202
34	11-6其他	理解	36	9202
35	11-3摘要短文內容-要旨	理解	37	9202
36	11-4推論短文觀點	理解	38	9202
37	11-4推論短文觀點	理解	39	9202
38	11-5解釋短文模式	理解	40	9202
39	11-3摘要短文內容-內容	理解	41	9202
40	11-4推論短文觀點	理解	42	9202
41	11-4推論短文觀點	理解	35	9301
42	11-3摘要短文內容-要旨	理解	36	9301
43	11-1詮釋短文詞語涵義	理解	37	9301
44	11-3摘要短文內容-內容	理解	38	9301
45	11-3摘要短文內容-要旨	理解	39	9301
46	11-6其他	理解	40	9301
47	11-4推論短文觀點	理解	43	9301
48	11-3摘要短文內容-內容	理解	44	9301
49	11-6其他	理解	35	9302

50	11-4推論短文觀點	理解	36	9302
51	11-4推論短文觀點	理解	37	9302
52	11-4推論短文觀點	理解	38	9302
53	11-3摘要短文內容-內容	理解	39	9302
54	11-3摘要短文內容-要旨	理解	40	9302
55	11-6其他	理解	43	9302
56	112詮釋短文句子涵義	理解	44	9302
57	11-5解釋短文模式	理解	47	9302
58	11-4推論短文觀點	理解	48	9302
59	11-6其他	理解	37	9401
60	11-1詮釋短文詞語涵義	理解	38	9401
61	11-2詮釋短文句子涵義	理解	39	9401
62	11-4推論短文觀點	理解	42	9401
63	11-4推論短文觀點	理解	43	9401
64	11-4推論短文觀點	理解	47	9401
65	11-3摘要短文內容-內容	理解	48	9401
66	11-6其他	理解	36	9402
67	11-4推論短文觀點	理解	37	9402
68	11-4推論短文觀點	理解	40	9402
69	11-4推論短文觀點	理解	41	9402
70	11-4推論短文觀點	理解	42	9402
71	11-3摘要短文內容-內容	理解	46	9402
72	11-3摘要短文內容-內容	理解	47	9402
73	11-3摘要短文內容-內容	理解	48	9402
74	11-1詮釋短文詞語涵義	理解	37	9501
75	11-4推論短文觀點	理解	38	9501
76	11-5解釋短文模式	理解	39	9501
77	11-3摘要短文內容-內容	理解	42	9501
78	11-5解釋短文模式	理解	43	9501
79	11-3摘要短文內容-要旨	理解	44	9501

80	11-4推論短文觀點	理解	45	9501
81	11-6其他	理解	46	9501
82	11-5解釋短文模式	理解	35	9502
83	11-3摘要短文內容-要旨	理解	36	9502
84	11-4推論短文觀點	理解	37	9502
85	11-3摘要短文內容-內容	理解	38	9502
86	11-3摘要短文內容-內容	理解	42	9502
87	11-5解釋短文模式	理解	43	9502

表3 基測現代文閱讀試題「雙向細目表」分析表

類別	評量指標	記憶	理解	應用	分析	題數	總數
11. 現代文閱讀	11-1 詮釋詞語短文涵義		3			3	
	11-2 詮釋短文句子涵義		7			7	
	11-3 摘要短文內容		24			24	
	11-4 推論短文觀點		36			36	
	11-5 解釋短文模式		8			8	
	11-6 其他		9			9	87

表4 基測現代文閱讀試題「各年度次雙向細目」分析表

教學目標	評量指標	認知能力	90 1	90 2	91 1	91 2	92 1	92 2	93 1	93 2	94 1	94 2	95 1	95 2	題數
11. 現代文	11-1 詮釋詞語涵義	理解	0	0	0	0	0	0	1	0	1	0	1	0	3
	11-2 詮釋句子涵義	理解	1	1	0	1	2	0	0	1	1	0	0	0	7
	11-3 摘要短文內容-要旨	理解	1	0	1	0	0	1	2	1	0	0	1	1	8
	11-3 摘要短文內容-內容	理解	2	0	1	2	0	1	2	1	1	3	1	2	16
	11-4 推論短文觀點	理解	3	2	5	3	3	4	2	4	3	4	2	1	36
	11-5 解釋短文模式	理解	1	1	0	0	0	1	0	1	0	0	2	2	8
	11-6 其他（字形2、標點1、修辭法1、六書1、恰當詞語2、恰當句子2）	理解	0	0	0	0	2	1	1	2	1	1	1	0	9

根據表2.3.4可知，基測現代文閱讀試題多數符合評量指標與認知能力的要求，但有列爲其他9題，不符合評量指標內容。詮釋短文詞語涵義爲3題，詮釋短文句子涵義爲7題，摘要短文內容爲24題，推論短文觀點爲36題，解釋短文模式爲8題。

閱讀短文爲國中生最重要的閱讀能力，但基測只評量理解能力，未及分析能力，評量能力過低，建議各年度次安排詮釋現代文試題10題，並根據「基測試題雙向細目建議表」，增加分析能力試題，使試題更具代表性。

增加評量分析能力試題，爲提供充足的答題情境，應增加文字長度。此外，閱讀整體的指標題數規劃建議爲：短文詞語涵義1題，詮釋短文句子涵義2題，摘要短文內容5題，推論短文觀點3題，解釋短文模式2題，區辨短文要素2題，組織短文脈絡2題，歸因短文寓意1題，共18題，可在10題中酌量搭配。此外，評量指標列爲其他的試題，內容含字形2、標點1、修辭法1、六書1、恰當詞語2、恰當句子2，內容過於瑣碎，不符合短文閱讀的評量重點，建議刪除此類試題。

貳、數量分析

一、試題反應分析

根據「基測推委會」所提供的「各年度基測國文科試題反應分析簡表」，將現代文閱讀試題，做成難度、鑑別度、選項選答率的分析表，茲說明如後。

表5　基測現代文閱讀試題「試題反應」分析表

題號	評量指標	D	P	A	B	C	D	原題號	年度
1	11-3摘要短文內容-內容	0.33	0.45	0.45	0.11	0.18	0.26	39	9001
2	11-5解釋短文模式	0.46	0.73	0.1	0.04	0.73	0.13	40	9001
3	11-3摘要短文內容-要旨	0.44	0.70	0.10	0.11	0.09	0.70	41	9001
4	11-3摘要短文內容-內容	0.5	0.66	0.05	0.13	0.16	0.66	42	9001
5	11-4推論短文觀點	0.54	0.78	0.07	0.05	0.78	0.1	43	9001
6	11-4推論短文觀點	0.48	0.82	0.05	0.82	0.11	0.02	44	9001
7	11-2詮釋短文句子涵義	0.46	0.79	0.79	0.03	0.13	0.05	45	9001
8	11-4推論短文觀點	0.53	0.62	0.14	0.19	0.05	0.62	46	9001
9	11-5解釋短文模式	0.48	0.71	0.14	0.09	0.05	0.71	44	9002
10	11-4推論短文觀點	0.48	0.89	0.04	0.89	0.05	0.03	45	9002
11	11-4推論短文觀點	0.45	0.69	0.03	0.69	0.19	0.09	46	9002
12	11-4推論短文觀點	0.47	0.84	0.09	0.03	0.84	0.03	47	9002
13	11-4推論短文觀點	0.4	0.56	0.1	0.18	0.15	0.56	45	9101
14	11-4推論短文觀點	0.51	0.88	0.03	0.02	0.07	0.88	46	9101

15	11-3摘要短文內容-要旨	0.57	0.58	0.24	0.08	0.58	0.08	47	9101
16	11-3摘要短文內容-內容	0.57	0.61	0.05	0.61	0.11	0.22	48	9101
17	11-4推論短文觀點	0.5	0.66	0.04	0.2	0.1	0.66	49	9101
18	11-4推論短文觀點	0.58	0.72	0.07	0.17	0.72	0.03	50	9101
19	11-4推論短文觀點	0.35	0.78	0.17	0.04	0.78	0.01	42	9102
20	11-4推論短文觀點	0.4	0.42	0.42	0.06	0.03	0.49	43	9102
21	11-4推論短文觀點	0.06	0.28	0.56	0.06	0.1	0.28	47	9102
22	11-3摘要短文內容-內容	0.48	0.67	0.67	0.08	0.21	0.04	48	9102
23	11-3摘要短文內容-內容	0.46	0.67	0.19	0.04	0.67	0.09	49	9102
24	11-2詮釋短文句子涵義	0.2	0.40	0.41	0.04	0.15	0.40	50	9102
25	11-6其他	0.46	0.90	0.07	0.02	0.01	0.90	34	9201
26	11-2詮釋短文句子涵義	0.46	0.80	0.11	0.80	0.05	0.04	35	9201
27	11-6其他	0.54	0.76	0.07	0.06	0.11	0.76	36	9201
28	11-4推論短文觀點	0.39	0.94	0.02	0.94	0.02	0.02	37	9201
29	11-4推論短文觀點	0.39	0.69	0.06	0.07	0.69	0.18	38	9201
30	11-2詮釋短文句子涵義	0.62	0.58	0.08	0.28	0.05	0.58	41	9201
31	11-2詮釋短文句子涵義	0.45	0.77	0.11	0.04	0.77	0.08	42	9201
32	11-4推論短文觀點	0.38	0.72	0.11	0.72	0.09	0.08	43	9201
33	11-4推論短文觀點	0.44	0.86	0.07	0.03	0.04	0.86	35	9202
34	11-6其他	0.38	0.83	0.83	0.06	0.04	0.07	36	9202
35	11-3摘要短文內容-要旨	0.39	0.72	0.72	0.21	0.04	0.04	37	9202
36	11-4推論短文觀點	0.47	0.88	0.03	0.88	0.05	0.04	38	9202
37	11-4推論短文觀點	0.44	0.8	0.8	0.06	0.05	0.1	39	9202
38	11-5解釋短文模式	0.52	0.81	0.06	0.04	0.81	0.08	40	9202
39	11-3摘要短文內容-內容	0.53	0.81	0.02	0.81	0.02	0.15	41	9202
40	11-4推論短文觀點	0.49	0.83	0.06	0.83	0.05	0.05	42	9202
41	11-4推論短文觀點	0.45	0.84	0.84	0.03	0.04	0.09	35	9301
42	11-3摘要短文內容-要旨	0.54	0.77	0.09	0.12	0.02	0.77	36	9301
43	11-1詮釋短文詞語涵義	0.56	0.81	0.06	0.81	0.09	0.04	37	9301
44	11-3摘要短文內容-內容	0.51	0.87	0.04	0.03	0.87	0.05	38	9301
45	11-3摘要短文內容-要旨	0.58	0.71	0.71	0.17	0.07	0.04	39	9301

46	11-6其他	0.48	0.78	0.04	0.78	0.03	0.14	40	9301
47	11-4推論短文觀點	0.43	0.88	0.06	0.04	0.88	0.02	43	9301
48	11-3摘要短文內容-內容	0.53	0.44	0.34	0.44	0.07	0.15	44	9301
49	11-6其他	0.48	0.74	0.20	0.74	0.02	0.04	35	9302
50	11-4推論短文觀點	0.34	0.9	0.04	0.9	0.04	0.02	36	9302
51	11-4推論短文觀點	0.32	0.74	0.08	0.14	0.04	0.74	37	9302
52	11-4推論短文觀點	0.4	0.72	0.19	0.72	0.05	0.04	38	9302
53	11-3摘要短文內容-內容	0.47	0.89	0.04	0.89	0.03	0.04	39	9302
54	11-3摘要短文內容-要旨	0.46	0.80	0.80	0.10	0.02	0.08	40	9302
55	11-6其他	0.61	0.73	0.1	0.13	0.04	0.73	43	9302
56	112詮釋短文句子涵義	0.44	0.87	0.01	0.11	0.87	0.01	44	9302
57	11-5解釋短文模式	0.45	0.76	0.12	0.04	0.07	0.76	47	9302
58	11-4推論短文觀點	0.51	0.79	0.03	0.06	0.79	0.11	48	9302
59	11-6其他	0.54	0.67	0.1	0.67	0.09	0.15	37	9401
60	11-1詮釋短文詞語涵義	0.39	0.76	0.03	0.08	0.13	0.76	38	9401
61	11-2詮釋短文句子涵義	0.53	0.84	0.07	0.05	0.84	0.05	39	9401
62	11-4推論短文觀點	0.41	0.52	0.52	0.08	0.27	0.13	42	9401
63	11-4推論短文觀點	0.53	0.7	0.08	0.18	0.04	0.7	43	9401
64	11-4推論短文觀點	0.6	0.6	0.09	0.13	0.18	0.6	47	9401
65	11-3摘要短文內容-內容	0.49	0.65	0.11	0.1	0.65	0.12	48	9401
66	11-6其他	0.55	0.78	0.78	0.03	0.05	0.13	36	9402
67	11-4推論短文觀點	0.25	0.83	0.01	0.83	0.15	0.44	37	9402
68	11-4推論短文觀點	0.29	0.89	0.03	0.06	0.89	0.02	40	9402
69	11-4推論短文觀點	0.37	0.67	0.16	0.15	0.02	0.67	41	9402
70	11-4推論短文觀點	0.37	0.77	0.77	0.06	0.04	0.13	42	9402
71	11-3摘要短文內容-內容	0.36	0.79	0.79	0.02	0.15	0.05	46	9402
72	11-3摘要短文內容-內容	0.47	0.71	0.01	0.01	0.71	0.26	47	9402
73	11-3摘要短文內容-內容	0.49	0.7	0.14	0.7	0.11	0.04	48	9402
74	11-1詮釋短文詞語涵義	0.38	0.46	0.28	0.46	0.16	0.11	37	9501
75	11-4推論短文觀點	0.59	0.79	0.79	0.08	0.05	0.09	38	9501
76	11-5解釋短文模式	0.46	0.79	0.08	0.79	0.07	0.06	39	9501

77	11-3摘要短文內容-內容	0.52	0.77	0.06	0.77	0.12	0.05	42	9501
78	11-5解釋短文模式	0.45	0.75	0.04	0.03	0.75	0.18	43	9501
79	11-3摘要短文內容-要旨	0.44	0.55	0.55	0.19	0.07	0.18	44	9501
80	11-4推論短文觀點	0.42	0.83	0.04	0.83	0.04	0.07	45	9501
81	11-6其他	0.27	0.38	0.31	0.38	0.20	0.10	46	9501
82	11-5解釋短文模式	0.55	0.84	0.09	0.03	0.84	0.04	35	9502
83	11-3摘要短文內容-要旨	0.38	0.83	0.03	0.03	0.11	0.83	36	9502
84	11-4推論短文觀點	0.4	0.78	0.02	0.07	0.14	0.78	37	9502
85	11-3摘要短文內容-內容	0.43	0.9	0.9	0.03	0.01	0.06	38	9502
86	11-3摘要短文內容-內容	0.49	0.78	0.09	0.05	0.07	0.78	42	9502
87	11-5解釋短文模式	0.22	0.76	0.76	0.13	0.03	0.09	43	9502
	標準差	0.10	0.13						

二、難度、鑑別度平均值分析

為分析現代文閱讀試題難度、鑑別度特質，先分析現代文閱讀試題難度、鑑別度平均值，並與90-95年基測的難度、鑑別度平均值比較，了解整體的試題品質。其次分析各年度次難度、鑑別度平均值，了解各年度次的試題品質。接著分析各難度等級的鑑別度平均值，了解試題各難度等級的試題品質。最後分析各評量指標試題難度、鑑別度平均值，了解各評量指標的試題品質。茲分別列圖說明如後。

（一）整體分析

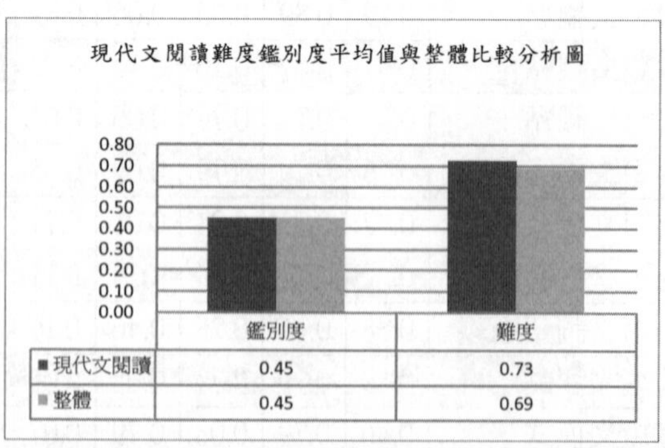

圖1　現代文閱讀試題難度、鑑別度與整體試題難度、鑑別度比較分析圖

（二）年度次分析

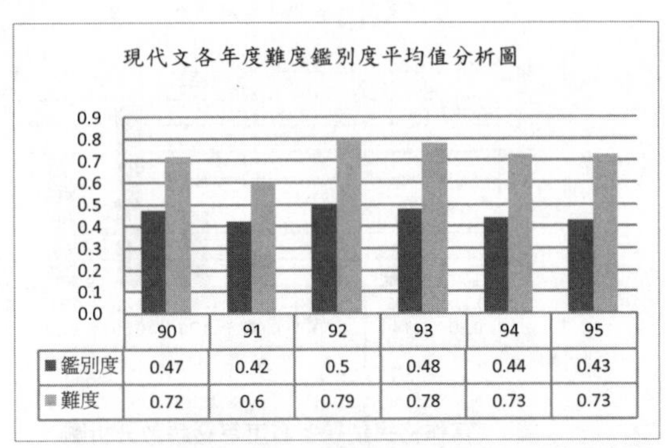

圖2　現代文閱讀試題各年度難度、鑑別度平均值分析圖

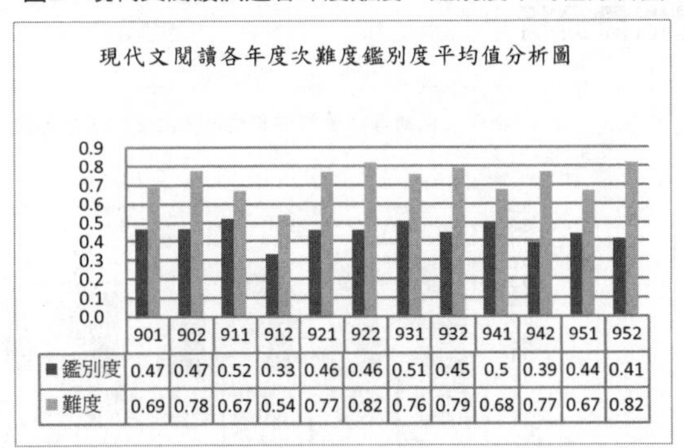

圖3　現代文閱讀試題各年度次難度、鑑別度平均值分析圖

（三）難度等級分析

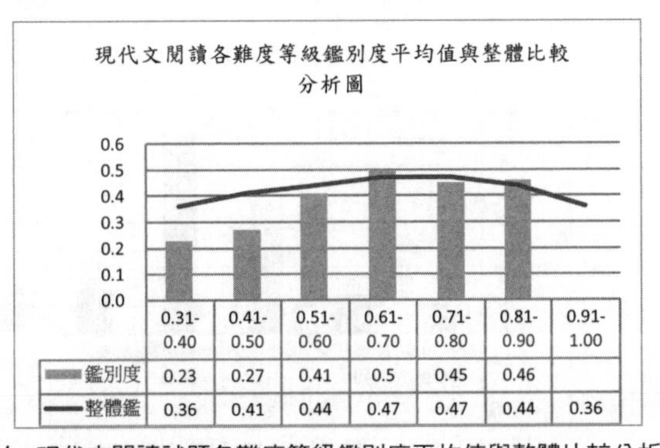

圖4　現代文閱讀試題各難度等級鑑別度平均值與整體比較分析圖

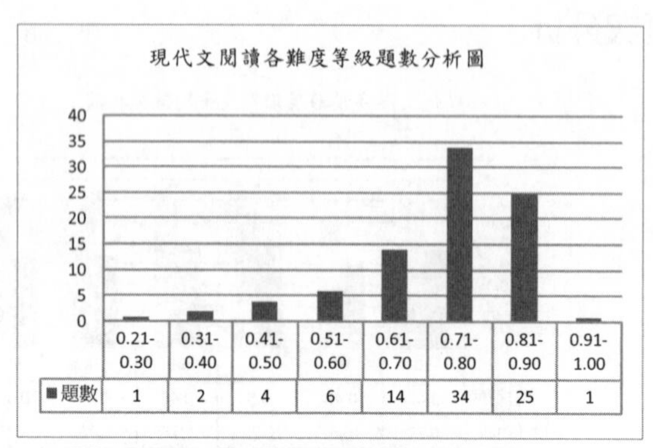

圖5　寫作格式試題各難度等級題數分析圖

（四）評量指標分析

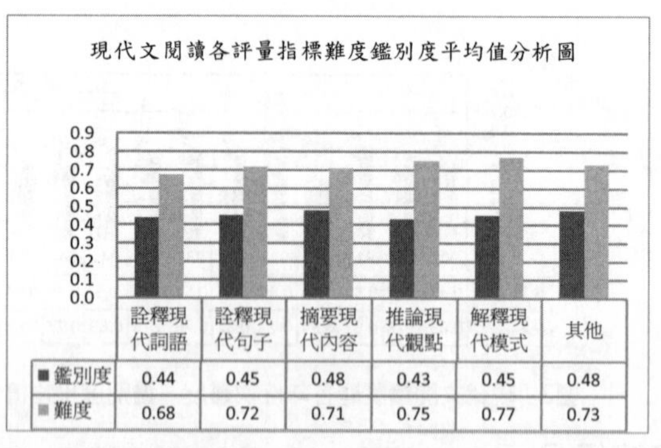

圖6　現代文閱讀試題各評量指標難度、鑑別度平均值分析圖

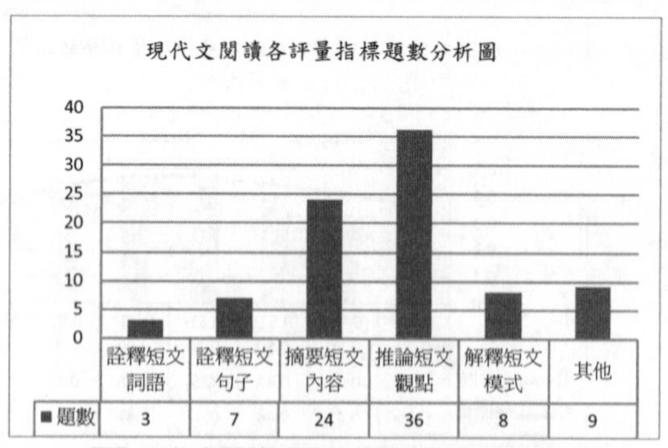

圖7 現代文閱讀試題各評量指標題數分析圖

根據上圖分析，可得以下結論：

1.根據圖1可知，現代文閱讀試題在整體難度與鑑別度的表現：其難度值在整體平均值正兩個標準差範圍內，鑑別度等於整體平均值。

顯示試題極容易，試題品質優良。建議應增加評量分析能力層次，並增加試題難度，以有效鑑別高分組考生能力。

2.根據圖2可知，現代文閱讀試題在各年度難度、鑑別度平均值的表現：難度平均值最高值爲0.79，最低值爲0.60，在難度平均值0.73正、負一個標準差0.86-0.60的範圍內。鑑別度平均值最高值爲0.5，最低值爲0.42，在鑑別度平均值0.45正、負一個標準差0.55-0.35範圍內，試題品質穩定且優良。

顯示各年度試題品質穩定。

03. 根據圖3可知，現代文閱讀試題在各年度次難度、鑑別度平均值的表現：各年度次難度平均值最高值爲0.82，最低值爲0.54，多數在難度平均值0.73正負一個標準差0.86-0.60範圍內。只有912的0.54，有負偏離。鑑別度平均值最高值爲0.52，最低值爲0.33，多數在鑑別度平均值0.45正負一個標準差0.55-0.35範圍內，只有912的0.33有負偏離，試題品質大致穩定且優良。但第二次的鑑別度值，都比第一次低。第二次的難度值，除911年外，也較第一次高。

顯示各年度次試題品質尚稱穩定優良，但宜提高第二次試題品質及難度。

4.根據圖4.5可知，現代文閱讀試題在各難度等級鑑別度的表現：試題難度等級分佈在0.61-0.70，0.81-0.90之間，鑑別度表現佳。

顯示試題在0.41-0.60，0.71-0.80難度等級，品質不佳。

5.根據圖6.7可知，現代文閱讀試題在各評量指標鑑別度的表現：各評量指標的鑑別度平均值多數皆高於整體平均值，只有詮釋短文詞義、推論短文觀點略低。

顯示各評量指標除詮釋短文詞義、推論短文觀點外，品質優良。

參、品質分析

爲說明現代文閱讀試題品質，乃根據表5的試題反應分析，先說明各題組難度、鑑別度平均值；再統計鑑別度標準差；接著選擇各題組鑑別度平均值超過正、負於一個標準差的試題，做爲高、低鑑別度試題，說明試題特質。其次根據「試題檢核表」檢視各試題的題幹與選項，如有不符合檢核表的標準，則列爲瑕疵試題，並說明修題建議。最後歸納試題題幹的用語瑕疵，並根據評量指標說明格式化用語。茲將各評量指標鑑別度平均值與標準差，及高、低一個標準差的數值，列表說明如後。

表6　現代文閱讀「各題組難度、鑑別度平均值」分析表

	1	2	3	4	5	6	7	8	9	10
D	0.40	0.47	0.51	0.50	0.48	0.46	0.46	0.57	0.54	0.38
P	0.59	0.68	0.8	0.7	0.8	0.77	0.72	0.6	0.69	0.6
年度	9001	9001	9001	9001	9002	9002	9101	9101	9101	9102
題號	3940	4142	4344	4546	4445	4647	4546	4748	4950	4243
	11	12	13	14	15	16	17	18	19	20
D	0.27	0.33	0.49	0.39	0.48	0.41	0.43	0.48	0.51	0.5
P	0.48	0.53	0.82	0.82	0.69	0.85	0.8	0.81	0.82	0.81
年度	9102	9102	9201	9201	9201	9202	9202	9202	9202	9301
題號	4748	4950	34-36	3738	41-43	3536	3738	3940	4142	3536
	21	22	23	24	25	26	27	28	29	30
D	0.54	0.53	0.48	0.41	0.36	0.47	0.53	0.48	0.49	0.47
P	0.84	0.75	0.66	0.82	0.73	0.85	0.8	0.78	0.75	0.61
年度	9301	9301	9301	9302	9302	9302	9302	9302	9401	9401
題號	3738	3940	4344	3536	3738	3940	4344	4748	37-39	4243
	31	32	33	34	35	36	37	38	39	40
D	0.55	0.4	0.34	0.44	0.48	0.49	0.38	0.47	0.42	0.36
P	0.63	0.81	0.78	0.73	0.68	0.76	0.59	0.84	0.84	0.77
年度	9401	9402	9402	9402	9501	9501	9501	9502	9502	9502
題號	4748	3637	40-42	46-48	37-39	4243	44-46	3536	3738	4243

表7　現代文閱讀「各題組鑑別度平均值及標準差數值」分析表

評量指標	鑑別度	標準差	高一個標準差	高一個標準差
現代文閱讀	0.45	0.07	0.52	0.38

一、高鑑別度試題

根據表7合於高鑑別試題的條件爲：現代文閱讀試題，鑑別度高於0.52，根據表7可得四則題組，茲分別說明如後。

由於交通與通訊的進步，我們的地球相對縮小了，同時，各地區與國家之間的相互影響與依賴卻漸形重要，特別是在過去的十五年間，由於整個世界經濟的國際化，「地球村」的概念似乎慢慢在成形，而我們也一步步地走向「生活在沒有國界的世界」的境界。這次東南亞的金融風暴，確與整個世界經濟的國際化有密切的關係。同時，我們也看到人類面對的一些重要問題，例如：人口暴增、不同地區貧富差距的進一步加深，及人類活動帶來的生態與環境的破壞，已變成高度國際化的問題，也是人類必須共同面對的全球性的問題。—改寫自李遠哲〈二十一世紀的挑戰〉

01. 這段短文的中心思想是什麼？（11-3-1摘要短文要旨）（9101）【47】
(A) 維護生態環境是人類當務之急
(B) 世界性經濟不景氣正在擴大中
(C) 地球上各地人民的命運將是休戚與共的※
(D) 面對新世紀，控制人口的質與量是最重要的議題

鑑別度	難易度	A	B	C	D
0.57	58.28	24.36	8.41	58.28	7.83

說明：此題難度0.58，，誘答選項B、D選答率【0.05-0.10】，誘答選項A選答率【0.20-0.25】，爲高鑑別度試題。顯示中、低分組考生對文章要旨，精熟度不足。

02. 以下推論，何者不符合本文的論點？（11-3-2摘要短文內容）
（9101）【48】
（A）任何區域性金融風暴，都將影響全球經濟
（B）地球村的形成是由於人口暴增，聚集繁密※
（C）貧富懸殊是當前人類社會重要的經濟問題
（D）溫室效應超越國界，須靠全人類共同解決

鑑別度	難易度	A	B	C	D
0.57	61.11	5.31	61.11	10.51	21.89

說明：此題難度0.61，誘答選項A、C、D選答率【0.05-0.25】，爲高鑑別度試題。顯示中、低分組考生對文章內容要點，精熟度不足。

宋人工藝，向具素淨灑脫之美，亦是掙脫唐人濃艷窠臼，更不用說與入清後的琺瑯相比了。北宋汝窯因在河南汝州，能「內有瑪瑙為釉」，晶瑩透澈，溫潤如君子之玉。其中的天青或蔚藍釉色，有如一湖水綠，青碧中另帶粉藍，寧靜嫻雅，透澈玲瓏；輕風一過，細看釉面，水波漣漪，透明網路狀的開片淡淡蓋印著湖水藍天，有如薄妝美人，不掩絕色。我喜歡汝窯之美，正是它的脫俗開朗，晶瑩如玉，明亮中有其雍容氣度，嫻靜中不失嚴謹大方，正是讀書人本色。
—改寫自張錯〈溫潤如汝〉

03. 本文描述的宋代珍玩，最有可能是什麼？（11-4推論短文觀點）
（9101）【49】
（A）木雕筆筒　（B）寫意山水
（C）美女雕塑　（D）陶瓷器皿※

鑑別度	難易度	A	B	C	D
0.50	65.69	3.73	19.72	9.54	65.69

說明：此題難度0.66，誘答選項B、C選答率【0.10-0.20】，爲高鑑別度試題。顯示中、低分組考生對文章觀點，精熟度不足。

04. 根據本文，可知作者欣賞汝窯之美的主要原因是什麼？（11-4推論短文觀點）（9101）【50】
（A）色澤光鮮，明豔照人　（B）刻鏤精工，晶瑩剔透
（C）雍容淡雅，素淨脫俗※　（D）珍貴稀少，世所罕見

鑑別度	難易度	A	B	C	D
0.58	71.92	6.65	17.11	71.92	2.73

說明：此題難度0.72，誘答選項A、B選答率【0.05-0.20】，為高鑑別度試題。顯示低分組考生對文章觀點，精熟度不足。

從故宮博物院收藏的青玉女佩等飾物來看，這時的婦女，頭上都插有髮笄。按周代禮俗：女子年過十五，如已許嫁，便得舉行笄禮，以示成人及身有所屬；如年過二十而未許嫁，也得舉行笄禮，不過這種笄禮不及上述隆重，所用笄飾也不一樣。這種風俗，一直影響到後世，明清時期的開臉上頭（拔去臉上的汗毛，並梳上成人的髮髻）之俗，即由此發展而來。商代的髮笄實物在古墓中曾有出土，它的質料大多是獸骨，也有用象牙、寶玉製成的。在笄的上端，一般都刻有雞、鳥、鴛鴦或幾何紋圖樣。從文獻記載來看，這種髮飾不僅婦女使用，男子也可用來簪髮，且以笄的質料分別貴賤等差。—《中華服飾五千年 ‧ 商代髮式和髮飾》

05. 根據這篇短文，我們可以獲知女子的「及笄之年」最接近於下列哪一個選項所指稱的年齡？（11-1詮釋短文詞語涵義）（9301）【37】
（A）始齔之年　（B）志學之年※　（C）而立之年　（D）不惑之年

鑑別度	難易度	A	B	C	D
0.56	81.20	5.52	81.20	9.05	4.09

說明：此題難度0.81，誘答選項A、C選答率【0.05-0.10】，為高鑑別度試題。顯示低分組考生對特定詞語文化意涵，精熟度不足。

06. 下列何者是本文沒有提及的範圍？（11-3-2摘要短文內容-內容）（9301）【38】
(A) 笄的質料可看出地位高低　(B) 笄的上端有雞、鳥等圖案
(C) 地位高的男子戴繪圖巾帽※　(D) 殷商時的男子也以笄簪髮

鑑別度	難易度	A	B	C	D
0.51	87.00	4.48	3.28	87.00	5.09

說明：此題難度0.87，誘答選項A、C、D選答率【0.00-0.05】，爲高鑑別度試題。顯示低分組考生對文章內容重點，精熟度不足。

美國史丹佛大學的研究人員曾發表一篇論文，發現輕觸莫木的枝幹會激發某些特殊基因，使含鈣的蛋白質產量增加，改變植物的生長形態。這個發現引起英國愛丁堡大學一群植物學家的興趣，他們把剛長出新芽的煙草分成兩組，都栽培在溫室中以便觀察，並控制其他變因。不同的是，一組持續不斷受到風的吹拂，另一組則任它們自然生長。

研究人員將水母的基因，分別注射到兩組煙草身上。假如煙草體內增加鈣的含量，則水母的基因就會使它們發出藍色的光。實驗的結果，在風中搖曳的煙草形成一片藍。

那麼，鈣的作用是什麼呢？愛丁堡的研究者認為鈣雖非植物本身所需的養分，但鈣質的增加可能使植物體內的生長細胞之細胞壁加厚，因而使整株植物的結構定位，就不會萎萎縮縮地長不大了。—改寫自曾志朗《用心動腦話科學》

07. 根據這篇文章的描述，在英國植物學家的實驗過程中，什麼是影響煙草生長形態最主要的變因？【現代文-說明文】（11-4推論短文觀點）（9401）【47】
（A）人的觸摸 （B）溫室環境 （C）水母基因 （D）風的吹拂※

鑑別度	難易度	A	B	C	D
0.60	59.70	8.94	12.62	17.88	59.70

說明：此題難度0.60，誘答選項A、B、C選答率【0.05-0.20】，為高鑑別度試題。顯示中、低分組考生對文章觀點，精熟度不足。

08. 根據本文，下列敘述何者正確？（11-3-2摘要短文內容-內容）（9401）【48】
（A）溫室的草木經不起強風的考驗，會萎萎縮縮地長不大
（B）植物體內含鈣量的增加，是乏進植物生長的主要因素
（C）鈣質增加會使生長細胞的細胞壁增厚，植物長得更好※
（D）水母基因會刺激植物生產含鈣的蛋白質，發出藍色光

鑑別度	難易度	A	B	C	D
0.49	64.98	10.87	10.41	64.98	12.46

說明：此題難度0.65，誘答選項A、B、D選答率【0.10-0.15】，為高鑑別度試。顯示低分組考生對文章內容重點，精熟度不足。

二、低鑑別度試題

根據表7合於低鑑別試題的條件為：現代文閱讀試題，鑑別度低於0.38，根據表7可得五則題組，刪除瑕疵試題二題組，得三題組。茲分別說明如後。

路是無聲的語言，無形的文字，它溝通了思想、文化，聯絡起感情、友誼。藉著它，人們得以擴大生活的範圍。藉著它，人們緊緊地握起手來。舊的路衰老了、毀壞了；新的又從後一代手裡建築起來。鑿石、填河，更寬敞的路無垠無涯地拓展、綿延，伸展到遙遙遠遠的土地；串起了愛和友情，也串起了罪惡和戰爭。

朋友，在你人生的過程中，已跋涉過幾多道路？你愛平穩安定嗎？那麼請循前人的道路行進。你愛冒險進取嗎？那麼請用自己的血汗，來開闢一條新的道路吧！平穩的道路通向平穩的終程；崎嶇的道路卻往往通向璀璨的前途；可是，不管你選什麼樣的路，必須要不停留地一步步地走去。朋友，只管走過去吧！不必逗留著採拾路畔的花朵來保存，一路上，花朵自會繼續開放哩！—艾雯〈路〉

01. 根據本文，路的主要功能是什麼？（11-4推論短文觀點）（9302）【37】

（A）提供生活資訊，規畫平穩前途

（B）建立多元價值，促進社會和諧

（C）促進科技發展，以使生活便利

（D）增加生活經驗，拉近人我距離※

鑑別度	難易度	A	B	C	D
0.32	73.71	8.44	13.55	4.21	73.71

說明：此題難度0.74，誘答選項A、B選答率【0.05-0.15】，爲高鑑別度試，但鑑別度低。乃因選項內容經過統整，高分組考生對統整文章內容重點，精熟度不足，因而誤答。

2.根據本文所述，人生可以有多種選擇，但成敗的關鍵在於什麼？
（11-4推論短文觀點）（9302）【38】
（A）冒險進取 （B）持之以恆※ （C）求新求變 （D）發憤圖強

鑑別度	難易度	A	B	C	D
0.40	72.37	18.83	72.37	4.59	4.15

說明：此題難度0.72，誘答選項A選答率【0.15-0.20】，爲高鑑別度試，但鑑別度低。顯示高分組考生忽略「不管你選什麼樣的路，必須要不停留地一步步地走去」，的重點。

戲劇「鎖麟囊」中富家千金薛湘靈出嫁之日，花轎在春秋亭避雨，亭中另有一轎，轎中的人正在哭泣。此時，薛湘靈有一段唱詞：

「春秋亭外風雨暴，何處悲傷破寂寥？隔簾只見一花轎，想必是新婚渡鵲橋。吉日良辰當歡笑，為何鮫珠化淚拋？此時卻又明白了：世上何嘗盡富豪，也有飢寒悲懷抱，也有失意痛哭嚎。轎內的人兒彈別調，必有隱情在心梢。」

03. 根據薛湘靈的揣測，另一頂花轎中的新娘應是何種心情？（11-4推論短文觀點）（9402）【40】
（A）嬌羞喜悅 （B）憤恨不平
（C）悽愴悲涼※ （D）意興闌珊

鑑別度	難易度	A	B	C	D
0.29	89.39	2.62	5.64	89.39	2.19

說明：此題難度0.89，誘答選項B選答率【0.05-0.10】，爲高鑑別度試，但鑑別度低。顯示高分組考生對推論人物心情，精熟度不足。

04. 下列成語，何者最適合用來形容薛湘靈與另一位新娘的相遇？
（11-4推論短文觀點）（9402）【41】
（A）狹路相逢　（B）同病相憐
（C）兩情相悅　（D）萍水相逢※

鑑別度	難易度	A	B	C	D
0.37	67.00	15.92	14.54	2.45	67.00

說明：此題難度0.67，誘答選項A、B選答率【0.15-0.20】，爲高鑑別度試，但鑑別度低。顯示高分組考生對文章內容重點，精熟度不足。

05. 薛湘靈在春秋亭中的體悟，與下列何者最爲接近？（11-4推論短文觀點）（9402）【42】
（A）貧富貴賤各有命，並非人人皆幸福※
（B）同是遠嫁他方，應該互相安慰鼓勵
（C）富貴福分是苦修而來，半點求不得
（D）女子婚姻無法自主，只能逆來順受

鑑別度	難易度	A	B	C	D
0.37	76.87	76.87	5.87	3.87	13.30

說明：此題難度0.77，誘答選項B、D選答率【0.05-0.15】，爲高鑑別度試，但鑑別度低。顯示高分組考生對文章內容重點，精熟度不足。

一種顏色之於大地，不是單調便是蒼涼；多種色彩，不是熱鬧便是繽紛，這種普遍的認知到了四姑娘山的雙橋溝，卻被漫山遍野鮮麗反而顯得蒼茫的冬景推翻了。

四姑娘山地處中國大陸四川盆地與青藏高原交接的地帶，以四座並列、平均海拔六千多公尺的高峰而得名，雪峰連綿、氣勢磅礴。雙橋溝是其中一處全長三十四公里的雪峰群，漫山遍野的紅杉林在不同節氣

中呈現紅、綠、黃等色彩，紫色則是冬日才有的景觀，鮮麗卻不掩其滄桑，氣韻天然。—改寫自《人間福報》

06. 根據本篇報導，冬天的雙橋溝呈現下列何種景象？（11-3-2摘要短文內容-內容）（9502）【42】
（A）色彩繽紛，熱鬧繁華（B）黃綠爭妍，氣韻天成
（C）色澤單一，純淨冷肅（D）紫林鮮麗，不免滄桑※

鑑別度	難易度	A	B	C	D
0.49	78.42	8.98	5.36	7.16	78.42

說明：此題難度0.78，誘答選項A、B、C選答率【0.05-0.10】，為高鑑別度試題。

07. 本文的寫作特色可以用下列何者來說明？（11-5解釋短文模式）（9502）【43】
（A）描繪景物，色彩鮮明※（B）託物記事，比喻巧妙
（C）善用典故，旁徵博引　（D）說理清晰，不疾不徐

鑑別度	難易度	A	B	C	D
0.22	75.55	75.55	12.82	2.92	8.60

說明：此題難度0.76，誘答選項B、D選答率【0.05-0.15】，為高鑑別度試，但鑑別度低。顯示高分組考生對文章寫作模式，精熟度不足。

三、瑕疵試題

根據「試題檢核表」檢核，可得瑕疵試題二則二題，茲分別說明如後。

甲、試題未提供充足的答題情境【2-2】

以下短文節錄、改寫自一篇報導文學，請仔細閱讀並回答下列問題：

十餘年來我在醫檢工作之餘，除了沈浸於史料的解讀、尋找老部落與古戰場、採訪泰雅族的抗日遺老之外，更多次前往日本，試圖從兩方的當事人或見證者口中，釐清事件的盲點。由於當事人或是見證者皆因年邁而瀕臨凋零，拜訪遺老成為我一再探索與追溯的迫切功課。再者，近年臺灣原住民族群面對瞬息萬變的社會，出現了一些無法適應環境的問題，了解霧社事件的經過與原住民族群的歷史變遷或許有助於找出其適應不良的原因。—鄧相揚〈霧重雲深—一個泰雅家庭的故事〉

02. 由上文可，這篇報導文學所要報導的主題最可能是什麼？（11-4推論短文觀點）（9102）【47】
（A）原住民族群的社會適應問題
（B）泰雅族抗日的古戰場所在地
（C）泰雅族部落的興衰發展
（D）霧社事件的真相※

鑑別度	難易度	A	B	C	D
0.06	28.04	55.69	5.51	10.26	28.04

說明：此題難度0.28，鑑別度0.06，誘答選項A選答率0.56，超過正答0.28，顯示高分組誤答嚴重。乃因題幹的「釐清事件的盲點」，事件所指爲何，無法從相關的上下文獲得足夠訊息，考生因而誤答。

修題建議：
試圖從兩方的當事人或見證者口中，釐清霧社事件的盲點。

自二十一世紀中期起，所有娛樂、人際接觸與各類知識的傳遞，都是從被稱為「終端機」的螢幕開始，從網際網路當中，我們可以獲得一切的資訊，家家擁有一個或多個螢幕已屬常態。到了二〇八〇年，每個房間的四面牆上都有螢幕的情形將不足為奇，即使是在廚房裡切麵包或者蹲廁所的時候，天下事仍盡在我們的視力範圍內，世界就站在廚房的桌上。時間不空揮霍，放著絕佳機會不加以利用簡直是麻木不仁。

未來，我們可以論及真正的雙邊交流，藉由網路，不僅能夠從螢幕上取得各種形式的資料，亦可與任何一個人有所接觸。那時人類已經永久遠離街頭與廣場，終端機成為我們的休息場所。想要放鬆心情的人，只能回家買蕃茄或與其他人聊天了！—改寫自賈德《賈德談人生》

03. 根據上文，「想要放鬆心情的人，只能回家買蕃茄或與其他人聊天了！」這句話傳達的主要意思是什麼？（11-2詮釋短文句子涵義）（9102）【50】
（A）人們忙於資訊交流，無暇放鬆心情
（B）在網路上與人聊天，既安全又隱密
（C）農產品藉由網路配銷，是未來的趨勢
（D）想要放鬆心情，必須靠網路與人溝通※

鑑別度	難易度	A	B	C	D
0.20	39.76	40.95	3.74	14.70	39.76

說明：此題難度0.40，鑑別度0.20，誘答選項A選答率0.41，超過正答0.40，顯示高分組誤答嚴重。乃因短文對「想要放鬆心情的人，只能回家買蕃茄或與其他人聊天了！」所提供的答題訊息不夠充足，考生因而誤答。

修題建議：

此題爲題幹選文未提供充足答題情境，建議選文在關鍵處，增加連接詞，使文義的因果關係更爲清晰。

未來，我們可以論及真正的雙邊交流，藉由網路，不僅能夠從螢幕上取得各種形式的資料，亦可與任何一個人有所接觸。那時，由於人類已經永久遠離街頭與廣場，所以，終端機將成為我們的休息場所，也因此，想要放鬆心情的人，只能回家買蕃茄或與其他人聊天了！

四、試題用語瑕疵

（一）瑕疵說明

基測現代文閱讀試題，格試用語可統一者以摘要短文內容爲主，其餘因提問內容多樣，格式較難統一。摘要短文內容的用語瑕疵，主要是題幹用語凌亂，茲說明如後：

甲、題幹用語凌亂：

如【依據本文的論述，下列敘述何者正確？】

【有關本文的說明，下列敘述何者正確？】

【以下推論，何者不符合本文的論點？】

【根據上文的敘述，可以推知下列哪一個現象？】

上述題幹皆提問短文內容的摘要，但用語凌亂，應加以統一。

再如：【這段短文的中心思想是什麼？】

【下列敘述，何者是本文的主旨？】

上述題幹皆提問內容要旨，但用語凌亂，應加以統一。

（二）格式化用語

甲、摘要短文內容

1.根據上文，下列有關它的內容說明，何者正確？

2.根據上文，下列敘述何者能說明它的要旨？

本節小結

表8　現代文閱讀試題「品質分析與改善建議」分析表

教學目標	101. 現代文閱讀	改善建議
評量指標	11-1詮釋短文詞義 11-2詮釋短文句義 11-3摘要短文內容 11-4推論短文觀點 11-5解釋短文模式 11-6其他	11-1詮釋短文詞義1題 11-2詮釋短文句義2題 11-3摘要短文內容5題 11-4推論短文觀點3題 11-5解釋短文模式2題 11-6區辨短文要素2題 11-7組織短文脈絡2題 11-8歸因短文寓意1題 其中現代文宜佔10題，並以分析能力指標爲主
評量細目	無	
恰適性	合乎課綱	宜納入中外古今鄉土名著爲題材
代表性	多數合乎指標及認知能力 11-1詮釋短文詞義3題 11-2詮釋短文句義7題 11-3摘要短文內容24題 11-4推論短文觀點36題 11-5解釋短文模式8題 11-6其他9題	增加分析能力試題，刪除其他試題。
整體分析	D 0.45　P 0.73 試題較易，品質佳	增加試題難度
年度次分析	各年度次品質穩定 但第二次品質較差	提高第二次試題品質及難度
難度等級分析	0.61-0.70　D 0.50 0.81-0.90　D 0.46 表現佳	改善0.51-0.60，0.71-0.80品質
評量指標分析	11-1詮釋詞義 D 0.44 11-2詮釋句義 D 0.45 11-3摘要內容 D 0.48 11-4推論觀點 D 0.43 11-5解釋模式 D 0.45 多數高於0.45	增加解釋短文模式試題難度，提高推論短文觀點、試題品質

第九章　古文、韻文閱讀試題的品質分析與改善建議

基測評量理解能力的閱讀題組試題分現代文、古文、韻文三類，本章針對古文、韻文閱讀教學目標的試題，說明試題品質及改善建議。

第一節　能認識古文閱讀

本節討論基測有關古文閱讀試題的品質分析與改善建議。品質分析分效度分析、數量分析、品質分析三項。效度分析先說明古文閱讀試題評量指標的擬定；接著根據「九年一貫課綱」，分析教學目標、評量指標與課綱的關聯性，說明試題的恰適性。其次以「試題結構表」、「各年度次試題雙向細目表」，分析合乎評量指標、評量細目、認知能力試題及各年度次試題分配，說明試題的代表性。

數量分析根據「基測推委會」提供的考生試題反應數據，說明古文閱讀試題的試題反應。再據之分析試題難度及鑑別度，在整體、各年度次、各難度等級、各評量指標的統計特質，說明試題品質。

品質分析根據各評量指標的平均值，選擇正、負一個標準差之外的試題，分析高、低鑑別度試題特質。其次根據「試題檢核表」，分類瑕疵試題。最後則歸納試題用語瑕疵，說明各評量指標的格式化用語。

改善建議則根據上述各項分析，具體說明改善建議。

壹、效度分析

一、試題恰適性

效度分析旨在評估古文閱讀試題能否有效評量教學目標－能認識古文閱讀，所欲評量的重點。因此先以內容關聯效度的邏輯分析爲依據，利用下列步驟，分析古文閱讀試題的恰適性。

1.整理基測90-95年度，各年度次有關古文閱讀評量的試題。

2.根據試題題幹及選項，將古文閱讀試題依試題特性做進一步分類。

3.根據試題特性，採用Bloom2001年認知領域教育目標所提供的動詞，擬定評量指標。

4.檢核教學目標、評量指標與「九年一貫課綱」能力指標及學習內涵指標的關聯性，以說明試題的恰適性。

基測90-95年度，各年次有關古文閱讀評量的試題共有46題，內容分爲六類，一類爲選擇短文詞語涵義、一類爲選擇短文句子涵義、一類爲選擇短文內容、一類爲選擇短文觀點、一類爲選擇短文模式、一類爲其他（不符合閱讀評量重點，含詞語應用、讀音、句法結構）。

古文閱讀以評量理解能力爲主，根據Bloom2001年版有關認知領域教育目標的能力分類架構，理解能力行爲目標動詞描述有詮釋（interpreting）、舉例（exemplifying）、分類 （classifying）、摘要（summarizing）、推論（inferring）、比較（compaaring）、解釋（explaining）七種。詮釋的定義爲由一種溝通形式轉換爲另一種溝通形式；舉例爲用例子說明概念或原則；分類爲指出某物隸屬於某一特定類目；摘要爲提出主題或要點；推論爲從現有資訊提出具邏輯性的結論；比較檢視兩個觀點事物或其他類似物間的一致性；解釋建立一個系統的因果模式（葉連祺、林淑萍，2003）。

古文閱讀有關選擇短文詞句涵義的試題，與詮釋的定義相近，評量指標可定義爲：1.詮釋短文詞語涵義。選擇短文句子涵義的試題，與詮釋的定義相近，評量指標可定義爲：2.詮釋短文句子涵義。選擇短文內容的試題。與摘要的定義相近，評量指標可定義爲：3.摘要短文內容。選擇短文觀點的試題，與推論的定義相近，評量指標可定義爲：4.推論短文觀點。選擇短文模式的試題，與解釋的定義相近，評量指標可定義爲：5.解釋短文模式。不符合閱讀評量重點試題則歸爲其他。

其次將古文閱讀試題的教學目標與評量指標，與九年一貫課綱相關的能力指標及學習內涵指標比對，以說明試題的恰適性。茲將對照表說明如後。

表1　基測古文閱讀試題「教學目標、評量指標與課綱指標」分析表

教學目標	對應指標	評量指標	對應指標細則
12.能認識短文閱讀－古文	E-3-1能熟習並靈活應用語體文及文言文作品中詞語的意義 E-3-2能靈活應用不同的閱讀理解策略，發展自己的讀書方法 E-3-3能欣賞作品的寫作風格、特色及修辭技巧	12-1詮釋古文詞語涵義 12-2詮釋古文句子涵義 12-3摘要古文內容 12-4推論古文觀點	E-3-1-1能熟習並靈活應用語體文及文言文作品中詞語的意義 E-3-3-1能了解並詮釋作者所欲傳達的訊息，進行對話 E-3-3-4能欣賞作品的內涵及文章結構

根據表1可知，基測古文閱讀試題的教學目標與評量指標，合乎九一貫課綱有關閱讀能力E-3-1、 E-3-2、E-3-3的能力指標與E-3-1-1、E-3-3-1、E-3-3-4、E-3-2-6、E-3-3-5的學習內涵指標，試題具恰適性。

二、試題代表性

分析古文閱讀試題的代表性，先以評量指標分類各年度次試題；再根據試題內容，分類評量細目；接著統計合乎各評量指標及細目試題題數，做成「試題結構分析表」。其次分析各年度次試題在評量指標的分布，以說明試題的代表性。茲分別列表說明如後。

表2　基測古文閱讀試題「試題結構」分析表

題號	評量指標	認知能力	原題號	年度
1	12-3摘要短文內容-要旨	理解	36	9001
2	12-5解釋短文模式	理解	37	9001
3	12-2詮釋短文句子涵義	理解	38	9001
4	12-3摘要短文內容-內容	理解	35	9002
5	12-2詮釋短文句子涵義	理解	36	9002
6	12-4推論短文觀點	理解	37	9002
7	12-2詮釋短文句子涵義	理解	38	9002
8	12-2詮釋短文句子涵義	理解	39	9002
9	12-4推論短文觀點	理解	35	9101
10	12-6其他	理解	36	9101
11	12-2詮釋短文句子涵義	理解	37	9101
12	12-4推論短文觀點	理解	38	9101
13	12-4推論短文觀點	理解	39	9101
14	12-4推論短文觀點	理解	34	9102
15	12-2詮釋短文句子涵義	理解	35	9102
16	12-4推論短文觀點	理解	36	9102

17	12-4推論短文觀點	理解	37	9102
18	12-4推論短文觀點	理解	38	9102
19	12-4推論短文觀點	理解	39	9102
20	12-4推論短文觀點	理解	40	9102
21	12-5解釋短文模式	理解	41	9102
22	12-4推論短文觀點	理解	47	9201
23	12-4推論短文觀點	理解	48	9201
24	12-4推論短文觀點	理解	45	9202
25	12-5解釋短文模式	理解	46	9202
26	12-4推論短文觀點	理解	41	9301
27	12-2詮釋短文句子涵義	理解	42	9301
28	12-3摘要短文內容-要旨	理解	45	9301
29	12-6其他	理解	46	9301
30	12-3摘要短文內容-要旨	理解	41	9302
31	12-4推論短文觀點	理解	42	9302
32	12-1詮釋短文詞語涵義	理解	44	9401
33	12-1詮釋短文詞語涵義	理解	45	9401
34	12-5解釋短文模式	理解	46	9401
35	12-6其他	理解	43	9402
36	12-4推論短文觀點	理解	44	9402
37	12-3摘要短文內容-要旨	理解	45	9402
38	12-4推論短文觀點	理解	40	9501
39	12-3摘要短文內容-內容	理解	41	9501
40	12-2詮釋短文句子涵義	理解	47	9501
41	12-2詮釋短文句子涵義	理解	48	9501
42	12-5解釋短文模式	理解	44	9502
43	12-1詮釋短文詞語涵義	理解	45	9502
44	12-4推論短文觀點	理解	46	9502
45	12-2詮釋短文句子涵義	理解	47	9502
46	12-4推論短文觀點	理解	48	9502

表3 基測古文閱讀試題「雙向細目表」分析表

類別	評量指標	記憶	理解	應用	分析	題數	總數
11. 古文閱讀	11-1 詮釋短文詞語涵義		3			3	
	11-2 詮釋短文句子涵義		10			10	
	11-3 摘要短文內容		6			6	
	11-4 推論短文觀點		19			19	
	11-5 解釋短文模式		5			5	
	11-6 其他		3			3	46

表4 基測古文閱讀試題「各年度次雙向細目」分析表

教學目標	評量指標	認知能力	90 1	90 2	91 1	91 2	92 1	92 2	93 1	93 2	94 1	94 2	95 1	95 2	題數
12. 古文閱讀	12-1 詮釋詞語涵義	理解	0	0	0	0	0	0	0	0	2	0	0	1	3
	12-2 詮釋句子涵義		1	3	1	1	0	0	1	0	0	0	2	1	10
	12-3 摘要短文內容	理解	1	1	0	0	0	0	1	1	0	1	1	0	6
	12-4 推論短文觀點	理解	0	1	3	6	2	0	1	1	0	1	1	3	19
	12-5 解釋短文模式	理解	1	0	0	1	0	1	0	0	1	0	0	1	5
	12-6 其他-恰當詞語、讀音、句法結構	理解	0	0	1				1			1			3

根據表2.3.4可知，基測古文閱讀試題多數符合評量指標與認知能力的要求，但列爲其他3題，不符合評量指標內容。其中詮釋短文詞語涵義爲3題，詮釋短文句子涵義爲10題，摘要短文內容爲6題，推論短文觀點爲19題，解釋短文模式爲5題，其他3題。

閱讀古文爲國中生最重要的閱讀能力，建議各年度次安排試題4題，並根據「基測試題雙向細目建議表」，以理解能力指標爲主（避免增加考生學習古文負擔），使試題更具代表性。此外評量指標爲其他的試題，內容含當詞語1、讀音1、句法結構1，內容過於瑣碎，不符合短文閱讀的評量重點，建議刪除此類試題。

貳、數量分析

一、試題反應分析

根據「基測推委會」所提供的各年度「各年度基測國文科試題反應分析簡表」將古文閱讀試題，做成難度、鑑別度、選項選答率的分析表，茲說明如後。

表5　基測古文閱讀試題「試題反應」分析表

題號	評量指標	D	P	A	B	C	D	原題號	年度
1	12-3摘要短文內容-要旨	0.57	0.60	0.60	0.06	0.07	0.28	36	9001
2	12-5解釋短文模式	0.34	0.58	0.09	0.58	0.13	0.21	37	9001
3	12-2詮釋短文句子涵義	0.41	0.53	0.07	0.53	0.24	0.16	38	9001
4	12-3摘要短文內容-內容	0.53	0.59	0.11	0.07	0.59	0.23	35	9002
5	12-2詮釋短文句子涵義	0.5	0.63	0.08	0.09	0.20	0.63	36	9002
6	12-4推論短文觀點	0.3	0.55	0.31	0.55	0.09	0.04	37	9002
7	12-2詮釋短文句子涵義	0.27	0.38	0.38	0.39	0.17	0.06	38	9002

8	12-2詮釋短文句子涵義	0.36	0.59	0.17	0.18	0.59	0.06	39	9002
9	12-4推論短文觀點	0.48	0.77	0.04	0.18	0.77	0.01	35	9101
10	12-6其他	0.57	0.79	0.03	0.79	0.05	0.13	36	9101
11	12-2詮釋短文句子涵義	0.56	0.68	0.10	0.10	0.12	0.68	37	9101
12	12-4推論短文觀點	0.49	0.71	0.07	0.09	0.13	0.71	38	9101
13	12-4推論短文觀點	0.4	0.57	0.57	0.17	0.09	0.16	39	9101
14	12-4推論短文觀點	0.37	0.78	0.09	0.12	0.78	0.01	34	9102
15	12-2詮釋短文句子涵義	0.31	0.82	0.08	0.07	0.82	0.04	35	9102
16	12-4推論短文觀點	0.14	0.51	0.43	0.51	0.02	0.04	36	9102
17	12-4推論短文觀點	0.33	0.92	0.04	0.02	0.92	0.02	37	9102
18	12-4推論短文觀點	0.33	0.39	0.39	0.29	0.25	0.07	38	9102
19	12-4推論短文觀點	0.24	0.20	0.05	0.54	0.20	0.21	39	9102
20	12-4推論短文觀點	0.47	0.69	0.04	0.69	0.22	0.05	40	9102
21	12-5解釋短文模式	0.42	0.51	0.02	0.17	0.29	0.51	41	9102
22	12-4推論短文觀點	0.47	0.80	0.09	0.07	0.80	0.04	47	9201
23	12-4推論短文觀點	0.56	0.66	0.66	0.17	0.05	0.11	48	9201
24	12-4推論短文觀點	0.4	0.69	0.69	0.10	0.17	0.04	45	9202
25	12-5解釋短文模式	0.53	0.81	0.07	0.05	0.81	0.06	46	9202
26	12-4推論短文觀點	0.61	0.70	0.09	0.09	0.11	0.70	41	9301
27	12-2詮釋短文句子涵義	0.52	0.86	0.06	0.86	0.04	0.04	42	9301
28	12-3摘要短文內容-要旨	0.54	0.50	0.50	0.18	0.16	0.16	45	9301
29	12-6其他	0.59	0.62	0.10	0.13	0.62	0.15	46	9301
30	12-3摘要短文內容-要旨	0.31	0.90	0.03	0.01	0.90	0.06	41	9302
31	12-4推論短文觀點	0.5	0.73	0.06	0.06	0.73	0.15	42	9302
32	12-1詮釋短文詞語涵義	0.39	0.82	0.12	0.82	0.04	0.02	44	9401
33	12-1詮釋短文詞語涵義	0.56	0.46	0.46	0.14	0.22	0.18	45	9401
34	12-5解釋短文模式	0.49	0.65	0.02	0.03	0.30	0.65	46	9401
35	12-6其他	0.43	0.69	0.69	0.06	0.13	0.12	43	9402
36	12-4推論短文觀點	0.4	0.57	0.10	0.57	0.10	0.22	44	9402
37	12-3摘要短文內容-要旨	0.52	0.83	0.83	0.06	0.04	0.06	45	9402

38	12-4推論短文觀點	0.5	0.72	0.05	0.17	0.72	0.06	40	9501
39	12-3摘要短文內容-內容	0.54	0.82	0.05	0.07	0.07	0.82	41	9501
40	12-2詮釋短文句子涵義	0.38	0.56	0.11	0.56	0.18	0.15	47	9501
41	12-2詮釋短文句子涵義	0.56	0.57	0.57	0.13	0.13	0.15	48	9501
42	12-5解釋短文模式	0.26	0.82	0.04	0.12	0.01	0.82	44	9502
43	12-1詮釋短文詞語涵義	0.56	0.78	0.78	0.07	0.06	0.08	45	9502
44	12-4推論短文觀點	0.37	0.63	0.04	0.20	0.63	0.13	46	9502
45	12-2詮釋短文句子涵義	0.3	0.50	0.36	0.50	0.06	0.08	47	9502
46	12-4推論短文觀點	0.54	0.77	0.08	0.07	0.07	0.77	48	9502
	標準差	0.11	0.15						

二、難度、鑑別度平均值分析

為分析古文閱讀試題難度、鑑別度特質，先分析寫作格式試題難度、鑑別度平均值，並與90-95年基測的難度、鑑別度平均值比較，了解整體的試題品質。其次分析各年度次難度、鑑別度平均值，了解各年度次的試題品質。接著分析各難度等級的鑑別度平均值，了解試題各難度等級的試題品質。最後分析各評量指標試題難度、鑑別度平均值，了解各評量指標的試題品質。茲分別列圖說明如後。

（一）整體分析

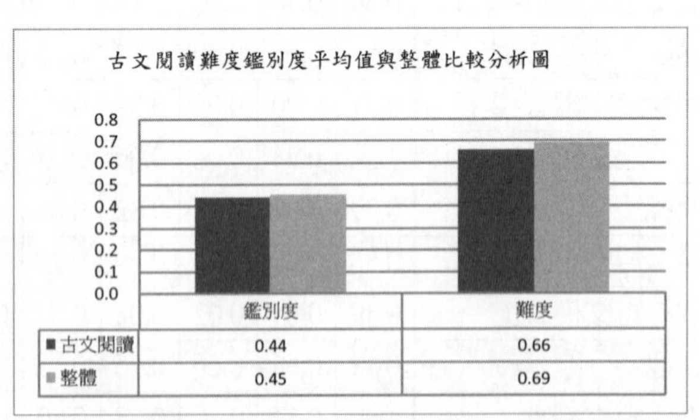

圖1　古文閱讀試題難度、鑑別度與整體試題難度、鑑別度比較分析圖

（二）年度次分析

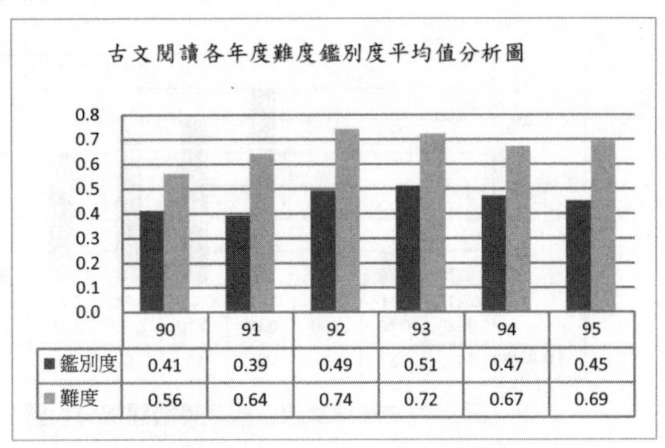

圖2　古文閱讀試題各年度難度、鑑別度平均值分析圖

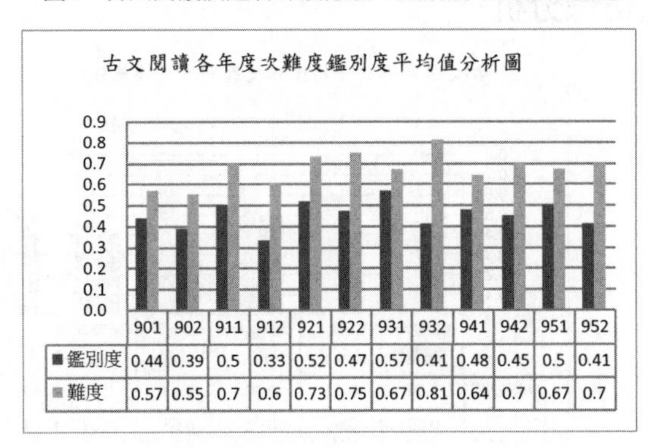

圖3　古文閱讀試題各年度次難度、鑑別度平均值分析圖

（三）難度等級分析

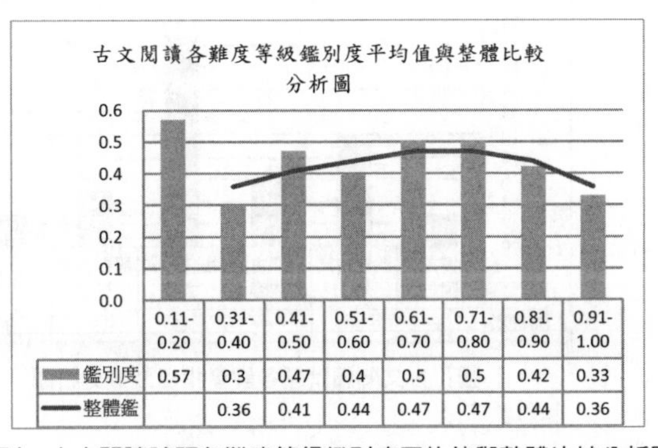

圖4　古文閱讀試題各難度等級鑑別度平均值與整體比較分析圖

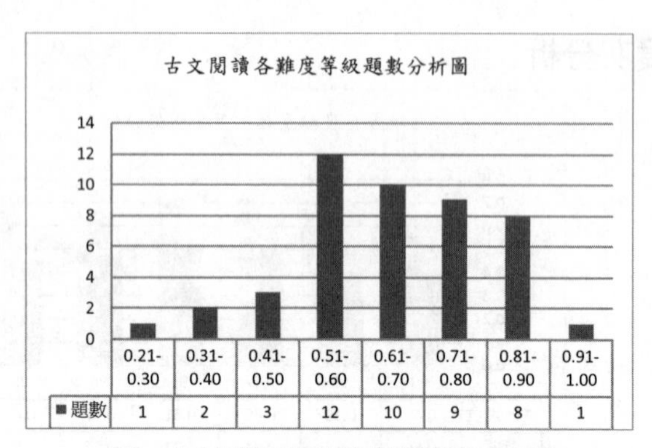

圖5　古文閱讀試題各難度等級題數分析圖

（四）評量指標分析

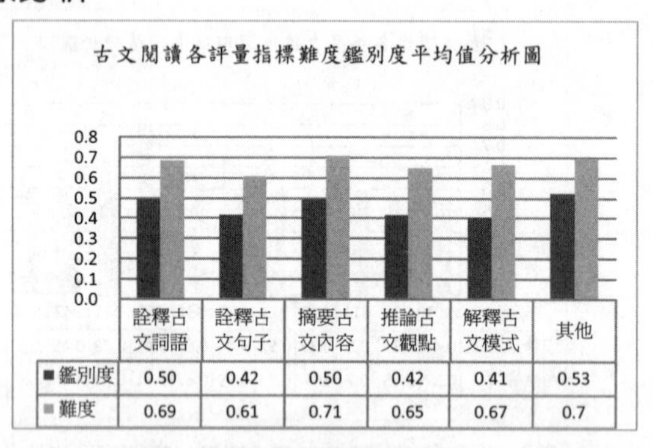

圖6　古文閱讀試題各評量指標難度、鑑別度平均值分析圖

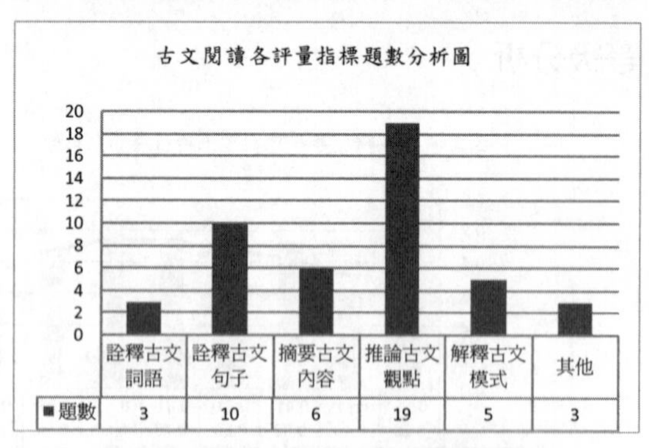

圖7 古文閱讀試題各評量指標題數分析圖

根據上圖分析，可得以下結論：

1.根據圖1可知，古文閱讀試題在整體難度與鑑別度的表現：其難度值在整體平均值負一個標準差範圍內，鑑別度在整體平均值負一個標準差範圍內。

顯示試題較難，試題品質較差。

2.根據圖2可知，古文閱讀試題在各年度難度、鑑別度平均值的表現：各年度難度平均值最高值爲0.74，最低值爲0.56，在難度平均值0.66正、負一個標準差0.81-0.51的範圍內。鑑別度平均值最高值爲0.51，最低值爲0.39，在鑑別度平均值0.44正、負一個標準差0.55-0.33範圍內，各年試題品質穩定。90、91年鑑別度平均值低於整體平均值，92年後試題品質有明顯改善。

顯示各年度試題品質穩定。

03.根據圖3可知，古文閱讀試題在各年度次難度、鑑別度平均值的表現：各年度次難度平均值最高值爲0.81，最低值爲0.55，全數在難度平均值0.66正、負一個標準差0.81-0.51範圍內。鑑別度平均值最高值爲0.57，最低值爲0.33，多數在鑑別度平均值0.44正負一個標準差0.55-0.33範圍內，只有931的0.57爲正偏離，各年度次試題品質大致穩定。每年第二次的鑑別度值，都比第一次低；第二次的難度值，除90、91年外，也較第一次高，顯示92年後，第二次的試題較爲容易，且品質較差，應提高第二次試題的編寫品質。

顯示各年度次試題品質尚稱穩定，但宜提高第二次試題品質及難度。

4.根據圖4.5可知，古文閱讀試題在各難度等級鑑別度的表現：試題難度等級分佈在0.41-0.50，0.61-0.80之間，鑑別度表現佳。

顯示試題在0.31-0.40，0.51-0.60，0.81-1.00難度等級，品質不佳。

5.根據圖6.7可知，古文閱讀試題在各評量指標鑑別度的表現：各評量指標的鑑別度平均值只有詮釋短文語詞涵義及摘要短文內容高於整體平均值，其餘皆低於整體平均值。顯示低分組對詮釋短文語詞涵義及摘要短文內容的學習內容較不精熟，高分組則對解釋短文模式的學習內容較不精熟。

顯示各評量指標除詮釋短文詞義、摘要短文內容外，試題品質較差。閱讀題組應評量高層次能力，摘要短文內容，難度平均直達0.71，試題過於簡單，應提昇此類試題編寫品質。

參、品質分析

爲說明古文閱讀的試題品質，乃根據表5的試題反應分析；先統計各閱讀題組的難度、鑑別度平均值；再依平均值求標準差；最後分析鑑別度平均值高於一個標準差的試題，做爲高鑑別度試題範例；分析鑑別度平均值低於一個標準差的試題，做爲低鑑別度試題範例。其次根據「試題檢核表」檢視各試題的題幹與選項，如有不符合檢核表的標準，則列爲瑕疵試題。最後歸納試題題幹的用語瑕疵，並根據評量指標說明格式化用語。茲將古文閱讀「各題組難度、鑑別度平均值」分析表及「各題組鑑別度平均值及標準差數值」分析表，說明如後。

表6　古文閱讀「各題組難度、鑑別度平均值」分析表

	1	2	3	4	5	6	7	8	9	10
D	0.44	0.52	0.31	0.54	0.45	0.27	0.3	0.45	0.52	0.47
P	0.57	0.61	0.51	0.75	0.64	0.7	0.51	0.6	0.73	0.75
年度	9001	9002	9002	9101	9101	9102	9102	9102	9201	9202
題號	3638	3536	37-39	35-37	38-39	34-36	37-39	40-41	4748	4546
	11	12	13	14	15	16	17	18	19	20
D	0.57	0.57	0.41	0.48	0.45	0.52	0.47	0.4	0.42	
P	0.78	0.56	0.81	0.64	0.7	0.77	0.57	0.74	0.64	
年度	9301	9301	9302	9401	9402	9501	9501	9502	9502	
題號	4142	4546	4142	44-46	43-45	4041	4748	44-46	4748	

表7　古文閱讀「各題組鑑別度平均值及標準差數值」分析表

內容	鑑別度	標準差	高一個標準差	低一個標準差
古文閱讀	0.44	0.11	0.55	0.33

一、高鑑別度試題

根據表7合於高鑑別度試題的條件爲：古文閱讀試題，鑑別度高於0.55，根據表7可得二則題組，茲分別說明如後。

華歆、王朗俱乘船避難，有一人欲依附，歆輒難之。朗曰：「幸尚寬，何為不可？」後賊追至，王欲舍所攜人。歆曰：「本所以疑，正為此耳。既已納其自託，寧可以急相棄邪？」遂攜拯如初。世以此定華、王之優劣。—劉義慶《世說新語》

01. 根據本文，王朗在這個事件中的表現，用下列哪一個詞語來形容最恰當？【文言文-記敘文】（12-4推論短文觀點）（9301）【41】
（A）器量寬大　（B）缺乏定見　（C）當機立斷　（D）思慮欠周※

鑑別度	難易度	A	B	C	D
0.61	70.07	9.07	9.42	11.20	70.07

說明：此題難度0.70，誘答選項A、B、C選答率【0.05-0.15】，為高鑑別度試。顯示低分組考生對文章重點的概括能力，精熟度不足。

02. 「既已納其自託，寧可以急相棄邪」的意思是什麼？【文言文-記敘文】（12-2詮釋短文句子涵義）（9301）【42】
（A）雖然已經接受他的請託，危急時刻我還是寧願拋棄他
（B）雖然已經接受他的請託，怎麼可以因為危急而拋棄他※
（C）雖然是他自己前來投靠，危急時拋棄他也沒什麼關係
（D）既然已把生命託付給他，他怎可在緊急時拋棄我們呢

鑑別度	難易度	A	B	C	D
0.52	85.71	5.95	85.71	4.49	3.60

說明：此題難度0.86，誘答選項A、C、D選答率【0.00-0.05】，為高鑑別度試。顯示低分組考生對文章句義了解，精熟度不足。

正始年間，周南為襄邑長。一日，有鼠著衣冠出廳堂，語周南曰：「爾某日當死。」周南不應。至其日復出，冠幘絳衣，又語周南曰：「爾日中當死。」復不應。鼠入。日適中，鼠又出曰：「周南！汝不應死，我復何道！」遂顛蹶而死，即失其衣冠。視之，則如常鼠也。—改寫自《藝文類聚‧卷九十五‧引列異傳》

03. 下列哪一句話最能概括這則故事的寓意？【文言文-記敘文】（12-3摘要短文內容-要旨）（9301）【45】
（A）見怪不怪，其怪自敗※（B）以逸待勞，相機出擊
（C）明槍易躲，暗箭難防（D）將計就計，反敗為勝

鑑別度	難易度	A	B	C	D
0.54	49.64	49.64	17.51	15.72	16.41

說明：此題難度0.50，誘答選項B、C、D選答率【0.15-0.20】。顯示中、低分組考生對短文寓意的理解，精熟度不足。

04. 下列哪一句所省略的主語是周南？【文言文-記敘文】（12-6其他）（9301）【46】
（A）至其日復出　（B）冠幘絳衣
（C）l復不應※　（D）遂顛蹶而死

鑑別度	難易度	A	B	C	D
0.59	61.65	10.31	12.50	61.65	14.83

說明：此題難度0.62，誘答選項A、B、D誘答率【0.10-0.15】。顯示中、低分組考生對理解文義所涉及的對象，精熟度不足。

二、低鑑別度試題

根據表7合於低鑑別度試題的條件爲：古文閱讀試題，鑑別度低於0.33，根據表7可得三則題組9題，茲分別說明如後。

秦之圍邯鄲，趙使平原君求救，合從於楚，約與食客門下有勇力文武備具者二十人偕……得十九人，餘無可取者，無以滿二十人。門下有毛遂者，前。自贊於平原君曰：「……今少一人，願君即以遂備員而行矣。」平原君曰：「先生處勝之門下，幾年於此矣？」毛遂曰：「三年於此矣。」平原君曰：「夫賢士之處世也，譬若錐之處囊中，其末立見……先生不能，先生留！」毛遂曰：「臣乃今日請處囊中耳！使遂蚤得處囊中，乃穎脫而出，非特其末見而已。」平原君竟與毛遂偕。—西漢・司馬遷《史記・平原君列傳》

01. 從毛遂與平原君的對話，可以看出毛遂的個性如何？【文言文-記敘】（12-4推論短文觀點）（9002）【37】
（A）韜光養晦　（B）勇於表現※（C）目中無人（D）自怨自艾

鑑別度	難易度	A	B	C	D
0.30	55.47	30.76	55.47	9.39	4.39

說明：此題難度0.55，誘答選項A、C選答率【0.05-0.35】，爲高鑑別度試題，但鑑別度低。顯示中、高分組考生對理解古文，分析人物個性，精熟度不足。

02. 平原君曰：「夫賢士之處世也，譬若錐之處囊中，其末立見」的意思爲何？【文言文-記敘】（12-2推論短文句子涵義）（9002）【38】
（A）有才華必立即展現※
（B）才情應該深藏不露
（C）人才必等伯樂而顯
（D）賢才可以改造時代

鑑別度	難易度	A	B	C	D
0.27	38.27	38.27	39.21	16.83	5.69

說明：此題難度0.38，誘答選項C選答率【0.15-0.20】，誘答選項B選答率超過正答。顯示中、高分組考生對理解古文文義，精熟度不足。

03. 毛遂曰：「臣乃今日請處囊中耳！使遂蚤得處囊中，乃穎脫而出，非特其末見而已。」這段話的意義爲何？【文言文-記敘】（12-2推論短文句子涵義）（9002）【39】
（A）承蒙厚愛，愧不敢當
（B）才能平庸，猶待歷練
（C）適才適所，必能有爲※
（D）沈寂無聞，必然無才

鑑別度	難易度	A	B	C	D
0.36	58.65	16.89	18.07	58.65	6.39

說明：此題難度0.59，誘答選項A、B選答率【0.15-0.20】，為高鑑別度試題，但鑑別度低。顯示中、高分組考生對理解古文文義，精熟度不足。

元豐六年十月十二日，夜，解衣欲睡；月色入戶，欣然起行。念無與樂者，遂至承天寺，尋張懷民。懷民亦未寢，相與步於中庭。

庭下如積水空明，水中藻荇交橫，蓋竹柏影也。

何夜無月？何處無竹柏？但少閑人如吾兩人耳！—蘇軾〈記承天夜遊〉

04. 根據文意，作者為什麼要到承天寺？【文言文-記敘文】（12-4推論短文觀點）（9102）【34】
（A）失眠難耐 （B）心緒無聊 （C）偕友賞月※ （D）參禪求道

鑑別度	難易度	A	B	C	D
0.37	77.77	9.05	11.83	77.77	1.29

說明：此題難度0.78，誘答選項B選答率【0.15-0.20】，為高鑑別度試題，但鑑別度低。顯示高分組考生對理解古文文義，精熟度不足。

05. 本文末句「但少閑人如吾兩人耳！」表達出怎樣的感慨？【文言文-記敘文】（12-2詮釋短文句子涵義）（9102）【35】
（A）標榜自己有隨遇而安的修養
（B）自嘲自己與張懷民一事無成
（C）有閑情逸致才能欣賞到美景※
（D）無所事事的人才能欣賞美景

鑑別度	難易度	A	B	C	D
0.31	81.58	7.93	6.71	81.58	3.68

說明：此題難度0.82，誘答選項A、B選答率【0.05-0.10】，爲高鑑別度試題，但鑑別度低。顯示高分組考生對理解古文文義，精熟度不足。

06. 下列語句，何者點出了題目中的「遊」字？【文言文-記敘文】（12-4推論短文觀點）（9102）【36】
（A）月色入戶，欣然起行
（B）相與步於中庭※
（C）水中藻荇交橫
（D）何夜無月？何處無竹柏

鑑別度	難易度	A	B	C	D
0.14	51.29	42.59	51.29	2.33	3.70

說明：此題難度0.51，誘答選項A選答率【0.40-0.45】，爲高鑑別度試題，但鑑別度低。顯示中、高分組考生忽略題目「記承天夜遊」的重點。

彌子瑕有寵於衛君。衛國之法，竊駕君車者罪刖。彌子瑕母病，人聞，有夜告彌子瑕者，彌子瑕矯駕君車以出，君聞而賢之曰：「孝哉！為母之故，忘其犯刖罪。」異日，與君遊於果園，食桃而甘，不盡，以其半啖君。君曰：「愛我哉！忘其口味，以啖寡人。」及彌子瑕色衰愛弛，得罪於君，君曰：「是固嘗矯駕吾車，又嘗啖我以餘桃。」—韓非《韓非子》

07. 由上文可知，彌子瑕竊駕君車的原因何在？【文言文-記敘文】（12-4推論短文觀點）（9102）【37】
（A）知法犯法，故意挑戰法令
（B）衛國之法，不處罰竊車賊
（C）母親患急病，無暇顧及法律※
（D）與國君同遊，當然不算竊車

鑑別度	難易度	A	B	C	D
0.33	92.45	3.78	2.12	92.45	1.56

說明：此題難度0.92，誘答選項A、B、D選答率【0.00-0.05】，爲高鑑別度試題，但鑑別度低。顯示高分組考生對古文文義理解，精熟度不足。

08. 由上文可知，彌子瑕將桃子分與衛君吃，當時衛君的想法是什麼？【文言文-記敘文】（12-4推論短文觀點）（9102）【38】
（A）桃子很甜，彌子瑕捨不得個人獨享※
（B）彌子瑕故意示好，以考驗衛君的愛
（C）彌子瑕平日就驕縱，不顧君臣之禮
（D）桃子是衛君的最愛，不容他人分享

鑑別度	難易度	A	B	C	D
0.33	39.16	39.16	28.81	24.53	7.39

說明：此題難度0.39，誘答選項B、C選答率【0.20-0.30】，爲高鑑別度試題，但鑑別度低。顯示高分組考生對古文人物想法的理解，精熟度不足。

09. 根據上文，衛君改變了對彌子瑕的態度，關鍵在何處？【文言文-記敘文】（12-4推論短文觀點）（9102）【39】
（A）彌子瑕仗勢欺人，衛君已經忍無可忍
（B）彌子瑕目中無人，衛君自覺受到冒犯
（C）彌子瑕不再迷人，衛君已經感到厭倦※
（D）彌子瑕得罪他人，衛君難以再袒護他

鑑別度	難易度	A	B	C	D
0.24	19.99	4.85	53.94	19.99	21.08

說明：此題難度0.20，誘答選項D選答率【0.20-0.25】，誘答選項B選答率超過正答。顯示所有考生對古文文義理解，精熟度不足。

三、瑕疵試題

根據「試題檢核表」檢核，可得瑕疵試題二則二題，茲分別說明如後。

甲、題幹敘述不清晰【3-4】

人解讀有字書，不解讀無字書；知彈有弦琴，不知彈無弦琴。以跡用，不以神用，何以識琴書之趣？—洪自誠《菜根譚》

01. 這段文字的寓意在說明什麼？【文言文-議論文】（12-3摘要短文內容-要旨）（9302）【41】
（A）讀書、彈琴是生活的閒趣
（B）只有詩書可以醫治胸中的俗氣
（C）讀書、欣賞音樂重在領會其中意趣※
（D）真正有學問、懂音樂的人，不須讀書、彈琴

鑑別度	難易度	A	B	C	D
0.31	89.68	2.97	1.29	89.68	5.94

說明：此題難度0.90，誘答選項A、B、D選答率【0.00-0.10】，為高鑑別度試題，但鑑別度低。顯示高分組考生對題幹的寓意理解錯誤，因而誤答。建議修改題幹敘述，以正確說明提問重點。

修題建議：
根據上文，下列何者能說明它的要旨？

乙、題幹提問重點易生爭議【3-6】

楊生養一狗，甚愛憐之，行止與俱。生因暗行，墮於空井中，狗呻吟徹曉。有人經過，怪此狗向井號，往規，見生。生曰：「君可出我，當有厚報。」人曰：「以此狗見與，便當相出。」生曰：「此狗不得相

與。餘即無惜。」人曰：「若爾，便不相出。」狗遂低頭目井。生知其意，乃與路人云：「以狗相與。」人即出之，繫之而去。卻後五日，狗夜走歸。—改寫自《搜神後記　卷九》

1.「狗遂低頭目井。生知其意」，句中「其意」的意思應是下列何者？（9401）（45）
（A）示意楊生答應此人要求無妨 ※
（B）請求楊生千萬不要將牠給人
（C）感謝楊生多年來辛苦的照顧
（D）表明信任楊生做的一切決定

鑑別度	難易度	A	B	C	D
0.56	45.60	45.60	14.15	21.92	17.52

說明：此題難度0.46，誘答選項B、C、D選答率【0.15-0.25】，爲高鑑別度試題，顯示中、低分組考生任意猜題。乃因此題提問重點必須與「卻後五日，狗夜走歸」結何考慮，才能得出正答的推測，因此，題幹必須清楚說明此條件，才易推測出正答選項的結果，否則任何答案都有可能。

修題建議：
根據「卻後五日，狗夜走歸」的結果，推測「狗遂低頭目井。生知其意」，句中「其意」的意思，應指下列何者？

四、試題用語瑕疵

（一）瑕疵說明

基測古文閱讀試題，格試用語可統一者以摘要短文內容爲主，其餘因提問內容多樣，格式較難統一。摘要短文內容的用語瑕疵，以題幹用語凌亂爲主，茲說明如後。

甲、題幹用語凌亂

如：【作者想藉本文來抒發什麼？】

【下列哪一句話最能概括這則故事的寓意？】

【這段文字的寓意在說明什麼？】

【下列何者最貼近本文的寓意？】

【下列何者在本文中完全不曾被提及？】

上述題幹皆提問內容要旨或寓意，但用語凌亂，且提問寓意試題，多數實指要旨而非寓意，由於要旨與寓意涵義不同，建議根據提問內容，界定清楚。

（二）格式化用語

甲、摘要古文內容

1.根據上文，下列有關它的內容說明，何者正確？

2.根據上文，下列何者能說明它的要旨？

3.根據上文，下列何者能說明它的寓意？

本節小結

爲歸納本節有關古文閱讀試題的品質分析與改善建議，試以分析表說明如後。

表8　古文閱讀試題「品質分析與改善建議」分析表

教學目標	102.　古文閱讀	改善建議
評量指標	12-1詮釋古文詞義 12-2詮釋古文句義 12-3摘要古文內容 12-4推論古文觀點 12-5解釋古文模式 12-6其他	以理解能力爲主，佔4題
評量細目	無	
恰適性	合乎課綱	
代表性	多數合乎指標及認知能力 12-1詮釋古文詞義3題 12-2詮釋古文句義10題 12-3摘要古文內容6題 12-4推論古文觀點19題 12-5解釋古文模式5題 12-6其他3題	刪除其他試題。
整體分析	D 0.44　P 0.66 試題較難，品質略差	提昇試題品質
年度次分析	各年度次品質穩定 但第二次品質較差	提高第二次試題品質及難度
難度等級分析	0.41-0.50　D 0.47 0.61-0.80　D 0.50、0.50 表現佳	改善0.31-0.40，0.51-0.60，0.81-1.00品質
評量指標分析	12-1詮釋詞義 D 0.50 12-2詮釋句義 D 0.42 12-3摘要內容 D 0.50 12-4推論觀點 D 0.42 12-5解釋模式 D 0.41 多數低於0.45	提昇摘要古文內容試題難度 提昇 詮釋句義、推論觀點、解釋寫作模式試題品質。
高鑑別度試題	二則4題	
低鑑別度試題	三則9題	
瑕疵試題	二則2題	避免 1.題幹敘述不清晰 2.題幹提問重點易生爭議

第二節　能認識韻文閱讀

本節討論基測有關韻文閱讀試題的品質分析與改善建議。品質分析分效度分析、數量分析、品質分析三項。效度分析先說明韻文閱讀試題評量指標的擬定；接著根據「九年一貫課綱」，分析教學目標、評量指標與課綱的關聯性，說明試題的恰適性。其次以「試題結構表」、「各年度次試題雙向細目表」，分析合乎評量指標、評量細目、認知能力試題及各年度次試題分配，說明試題的代表性。

數量分析根據「基測推委會」提供的考生試題反應數據，說明韻文閱讀試題的試題反應。再據之分析試題難度及鑑別度，在整體、各年度次、各難度等級、各評量指標的統計特質，說明試題品質。

品質分析根據各評量指標的平均值，選擇正、負一個標準差之外的試題，爲高、低鑑別度試題，分析試題特質。其次根據「試題檢核表」，分析瑕疵試題。最後則歸納試題用語瑕疵，說明各評量指標的格式化用語。

改善建議則根據上述各項分析，具體說明改善建議。

壹、效度分析

一、試題恰適性

效度分析旨在評估韻文閱讀試題能否有效評量教學目標－能認識韻文閱讀，所欲評量的重點。因此先以內容關聯效度的邏輯分析爲依據，利用下列步驟，分析韻文閱讀試題的恰適性。

1.整理基測90-95年度，各年度次有關韻文閱讀評量的試題。

2.根據試題題幹及選項，將韻文閱讀試題依試題特性做進一步分類。

3.根據試題特性，採用Bloom2001年認知領域教育目標所提供的動詞，擬定評量指標。

4.檢核教學目標、評量指標與「九年一貫課綱」能力指標及學習內涵指標的關聯性，以說明試題的恰適性。

基測90-95年度，各年度次有關韻文閱讀評量的試題共有33題，內容共有六類，分別爲選擇韻文詞語涵義、韻文句子涵義、韻文內容、韻文觀點、韻文模式及較難歸類的其他（修辭2、語法1）。

韻文閱讀以評量理解能力爲主，根據Bloom2001年版有關認知領域教育目標的能力分類架構，理解能力行爲目標動詞描述有詮釋（interpreting）、舉例（exemplifying）、分類 （classifying）、摘要（summarizing）、推論（inferring）、比較（compaaring）、解釋（explaining）七種。詮釋的定義爲由一種溝通形式轉換爲另一種溝通形式；舉例爲用例子說明概念或原則；分類爲指出某物隸屬於某一特定類目；摘要爲提出主題或要點；推論爲從現有資訊提出具邏輯性的結論；比較檢視兩個觀點事物或其他類似物間的一致性；解釋建立一個系統的因果模式（葉連祺、林淑萍，2003）。

韻文閱讀有關選擇韻文詞語涵義的試題與詮釋的定義相近，評量指標可定義爲：1.詮釋韻文詞語涵義。選擇韻文句子涵義的試題與詮釋的定義相近，評量指標可定義爲：2.詮釋韻文句子涵義。選擇韻文內容的試題與摘要的定義相近，評量指標可定義爲：3.摘要韻文內容。選擇韻文觀點的試題與推論的定義相近，評量指標可定義爲：4.推論韻文觀點。選擇韻文模式的試題，與解釋的定義相近，因此，評量指標可定義爲：5.解釋韻文模式。

其次將韻文閱讀試題的教學目標與評量指標，與九年一貫課綱相關的能力指標及學習內涵指標比對，以說明試題的恰適性。茲將分析表說明如後。

表1　基測韻文閱讀試題「教學目標、評量指標與課綱指標」分析表

教學目標	對應指標	評量指標	對應指標細則
13.能認識短文閱讀－韻文	E-3-1能熟習並靈活應用語體文及文言文作品中詞語的意義 E-3-2能靈活應用不同的閱讀理解策略，發展自己的讀書方法 E-3-3能欣賞作品的寫作風格、特色及修辭技巧	13-1詮釋韻文詞語涵義 13-2詮釋韻文句子涵義 13-3摘要韻文內容 13-4推論韻文觀點	E-3-1-1能熟習並靈活應用語體文及文言文作品中詞語的意義 E-3-3-1能了解並詮釋作者所欲傳達的訊息，進行對話 E-3-3-4能欣賞作品的內涵及文章結構 E-3-2-6能依據文章內容，進行推測和下結論 E-3-3-5能欣賞作品的寫作風格、修辭技巧及特色

根據表1可知，基測韻文閱讀試題的教學目標與評量指標，合乎九一貫課綱有關閱讀能力E-3-1、 E-3-2、E-3-3的能力指標與E-3-1-1、E-3-3-1、E-3-3-4、E-3-2-6、E-3-3-5的學習內涵指標。試題具恰適性。

二、試題代表性

分析韻文閱讀試題的代表性，先以評量指標分類各年度次試題；再根據試題內容，分類評量細目；接著統計合乎各評量指標及細目試題題數，做成「試題結構分析表」。其次分析各年度次試題在評量指標的分佈，以說明試題的代表性。茲分別列表說明如後。

表2　基測韻文閱讀試題「試題結構」分析表

題號	評量指標	認知能力	年度
1	13-3摘要韻文內容-要旨	理解	9101
2	13-3摘要短文內容-要旨	理解	9101
3	13-3摘要短文內容-內容	理解	9201
4	13-5解釋短文模式	理解	9201
5	13-4推論短文觀點	理解	9201
6	13-4推論短文觀點	理解	9202
7	13-1詮釋短文詞語涵義	理解	9202
8	13-6其他	理解	9002
9	13-1詮釋短文詞語涵義	理解	9002
10	13-1詮釋短文詞語涵義	理解	9101
11	13-5解釋短文模式	理解	9101
12	13-5解釋短文模式	理解	9101
13	13-5解釋短文模式	理解	9102
14	13-4推論短文觀點	理解	9102
15	13-4推論短文觀點	理解	9102
16	13-1詮釋短文詞語涵義	理解	9201
17	13-3摘要短文內容-要旨	理解	9201
18	13-2詮釋短文句子涵義	理解	9301
19	13-6其他	理解	9301
20	13-4推論句子觀點	理解	9401
21	13-1詮釋短文詞語涵義	理解	9401
22	13-1詮釋短文詞語涵義	理解	9402
23	13-4推論短文觀點	理解	9402
24	13-6其他	理解	9502
25	13-4推論短文觀點	理解	9502
26	13-1詮釋短文詞語涵義	理解	9502
27	13-4推論短文觀點	理解	9001

28	13-2詮釋短文句子涵義	理解	9001
29	13-1詮釋短文詞語涵義	理解	9001
30	13-4推論短文觀點	理解	9302
31	13-4推論短文觀點	理解	9302
32	13-3摘要短文內容-要旨	理解	9401
33	13-2詮釋短文句子涵義	理解	9401

表3　基測韻文閱讀試題「雙向細目表」分析表

類別	評量指標	記憶	理解	應用	分析	題數	總數
13. 韻文閱讀	13-1 詮釋短文詞語涵義		8			8	
	13-2 詮釋短文句子涵義		3			3	
	13-3 摘要短文內容		5			5	
	13-4 推論短文觀點		10			10	
	13-5 解釋短文模式		4			4	
	13-6 其他		3			3	33

表4 基測韻文閱讀試題「各評量指標」統計表

教學目標	評量指標	認知能力	90 1	90 2	91 1	91 2	92 1	92 2	93 1	93 2	94 1	94 2	95 1	95 2	題數
13 韻文	13-1 詮釋詞語涵義	理解	1	1	1	0	1	1	0	0	1	1	0	1	8
	13-2詮釋句子涵義	理解	1	0	0	0	0	0	1	0	1	0	0	0	3
	13-3 摘要短文內容	理解	0	0	2	0	2	0	0	0	1	0	0	0	5
	13-4 推論短文觀點	理解	1	0	1	2	1	1	0	2	0	1	0	1	10
	13-5解釋短文模式	理解	0	0	2	1	1	0	0	0	0	0	0	0	4
	13-6其他（修辭法、詞性）	理解	0	1	0	0	0	0	1	0	0	0	0	1	3

根據表2.3.4可知，基測韻文閱讀試題多數符合評量指標與認知能力的要求，但有列爲其他3題，不符合評量指標內容。其中詮釋韻文詞語涵義爲8題，詮釋韻文句子涵義爲3題，摘要韻文內容爲5題，推論韻文觀點爲10題，解釋韻文模式爲4題。

閱讀韻文爲國中生最重要的閱讀能力，建議依據「基測試題雙向細目建議表」，安排各年度次試題四題，增加分析能力試題，並使試題更具代表性。而評量指標列爲其他的試題，內容含修辭法2、詞性1，內容過於瑣碎，不符合閱讀題組的評量重點，建議刪除此類試題。

貳、數量分析

一、試題反應分析

根據「基測推委會」所提供的「各年度基測國文科試題反應分析簡表」，將韻文閱讀試題，做成難度、鑑別度、選項選答率的分析表，茲說明如後。

表5　基測韻文閱讀試題「試題反應」分析表

題號	評量指標	D	P	A	B	C	D	原題號	年度
1	13-3摘要短文內容-要旨	0.48	0.53	0.53	0.24	0.06	0.17	40	9101
2	13-3摘要短文內容-要旨	0.35	0.59	0.13	0.59	0.25	0.02	41	9101
3	13-3摘要短文內容-內容	0.48	0.83	0.10	0.03	0.83	0.02	44	9201
4	13-5解釋短文模式	0.59	0.85	0.05	0.04	0.06	0.85	45	9201
5	13-4推論短文觀點	0.38	0.41	0.41	0.12	0.22	0.25	46	9201
6	13-4推論短文觀點	0.32	0.58	0.25	0.58	0.08	0.08	47	9202
7	13-1詮釋短文詞語涵義	0.43	0.73	0.06	0.12	0.73	0.08	48	9202
8	13-6其他	0.63	0.70	0.70	0.13	0.07	0.10	42	9002
9	13-1詮釋短文詞語涵義	0.62	0.67	0.19	0.06	0.08	0.67	43	9002
10	13-1詮釋短文詞語涵義	0.46	0.64	0.19	0.05	0.64	0.12	42	9101
11	13-5解釋短文模式	0.44	0.86	0.06	0.04	0.04	0.86	43	9101
12	13-5解釋短文模式	0.44	0.77	0.77	0.06	0.04	0.12	44	9101
13	13-5解釋短文模式	0.56	0.76	0.06	0.07	0.11	0.76	44	9102
14	13-4推論短文觀點	0.27	0.44	0.28	0.17	0.44	0.11	45	9102
15	13-4推論短文觀點	0.25	0.31	0.31	0.13	0.14	0.43	46	9102
16	13-1詮釋短文詞語涵義	0.46	0.82	0.02	0.02	0.14	0.82	39	9201
17	13-3摘要短文內容-要旨	0.39	0.95	0.01	0.95	0.02	0.02	40	9201
18	13-2詮釋短文句子涵義	0.32	0.42	0.15	0.29	0.14	0.42	47	9301

19	13-6其他	0.58	0.62	0.21	0.62	0.08	0.07	48	9301
20	13-4推論句子觀點	0.35	0.81	0.04	0.81	0.08	0.06	40	9401
21	13-1詮釋短文詞語涵義	0.35	0.42	0.32	0.10	0.42	0.16	41	9401
22	13-1詮釋短文詞語涵義	0.44	0.91	0.01	0.91	0.03	0.05	38	9402
23	13-4推論短文觀點	0.48	0.80	0.01	0.05	0.14	0.80	39	9402
24	13-6其他	0.55	0.83	0.04	0.83	0.06	0.08	39	9502
25	13-4推論短文觀點	0.43	0.92	0.01	0.02	0.05	0.92	40	9502
26	13-1詮釋短文詞語涵義	0.45	0.63	0.06	0.63	0.27	0.04	41	9502
27	13-4推論短文觀點	0.39	0.91	0.02	0.91	0.03	0.04	33	9001
28	13-2詮釋短文句子涵義	0.56	0.67	0.67	0.13	0.10	0.10	34	9001
29	13-1詮釋短文詞語涵義	0.51	0.74	0.14	0.08	0.74	0.04	35	9001
30	13-4推論短文觀點	0.39	0.87	0.87	0.06	0.02	0.05	45	9302
31	13-4推論短文觀點	0.47	0.67	0.10	0.67	0.19	0.03	46	9302
32	13-3摘要短文內容-要旨	0.52	0.65	0.14	0.65	0.10	0.11	35	9401
33	13-2詮釋短文句子涵義	0.52	0.84	0.05	0.03	0.84	0.08	36	9401
	標準差	0.10	0.17						

二、難度、鑑別度平均值分析

為分析韻文閱讀試題難度、鑑別度特質，先分析韻文閱讀試題難度、鑑別度平均值，並與90-95年基測的難度、鑑別度平均值比較，了解整體的試題品質。其次分析各年度次難度、鑑別度平均值，了解各年度次的試題品質。接著分析各難度等級的鑑別度平均值，了解試題各難度等級的試題品質。最後分析各評量指標試題難度、鑑別度平均值，了解各評量指標的試題品質。茲分別列圖說明如後。

（一）整體分析

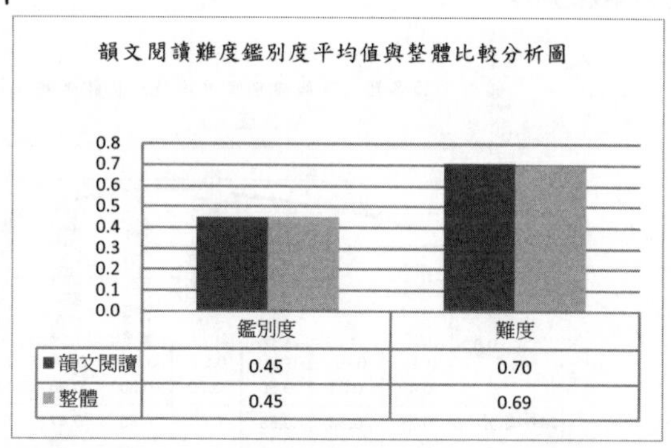

圖1　韻文閱讀試題難度、鑑別度與整體試題難度、鑑別度比較分析圖

（二）年度次分析

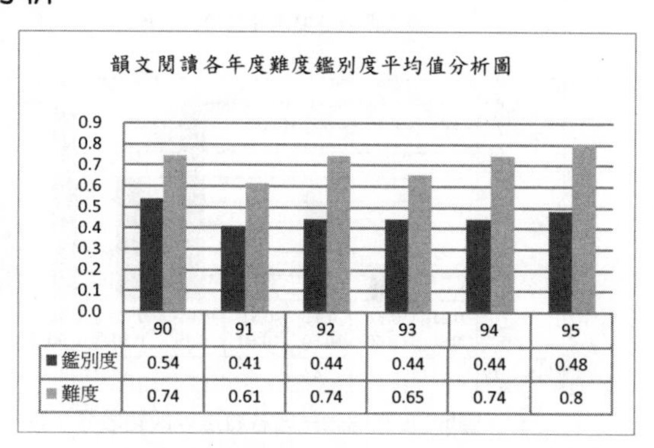

圖2　韻文閱讀試題各年度難度、鑑別度平均值分析圖

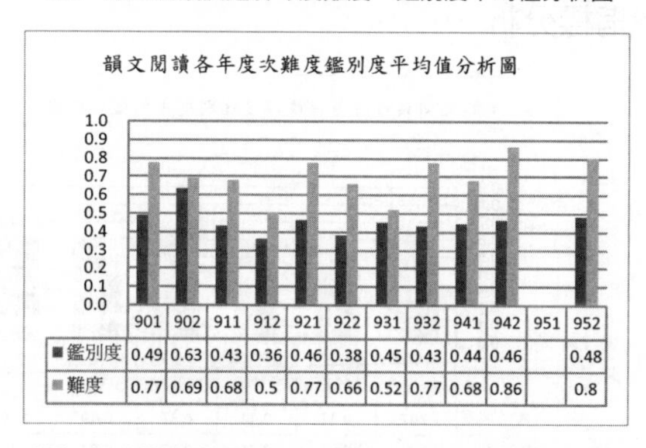

圖3　韻文閱讀試題各年度次難度、鑑別度平均值分析圖

（三）難度等級分析

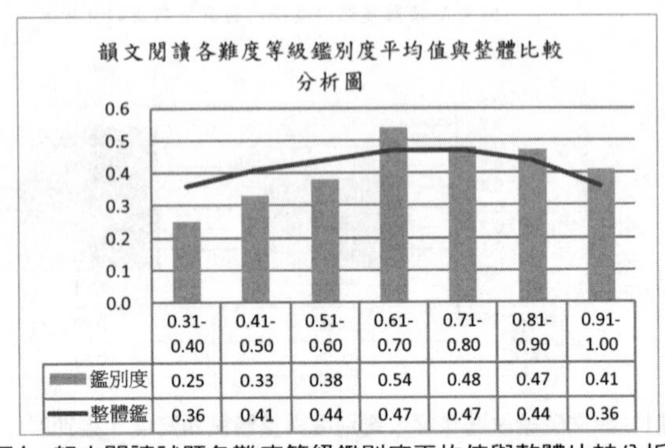

圖4　韻文閱讀試題各難度等級鑑別度平均值與整體比較分析圖

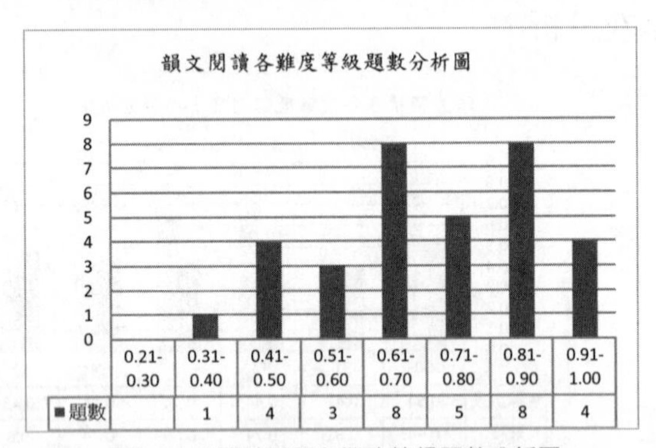

圖5　古文閱讀試題各難度等級題數分析圖

（四）評量指標分析

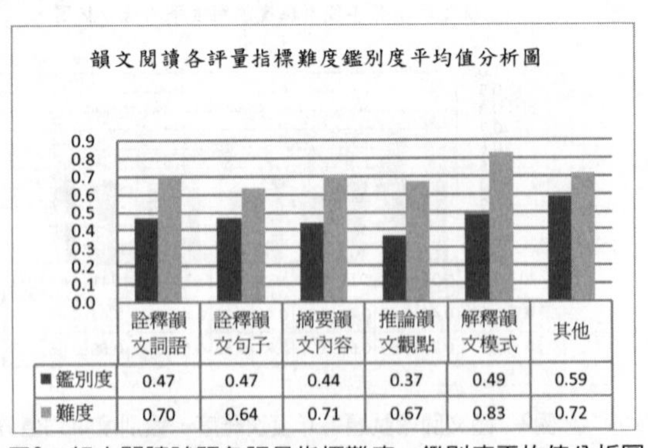

圖6　韻文閱讀試題各評量指標難度、鑑別度平均值分析圖

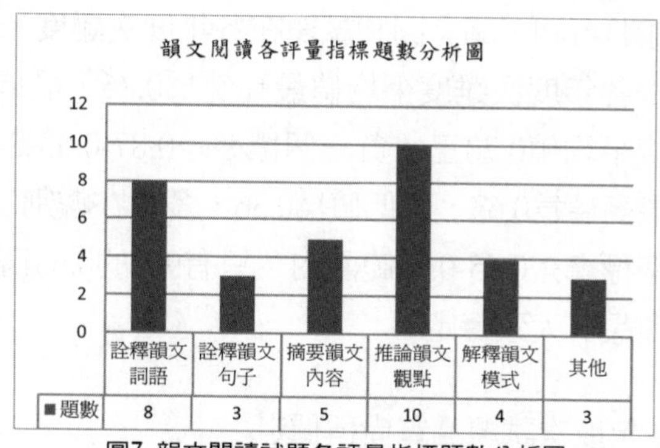

圖7 韻文閱讀試題各評量指標題數分析圖

根據上圖分析，可得以下結論：

1.根據圖1可知，韻文閱讀試題在整體難度與鑑別度的表現：其難度值在整體平均值正一個標準差範圍內，鑑別度等於整體平均值。

顯示試題較容易，試題品質優良。建議應增加評量分析能力層次，並增加試題難度，以有效鑑別高分組考生能力。

2.根據圖2可知，韻文閱讀試題在各年度難度、鑑別度平均值的表現：各年度難度平均值最高值爲0.8，最低值爲0.61，在難度平均值0.70正、負一個標準差0.87-0.53的範圍內。鑑別度平均值最高值爲0.54，最低值爲0.41，在鑑別度平均值0.45正、負一個標準差0.55-0.35範圍內，各年試題品質穩定。90、95年鑑別度平均值高於整體平均值，其餘低於整體平均值。

顯示各年度試題品質穩定。

03.根據圖3可知，韻文閱讀試題在各年度次難度、鑑別度平均值的表現：各年度次難度平均值最高值爲0.86，最低值爲0.55，全數在難度平均值0.70正、負一個標準差0.87-0.53範圍內。鑑別度平均值最高值爲0.63，最低值爲0.36，多數在鑑別度平均值0.45正、負一個標準差0.55-0.35範圍內，只有902的0.63爲正偏離，各年度次試題品質大致穩定。

顯示各年度次試題品質尙稱穩定。

4.根據圖4.5可知，韻文閱讀試題在各難度等級鑑別度的表現：試題難度等級分佈在0.61-0.90之間，鑑別度表現佳。

顯示試題在0.31-0.60難度等級，品質不佳。

5.根據圖6.7可知，韻文閱讀試題在各評量指標鑑別度的表現：各評量指標的鑑別度平均值多數皆高於整體平均值，只有推論短文觀點較低。

顯示各評量指標多數品質優良，提昇推論短文觀點試題品質。解釋短文模式，難度平均值達0.83，試題過於簡單，可提昇此類試題的難度。

參、品質分析

爲說明韻文閱讀試題品質，乃根據表5的試題反應分析，先說明各題組難度、鑑別度平均值；再統計鑑別度標準差；接著選擇各題組鑑別度平均值超過正負於一個標準差的試題，做爲高、低鑑別度試題，說明試題特質。其次根據「試題檢核表」檢視各試題的題幹與選項，如有不符合檢核表的標準，則列爲瑕疵試題，並說明修題建議。最後歸納試題題幹的用語瑕疵，並根據評量指標說明格式化用語。茲將各評量指標鑑別度平均值與標準差，及高、低一個標準差的數值，列表說明如後。

表6　韻文閱讀「各題組難度、鑑別度平均值」分析表

	1	2	3	4	5	6	7	8	9	10
D	0.42	0.48	0.38	0.63	0.45	0.36	0.43	0.45	0.35	0.46
P	0.56	0.70	0.66	0.69	0.76	0.5	0.88	0.52	0.62	0.86
年度	9101	9201	9202	9002	9101	9102	9201	9301	9401	9402
題號	4041	44-46	4748	4243	42-44	44-46	3940	4748	4041	3839
	11	12	13	14						
D	0.48	0.49	0.43	0.52						
P	0.80	0.77	0.77	0.74						
年度	9502	9001	9302	9401						
題號	39-41	33-35	4546	3536						

表7 韻文閱讀「各題組鑑別度平均值及標準差數值」分析表

評量指標	鑑別度	標準差	高一個標準差	低一個鑑別度
韻文閱讀	0.45	0.10	0.55	0.35

一、高鑑別度試題

根據表7合於高鑑別度試題的條件爲：韻文閱讀試題，鑑別度高於0.55，根據表7可得一則題組，茲說明如後。

靈感
爬上一畝一畝泥土
種植一排一排的
防風林
執著的樵夫
用智慧的斤斧
歷經春憂秋冬
築成一幢幢
詩的小屋

——王詔觀〈稿紙〉

01. 「靈感／爬上一畝一畝泥土／種植一排一排的／防風林」，這是運用何種修辭法？【韻文-新詩】（13-6其他）（9002）【42】（此題非閱讀理解，不適合爲題組試題）
（A）轉化※ （B）映襯 （C）誇飾 （D）引用

鑑別度	難易度	A	B	C	D
0.63	69.99	69.99	12.97	6.96	10.09

說明：此題難度0.70，，誘答選項B、D選答率【0.05-0.15】，誘答選項C選答率【0.05-0.10】，爲高鑑別度試題。顯示中、低分組考生對修辭法，精熟度不足。

02. 詩中的「樵夫」和「斤斧」是指：【韻文-新詩】（13-1詮釋短文詞語涵義）（9002）【43】
（A）伐木工人和斧頭 （B）植樹者和鋤頭
（C）建築工人和圓鍬 （D）詩人和詩筆※

鑑別度	難易度	A	B	C	D
0.62	67.13	18.75	6.49	7.63	67.13

說明：此題難度0.67，誘答選項B、C選答率【0.05-0.10】，誘答選項A選答率【0.15-0.20】，爲高鑑別度試題。顯示中、低分組考生對韻文詞語涵義，精熟度不足。

為人在世莫嗜懶，
嗜懶之人才智短，
臨老噬臍悲已晚。
士而懶，終身布衣不能換；
農而懶，食不充腸衣不暖；
工而懶，責聚萬貫成星散。
又不見，人生天地惟在勤，
原勤之本在乎心。
若要自強而不息，
先須抖擻己精神。—胡澹菴輯《繪圖解人頭　勤懶歌》

01. 下列敘述，何者與本詩的主旨最接近？【韻文-其他】（13-3摘要短文內容-要旨）（9401）【35】（此題鑑別度未達高鑑別度試題標準，但評量能力層次較高，故列爲範例。）

（A）懶惰使靈魂虛弱，勤勞讓思緒靈敏
（B）一生之計在於勤，勤勉立身全由己※
（C）一分辛勞一分財，唯有勤勞能致富
（D）人生最困難的事，莫過於戰勝惰性

鑑別度	難易度	A	B	C	D
0.52	65.09	13.79	65.09	10.29	10.69

說明：此題難度0.65，誘答選項A、C、D誘答率【0.10-0.15】，鑑別度佳。顯示中、低分組考生對韻文要旨理解，精熟度不足。

02. 本詩中「臨老噬臍悲已晚」的謹勸意味，與下列何者相同？【韻文-其他】（13-2詮釋短文句子涵義）（9401）【36】
（A）往者不可見，來者猶可追　（B）欲窮千里目，更上一層樓
（C）花有重開日，人無再少年※　（D）生年不滿百，常懷千歲憂

鑑別度	難易度	A	B	C	D
0.52	83.61	4.85	2.97	83.61	8.47

說明：此題難度0.84，誘答選項D誘答率【0.05-0.10】。顯示低分組考生對韻文句義理解，精熟度不足。

二、低鑑別度試題

根據表7合於低鑑別度試題的條件爲：韻文閱讀試題，鑑別度低於0.35，根據表7無此類試題。

三、瑕疵試題

根據「試題檢核表」檢核，可得瑕疵試題一則二題，茲說明如後。

甲、試題未提供充足的答題情境【2-2】

好像
前生是一個憂傷的君王
變作禽鳥
啼濺了鮮血
尋找春天的精魂—蔣勳〈前生的記憶〉

01. 本詩中所提到的禽鳥最可能是哪一種？【韻文-新詩】（13-4推論短文觀點）（9102）【45】
（A）精衛　（B）慈烏　（C）杜鵑※　（D）夜鶯

鑑別度	難易度	A	B	C	D
0.27	43.54	28.28	17.38	43.54	10.62

說明：此題難度0.44，A、B、D誘答選項的誘答率在【0.10-0.30】之間，應爲高鑑別度試題，但鑑別度低，可知高分組考生誤答嚴重。乃因題幹的答題條件不充分，除非援引其他的文化常識，否則無法作答。

02. 從本詩的描述可看出，這位化爲禽鳥的君王，最可能具有下列哪一項精神？【韻文-新詩】（13-4推論短文觀點）（9102）【46】
（A）專一執著※ （B）奮發有爲 （C）摩頂放踵 （D）悲天憫人

鑑別度	難易度	A	B	C	D
0.25	30.85	30.85	12.75	13.55	42.65

說明：此題難度0.31，誘答選項D的選答率爲0.43，高於正答的0.31，而B、C選項的選答率在【0.10-0.15】之間，試題鑑別度低。乃因此題與前一題具關聯性，前題如答杜鵑，則此題必答悲天憫人，觀察前題正答的選答率0.44與此題的誤答率接近，可知此題設計不當。

四、試題用語瑕疵

（一）瑕疵說明

基測韻文閱讀試題，格試用語可統一者以摘要短文內容爲主，其餘因提問內容多樣，格式較難統一。摘要短文內容的用語瑕疵，主要是題幹用語凌亂，茲說明如後：

甲、題幹用語凌亂：

如：【這首詩的主旨在表達什麼？】

【下列何者最貼近本詩的意旨？】

【下列哪一句諺語，最接近這首詩的寓意？】

【下列敘述，何者與本詩的主旨最接近？】

上述題幹皆提問內容要旨，但用語凌亂，有用寓意，也有主旨及意旨。而寓意與主旨涵義不同，應根據提問內容，說明清楚。

（二）格式化用語

甲、摘要韻文內容

1.根據上文，下列有關它的內容說明，何者正確？

2.根據上文，下列敘述何者能說明它的要旨？

3.根據上文，下列何者能說明它的寓意

本節小結

表8　韻文閱讀試題「品質分析與改善建議」分析表

教學目標	13. 韻文閱讀	改善建議
評量指標	13-1詮釋韻文詞義 13-2詮釋韻文句義 13-3摘要韻文內容 13-4推論韻文觀點 13-5解釋韻文模式 11-6其他	以理解、分析能力爲主，佔4題
評量細目	無	
恰適性	合乎課綱	
代表性	多數合乎指標及認知能力 13-1詮釋韻文詞義8題 13-2詮釋韻文句義3題 13-3摘要韻文內容5題 13-4推論韻文觀點10題 13-5解釋韻短文模式4題 13-6其他3題	增加分析能力試題，刪除其他試題。
整體分析	D 0.45　P 0.70 試題略易，品質佳	增加試題難度
年度次分析	各年度次品質穩定	
難度等級分析	0.61-0.90　D 0.54，D 0.48，D0.47. 表現佳	改善0.31-0.60品質
評量指標分析	13-1詮釋詞義 D 0.47　P 0.64 13-2詮釋句義D 0.47　P 0.64 13-3摘要內容D 0.44　P 0.71 13-4推論觀點D 0.37　P 0.67 13-5解釋模式D 0.49　P 0.83 多數低於0.47	摘要內容、解釋短文模式試題過於簡單。推論短文觀點，高分組考生精熟度較不足。解釋短文模式低分組精熟度較不足。
高鑑別試題	一則2題	提昇各指標試題品質
低鑑別度試題	0則0題	
瑕疵試題	一則2題	避免 1.試題答題情境不足

第十章　結　論

根據本書研究，基測國文科試題的表現及改善建議，可說明如後。

一、測驗品質

（一）信度：

平均值爲0.91，表現優良。但亦有可改善者：

1.各年度第二次試題，信度略差，宜提昇試題難度、鑑別度，以提高試題信度。

（二）效度：

試題含十一項教學目標，三十六項評量指標，記憶、理解、應用三種認知能力。試題多數能呼應九年一貫課綱及評量指標，具恰適性及代表性。但亦有可改善者：

1.語法、應用文格式的教學目標及部份文化常識評量指標，課綱缺乏呼應的能力指標。

2.部份字形、讀音試題的選項，超過4500常用字範圍。

3.評量指標及細目過於瑣碎，如非學習重要或核心，宜適度刪減，以減輕學生學習負擔。

4.閱讀題組難度平均值爲0.71，試題過於簡單，且題材未納入古今中外鄉土的代表作品，文字長度過短，未評量分析能力，高鑑別度試題過少，宜提昇此類試題的深度與廣度。

5.各年度次試題中，各教學目標題數分配，變化過大，宜規劃恰當的題數分配，並參考本書的「試題雙向細目建議表」（詳見下文說明），使試題結構及題數分配，固定合理，以符合標準化成就測驗的要求。

二、試題品質

（一）試題品質：

試題整體難度平均值0.69、鑑別度平均值0.45，誘答選項有效性佳，顯示試題品質表現優良。但亦有可改善者：

1.各年度次試題難度、鑑別度平均值多數在正、負一個標準差範圍，但除了語法、韻文閱讀題組外，其他各教學目標試題各年度第二次鑑別度都比第一次差，宜提昇第二次試題品質。

2.各難度等級在0.51-0.90，試題鑑別度最高，達0.44-0.47。難度0.50以下試題，鑑別度平均值只達0.33，且只佔試題百分之十，應提昇中、高難度試題題數及品質。

3.各難度等級鑑別度表現不佳的教學目標試題爲應用文格式、讀音，其次爲寫作格式、現代文閱讀、段義、字形，這些教學目標各難度等級試題，鑑別度低於整體各難度等級鑑別度平均值的試題，達百分之五十以上，應提昇試題品質。

4.教學目標爲字形、讀音、應用文格式的試題，鑑別度低於負一個標準差，宜提昇試題品質。

5.評量指標爲解釋段落寫作模式的試題、鑑別度低於負一個標準差，且試題難度指標高達0. 75，題目過於簡單，宜提昇試題品質。

（二）內容品質：

根據「試題品質檢核表」（詳見本書第一章第二節表43），基測試題多數符合檢核表標準，顯示試題內容品質表現優良。但亦有可改善者：

1.現代文、古文、韻文閱讀題組，高鑑別度試題少；讀音、古文閱讀題組，低鑑別度試題多；讀音、修辭法，瑕疵試題多，以上各教學目標試題，宜參考本書的「各評量指標優良試題範例」（詳見本書第一章第二節表42），提昇試題編寫品質。

2.試題題幹用語凌亂，缺乏統一格式，宜參考本書各評量指標的試題格式化用語（詳見下文說明），提昇試題編寫品質。

三、測驗實施分析

（一）測驗實施：

根據測驗說明及時間安排，顯示測驗實施表現優良。

（二）題本形式：

根據題本的試題題型、題數，正答選項分布，否定提問題數，試題依易、中、難三等級排列等分析，顯示試題形式表現佳。但亦有可改善者：

1.易、中、難三等級試題，在1-10，11-20，21-33.34位置的試題安排，難易度差距過大，且瑕疵試題多分布在30-34題之間，宜檢討預試功能，並提昇判斷試題為瑕疵試題或高難度試題的專業能力。

四、試題雙向細目建議表

教學目標	評量指標	評量細目	題數
1.能認識字形	1-1確認正確字形		1
	1-2回憶形近同音字形		1
2.能認識讀音	2-1回憶形近字讀音		1
3.能認識詞義	3-1詮釋詞語涵義	字義、詞義	2
	3-2比較詞語涵義	多義詞	1
4.能認識句義	4-1詮釋句子涵義		1
	4-2推論句子要點		2
	4-3比較句子關係		2
	4-4舉例句子特定觀點		1
5.能認識段義	5-1摘要段落要旨		2
	5-2推論段落觀點		2
	5-3摘要段落內容		2
	5-5解釋段落寫作模式		2
6.能認識文化常識	6-1推論文化、文學常識	人物、典籍、格律	1
7.能認識修辭法	7-1舉例修辭法	譬喻、映襯、轉化	1
8.能認識語法	8-1分類詞性	詞性活用、詞語結構、句法結構	1
9.能認識寫作格式	9-1實行恰當詞語	成語、連接詞	2
	9-2實行恰當段落	重組、標點符號	1
10.能認識應用文格式	10-1實行應用文格式	書信、題辭	1

11.能認識短文閱讀	11-1詮釋詞語涵義		1
	11-2詮釋句子涵義		2
	11-3摘要短文內容	內容、要旨	5
	11-4 推論短文觀點		3
	11-5解釋短文模式		2
	11-6區辨短文要素		2
	11-7組織短文脈絡		2
	11-8歸因短文寓意		1

五、各評量指標試題格式化用語

評量指標	試題格式化用語
1-1確認正確字形	1.下列文句，何者沒有（有）錯別字？ 2.閱讀下文，並推斷「」的字，何者是（不是）錯別字？
1-2回憶形近同音字形	1.下列文句「」的形近（同音）字，何者使用正確？ 2.閱讀下文，並推斷「」的形近（同音）字，何者使用正確？ 3.閱讀下文，依序爲□選擇恰當的形近（同音）字。
2-1回憶形近字讀音	1.下列詞語「」形近字的讀音，何者兩兩相同（相異）？ 2.下列文句，「」形近字的讀音，何者兩兩相同（相異）？
3-1詮釋詞語涵義	1.下列文句「」中的字，何者替換後意義改變？ 2.閱讀下文，推斷下列有關「」的詞義說明，何者正確？
3-2比較詞語涵義	1.下列文句「」中的詞義，何者兩兩相同？ 2.下列詞語皆有「」字，何者與「」中的「」，涵義相同？
4-1詮釋句子涵義	1.下列文句的涵義說明，何者正確？ 2.「段落引文」，其中「文句」的涵義是什麼？

4-2推論句子要點	1.「文句」，這句話旨在說明什麼？
4-3比較句子關係	1.「文句」，這句話的涵義與下列何者最接近？
4-4舉例句子特定觀點	1.下列文句（詩句），何者以「」爲描寫（敘述）重點？
5-1摘要段落要旨	1.閱讀下文，並推斷它的要旨是什麼？
5-2推論段落觀點	較難歸納格式化用語。
5-3摘要段落內容	1.閱讀下文，並推斷有關它的內容說明，何者正確？
5-5解釋段落寫作模式	較難歸納格式化用語。
6-1推論文化、文學常識	較難歸納格式化用語。
7-1舉例修辭法	1.「範例」一句，使用了「……」的修辭法。下列文句何者也使用相同的修辭法？
8-1分類詞性	1.下列詩（文）句「」中的字，何者不是動詞？ 2.「範例」一句，「……」是形容詞。下列文句「」中的詞語，何者也是形容詞？ 3.「……」的詞語結構是「形容詞＋名詞＋形容詞＋名詞」。下列詞語的詞語結構，何者與它相同？
8-2句法結構	1.用來描述主語性質或狀態的叫「表語」。下列文句「」中的詞語，何者是表語？
9-1實行恰當詞語	1.下列文句「」中的成語（語詞、連詞、數量詞）運用，何者最恰當？
9-2實行恰當段落	1.下列文句標點符號的使用，何者正確? 2.閱讀下文，並依序爲甲、乙、丙、丁選擇恰當排序，使文義清晰流暢。
10-1實行應用文格式	較難歸納格式化用語。
11-1摘要短文內容（閱讀題組）	1.根據上文，下列有關它的內容說明，何者正確？ 2.根據上文，下列敘述何者能說明它的要旨？ 3.根據上文，下列何者能說明它的寓意？ 其他指標較難歸納格式化用語。

主要參考書目

一、教育指標

1.Bloom,B.S.（Ed）（1956）**Taxonomy of educational objectives：The classification of educational goals，Handbook I：Cognitive domain.** NewYork：Longman.

2.黃光雄等譯（1983）。**認知領域目標分類**。台北市：復文。

3.教育部（1998）。**國民中學學生基本學力指標**。

4.Anderson,W.,& Krathwohl,D.R.（Eds.）（2001）**A taxonomy for learning teaching，and assessing：A revision of Blooms' educational objectives.** New York：Longman.

5.簡茂發、李琪明主編（2001）。**當代教育指標：國際比較觀點**。台北市：學富。

6.教育部（2003）。**國民中小學九年一貫課程綱要**。

7.林世華、涂佩鈴。**由修訂版Bloom教育目標分類法分析九年一貫課程國語文能力指標之意涵與其評量**。九年一貫課程網站 TESEC國教專業社群網。

8.教育部。**國民中小學九年一貫課程學習成就評量指標與方法手冊**。

二、教育測驗與統計

1.簡茂發（1987）。**心理測驗與統計方法**。台北市：心理。

2.李偉明（1990）。**考試的統計分析方法**。北京市：高等教育。

3.漆書清（1990）。**教育統計與測量**。廣東省：高等教育。

4.林清山（1992）。**心理與教育統計學**。台北市：東華。

5.張厚粲、劉昕（1992）。**考試改革與標準參照測驗**。遼寧省：教育。

6.張厚燦（1992）。**心理與教育統計學**。台北市：五南。

7.余民寧（1995）。**成就測驗的編製原理**。台北市：心理。

8.余民寧（1997）。**教育測驗與評量－成就測驗與教學評量**。台北市：心理。

9.周東山、朱德全、宋乃慶（1998）。**現代教育統計與測評技術**。重慶市：西南師範大學。

10.凌云（2002）。**考試統計學**。武漢市：華中師範大學。

11.張凱（2002）。**語言測驗理論與實踐**。北京市：語言文化大學。

12.郭生玉（2004）。**教育測驗與評量**。台北市：精華。

13.鄭圓鈴（2004）。**Bloom認知領域教育目標在國語文教學與評量的應用**。台北市：心理。

三、國語文

1.段玉裁（1973）。**說文解字注**。台北市：洪業。

2.林尹（1975）。**文字學概說**。台北市：正中。

3.呂叔湘（1977）。**中國文法要略**。台北市：商務。

4.曹綺雯、周碧紅（1977）。**寫作基本法**。台北市：書林。

5.蔡謀芳（1990）。**表達的藝術－修辭二十五講**。台北市：三民。

6.劉大杰（1991）。**中國文學發展史**。台北市：華正。

7.許世瑛（1995）。**常用虛字用法淺釋**。台北市：復興。

8.高瑞卿（1995）。**文學寫作概要**。高雄市：麗文。

9.許世瑛（1998）。**中國文法講話**。台北市：開明。

10.張仁青（2000）。**應用文**。台北市：文史哲。

11.陳滿銘（2001）。**章法學新裁**。台北市：萬卷樓。

12.蔡宗陽（2002）。**應用修辭學**。台北市：萬卷樓。

13.唐樞（2002）。**成語大典**。台北：五南。

14.袁行霈（2003）。**中國文學史**。台北，五南。

15.顏瑞芳、溫光華（2003）。**風格縱橫談**。台北，萬卷樓。

16.周何（1992）。**國語活用辭典**。台北，五南。

四、期刊論文

1.洪碧霞（1992）。**傳統測驗理論信度的意義、類型與求法**。國教之友，42（4），頁21-24，。

2.涂柏原、章舜雯(2000)。**國中學生基本學力測驗的分數及相關議題**。教師天地，109，9-17。

3.陳柏熹(2000)。**國中基本學力測驗分數的意義與使用**。高中教育，11，38-47。

4.余民寧、賴姿伶、劉育如(2002)。**國中基本學力測驗實施成效之評估研究（I）**。國家科學委員會委託之專題研究案（NSC-91-2413-H-004-004)。台北市：國立政治大學教育學系。

5.余民寧、游森期、劉育如(2003)。**國中基本學力測驗實施成效之評估研究（II）**。行政院國家科學委員會委託之專題研究案(NSC-92-2413-H-004-002)。台北市：國立政治大學教育學系。

6.葉連祺、林淑萍（2003）。**布魯姆認知領域教育目標分類修訂版之探討**。教育研究，105，94-106。

7.李坤崇（2004）**修訂Bloom認知分類及命題實例**。教育研究，122，98-127。

8.余民寧、賴姿伶、劉育如(2004)。**國中基本學力測驗實施成效之初步調查：學生的觀點**。教育與心理研究，27(3)，457-481。

9.余民寧(2004)。**從調查數據回顧基本學力測驗的實施**。測驗學刊，52（1），9-36。

10.余民寧、賴姿伶、劉育如(2005)。**國中基本學力測驗實施成效之初步調查：學校的觀點**。教育與心理研究，28(2)，193-217。

五、其他

1.國中基測90-95年國文科試題。

2.90-95年第一、二次國中基測國文科試題考生試題反應分析。

3.教育部國語推行委員會「87年常用語詞字頻表」。

4.香港「小學中文科常用字研究」。http://alphads10-2.hkbu.edu.hk/~lcprichi/

5.國民中學學生基本學力測驗推動工作委員會網站。

附錄一

「基測國文科試題教學目標與評量指標恰適性研究」

調查問卷教師版

親愛的老師您好，感謝您熱心參與此問卷調查。本問卷的研究目的爲：

一、蒐集教師對基測試題有關教學目標與評量指標恰適性的意見。

二、統計教師意見，提供基測試題編製者的參考。

三、做爲研究論文的論證資料。

謝謝您的協助。

計畫主持人：鄭圓鈴老師（台師大）敬上

民國九十六年九月

調查問題

※作答說明：請您就下列問題，用藍、黑原子筆將○塗滿●。切勿超出格外，作答後請勿塗抹修改，以利電腦閱卷。

一、請填寫您的基本資料

1.任教年資

○ 0-10年
○ 11-20年
○ 21-30年
○ 30年以上

2.任教區域

○ 北
○ 中
○ 南
○ 東

3.性別

○ 男
○ 女

二、下列教學目標為筆者對基測命題重點的歸納。請您評估下列各教學目標在國中國文科教學的重要性，並依照您認為的恰當程度作答。

非常重要	重要	普通	不重要	非常不重要	您對基測教學目標的看法
○	○	○	○	○	1.能認識正確字形
○	○	○	○	○	2.能認識讀音
○	○	○	○	○	3.能認識詞義
○	○	○	○	○	4.能認識句義
○	○	○	○	○	5.能認識段義
○	○	○	○	○	6.能認識文化常識
○	○	○	○	○	7.能認識修辭法
○	○	○	○	○	8.能認識語法
○	○	○	○	○	9.能認識寫作格式
○	○	○	○	○	10.能認識應用文格式
○	○	○	○	○	11.能認識各類短文的閱讀

三、您對評量教學目標有關能力層次恰適性的看法

非常恰當	恰當	普通	不恰當	非常不恰當	教學目標	評量能力層次
○	○	○	○	○	1.能認識正確字形	記憶
○	○	○	○	○	2.能認識讀音	記憶
○	○	○	○	○	3.能認識詞義	記憶、理解
○	○	○	○	○	4.能認識句義	理解
○	○	○	○	○	5.能認識段義	理解
○	○	○	○	○	6.能認識文化常識	理解
○	○	○	○	○	7.能認識修辭法	理解
○	○	○	○	○	8.能認識語法	理解
○	○	○	○	○	9.能認識寫作格式	應用
○	○	○	○	○	10.能認識應用文格式	應用
○	○	○	○	○	11.閱讀-古文、現代文、韻文	理解

四、您對教學目標題數分配恰適性的看法(問卷上的題數為基測各指標的題數平均值，請參考後，在每個指標下填劃您認為恰當的題數。)

評量指標	題數 平均值	您認為恰當的題數（總題數應為48題）
1.能認識字形	2	1 2 3 4 5 6 7 8 9 10 11 12
2.能認識讀音	1	1 2 3 4 5 6 7 8 9 10 11 12
3.能認識詞義	3	1 2 3 4 5 6 7 8 9 10 11 12
4.能認識句義	6	1 2 3 4 5 6 7 8 9 10 11 12
5.能認識段義	10	1 2 3 4 5 6 7 8 9 10 11 12
6.能認識文化常識	2	1 2 3 4 5 6 7 8 9 10 11 12
7.能認識語法	2	1 2 3 4 5 6 7 8 9 10 11 12
8.能認識修辭	1	1 2 3 4 5 6 7 8 9 10 11 12
9.能認識應用文格式	1	1 2 3 4 5 6 7 8 9 10 11 12
10.能認識寫作格式	6	1 2 3 4 5 6 7 8 9 10 11 12
11.閱讀-古文	4	1 2 3 4 5 6 7 8 9 10 11 12
12.閱讀-韻文	4	1 2 3 4 5 6 7 8 9 10 11 12
13.閱讀-現代文	6	1 2 3 4 5 6 7 8 9 10 11 12
總題數	48	

五、下列評量指標為筆者對基測試題內容重點的歸納，請您評估下列各評量指標在基測評量重點的重要性，並依照您認為的恰當程度作答。

非常重要	重要	普通	不重要	非常不重要	您對基測評量指標的看法
○	○	○	○	○	1-1再認正確字形
○	○	○	○	○	1-2回憶形近字形
○	○	○	○	○	2-1再認正確讀音
○	○	○	○	○	2-2回憶形近字讀音
○	○	○	○	○	2-3回憶一字多音讀音
○	○	○	○	○	3-1再認詞語涵義
○	○	○	○	○	3-2詮釋詞語涵義
○	○	○	○	○	3-3分類詞語涵義
○	○	○	○	○	4-1詮釋句子涵義
○	○	○	○	○	4-2推論句子要點
○	○	○	○	○	4-3比較句子關係
○	○	○	○	○	4-4舉例句子特定觀點
○	○	○	○	○	5-1摘要段落要旨
○	○	○	○	○	5-2推論段落觀點
○	○	○	○	○	5-3推論段落標題
○	○	○	○	○	5-4摘要段落內容
○	○	○	○	○	5-5解釋段落寫作模式
○	○	○	○	○	6-1推論文化常識
○	○	○	○	○	6-2推論文學常識
○	○	○	○	○	6-3推論書體及六書常識
○	○	○	○	○	6-4推論工具書常識
○	○	○	○	○	7-1舉例修辭法

非常重要	重要	普通	不重要	非常不重要	您對基測評量指標的看法
○	○	○	○	○	8-1分類複詞
○	○	○	○	○	8-2分類詞性
○	○	○	○	○	8-3分類詞性活用
○	○	○	○	○	8-4分類詞語結構
○	○	○	○	○	8-5分類句法結構
○	○	○	○	○	8-6分類簡句
○	○	○	○	○	9-1實行恰當詞語
○	○	○	○	○	9-2實行恰當句子
○	○	○	○	○	9-3實行恰當段落
○	○	○	○	○	9-4實行標點符號
○	○	○	○	○	10-1實行書信格式
○	○	○	○	○	10-2實行柬帖格式
○	○	○	○	○	10-3實行對聯格式
○	○	○	○	○	10-4實行題辭格式
○	○	○	○	○	10-5實行稱謂語格式
○	○	○	○	○	11-1閱讀題組-詮釋詞語涵義
○	○	○	○	○	11-2閱讀題組-詮釋句子涵義
○	○	○	○	○	11-3閱讀題組-推論句子觀點
○	○	○	○	○	11-4閱讀題組-比較句子關係
○	○	○	○	○	11-5閱讀題組-摘要短文要旨
○	○	○	○	○	11-6閱讀題組-摘要短文內容
○	○	○	○	○	11-7閱讀題組-推論短文觀點
○	○	○	○	○	11-8閱讀題組-解釋短文模式或因果關係

謝謝您的協助

附錄二

一、能認識常用字的字形

甲、 確認正確字形

（甲）詞語

01. 下列詞語，何者用字完全正確？(9001)【13】
(A)並駕齊驅※ (B)因循殆惰 (C)水乳交溶 (D)天崩地烈

鑑別度	難易度	A	B	C	D
0.32	72.59	72.59	9.15	11.18	7.08

評量字形	試題錯字	常用字範圍
並駕齊【驅】		3000字
因循【怠】惰	殆	3000字
水乳交【融】	溶	3000字
天崩地【裂】	烈	3000字

02. 下列詞語，何者用字完全正確？(9502)【7】
(A)穿流不息 (B)去無存菁 (C)幽然神往 (D) 豁然開朗※

鑑別度	難易度	A	B	C	D
0.25	90.79	2.46	4.54	2.18	90.79

評量字形	試題錯字	常用字範圍
【川】流不息	穿	3000字
去【蕪】存菁	無	3000字
【悠】然神往	幽	3000字
【豁】然開朗		4500字

（乙）句子

03. 下列各句，何者用字完全正確？(9002)【9】
(A)等到日上三竿，市聲頂沸時，我再也沒有散步的閒情逸志了
(B)暴風雨來襲，雷電交加，氣勢萬鈞的威力，使眾生為之震懾※
(C)童年所經歷的鎖事雖然細碎，卻深深地影響著我們的個性
(D)歲月摧人啊！曾幾何時，我驕憨的小女兒已經婷婷玉立了

鑑別度	難易度	A	B	C	D
0.38	76.85	4.11	76.85	12.26	6.78

評量字形	試題錯字	常用字範圍
市聲【鼎】沸	頂	3000字
閒情逸【致】	志	3000字
氣勢萬【鈞】		4500字
眾生震【懾】		4500字
細碎【瑣】事	鎖	3000字
影【響】個性	嚮	3000字
【嬌】憨女兒	驕	3000字
【亭亭】玉立	婷婷	3000字

04. 下列各句，何者用字完全正確？(9101)【2】
(A)凡事箭及履及，即知即行，才易成功
(B)做任何事，均應堅持到底，貫徹始終※
(C)一個人若沒有智慧，又如何明辦是非
(D)不要怕困難，那是生命中最好的粹鍊

鑑別度	難易度	A	B	C	D
0.40	82.57	4.15	82.57	9.43	3.80

評量字形	試題錯字	常用字範圍
【劍】及履及	箭	3000字
貫【徹】始終		3000字
明【辨】是非	辦	3000字
生命【淬】鍊	粹	6000字

05. 下列選項，何者用字完全正確？(9102)【32】
(A)誘人的美食廣告，總是讓人味口大開
(B)一張名信片，捎來了遠方友人的問候
(C)由於同學們的群策群力，我們終於打嬴了這場球賽
(D)逢年過節時，機場大廳內常擠滿了候補機位的人潮※

鑑別度	難易度	A	B	C	D
0.24	45.85	22.99	20.83	10.26	45.85

評量字形	試題錯字	常用字範圍
【胃】口大開	味	3000字
【明】信片	名	3000字
打【贏】	嬴	3000字
【候】補機位		3000字

06. 下列文句，何者用字完全正確？(9201)【10】
(A)年輕人奮發向上，才能成爲國家的中流柢柱
(B)多虧楊法醫明查秋毫，才能將兇手蠅之以法
(C)阿海玩日偈歲，偷(?)機取巧，視讀書爲苦差事
(D)飢腸轆轆的老虎躲在樹叢中，伺機攫人而食※

鑑別度	難易度	A	B	C	D
0.41	63.63	22.92	5.70	7.70	63.63

評量字形	試題錯字	常用字範圍
中流【砥】柱	柢	4500字
明【察】秋毫	查	3000字
【繩】之以法	蠅	3000字
玩日【愒】歲	偈	6000字
飢腸【轆轆】		4500字

07. 下列文句，何者用字完全正確？(9301)【18】
(A)本班同學的卡片設計非常有創意，令人嘆爲觀止※
(B)今年高考，哥哥終於金榜提名，我們都爲他感到高興
(C)企鵝的超人氣招來了大批遊客，使得動物園市聲頂沸、熱鬧非凡
(D)許多家長安排孩子上才藝班，讓孩子不得休息，實在是偃苗助長

鑑別度	難易度	A	B	C	D
0.51	75.55	75.55	16.69	4.05	3.64

評量字形	試題錯字	常用字範圍
【嘆】為觀止		4500字
金榜【題】名	提	3000字
市聲【鼎】沸	頂	3000字
【揠】苗助長	偃	6000字

08. 下列哪一個人的情書用字完全正確？(9301)【21】

(A) 道明寺：「杉菜，為了成為配得上你的男人，我一定會憤發圖強，請相信我。」

(B) 飛龍：「劍英，你可知道這些年來，令我心醉神迷、魂遷夢縈的人——只有妳！」

(C) 恩熙：「俊熙，雖然我們相愛的時光短暫如曇花一現，你在我心中永遠不可抹滅。」※

(D) 紫薇：「爾康，『此情無記可消除，才下眉頭，卻上心頭』，此刻的我，無止境地想你……」

鑑別度	難易度	A	B	C	D
0.40	57.15	9.27	12.49	57.15	21.01

評量字形	試題錯字	常用字範圍
【奮】發圖強	憤	3000字
魂【牽】夢縈	遷	3000字
【曇】花一現		4500字
無【計】消除	記	3000字

09. 下列文句，何者用字完全正確？(9401)【28】

(A) 要有偉大的成就，先要有遠大的報負

(B) 唯有建設性的見議，才是具體可行的

(C) 若是一昧要求完美，反而會勢得其反

(D) 新建的大樓通常裝潢華麗，設備新穎※

鑑別度	難易度	A	B	C	D
0.54	51.27	15.72	12.77	20.17	51.27

評量字形	試題錯字	常用字範圍

遠大【抱】負	報	3000字
建設性【建】議	見	3000字
一【味】要求	昧	3000字
【適】得其反	勢	3000字
設備新【穎】		3000字

10. 下列文句，何者用字完全正確？(9402)【32】
(A)明知問題盤根錯結，難以解決，我們何必去淌這渾水
(B)聰明的他整日無所是事，渾渾厄厄的過日子，真令人惋惜
(C)我不只是局外人，而且壓根兒搞不懂狀況，這事豈容我置喙※
(D)人難免有肓點，因此一起討論，彼此指正，將可收集思廣義之效

鑑別度	難易度	A	B	C	D
0.40	52.34	16.31	16.38	52.34	14.90

評量字形	試題錯字	常用字範圍
【蹚】渾水	淌	6000字
無所【事】事	是	3000字
渾渾【噩噩】	厄厄	3000字
容我置【喙】		4500字
人有【盲】點	肓	3000字
集思廣【益】	義	3000字

11. 下列文句，何者用字完全正確？(9502)【24】
(A)農夫在田裡插秧，忙到汗流夾背也不休息
(B)這道數學題實在太難了，老師也一籌莫展※
(C)本學期的模範生選舉，正如火如荼地展開
(D)他對什麼事都寞不關心，簡直是麻木不仁

鑑別度	難易度	A	B	C	D
0.46	65.30	20.04	65.30	9.07	5.55

評量字形	試題錯字	常用字範圍
汗流【浹】背	夾	4500字
一【籌】莫展		3000字
如火如【荼】	茶	4500字
【漠】不關心	寞	3000字

（丙）段落

12. 以下是一篇關於中風的報導，哪一段文字用字完全正確？(9402)【4】
(A)中風爲人類第二大死因，網路傳言，若有人中風，可用針刺激犯者的手指或耳垂
(B)這倒底是謠言，還是確有醫學根據？中風的第一時間，倒底如何才能自救救人呢
(C)臺灣約有十萬名中風病人，卻只有少部分人能康復。其時，中風只是生命的逗點
(D)如果不幸中風，生理和心理的復健一樣重要，只要有信心，重新站立並非難事※

鑑別度	難易度	A	B	C	D
0.29	77.47	7.70	5.88	8.91	77.47

評量字形	試題錯字	常用字範圍
刺激【患】者	犯	3000字
【到】底	倒	3000字
其【實】	時	3000字
心理【復】健		3000字

13. 以下是林偉所整理有關金聖嘆的資料，在這段資料中，哪一選項用字完全正確？(9501)【28】
(A)金聖嘆因醉入獄，兒子前往探堅，涕泣不己。
(B)金聖嘆賦詩說：「蓮子心中苦，梨兒腹內酸」，表達了他憐子離兒之痛，悲創之情表漏無疑。
(C)他被處決時，正値大地雪融冰消之際。※
(D)他翹首雲天，觸景生情之餘，又作詩自吊……

鑑別度	難易度	A	B	C	D
0.49	51.02	6.19	22.96	51.02	19.66

評量字形	試題錯字	常用字範圍
因【罪】入獄	醉	3000字
前往探【監】	堅	3000字
涕泣不【已】	己	3000字
悲【愴】之情	創	4500字

表【露】無疑	漏	3000字
雪【融】冰消		3000字
【翹】首雲天		3000字
作詩自【弔】	吊	4500字

14. 「小明個性衝動，容易受人挑撥離間，把場面弄得劍拔弩張。出國留學前，好友們爲他踐行，並且同聲勸諫他，凡事應三思而後行。」上文是考試中的一題改錯題，下列四組答案，何者正確？(9501) 【29】

(A) 挑撥離「間」→奸
(B)「劍」拔弩張→箭
(C) 爲他「踐」行→餞※
(D) 同聲勸「諫」→建

鑑別度	難易度	A	B	C	D
0.45	36.76	5.88	46.97	36.76	10.32

評量字形	試題錯字	常用字範圍
挑撥離【間】	奸	3000字
【劍】拔弩張	箭	3000字
爲他【餞】行		4500字
同聲勸【諫】	建	4500字

乙、回憶形近字形

(甲) 詞語

15. 下列選項「」中的字，何者字形正確？(9002) 【1】

(A) 神態和「靄」
(B) 暮「藹」沈沈
(C)「偈」見長官
(D) 筋疲力「竭」※

鑑別度	難易度	A	B	C	D
0.33	87.61	5.40	4.81	2.18	87.61

評量字形	試題錯字	常用字範圍
神態和【藹】	靄	3000字
暮【靄】沈沈	藹	4500字
【謁】見長官	偈	5000字
筋疲力【竭】		3000字

16. 下列選項中，何者「」內的字使用正確？(9401)【1】
(A)清「徹」見底 (B)重蹈覆「轍」※
(C)貫「撤」始終 (D)大軍「澈」退

鑑別度	難易度	A	B	C	D
0.46	80.90	6.56	80.90	11.12	1.39

評量字形	試題錯字	常用字範圍
清【澈】見底	徹	3000字
重蹈覆【轍】		4500字
貫【徹】始終	撤	3000字
大軍【撤】退	澈	3000字

(乙)句子

17. 下列選項「」中的同音字，何者用字完全正確？(9002)【30】
(A)在熱「烈」的演唱會中，歌迷撕「裂」了主唱者的外衣※
(B)「梢」後，月亮出現在樹「稍」上，灑下銀白色的光芒
(C)大家「期」待她能越過敵人的防線，把國「棋」送過來
(D)他「決」心為國捐軀，毅然寫了一封「絕」別書給家人

鑑別度	難易度	A	B	C	D
0.33	52.08	52.08	2.62	4.02	41.28

評量字形	試題錯字	常用字範圍
熱【烈】演唱		3000字
撕【裂】外衣		3000字
【稍】後	梢	3000字
樹【梢】上	稍	3000字
【期】待		3000字
國【旗】	棋	3000字
【決】心捐軀		3000字
【訣】別書	絕	3000字

18. 下列文句，何者用字完全正確？(9202)【29】
(A) 多年後再見面，他已經是白髮倉倉的老人，令我有蒼海桑田、蒼狗白雲之感
(B) 在這個人芸亦芸的年代，想在云云眾生中尋找一名有自己見解的人並不容易
(C) 放假不一定要出國，到發人思古悠情的名勝古蹟走走，也能過個幽閒的假期
(D) 我能證明，這樣做會對他造成揠苗助長的結果，你們就偃旗息鼓，別再爭了※

鑑別度	難易度	A	B	C	D
0.54	67.67	2.94	10.95	18.38	67.67

評量字形	試題錯字	常用字範圍
白髮【蒼蒼】	倉倉	3000字
【滄】海桑田	蒼	3000字
人【云】亦【云】	芸	4500字
【芸芸】眾生	云云	4500字
思古【幽】情	悠	3000字
【悠】閒假期	幽	3000字
【揠】苗助長		6000字

19. 下列文句「」中的字，何者使用錯誤？(9302)【10】
(A) 這部電影拍得很美，實在引人「�」思※
(B) 癩「蝦」蟆想吃天鵝肉，太自不量力了
(C) 公餘之「暇」，她總是到孤兒院做義工
(D) 這件事的處理方式似乎稍有「瑕」疵

鑑別度	難易度	A	B	C	D
0.44	78.85	78.85	12.42	5.03	3.65

評量字形	試題錯字	常用字範圍
引人【遐】思	蕸	4500字
癩【蝦】蟆		3000字
公餘之【暇】		3000字
稍有【瑕】疵		4500字

（丙）段落

20. 青春年少時，終日流連電動玩具間，只圖玩樂，不知與同儕切「磋」(甲)進取；而今鬢髮霜白，臨事僅能「嗟」揉(乙)著雙手，苦無良計可施，徒自「蹉」歎(丙)年華已「搓」跎(丁)！上述短文畫線部分「」中填入的字，何者正確？(9001)【26】

(A)甲※　(B)乙　(C)丙　(D)丁

鑑別度	難易度	A	B	C	D
0.49	73.88	73.88	4.09	15.48	6.56

評量字形	試題錯字	常用字範圍
切【磋】進取		3000字
【搓】揉雙手	嗟	3000字
徒自【嗟】歎	蹉	5000字
年華【磋】跎	搓	3000字

21. 「早晨，我容光□發的上學去。在路上遇到一位老人，精神□散的跌坐路旁，我立刻上前攙扶。」上文空格中依序應填入什麼字？(9101)【28】

(A)煥、渙※　(B)渙、煥　(C)煥、瘓　(D)渙、瘓

鑑別度	難易度	A	B	C	D
0.48	56.66	56.66	4.19	33.91	5.16

評量字形	試題錯字	常用字範圍
容光【煥】發 精神【渙】散		3000字 4500字

二、能認識常用字的讀音

甲、確認正確讀音

01. 以下是甲、乙兩人的對話，( )內的注音，哪一選項完全正確？(9102)【30】
(A)甲：姊弟戀該受到社會的撻(ㄊㄚˋ)伐和抨(ㄆㄥˊ)擊嗎
(B)乙：那是個人的選擇，無關道德，我不會因此揶揄(ㄧㄝˊ ㄩˊ)他們 ※
(C)甲：哼!媒體就愛揭(ㄐㄧㄢ)發這類緋(ㄈㄟˇ)聞，加以炒作
(D)乙：嘿!不要以偏概全，媒體也不乏動中(ㄓㄨㄥˋ)事理，鏗(ㄎㄣ)鏘有力的報導啊

鑑別度	難易度	A	B	C	D
0.29	62.90	12.60	62.90	5.34	19.11

評量試題	讀音	常用字範圍
大肆【撻】伐	ㄊㄚˋ	5000字
大力【抨】擊	ㄆㄥ	5000字
【揶】揄嘲笑	ㄧㄝˊ	6000字
【揭】發弊案	ㄐㄧㄝ	3000字
【緋】聞纏身	ㄈㄟ	4500字
動【中】事理	ㄓㄨㄥˋ	3000字
【鏗】鏘有力	ㄎㄥ	5000字

乙、回憶形近字讀音

02. 下列各組字形相近的字，何者字音相同？(9001)【19】
(A)「朔」氣／「塑」膠
(B)「延」長／「筵」席※
(C)創「造」／粗「糙」
(D)「曾」子／「僧」侶

鑑別度	難易度	A	B	C	D
0.31	49.77	22.30	49.77	8.66	19.27

評量試題	讀音	常用字範圍
【朔】氣	ㄕㄨㄛˋ	4500字
【塑】膠	ㄙㄨˋ	3000字
【延】長	ㄧㄢˊ	3000字
【筵】席	ㄧㄢˊ	4500字
創【造】	ㄗㄠˋ	3000字

粗【糙】	ㄘㄠ	3000字
【僧】侶	ㄙㄥ	4500字
【曾】子	ㄗㄥ	3000字

03. 下列各組「」中的字何者字音前後相同？(9002)【26】
(A)戰戰「兢兢」／歌唱「競」賽 (B)根深「柢」固／「抵」死不從 ※
(C)尖尖鳥「喙」／被鳥「啄」傷 (D)「殊」途同歸／口「誅」筆伐

鑑別度	難易度	A	B	C	D
0.33	65.03	5.90	65.03	16.15	12.91

評量試題	讀音	常用字範圍
戰戰【兢兢】	ㄐㄧㄥ	4500字
歌唱【競】賽	ㄐㄧㄥˋ	3000字
根深【柢】固	ㄉㄧˇ	4500字
【抵】死不從	ㄉㄧˇ	3000字
尖銳鳥【喙】	ㄏㄨㄟˋ	4500字
被鳥【啄】傷	ㄓㄨㄛˊ	3000字
【殊】途同歸	ㄕㄨ	3000字
口【誅】筆伐	ㄓㄨ	5000字

04. 下列各組「」中的字音，何者完全相同？(9301)【7】
(A)懈「怠」／危「殆」／「貽」笑大方
(B)閣「揆」／向日「葵」／「睽」違已久 ※
(C)夢「魘」／笑「靨」如花／貪得無「饜」
(D)懸「崖」／天「涯」海角／飢餓難「捱」

鑑別度	難易度	A	B	C	D
0.57	73.27	3.33	73.27	18.01	5.35

評量試題	讀音	常用字範圍
不容懈【怠】	ㄉㄞˋ	3000字
十分危【殆】	ㄉㄞˋ	4500字
【貽】笑大方	ㄧˊ	5000字
國家閣【揆】	ㄎㄨㄟˊ	4500字
向日【葵】	ㄎㄨㄟˊ	3000字
【睽】違已久	ㄎㄨㄟˊ	5000字

一場夢【魘】	ㄧㄢˇ	5000字
笑【靨】如花	ㄧㄝˋ	5000字
貪得無【饜】	ㄧㄢˋ	5000字
懸【崖】	ㄞˊ	3000字
天【涯】海角	ㄧㄚˊ	3000字
飢餓難【捱】	ㄞˊ	4500字

05. 下列文句「」中的字，何者讀音相同？(9302)【24】

(A) 割捨了纏綿「悱」惻的情感，他緊閉窗「扉」，足不出戶

(B) 影壇巨星「遽」然而逝，他所主演的連續「劇」被迫停工 ※

(C) 母親「催」促孩子用功讀書，將來才會有「璀」璨的前途

(D) 他勤奮不「輟」的努力後，終於將這個古物補「綴」完成

鑑別度	難易度	A	B	C	D
0.33	63.34	21.89	63.34	4.18	10.53

評量試題	讀音	常用字範圍
纏綿【悱】惻	ㄈㄟˇ	6000字
緊閉窗【扉】	ㄈㄟ	4500字
【遽】然而逝	ㄐㄩˋ	4500字
連續【劇】	ㄐㄩˋ	3000字
連聲【催】促	ㄘㄨㄟ	3000字
【璀】璨光芒	ㄘㄨㄟˇ	4500字
勤奮不【輟】	ㄔㄨㄛˋ	4500字
補【綴】完成	ㄓㄨㄟˋ	3000字

06. 下列「」中文字的讀音，何組相同？(9401)【2】

(A) 妄自「菲」薄／自視「非」凡

(B) 技術精「湛」／「綻」放光芒※

(C) 「諄」諄告誡／民風「淳」樸

(D) 一「畦」菜圃／井底之「蛙」

鑑別度	難易度	A	B	C	D
0.51	0.72	0.11	0.72	0.10	0.07

評量試題	讀音	常用字範圍
妄自【菲】薄	ㄈㄟˇ	3000字
自視【非】凡	ㄈㄟ	3000字
技術精【湛】	ㄓㄢˋ	3000字

【綻】放光芒	ㄓㄢˋ	3000字
【諄】諄告誡	ㄓㄨㄣ	4500字
民風【淳】樸	ㄔㄨㄣˊ	4500字
一【畦】菜圃	ㄒㄧ	5000字
井底之【蛙】	ㄨㄚ	3000字

07. 下列各選項「」中的文字，哪一組的讀音是相同的？(9402)【33】

(A)通「緝」犯／編「輯」叢書　(B)如法「炮」製／大聲「咆」哮 ※

(C)「鍥」而不舍／簽訂「契」約　(D)「塑」造優良典範／「朔」是農曆初一

鑑別度	難易度	A	B	C	D
0.43	42.79	5.20	42.79	42.70	9.28

評量試題	讀音	常用字範圍
通【緝】犯	ㄑㄧˋ	3000字
編【輯】文書	ㄐㄧˊ	3000字
如法【炮】製	ㄆㄠˊ	3000字
大聲【咆】哮	ㄆㄠˊ	4500字
【鍥】而不舍	ㄑㄧㄝˋ	4500字
賣身【契】約	ㄑㄧˋ	3000字
【塑】造形象	ㄙㄨˋ	3000字
【朔】是農曆初一	ㄕㄨㄛˋ	4500字

08. 下列文句「」中的字，何者讀音兩兩相同？(9501)【16】

(A)江「棕」文最愛聆聽「淙」淙的流水聲音

(B)呂「揆」元最喜歡梵谷筆下的向日「葵」※

(C)張豐「饒」做事具有百折不「撓」的精神

(D)王珮「臻」寫了一本關於「秦」朝的歷史小說

鑑別度	難易度	A	B	C	D
0.44	73.91	6.18	73.91	14.29	5.56

評量試題	讀音	常用字範圍
【棕】色頭髮	ㄗㄨㄥ	3000字
流水【淙淙】	ㄘㄨㄥˊ	5000字
國家閣【揆】	ㄎㄨㄟˊ	4500字
向日【葵】	ㄎㄨㄟˊ	3000字

富庶豐【饒】	ㄖㄠˊ	3000字
百折不【撓】	ㄋㄠˊ	3000字
【臻】於圓滿	ㄓㄣ	4500字
【秦】朝皇帝	ㄑㄧㄣˊ	4500字

09. 下列各組「」中的字，何者前後讀音相同？(9502)【20】

(A)「緋」聞不斷／妄自「菲」薄　(B) 雕「塑」作品／撲「朔」迷離

(C) 以免向「隅」／「愚」不可及 ※　(D)「撫」平創傷／「嫵」媚佳人

鑑別度	難易度	A	B	C	D
0.48	61.54	14.76	16.68	61.54	6.99

評量試題	讀音	常用字範圍
【緋】聞纏身	ㄈㄟ	4500字
妄自【菲】薄	ㄈㄟˇ	3000字
雕【塑】作品	ㄙㄨˋ	3000字
撲【朔】迷離	ㄕㄨㄛˋ	4500字
以免向【隅】	ㄩˊ	4500字
【愚】公移山	ㄩˊ	3000字
【撫】平傷痛	ㄈㄨˇ	3000字
【嫵】媚動人	ㄨˇ	4500字

丙、回憶多音字讀音

10. 下列選項「」中的字，何者讀音相同？(9101)【1】

(A)「禁」不起他苦苦哀求，爸爸終於解除了他「禁」止出門的命令

(B) 聽到廣「播」不斷「播」放聖誕歌曲，令人感受到寒冬中的暖意※

(C) 老闆很欣賞她，常「稱」讚她的工作表現很「稱」職

(D)「悶」熱的天氣，逼得他只得待在家中彈琴解「悶」

鑑別度	難易度	A	B	C	D
0.24	90.57	1.61	90.57	2.28	5.51

評量試題	讀音	常用字範圍
【禁】不起	ㄐㄧㄣ	3000字
【禁】止通行	ㄐㄧㄣˋ	

廣【播】電台	ㄅㄛˋ	3000字
【播】放音樂	ㄅㄛˋ	
【稱】讚有加	ㄔㄥ	3000字
表現【稱】職	ㄔㄥˋ又音ㄔㄣˋ	
天氣【悶】熱	ㄇㄣ	3000字
解【悶】	ㄇㄣˋ	

11. 下列選項中「爲」字的讀音，何者與其他三者不同？(9102)【21】
(A)今夫弈之「爲」數，小數也；不專心致志，則不得也
(B)使弈秋誨二人弈，其一人專心致志，惟弈秋之「爲」聽
(C)一人雖聽之，一心以「爲」有鴻鵠將至，思援弓繳而射之
(D)雖與之俱學，弗若之矣。「爲」是其智弗若與？曰：非然也 ※

鑑別度	難易度	A	B	C	D
0.50	68.05	9.54	10.87	11.49	68.05

評量試題	讀音	常用字範圍
弈之【爲】數	ㄨㄟˊ	3000字
惟弈秋之【爲】聽	ㄨㄟˊ	
以【爲】有鴻鵠將至	ㄨㄟˊ	
【爲】是其智弗若與	ㄨㄟˋ	

12. 下列文句「」中的字，何者讀音兩兩相同？(9201)【29】
(A)她的別墅依山「傍」水，每到「傍」晚時分，風景尤佳
(B)凡事若能未雨綢「繆」，必定可以減少「繆」誤發生
(C)各大媒體皆刊「載」他榮獲首獎，「載」譽歸國的消息 ※
(D)在一連串槍林「彈」雨的抨擊中，他終於遭到「彈」劾

鑑別度	難易度	A	B	C	D
0.43	56.98	4.73	21.41	56.98	16.81

評量試題	讀音	常用字範圍
依山【傍】水	ㄅㄤˋ	3000字
【傍】晚時分	ㄅㄤ	
未雨綢【繆】	ㄇㄡˊ	4500字
刊正【繆】誤	ㄇㄧㄡˋ	

刊【載】小說	ㄗㄞˋ	3000字
【載】譽歸國	ㄗㄞˋ	
槍林【彈】雨	ㄉㄢˋ	3000字
【彈】劾官員	ㄊㄢˊ	

13. 下列文句「」中的字，何者讀音與其他三者不同？(9301)【20】

(A) 他燙了一頭「卷」髮 ※　　(B) 我有一「卷」寬膠帶

(C) 蘇黃共閱一手「卷」※　　(D) 漫「卷」詩書喜欲狂

鑑別度	難易度	A	B	C	D
0.33	80.64	0.00	3.66	0.00	15.65

評量試題	讀音	常用字範圍
一頭【卷】髮	ㄑㄩㄢˊ	3000字
一【卷】寬膠帶	ㄐㄩㄢˇ	
共閱一手【卷】	ㄐㄩㄢˋ	
漫【卷】詩書喜欲狂	ㄐㄩㄢˇ	

14. 下列文句的「差」字，何者與「他差人送了封信給我」的「差」字讀音相同？(9502)【1】

(A) 他只會爭功諉過，真是太「差」勁了

(B) 他們兩人的成績，始終相「差」不多

(C) 你們的桌椅，老是排得參「差」不齊

(D) 這個工作，只能算是個閒「差」罷了 ※

鑑別度	難易度	A	B	C	D
0.38	93.81	0.98	1.15	4.04	0.94

評量試題	讀音	常用字範圍
做人【差】勁	ㄔㄚˋ	3000字
相【差】無幾	ㄔㄚ	
參【差】不齊	ㄘ	
閒【差】	ㄔㄞ	

三、能認識詞義

甲、確認詞語涵義

(甲) 成語涵義

01. 下列詞語，何者有「事先須做好防備工作」的意思？(9001)【6】
(A)去蕪存菁 (B)水落石出 (C)未雨綢繆※ (D)舉一反三

鑑別度	難易度	A	B	C	D
0.52	77.78	10.85	3.52	77.78	7.85

02. 「吹面不寒楊柳風」和以下哪個成語所描述的情境最相近？(9102)【31】
(A)春風滿面 (B)春風化雨 (C)春風和暢※ (D)春寒料峭

鑑別度	難易度	A	B	C	D
0.39	63.19	23.16	7.09	63.19	6.49

03. 下列何者最適合作為航空公司招攬顧客的廣告標題？(9202)【6】
(A)天涯比鄰※ (B)風起雲湧 (C)咫尺千里 (D)乘風破浪

鑑別度	難易度	A	B	C	D
0.36	70.31	70.31	8.05	20.13	1.45

(乙)成語關係

04. 下列各組詞語的關係，何者與其它三者不同？(9001)【11】
(A)粗心大意／小心謹慎 (B)躊躇滿志／垂頭喪氣
(C)意氣風發／心灰意冷 (D)空手而回／一無所獲※

鑑別度	難易度	A	B	C	D
0.50	80.80	6.84	6.47	5.89	80.80

05. 下列文句「」中的成語，哪一組意思相反？(9102)【8】
(A)她是一個「才高八斗」、「滿腹經綸」的學者，著作相當豐富
(B)讀書不是「一蹴可幾」的事，莫存「一步登天」的僥倖念頭
(C)在困厄中能「動心忍性」、愈挫愈勇的人，很少會在稍有成就後就「躊躇滿志」
(D)事前準備，做事就不會手忙腳亂、「分身乏術」，而能「好整以暇」的面對問題※

鑑別度	難易度	A	B	C	D
0.46	82.70	1.77	3.49	12.00	82.70

06. 「虛懷若谷」之於「驕矜自滿」，猶如「勇往直前」之於下列何者？(9202)【1】

(A)臨機應變　(B)臨渴掘井　(C)臨崖勒馬　(D)臨陣脫逃※

鑑別度	難易度	A	B	C	D
0.38	88.65	4.12	1.79	5.43	88.65

07. 下列哪一組詞語中的「前」、「後」二字都含有「未來」的意思？(9302)【3】

(A)前無古人／後無來者　(B)前車之鑒／後來居上
(C)前事不忘／後患無窮　(D)前途無量／後會有期※

鑑別度	難易度	A	B	C	D
0.40	93.66	2.67	1.35	2.29	93.66

08. 下列各組詞語，何者意義相同？(9502)【15】

(A)難分軒輊／伯仲之間※　(B)生氣勃勃／信誓旦旦
(C)躍躍欲試／望之卻步　(D)大千世界／芸芸眾生

鑑別度	難易度	A	B	C	D
0.46	75.76	75.76	4.25	3.01	16.93

(丙)文化詞涵義

09. 下列各種類型的「朋友」，何者說明正確？(9301)【24】

(A)禮貌周到的朋友——八拜之交
(B)幼年時結交的朋友——忘年之交
(C)可拿生命相許的朋友——刎頸之交※
(D)能順從彼此心意的朋友——莫逆之交

鑑別度	難易度	A	B	C	D
0.49	64.88	6.17	16.20	64.88	12.64

10. 有一書生應考，考試於上午九時開始，因此最晚應該在當天什麼時辰到達才不致遲到？(9301)【32】

(A)卯時　(B)辰時※　(C)申時　(D)酉時

鑑別度	難易度	A	B	C	D
0.38	53.39	19.50	53.39	17.66	9.32

11. 古代農曆月令往往有其代稱，通常是用當時的植物、氣候特徵、風俗習慣來命名，如八月桂花盛開，所以又叫「桂月」。趙五爺於臘月出生，研判他應該是生在哪個季節？(9302)【28】
(A)春　(B)夏　(C)秋　(D)冬※

鑑別度	難易度	A	B	C	D
0.52	61.42	7.39	16.34	14.78	61.42

12. 中國式宅第廳堂的門板上常有「加冠」、「進祿」的字樣，其中包含的吉祥意義為下列何者？(9402)【15】
(A)國泰民安　(B)子孫滿堂　(C)升官發財※　(D)福壽雙全

鑑別度	難易度	A	B	C	D
0.43	72.79	6.71	4.65	72.79	15.81

13. 甲說：「我已年近古稀，有子弱冠，大喜。」
乙說：「我虛度一甲子，膝下猶虛，哀！」
丙說：「我年近而立，方立志向學，為時晚矣！」
丁說：「我已屆不惑，尚未成家，慘！」
戊說：「我雖知命之年，仍不認命。」
以上五人，依年齡排序，誰正好在中間？(9501)【25】
(A)甲　(B)乙　(C)丁　(D)戊※

鑑別度	難易度	A	B	C	D
0.59	62.40	6.34	7.96	23.22	62.40

乙、詮釋詞語涵義

(甲)字義

14. 下列各句「」中的字義，何者與其他三者不同？(9101)【29】
(A)盤根「錯」節※　(B)不知所「措」
(C)移一山「厝」朔東　(D)民安所「錯」其手足

鑑別度	難易度	A	B	C	D
0.56	47.21	47.21	7.71	37.98	6.97

15. 「居惡在？仁是也；路惡在？義是也。」中的「惡」字的字義，應是下列何者？(9201)【13】
(A) 何，哪裡※　(B) 恨，討厭　(C) 患，憂慮　(D) 甚，非常

鑑別度	難易度	A	B	C	D
0.27	63.67	63.67	15.02	18.46	2.74

16. 下列文句「」中的字，何者替換後意義改變？(9202)【4】
(A) 民安所「錯」其手足——措
(B)「咨」爾多士，為民前鋒——茲※
(C) 夜夜夜半啼，聞者淚沾「襟」——衿
(D) 水陸草木之花，可愛者甚「蕃」——繁

鑑別度	難易度	A	B	C	D
0.35	72.85	5.78	72.85	13.36	7.98

17. 周邦彥詞〈浣溪沙〉：「樓前芳草接天涯，勸君莫上最高梯。」
李後主詞〈清平樂〉：「離恨恰如春草，更行更遠還生。」
以上文句中的「草」，皆有何種象徵意義？(9202)【5】
(A) 欣欣向榮的氣象　(B) 源源而來的挫折
(C) 綿綿不絕的鄉愁※　(D) 默默省思的體悟

鑑別度	難易度	A	B	C	D
0.47	81.88	8.97	4.69	81.88	4.42

18. 下列通同字的替換，何者意思改變？(9302)【14】
(A) 夙夜「匪」懈——非　(B) 無動於「中」——忠※
(C) 街道巷「衖」——弄　(D) 貪求無「厭」——饜

鑑別度	難易度	A	B	C	D
0.42	63.01	25.20	63.01	3.13	8.63

19. 在行文說話時，經常把文字的形體、意義加以分析，就形成了析字的藝術。如「愁」 可拆為「心上秋」，「少女」可合為「妙」。下列聯語，何者是利用這種特質寫成的？(9401)【9】
(A) 三光日月星，四始風雅頌　(B) 日月明朝昏，山風嵐自起※
(C) 袖中有滄海，襟上多白雲　(D) 遠水碧千里，夕陽紅半樓

鑑別度	難易度	A	B	C	D
0.48	78.93	6.11	78.93	10.68	4.19

(乙)詞義

20. 翻開辭典,可看到詞義及例證的說明。以下的詞義與例證,何者與陳子昂 詩句「前不見古人,後不見來者。念天地之悠悠,獨愴然而涕下。」中的「悠悠」詞義相同? (9101)【17】

(A)憂思,如「悠悠我思」 (B)眾多,如「悠悠者天下皆是」

(C)荒謬不合事理,如「悠悠之談」 (D)空闊無際,如「白雲千載空悠悠」※

鑑別度	難易度	A	B	C	D
0.40	56.19	22.80	13.41	7.43	56.19

21. 「高、曾、祖,父而身,身而子,子而孫,自子孫,至玄、曾,乃九族,人之倫。」由這段文字可推知「高祖父」是誰?(9202) 【11】

📖
身:指自己
玄、曾:玄孫、曾孫

(A)父親的父親 (B)父親的祖父 (C)祖父的父親 (D)祖父的祖父※

鑑別度	難易度	A	B	C	D
0.38	69.44	3.60	10.99	15.91	69.44

22. 武俠小說中的人物,常以謙遜的口吻自稱。下列哪個人物沒有使用自謙詞?(9202) 【23】

(A)鐵心蘭:「妾身就此告退。」

(B)花無缺:「承蒙閣下對本人的指點。」※

(C)燕南天:「這劍法確實是在下自創。」

(D)小魚兒:「敝人這就前往一探究竟。」

鑑別度	難易度	A	B	C	D
0.50	63.87	5.84	63.87	20.98	9.27

23. 下列文句「」中的詞語,何者替換後文意改變?(9202) 【33】

(A)歌手演唱會,歌迷「魚貫」入場,為自己喜歡的歌手捧場——爭先※

(B)燒錄盜拷光碟是觸法的行為,你還敢「說嘴」,實在可惡——吹噓

(C)你和他之間究竟有何「瓜葛」,為何他對你一直窮追猛打——牽連

(D)退休後,加入志工的行列,可使你的人生「格外」有意義——分外

鑑別度	難易度	A	B	C	D
0.44	49.31	49.31	30.92	5.51	14.21

24. 「真正的愛是：人家感覺不到我們的存在，不擠他空間、不讓他感覺到被綁；他越靠近我們，越覺得愉悅自在。」下列何者最貼近這段話中所謂「真正的愛」？(9301) 【1】
(A) 真正成熟的愛，可以保持自己的尊嚴與個性
(B) 愛是宏偉目標的強大召喚，可以將人推上峰頂
(C) 當把所有的愛都給對方時，就是你最富有的時候
(D) 愛使人安樂舒暢，像雨後的太陽，一切都這麼自然※

鑑別度	難易度	A	B	C	D
0.45	86.70	8.03	1.60	3.65	86.70

25. 「目前臺灣社會處於一種緊繃的狀態，有鑒於義大利與日本正推動『慢拍城市運動』，文化界呼籲e世代的年輕人在玩滑鼠之際，能重拾中國的刷子——毛筆，將書法與生活結合，以呼應義、日的『慢拍城市運動』，在嘈雜的環境下追求心靜。」下列敘述，何者最符合本文所謂「慢拍城市」的真正意涵？(9301) 【4】
(A) 全民慢跑，強健體魄
(B) 沉澱雜思，安頓心靈※
(C) 擺脫滑鼠，藝術養身
(D) 勤練書法，回歸文化

鑑別度	難易度	A	B	C	D
0.46	81.81	2.23	81.81	9.91	6.02

26. 下列文句「」中的疊字形容詞，何者用( )中的疊字代替後，文意不變？(9302) 【4】
(A) 看著別人溜直排輪的英姿，他也有「躍躍」欲試的衝動——(洋洋)
(B) 一陣寒風吹來，樹葉「簌簌」地響，我忍不住打了個哆嗦——(沙沙) ※
(C) 只要得到師長的讚美，他就忍不住「沾沾」自喜，四處宣揚——(嘖嘖)
(D) 屋後一流清淺，泉水激石，「泠泠」作響，我側耳傾聽這天籟——(淒淒)

鑑別度	難易度	A	B	C	D
0.45	84.24	3.59	84.24	4.91	7.23

27. 「臺灣新電影始於一九八二年，新銳編導們認爲應當拍攝貼近生活的戲，與先前的愛情或武俠片大相逕庭。新電影以西方電影美學及拍攝技術，呈現

生活周遭人們的成長背景。在編導們的用心下，新電影參與國際影展，屢傳捷報。」根據上文，臺灣新電影之所以被稱為「新電影」，主要是基於什麼因素？(9501)【13】

(A) 完全改用西方的電影製作技術　(B) 新銳編導擁有深厚的美學素養
(C) 參加國際影展常大有斬獲　(D) 電影題材與傳統大為不同※

鑑別度	難易度	A	B	C	D
0.57	69.82	16.73	8.63	4.77	69.82

28. 「磨刀霍霍向豬羊」的「霍霍」是狀聲詞，用來形容磨刀的聲音。下列「」中的詞語，何者也是形容聲音的狀聲詞？(9501)【18】

(A)「必必剝剝」的爐火※　(B)「稀稀疏疏」的雨滴
(C)「裊裊」上升的炊煙　(D)「滔滔」東流的江水

鑑別度	難易度	A	B	C	D
0.61	71.60	71.60	10.99	4.13	13.24

(丙) 圖形義

29. 下圖為「木蘭凱旋歸來，自城外入宮朝覲天子」的路線圈，她途中所經之地的正確順序是什麼？(9101)【31】

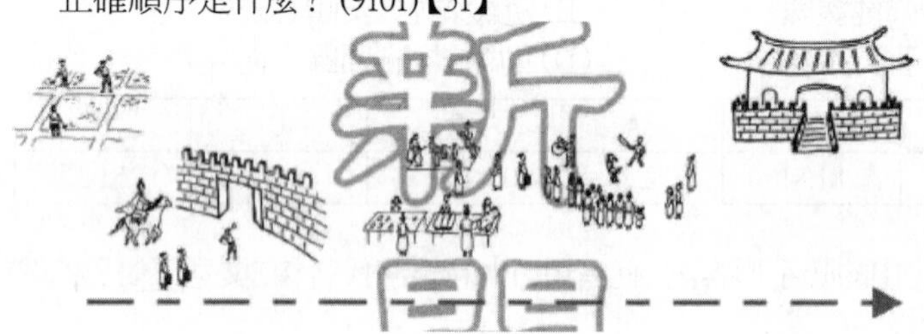

(A) 郭 → 市 → 闕※　(B) 市 → 郭 → 闕
(C) 市 → 闕 → 郭　(D) 闕 → 市 → 郭

鑑別度	難易度	A	B	C	D
0.46	70.81	70.81	7.57	4.66	16.89

丙、比較語詞涵義

(甲) 多義詞

30. 下列各組「」中的字，何者意義相同？(9001)【21】

(A)無「的」放矢／一箭中「的」※　(B)千「乘」之國／「乘」風破浪
(C)「輾」轉難眠／「輾」碎　(D)「屏」息／「屏」棄

鑑別度	難易度	A	B	C	D
0.60	59.78	59.78	8.00	11.05	21.16

31. 下列各句中的「也」字，何者表達停頓的語氣？(9002)【33】
(A)君子無所爭，必也射乎※　(B)蓮，花之君子者也
(C)樊遲曰：何謂也　(D)無魚，蝦也好

鑑別度	難易度	A	B	C	D
0.49	44.75	44.75	24.88	24.28	6.09

32. 「甲敗於乙」是說甲被乙打敗。下列各選項的「於」字，何者也屬於這種用法？(9102)【20】
(A)不戚戚「於」貧賤，不汲汲於富貴
(B)今法如此而更重之，是法不信「於」民也※
(C)舜發「於」畎畝之中，傅說舉於版築之間
(D)得志，澤加「於」民；不得志，修身見於世

鑑別度	難易度	A	B	C	D
0.44	61.20	9.90	61.20	10.31	18.53

33. 下列各組「」中的同音字，何者意義不同？(9102)【24】
(A)凡被認爲是垃圾的那些東西出現在他們的防區，他們便「予」以清除／母親給「予」他的影響相當深遠
(B)那一股足以擎天「撼」地的生命力，令我肅然起敬／那一聲聲沉穩而規律的跳動，給我極深的震「撼」
(C)爲了準備期中考，他手不釋「卷」，全力以赴／帶著一「卷」書，走十里路，選一塊清靜地，看天，聽鳥，讀書※
(D)我明明是個小孩子，「混」吃混玩，而我爲什麼卻不感謝老天爺／在這廣漠的人海裡，我獨自「混」了二十多年

鑑別度	難易度	A	B	C	D
0.37	57.35	20.89	8.10	57.35	13.58

34. 「得之於人者太多」句中的「於」字和下列何者意思相同？(9202)【28】
(A)是法不信「於」民　(B)不戚戚「於」貧賤

(C)舜發「於」畎畝之中※　　(D)一生之計在「於」勤

鑑別度	難易度	A	B	C	D
0.47	56.47	14.68	15.62	56.47	13.14

35. 下列文句「」中的語詞，何者前後意義相同？(9401)【12】
(A)真正關心地球的人，「自然」會瞭解「自然」生態平衡的重要性
(B)大難後，一家人緊緊「擁抱」在一起，也「擁抱」著得來不易的幸福※
(C)在「精神」不濟的狀況下，顧不得什麼科學「精神」，只能草率結束實驗
(D)因為「手足」情深，一見到弟弟受傷，他便方寸大亂，慌得「手足」無措。

鑑別度	難易度	A	B	C	D
0.36	67.11	4.69	67.11	22.52	5.61

36. 「事在人為」中「為」字的用法，與下列何者相同？(9402)【19】
(A)轉敗「為」勝　　(B)不「為」所動
(C)以攻「為」守　　(D)「為」善最樂※

鑑別度	難易度	A	B	C	D
0.48	76.41	4.80	10.86	7.88	76.41

37. 權德輿〈病中寓直代書題寄〉：「千重江水萬重山，山裏青春度日閒」句中「青春」指的是春天的意思。下列詩句中「青春」的意思，何者與此相同？(9402)【20】
(A) 白日莫空過，青春不再來　　(B)青春須早為，豈能長少年
(C) 青春留不住，白髮自然生　　(D)年光何太急，倏忽又青春※

鑑別度	難易度	A	B	C	D
0.53	85.34	7.20	3.85	3.57	85.34

38. 下列「」中的詞語，哪一組意義前後相同？(9501)【4】
(A)她的美麗真難以「形容」／歷經重重挫折後，他的「形容」更顯單薄
(B)他是個閱歷豐富的老「江湖」／與其失意於政壇，不如終老「江湖」
(C)作學問最好靠自己「摸索」／生命的滋味須細細「摸索」，方能體會※
(D)松樹在颯颯「風聲」中依然蒼勁／由於「風聲」走漏，警方白忙一場

鑑別度	難易度	A	B	C	D
0.39	87.37	4.13	6.68	87.37	1.77

39. 下列詞語皆有「著」字，何者與「顯著」中的「著」字意義相同？(9501)【23】

(A)「著」名人士※　(B)「著」手進行

(C)知名「著」作　(D)房屋「著」火

鑑別度	難易度	A	B	C	D
0.47	54.38	54.38	13.75	23.12	8.63

40. 「知其然，不知其所以然」句中「然」字作「這樣」解。下列文句中的「然」字，何者意思與此相同？(9502)【10】

(A)辛勤耕耘必有所成，這是古今皆「然」的道理※

(B)王校長平日道貌岸「然」，一臉嚴肅，令人生畏

(C)這座公園的草坪寬廣，綠意盎「然」，頗受歡迎

(D) 美術館的畫作，都附有說明，讓人一目了「然」

鑑別度	難易度	A	B	C	D
0.30	82.09	82.09	7.37	2.90	7.61

(乙)數字詞

41. 下列「」中的「一」字，何者在表達人、事或物的實際數量？ (9101)【21】

(A)「一提到」桂花，就彷彿聞到了那股子香味

(B)他講話很守信用，是個「說一不二」的老實人

(C)遠眺茫茫大海，覺得個人藐小得真如「滄海一粟」※

(D)他和我走到車上，將橘子「一股腦兒」放在我的皮大衣上

鑑別度	難易度	A	B	C	D
0.34	56.30	6.19	24.60	56.30	12.84

42. 「四維八德」中的「四」與「八」皆代表實際的數量。下列文句「」中的數字，何者也是實際的數量？(9301)【6】

(A)世途險惡，逢人只說「三」分話

(B)士別「三」日，他令人刮目相看

(C)許多人盼「百」年後能火化海葬

(D)一般喪俗，「百」日內不可遠遊※

鑑別度	難易度	A	B	C	D
0.54	66.89	5.63	23.42	4.00	66.89

43. 「三思而後行」用「三」來代表多數。下列選項中的「三」字，何者用法與此相同？(9501)【12】
(A) 三更燈火五更雞　(B) 判官還講三分理
(C) 逢人只說三分話　(D) 貨比三家不吃虧 ※

鑑別度	難易度	A	B	C	D
0.53	73.49	5.79	14.07	6.60	73.49

丁、 分類詞語涵義

（甲）聲音新詞

44. 下列選項，何者全部是外來語音譯的詞？(9001)【1】
(A) 披薩、沙發、巧克力※　(B) 邏輯、壽司、腳踏車
(C) 電視、冰箱、摩托車　(D) 番茄、麵包、冰淇淋

鑑別度	難易度	A	B	C	D
0.46	79.24	79.24	9.88	5.09	5.79

四、能認識句義

甲、詮釋句子涵義

（甲）句義

01. 下列各句勉勵語的說明，何者是不正確的？(9001)【27】
(A)「放下屠刀，立地成佛」——勉人及時改過遷善
(B)「欲窮千里目，更上一層樓」——勉人力爭上游，發憤圖強
(C)「吃得苦中苦，做得人中人」——勉人不怕吃苦，就能出人頭地※
(D)「盛年不重來，一日難再晨」——勉人把握時光、及時努力

鑑別度	難易度	A	B	C	D
0.37	58.78	4.00	27.07	58.78	10.16

02. 下列廣告詞的句意說明，何者錯誤？(9002)【25】
(A)「我是在當爸爸之後，才知道怎麼當爸爸的！」——人在學習中成長
(B)「科技始終來自人性！」——科技產品是爲了符合人類需要而創造的
(C)「知識使人美麗！」——書本可以充實心靈
(D)「美麗不是負擔！」——美麗可以使人成長※

鑑別度	難易度	A	B	C	D
0.29	82.61	5.67	7.23	4.49	82.61

03. 下列各選項「」中的文句說明，何者適當？(9102)【18】
(A)「一分耕耘，一分收穫」——求學時要善於利用時間，才能有好成績
(B)「知之爲知之，不知爲不知」——研究學問應該誠實，不能自欺欺人※
(C)「戶樞不蠹，流水不腐」——爲學應該認真勤奮，以彌補先天的不足
(D)「讀書有三到：心到、眼到、口到。三到之中，心到最急」——急切的求知欲是學習的動力

鑑別度	難易度	A	B	C	D
0.51	67.95	10.77	67.95	4.84	16.38

04. 「如能用古人而不爲古人所惑，能役古人而不爲古人所奴，則載籍皆似爲我調查，而使古人爲我書記，多多益善矣。」句中「能用古人而不爲古人所惑，能役古人而不爲古人所奴」的意思是什麼？(9102)【22】
(A)讀書時能吸收古人思想的精華，捨棄不合時宜的見解※

(B)讀書時能熟悉古人的生活背景，與他們的心靈相契合
(C)讀書時能對古人感到迷惑的問題加以分析理解
(D)藉著讀書豐富自己的見聞，開拓自己的視野

鑑別度	難易度	A	B	C	D
0.52	72.89	72.89	2.93	14.04	10.10

05. 文天祥的絕命辭：「孔曰成仁，孟云取義：惟其義盡，所以仁至。讀聖賢書，所學何事？而今以後，庶幾無愧！」其中「所學何事」指的是什麼？(9201)【17】
(A)精進學業，造就經國濟世美名　(B)爲國盡忠，不惜犧牲自己生命※
(C)紹繼聖賢，復興中華傳統文化　(D)效法先賢，著書立言揚名後世

鑑別度	難易度	A	B	C	D
0.54	66.90	13.61	66.90	7.40	12.02

06. 下列文句的文意說明，何者正確？(9302)【30】
(A)「三人行，必有我師焉」——強調人要慎擇良師
(B)「盡信書不如無書」——強調讀書要做到「慎思」的功夫※
(C)「君子不以人廢言」——君子不會因爲厭惡這個人，就拒絕與他交談
(D)「徵於色，發於聲，而後喻」——一個人的表情比言語更易讓人明白他的心意

鑑別度	難易度	A	B	C	D
0.50	50.84	4.08	50.84	33.59	11.41

07. 下列句意的說明，何者最爲正確？(9401)【26】
(A)康德：「誠實比一切的智謀都更好。」——誠實的人絕不會吹噓自己
(B)莎士比亞：「只有『貧窮』是不勞而獲的東西。」——懶惰招致匱乏※
(C)亞里斯多德：「羽毛相同的鳥總會聚在一起。」——朋友是不可或缺的
(D)雪萊：「我們愈是學習，愈發覺自己的貧乏。」——逆境增加人的能力

鑑別度	難易度	A	B	C	D
0.55	54.87	15.14	54.87	16.31	13.61

08. 下列俗諺的解釋，何者最爲恰當？(9402)【11】
(A)「無心插柳柳成蔭」——若不用心耕種，將使雜樹叢生
(B)「屋漏偏逢連夜雨」——倒楣的事情接二連三不斷發生※
(C)「兔子不吃窩邊草」——人當立志宏遠，不可短視近利

(D)「江山易改,本性難移」——人的善良本性不容易改變

鑑別度	難易度	A	B	C	D
0.47	79.54	4.73	79.54	12.46	3.26

09. 下列語句含意的說明,何者正確?(9501)【5】
(A)過一天,算一天——因循苟且※
(B)只此一家,別無分店——孤芳自賞
(C)江山易改,本性難移——有志竟成
(D)少壯不努力,老大徒傷悲——白費心血

鑑別度	難易度	A	B	C	D
0.53	70.00	70.00	19.19	2.91	7.83

(乙)語序

10. 下列各選項「」中的句子,經調整之後,何者意思改變了?(9001)【4】
(A)這件事「何難之有」→ 有何難
(B)「久違了,故人」→ 故人,久違了
(C)這事辦不成,「一切唯你是問」→ 一切唯問你
(D)「世界難道不是一個舞台嗎」→ 舞台難道不是一個世界嗎※

鑑別度	難易度	A	B	C	D
0.50	74.31	5.43	5.70	14.56	74.31

11. 下列選項改寫後,何者的意思和原意不一樣?(9002)【8】
(A) 酣觴賦詩,以樂其志 → 以酣觴賦詩樂其志
(B) 南面再拜就死 → 再拜,就死南面※
(C)甚矣!汝之不慧 → 汝之不慧甚矣
(D) 僧之富者不能至 → 富僧不能至

鑑別度	難易度	A	B	C	D
0.47	82.70	4.80	82.70	6.45	6.04

12. 下列各選項,何者前後兩句文意相同?(9002) 【32】
(A)人人為我/我為人人 (B)美玉出藍田/藍田出美玉※
(C)你是我的最愛/你最愛的是我 (D) 張將軍屢戰屢敗/張將軍屢敗屢戰

鑑別度	難易度	A	B	C	D
0.48	55.21	11.03	55.21	4.38	29.38

13. 下列文句，哪一組意思前後相同？(9201)【3】
(A)喝酒後絕不開車／開車後絕不喝酒
(B)人才來自各方／人才自各方來※
(C)反守爲攻／反攻爲守
(D)百戰百勝／百勝百戰

鑑別度	難易度	A	B	C	D
0.55	73.82	11.12	73.82	2.41	12.62

(丙)其他

14. 下列選項，何者前後兩句的意義不同？(9001)【23】
(A)歷經千辛萬苦，我好容易才完成任務／歷經千辛萬苦，我好不容易才完成任務
(B)放榜了，我差一點沒考上高中／放榜了，我差一點就考上高中※
(C)別哭，這點小傷有什麼關係／別哭，這點小傷沒什麼關係
(D)號外！中華隊大勝美國隊／號外！中華隊大敗美國隊

鑑別度	難易度	A	B	C	D
0.48	62.44	8.79	62.44	5.69	23.07

15. 下列文句所引用的名言俗語，何者不恰當？(9301)【5】
(A)「休息是爲了走更長的路」，過度疲累會影響身心健康，反而降低工作效率，有害無益
(B)「世事豈能盡如人意？但求無愧我心」，凡事只要盡最大努力，成功失敗無須過於掛懷
(C)「見人說人話，見鬼說鬼話」，培養多項語言能力，才能夠符合世界潮流、增加競爭力※
(D)「婚姻是戀愛的墳墓」，許多夫妻忽略經營彼此之間的婚姻生活，以致失去甜蜜的愛情

鑑別度	難易度	A	B	C	D
0.41	78.04	5.52	8.81	78.04	7.58

16. 趙寬根據同學們個性上的偏失，在畢業紀念冊上寫下勸勉的話，下列何者最恰當？(9402)【6】
(A) 戴玉敏感善妒——敏銳是創作最好的泉源
(B) 馬分跋扈狂傲——驕傲是成功之路的障礙※
(C) 達立孤僻不群——孤獨是智慧最好的保母
(D) 大雄畏難苟安——生活是走向厭倦的旅程

鑑別度	難易度	A	B	C	D
0.40	82.46	11.13	82.46	3.33	3.05

乙、推論句子要點

(甲)觀點

17. 清儒曾國藩云：「凡富貴功名，半由人事，半由天命；唯讀書做人，全憑自己作主。」由此可推知他的想法為何？(9001)【2】
(A) 讀書做人，操之在己※ (B) 謀事在人，成事在天
(C) 發憤向學，功名可得 (D) 富貴功名，命中注定

鑑別度	難易度	A	B	C	D
0.39	83.12	83.12	7.96	6.10	2.81

18. 「人生像在群眾面前拉小提琴，邊拉邊學。」這句話旨在說明什麼？(9002)【11】
(A) 人要走進社會，接受試煉，不斷地自我修正※
(B) 卓越的成就像音樂素養，非一朝一夕可成
(C) 學習任何技藝都要勇於表現，才能進步
(D) 人生如戲，表演得好就能獲得掌聲

鑑別度	難易度	A	B	C	D
0.37	79.49	79.49	7.82	10.38	2.30

19. 王陽明說：「智者不以無過為喜，人之大德在於改過，做一新人。」這段話最主要的意思是什麼？(9101)【9】
(A) 說明人非聖賢，孰能無過
(B) 勉勵人謹言慎行，避免犯錯
(C) 強調知過改過、日新又新的重要性※
(D) 指出智者以有過為喜、以重生為榮

鑑別度	難易度	A	B	C	D
0.35	82.74	7.90	3.31	82.74	5.99

20. 「我會成爲怎樣的人，絕大部分決定於我和那些愛我或不愛我，以及我愛或不愛的人之間的關係。」這段文字最主要在強調什麼觀念？(9101)【18】
(A)我們不可能獲得所有人喜愛，也不可能喜愛各式各樣的人
(B)我是一個怎樣的人，要經由別人來判定才更趨於客觀公正
(C)我的人際關係對於我會成爲怎樣的人，有相當程度的影響※
(D)我會成爲怎樣的人，完全決定於愛我或不愛我的人的好惡

鑑別度	難易度	A	B	C	D
0.37	64.35	16.23	9.92	64.35	9.42

21. 「美，到處都有，對於我們的眼睛，不是缺少美，而是缺少發現。」這段文字的主要用意是在說明什麼?(9102)【1】
(A)若不夠寬容，就不能看到事物好的一面
(B)美是非常主觀的，人人感受各自不同
(C)唯有用心觀賞，才能看見美的事物※
(D) 有良好的視力，才能發現美景

鑑別度	難易度	A	B	C	D
0.35	82.57	10.30	6.58	82.57	0.53

22. 某報一篇以「高行健現象與臺灣文化的反思」爲題的社論，能以寬廣的視野洞悉臺灣文化發展的未來方向。此乃「輿論自身健全」所應具備的哪一項條件？(9102)【14】
(A) 動機純潔　(B)識見卓越※　(C) 文才暢達　(D) 膽氣橫逸

鑑別度	難易度	A	B	C	D
0.43	69.44	21.18	69.44	6.42	2.90

23. 孔子以「生，於我乎館；死，於我乎殯」的精神來待人接物，下列何者與孔子這種胸懷較爲接近？(9201)【4】
(A)忠　(B)孝　(C) 仁※　(D)信

鑑別度	難易度	A	B	C	D
0.41	76.34	11.08	5.92	76.34	6.63

24. 麥帥說：「不要以願望代替實際作為。」
詩人艾青說：「夢裡走了許多路，醒來還是在床上。」
下列何者是這兩句話共同的涵義？(9201) 【26】

(A)有夢最美，希望相隨　(B)想得一尺，不如行得一寸※
(C)理想要配合現實，才不會落空　(D)睡夢中醒來，總有似真似幻的迷眩

鑑別度	難易度	A	B	C	D
0.40	54.52	3.38	54.52	37.48	4.57

25. 蘇蘇收到爺爺的來信，信上說：「親愛的蘇蘇，我不希望你長大之後也會成為一個把這世界視為理所當然的人。」下列何者是爺爺希望蘇蘇在生活中要多培養的態度？(9202) 【26】

(A) 樂於探索的好奇心※　(B) 超越勝敗的大格局
(C)當機立斷的行動力　(D)不畏艱難的意志力

鑑別度	難易度	A	B	C	D
0.48	64.25	64.25	11.73	6.45	17.49

26. 「人生如棋局，精於預測者必握勝機。」根據這句話，下列何者是想擁有成功人生的最好作法？(9202) 【27】

(A)步步為營　(B)出奇致勝　(C)隨機應變　(D) 掌握趨勢※

鑑別度	難易度	A	B	C	D
0.43	63.36	11.51	3.21	21.88	63.36

27. 某家眼鏡公司推出鈦金屬鏡架，它的廣告詞是「新造型，鈦輕巧，超彈性，不變形」。下列何者不是它所標榜的特色？(9302) 【1】

(A)便宜※　(B) 耐用　(C) 時髦　(D) 舒適

鑑別度	難易度	A	B	C	D
0.29	95.35	95.35	2.61	1.14	0.89

28. 法國文學家福婁拜說：「天才只是長時間的忍耐、工作吧！」
義大利的米開朗基羅說：「天才能忍受無窮痛苦。」
根據這兩位名家對天才所下的定義，可知天才需要什麼？(9302) 【6】

(A) 堅毅※　(B)靈感　(C)包容　(D)勤勞

鑑別度	難易度	A	B	C	D
0.33	87.70	87.70	0.66	3.95	7.66

29. 「薄襯衫的季節結束，厚大衣的季節已經來到城市黃昏的街角。」這句話主要在敘述什麼？(9402) 【5】

(A) 夜晚的來臨　(B) 時序的轉換※ (C) 城市的變遷　(D) 衣服的流行

鑑別度	難易度	A	B	C	D
0.22	80.95	13.21	80.95	1.46	4.36

30. 德國海涅說：「春天的顏色，只有在冬天才能認清，火爐邊才能吟出最好的五月詩篇。」這句話的旨意是什麼？(9402) 【7】

(A) 冬天到了，春天就在不遠處；歷經淬煉，才有不朽的篇章

(B) 春天的美在冬天裡醞釀，出色的五月詩早在火爐溫熱時寫就

(C) 歷經寒冬，才能知道春暖；酷寒之下，更能體會五月天的明媚※

(D) 春天的色澤要在冬天裡打造，出色的詩篇要在溫熱的火爐邊寫就

鑑別度	難易度	A	B	C	D
0.40	77.07	6.72	10.61	77.07	5.58

31. 「職業餵養身軀，志業餵養靈魂；這兩者都必須用專業來達成。」根據這句話，下列說明何者正確？(9502) 【16】

(A) 職業可以滿足理想

(B) 志業可以用來謀生

(C) 專業可以成全現實與理想 ※

(D) 專業是職業與志業的目標

鑑別度	難易度	A	B	C	D
0.44	69.66	0.78	0.72	69.66	28.81

(乙) 語氣

32. 下列各句所傳達的語氣，何者說明正確？(9001) 【8】

(A)「吾數年來欲買舟而下，猶未能也。子何恃而往？」——輕視的語氣※

(B)「我軍若進，中其計也，汝輩焉知？宜速退。」——勸慰的語氣

(C)「我親愛的手足，不要傷悲。」——斥責的語氣

(D)「應是母慈重，使爾悲不任。」——肯定的語氣

鑑別度	難易度	A	B	C	D
0.63	75.00	75.00	10.79	3.18	11.03

33. 下列各句所傳達的語氣，何者說明錯誤？(9002)【21】
(A)「咨爾多士，爲民前鋒」——期勉的語氣
(B)「嗟哉斯徒輩，其心不如禽」——斥責的語氣
(C)「噫！菊之愛，陶後鮮有聞」——驚訝的語氣※
(D)「其恕乎！己所不欲，勿施於人」——推測的語氣

鑑別度	難易度	A	B	C	D
0.52	60.03	5.12	5.32	60.03	29.54

34. 下列選項，何者語氣兩兩相同？(9101)【5】
(A)今天，我就要你作主／沒有農夫，哪裡有飯吃
(B)記住，飯碗裡一粒米都不許剩／我的天，怎麼這樣酸
(C)大家都像你這樣怕冷，誰來種田／爸，我們的小雞全跑到坡上去了
(D)大約大去之期不遠矣／籠中鳥的苦悶，大概僅次於黏在膠紙上的蒼蠅※

鑑別度	難易度	A	B	C	D
0.51	75.46	16.88	3.43	4.14	75.46

(丙) 邏輯

35. 下列何者推論正確？(9001)【10】
(A)「唯有正直的人是君子」，所以君子都是正直的人※
(B)「美女的命都不好」，所以命不好的人都是美女
(C)「該來的人不來」，所以不來的人都是該來的
(D)「會叫的狗不咬人」，所以不咬人的狗都會叫

鑑別度	難易度	A	B	C	D
0.35	56.00	56.00	2.64	28.17	13.18

36. 下列選項，何者與「誰都認爲這是本好書」的意思相同？(9002)【7】
(A)有誰認爲這是本好書呢
(B)沒人不認爲這是本好書※
(C)這本書被誰認爲是好書
(D)誰會認爲這是本好書啊

鑑別度	難易度	A	B	C	D
0.45	85.40	2.67	85.40	9.55	2.39

37. 「凡是兒童搭乘公車可享優待。雯雯可持優待票乘車，所以她是兒童。」以上的推論無效，因爲優待的對象不只是兒童。下列何者不屬於這種無效的推論？(9101)【26】

(A) 偷竊是犯罪的行爲。呆呆犯罪入獄，必然是偷了他人的東西
(B) 所有的學生都會有學生證。丕丕是大學生，所以他有學生證※
(C) 有愛心的人都樂於幫助他人。阿益常常幫助別人，他絕對是個有愛心的人
(D) 飲食不均衡，健康狀況必不佳。黛玉健康狀況不佳，她的飲食一定不均衡

鑑別度	難易度	A	B	C	D
0.40	51.06	19.49	51.06	19.67	9.69

丙、比較句義關係

38. 「人的一生，就是上天與社會的賜與，所以一個人做人做事該當飲水思源，滿懷感激。」上述爲人處世的態度，比較接近下列哪一個選項？(9001)【17】
(A) 顏淵從來不誇耀自己的長處，也不張揚自己的功勞
(B) 五柳先生對於貧賤不感到憂慮，對於富貴也不汲汲營求
(C) 愛因斯坦發表《相對論》時，強調是與朋友討論所得的成果※
(D) 子路願把自己的馬車輕裘與朋友共用，即使用壞了也沒有怨憾

鑑別度	難易度	A	B	C	D
0.61	59.44	11.12	15.97	59.44	13.48

39. 「不必逗留著採拾路畔的花朵來保存，一路上，花朵自會繼續開放哩！」這句話的意義與下列何者較爲接近？(9002)【27】
(A) 由青澀轉爲成熟是需要時間的　(B) 面朝著太陽，陰影就落在後面
(C) 上帝關了這扇門，必打開另一扇窗 (D) 客棧雖好，卻不如征途的多采多姿※

鑑別度	難易度	A	B	C	D
0.50	58.54	16.26	7.53	17.67	58.54

40. 「得之於人者太多，出之於己者太少。因爲需要感謝的人太多了，就感謝天罷。」這段話的涵義和下列何者最相近？(9101)【33】
(A) 有人需要妳的愛，滿足他們吧！此時，你將是上天賜給他們的恩典
(B) 豐收是自然和人類合作的大手筆，人豈可貪天之功而愚昧地自鳴得意※
(C) 生活充滿困惑與潛在的混亂，宗教的力量可以指導我們找到意義與秩序
(D) 對生命有真切的擁抱後，看任何事就能寬宏大量，擁有海闊天空的人生觀

鑑別度	難易度	A	B	C	D
0.37	33.33	41.38	33.33	5.62	19.49

41. 宋末鄭思肖曾對著一個強迫他畫蘭的無理縣吏說：「頭可得，蘭不可得。」這樣的表現，與下列何人透過言語所流露的氣節相近？(9102) 【4】
(A) 慨歎「徒然食息於天地之間，一蠹耳」的李文炤
(B) 誓言「宋亡，惟可死，不可生，願一死足矣」的文天祥※
(C) 自省「我獨何人，貪求無厭，窮民將何所措手足乎」的鄭板橋
(D) 堅信「子子孫孫，無窮匱也；而山不加增，何苦而不平」的愚公

鑑別度	難易度	A	B	C	D
0.40	90.45	2.75	90.45	3.56	3.20

42. 英國心理學家布洛認爲，將事物的實用目的拋開，更能產生美的感受。下列對讀書的敘述，何者符合這個說法？(9201) 【12】
(A) 飽讀詩書，經世濟民　(B) 窮究經書，匡正風俗
(C) 吟詠詩詞，怡然自得※　(D) 閱讀史籍，增廣見聞

鑑別度	難易度	A	B	C	D
0.57	79.80	4.48	3.99	79.80	11.68

43. 「知識，使你更有魅力！」這句話的涵義，與下列何者最接近？(9201) 【24】
(A) 時時追求新知可以使人見聞廣博，言語有味※
(B) 一個不肯讀書的人，所說的話必定令人討厭
(C) 有魅力的人，就是喜歡閱讀且知識豐富的人
(D) 有知識的人，就有容忍和尊重別人的雅量

鑑別度	難易度	A	B	C	D
0.45	72.93	72.93	2.45	6.23	18.35

44. 「近代人類立志的思想，是注重發達人群，爲大家謀幸福。」這句話的精神與下列何者相近？(9202) 【10】
(A) 我們能夠處處盡責任，便能夠處處得到快樂
(B) 越是真正做過一點事，越是感覺到自己貢獻的渺小
(C) 上天生下我們，是要把我們當作火炬，不是照亮自己，而是照亮別人※
(D) 人的一生就是上天與社會的賜與，所以一個人做人做事應當飲水思源

鑑別度	難易度	A	B	C	D
0.52	80.42	6.61	3.82	80.42	9.13

45. 子曰：「事父母，幾諫。」
下列敘述何者符合這句話的精神？(9202) 【31】

📖 幾：委婉

(A) 並肩作戰，親子如友 (B) 互助合作，親子連心
(C) 當仁不讓，大義滅親 (D) 理直氣和，親子雙贏※

鑑別度	難易度	A	B	C	D
0.56	50.52	10.07	33.89	5.40	50.52

46. 「攻人之惡，毋太嚴，要思其堪受；教人以善，毋過高，當使其可從。」這段話的含義，與下列哪一個選項最接近？(9301) 【16】
(A) 打人莫打膝，勝人莫以謀 (B) 勸善責過於人，宜適其性量其力※
(C) 知過不難改過難，言善不難行善難 (D) 勿以惡小而為之，勿以善小而不為

鑑別度	難易度	A	B	C	D
0.54	70.60	6.07	70.60	12.52	10.68

47. 下列何者與「君子有終身之憂，無一朝之患」的「終身之憂」涵義相近？(9301) 【27】
(A) 生於憂患，死於安樂 (B) 入則孝，出則弟，守先待後
(C) 頭可斷，血可流，身不可辱 (D) 士不可不弘毅，任重而道遠※

鑑別度	難易度	A	B	C	D
0.47	43.48	43.66	5.83	6.94	43.48

48. 富蘭克林曾說：「如果你想要和別人做朋友，就讓人家幫你一點忙吧！」這句話的涵義，與下列何者最相近？(9302) 【33】
(A) 先別拒絕他人的好意※
(B) 幫助他人是友誼的開始
(C) 若要別人對你好，你就先對別人好
(D) 要獲得別人的幫助，就要先和別人做朋友

鑑別度	難易度	A	B	C	D
0.43	44.32	44.32	40.23	11.56	3.84

49. 「什麼官不官的，都是淡事。人生在世，要為百姓辦些好事，才不愧是個人。」這句話的內涵與下列何者最相近？(9401) 【7】
(A) 事業有了成就，自然名利雙收
(B) 淡薄名利無所爭，才能無愧於人

(C)求名位、求利益是道德墮落的象徵
(D)職位的意義，在於提供服務奉獻的機會※

鑑別度	難易度	A	B	C	D
0.44	76.50	2.11	17.35	4.01	76.50

50. 「不入虎穴，焉得虎子」這句話的涵義與下列何者最接近？(9401)【8】
(A)要想摘玫瑰，就得不怕刺※ (B)路遙知馬力，日久見人心 🕮
(C)蚍蜉撼大樹，可笑不自量 (D)鳥無翼不飛，蛇無頭不行

蚍蜉：一種大螞蟻

鑑別度	難易度	A	B	C	D
0.49	80.01	80.01	8.42	5.70	5.80

51. 下列文句的寓意，何者與「花看半開，酒飲微醉，若至爛漫酩酊，便成惡境」最接近？(9401)【14】
(A)用智如水，水濫則溢；用勇如火，火烈則焚※
(B)天地無全功，聖人無全能，萬物無全用
(C)雲厚者雨必猛，弓勁者箭必遠
(D)有興必有廢，有盛必有衰

鑑別度	難易度	A	B	C	D
0.48	74.29	74.29	11.48	5.83	8.32

52. 下列何者與「心不齋，百跪百拜何益；意既誠，一杯一炷亦香」這副對聯的涵義最接近？(9402)【17】
(A)靠山山倒，靠人人跑，靠自己最可靠 (B)真摯虔誠是君子處事的基石
(C)未雨綢繆勝過臨渴掘井 (D)臨陣磨槍，不亮也光

鑑別度	難易度	A	B	C	D
0.43	83.76	5.71	83.76	7.44	3.05

53. 下列諺語，何者與「夜把花悄悄的開放了，卻讓白日去領受謝詞」的涵義最接近？(9402)【21】
(A)不聽老人言，吃虧在眼前 (B)緊行無好步，慢嘗得滋味
(C)澹然以處世，明道不居功※ (D)沒有梧桐樹，怎招鳳凰來

鑑別度	難易度	A	B	C	D
0.50	74.16	3.33	10.10	74.16	12.37

54. 「一籌莫展時，最好去看石匠敲打石塊，也許他已經打擊幾十次，仍不見裂縫，可是就在第一百下時，石頭裂開了。」這段話的涵義，與下列何者相去最遠？(9501)【6】

(A)機會是可遇不可求的，勉強不得※　(B)成功是靠努力而成，不是靠希望

(C)一經打擊就灰心，永遠是失敗的人　(D)成事不在力量多少，在能堅持多久

鑑別度	難易度	A	B	C	D
0.50	72.69	72.69	5.66	12.15	9.45

55. 「好書千年常如新」這句話的涵義，與下列何者最接近？(9501)【10】

(A)好書如至友，永遠不相負

(B)讀者的好惡能決定書的命運

(C)只要書還在世上流傳，作者就永垂不朽

(D)好書是永不枯萎的植物，就像松柏般碧綠長青※

鑑別度	難易度	A	B	C	D
0.45	81.02	10.72	2.72	5.48	81.02

56. 「寧爲小人之所罵，毋爲君子之所鄙。」這句話的寓意，與下列何者最接近？(9501)【26】

(A)美德與羞辱是不能相容的　(B)堅持正道，絕不從眾媚俗※

(C)凡是率性而爲，毋須盡如人意　(D)人有準繩規矩，才知平直方圓

鑑別度	難易度	A	B	C	D
0.42	55.67	19.96	55.67	12.98	11.23

57. 「終日而思，不如須臾之所學。」這句話的涵義，與下列何者最相近？(9501)【31】

(A)思而後學　(B)學而後思　(C)思重於學　(D)學重於思※

鑑別度	難易度	A	B	C	D
0.43	53.40	8.20	28.57	9.73	53.40

58. 「當我們吃著香噴噴的白飯時，我們是在吃好幾個月的陽光、雨露、水和泥土的養分。」下列何者與這段話的涵義最爲接近？(9502)【3】

(A)人不但可以役使自然，還可以創造自然

(B)生活所需是上天與社會的賜予，人們當飲水思源※

(C)從生至死，社會支配著人類的物質生活和精神生活

(D) 水、土、空氣和陽光是農業的要素，也是構成宇宙的要素

鑑別度	難易度	A	B	C	D
0.40	88.45	1.28	88.45	2.23	8.01

59. 「有知識的人不實踐，等於一隻蜜蜂不釀蜜。」這句話的涵義，與下列何者最接近？(9502)【21】
(A) 一個人有了知識，就能變成三頭六臂
(B) 生活需要知識，正如戰爭需要槍炮一樣
(C) 生活在前進，誰跟不上它的步伐，就會落後
(D) 理論充其量只是一張地圖，它代替不了旅行※

鑑別度	難易度	A	B	C	D
0.51	72.61	1.61	15.93	9.82	72.61

60. 「網路上只有資訊，沒有知識。」這句話的涵義，與下列何者最接近？(9502)【26】
(A) 網路上的資源無遠弗屆　(B) 網站上的資料多元豐富
(C) 運用資訊應求理解消化※　(D) 資訊業者缺乏管理程式

鑑別度	難易度	A	B	C	D
0.53	77.13	6.85	11.43	77.13	4.55

61. 「與其花許多時間和精力去鑿許多淺井，不如花同樣的時間和精力，去鑿一口深井。」這段話的涵義，與下列何者最接近？(9502)【31】
(A) 執於一見之爭，百口難辯其理　(B) 知不足者好學，恥下問者自滿
(C) 不廣求，故得；不雜學，故明※　(D) 不學，則不成；不問，則不知

鑑別度	難易度	A	B	C	D
0.54	65.76	12.16	14.69	65.76	7.33

丁、舉例句子特定觀點

62. 下列選項，何者不屬於動態的描寫？(9101)【4】
(A) 牠像虹似地一下就消逝了，留下的是無限的迷惘
(B) 母親洗淨雙手，撮一撮桂花放在水晶盤中，送到佛堂供佛
(C) 他那秀美的面容，優閒的態度，完全表現出一個書生政治家來※
(D) 他用兩手攀著上面，兩腳再向上縮，他肥胖的身子向左微傾，顯出努力的樣子

鑑別度	難易度	A	B	C	D
0.45	86.56	9.20	2.16	86.56	2.03

63. 下列哪一選項不是在勸人「腳踏實地」?(9102)【6】
(A)不要以願望代替實際作爲
(B)得之於人者太多,出之於己者太少※
(C)老是吹號角的人,不是真正的獵人
(D)只要每一步走得穩妥,必可步向成功的坦途

鑑別度	難易度	A	B	C	D
0.48	84.17	2.77	84.17	9.80	3.23

64. 下列各選項「」中的詩句所表達的心情,何者說明不正確?(9102)【11】
(A)打起黃鶯兒,莫教枝上啼。「啼時驚妾夢,不得到遼西」——開朗※
(B)向晚意不適,驅車登古原。「夕陽無限好,只是近黃昏」——惆悵
(C)「久旱逢甘雨,他鄉遇故知。」洞房花燭夜,金榜題名時——驚喜
(D)昔有吳起者,母歿喪不臨。「嗟哉斯徒輩,其心不如禽」——鄙斥

鑑別度	難易度	A	B	C	D
0.53	81.76	81.76	6.32	6.88	5.00

65. 下列詩句,何者不是用來描述返鄉的心境?(9102)【29】
(A)君自故鄉來,應知故鄉事。來日綺窗前,寒梅著花未※
(B)嶺外音書絕,經冬復立春。近鄉情更怯,不敢問來人
(C)少小離家老大回,鄉音無改鬢毛摧。兒童相見不相識,笑問客從何處來
(D)白日放歌須縱酒,青春作伴好還鄉。即從巴峽穿巫峽,便下襄陽向洛陽

鑑別度	難易度	A	B	C	D
0.50	60.49	60.49	15.62	10.46	13.37

66. 下列詩詞,何者最能表露出慈悲心腸?(9202)【19】
(A)白髮悲花落,青雲羨鳥飛　(B)愛鼠常留飯,憐蛾不點燈※
(C)薄命生遭風雨妒,多情枉受蝶蜂憐　(D)共看明月應垂淚,一夜鄉心五處同

鑑別度	難易度	A	B	C	D
0.53	79.18	2.68	79.18	11.70	6.37

67. 詩句往往透露季節線索，如「吹面不寒楊柳風」提供春季的線索。下列詩句與季節的配對，何者正確？(9202)【24】

(A) 天階月色涼如水，坐看牽牛織女星——春
(B) 四顧山光接水光，憑欄十里芰荷香——夏※
(C) 莫笑農家臘酒渾，豐年留客足雞豚——秋
(D) 誰念西風獨自涼，蕭蕭黃葉閉疏窗——冬

鑑別度	難易度	A	B	C	D
0.43	63.43	5.00	63.43	22.22	9.29

68. 南宋文學家陸游是中國有名的愛國詩人，下列哪一詩句最能看出他報效朝廷的雄心壯志？(9302)【17】

(A) 數間茅屋鏡湖濱，萬卷藏書不救貧 (B) 衣上征塵雜酒痕，遠遊無處不消魂
(C) 躬率本是英豪事，老死南陽未必非 (D) 自笑滅胡心尚在，憑高慷慨欲忘身※

鑑別度	難易度	A	B	C	D
0.54	67.80	2.23	8.22	21.69	67.80

69. 有一些報紙的標題，除了簡要敘述事實之外，還帶有評論的性質，表達出撰寫者的看法。下列哪一個選項的標題帶有評論性質？(9302)【31】

(A) 英、法足球戰火點燃，又見球迷喪性瘋狂※
(B) 根據科學研究指出，南極最容易找到隕石
(C) 九二一震災浩劫，南投縣境山移屋毀樹倒
(D) 腸病毒肆虐，中南部幼稚園全面停課一週

鑑別度	難易度	A	B	C	D
0.47	60.54	60.54	28.34	7.98	3.06

70. 下列詩句抒發的情感，何者是爲了百姓疾苦而興發的悲嘆？(9402)【9】

(A) 天涯倦客，山中歸路，望斷故園心眼
(B) 不恨年華去也，只恐少年心事，強半爲銷磨
(C) 尋好夢，夢難成，有誰知我此時情？枕前淚共階前雨，隔個窗兒滴到明
(D) 喜萬象春如故，恨流民尚在途。留不住都棄業拋家，當不的也離鄉背土※

鑑別度	難易度	A	B	C	D
0.48	85.22	4.36	2.13	8.26	85.22

71. 如果要選一則座右銘來勉勵自己把握時間,下列何者最恰當?(9402)【16】
(A)無事勤掃屋,勝如上藥鋪 (B)機會是上帝不想簽名時的匿名
(C)勇於求知的人決不至於空閒無事※ (D)立志在堅不在銳,成功在久不在速

鑑別度	難易度	A	B	C	D
0.37	81.78	5.48	5.26	81.78	7.45

72. 下列文句,何者不是用來呈現人物的胸襟氣度?(9502)【6】
(A)訟吾過者是吾師 (B)得饒人處且饒人
(C)解鈴還需繫鈴人※ (D)宰相肚裡能撐船

鑑別度	難易度	A	B	C	D
0.42	84.25	11.63	1.88	84.25	2.20

73. 下列詩句中所提及的雨勢,何者最爲磅礡?(9502)【13】
(A)朔風鳴淅淅,寒雨下霏霏 (B)江雨舊無時,天晴忽散絲
(C)枕前淚共階前雨,隔個窗兒滴到明 (D)雷霹老松疑虎怒,雨沖煙洞覺龍醒※

鑑別度	難易度	A	B	C	D
0.52	88.09	3.77	5.44	2.66	88.09

74. 下列文句中的人物,在所描述的比賽情境中,何者不能被確認爲最優秀的?(9502)【27】
(A)籃球場上的阿丹,八面威風,連連灌籃得分※
(B)外國語文競賽中,小華獨占鰲頭,爲校爭光
(C)大雄的打擊率在這季職棒賽中是首屈一指的
(D)長期苦練後,穎珊終於在世界溜冰賽中奪魁

鑑別度	難易度	A	B	C	D
0.42	62.85	62.85	7.90	15.45	13.78

五、能認識段義

甲、摘要段落要旨

(甲)現代文

1.「在工商界，有才幹的人基本上是受大家歡迎與肯定的。不過，有一種人則不然。這種人雖然有些本事，可是傲氣十足，凡事都認爲『非我不可』，甚至於自我膨脹，認爲個人在公司的地位無人可取代。最後，這些人由於缺乏謙沖的修養，都與失敗者畫上了等號。」以上文句說明了什麼道理？(9001)【15】

(A)有才幹的人總會成功的　(B)不知謙沖，雖有才幹也不能成功※
(C)自信自立，能得到他人的尊敬　(D)才幹加上謙虛就能成功

鑑別度	難易度	A	B	C	D
0.49	81.84	2.13	81.84	5.59	10.44

2.「有個人囑咐兒子說：『你一言一行，都要仿照老師的樣子。』一天，兒子遵照父親的教導去陪老師吃飯。老師吃，他也吃；老師喝，他也喝；老師有時轉動一下身子，他也轉動一下身子，老師暗中看他的舉動，忍不住笑了一聲，擱下筷子，嗆得打了一個噴嚏，這孩子也想打一個，可怎麼也打不出來，便作了一個揖，向老師謝罪說：『老師這樣的妙處，學生實在難學啊！』」以上這則故事的啓示爲何？(9002)【3】

(A)有樣學樣是學習之鑰　(B)謹遵父訓是孝順之首
(C)盲目仿效非學習之道※　(D)好高騖遠非爲學態度

鑑別度	難易度	A	B	C	D
0.48	91.21	4.44	1.74	91.21	2.60

3.「有個窮和尚要憑著一瓶一缽，到南海去朝聖；另一個富有的和尚，卻要等存夠了錢才去。當窮和尚從南海回來時，富有的和尚還沒有出發。」這個故事給我們的啓示爲何？(9002)【5】

(A)在山腳下徘徊的人，永遠到達不了山頂※
(B)寧可光明的失敗，決不要不榮譽的成功
(C)一個男子漢可以被毀滅，但不能被打敗
(D)崎嶇的道路，將通往光明、璀璨的前程

鑑別度	難易度	A	B	C	D
0.43	86.86	86.86	2.45	1.28	9.41

4. 「方仲永爲一農家子弟，五歲時無師自通寫了一首詩，不但極富意義，文詞運用亦巧妙，眾人皆讚爲奇才。其父遂帶領仲永四處展現才藝，卻未曾安排他接受教育。久之，仲永奇才就不復存在了。」下列何者最貼近以上這則故事的寓意？(9101) 【14】
(A) 學而時習之，不亦說乎　(B) 聰與敏，可恃而不可恃也※
(C) 謂學不暇給者，雖暇亦不能學　(D) 一日暴之，十日寒之，未有能生者也

鑑別度	難易度	A	B	C	D
0.54	58.85	7.96	58.85	16.04	17.04

5.

孤單老人不孤獨 － 因為有你！

你可知道——
在臺灣有越來越多老人需要有人陪伴，
現在，
只要你每週撥出二～四小時，
陪他們聊聊天，幫他們料理生活上的瑣事，
就能讓他們過得快樂、活得充實，
幫助老人，請加入我們的行列！

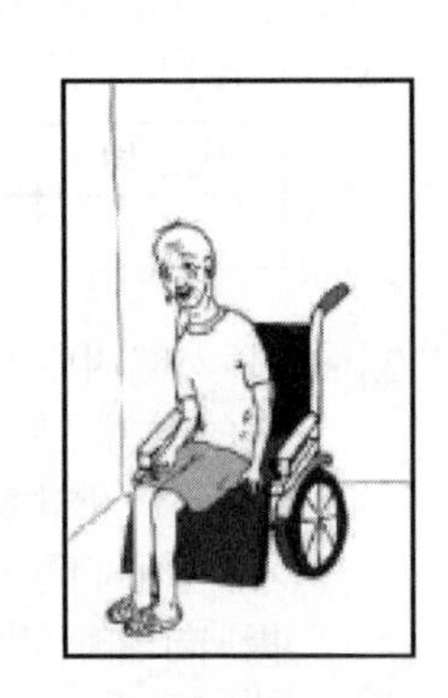

這是一則什麼性質的海報？(9101) 【15】
(A) 徵求爲老人服務的志工廣告※　(B) 爲家中老人徵求短期看護的啓事
(C)「老人諮詢專線」招募義工的啓事　(D) 呼籲「孝養家中長輩」的公益廣告

鑑別度	難易度	A	B	C	D
0.41	62.86	62.86	4.05	14.33	18.70

6. 「有一個實驗是這樣的：在盛滿水的鍋子放入一條魚，然後把水的溫度以非常緩慢的速度逐漸升高。剛開始魚兒在水中悠然自得，一點都沒有異樣，但是在兩個小時之後，魚兒竟一點也沒有掙扎地死了。」此則故事的寓意是在說明何種道理? (9102) 【33】
(A) 人恆過，然後能改　(B) 習之中人，甚矣哉※
(C) 勞則思，逸則淫，物之情也　(D) 飽食終日，無所用心，難矣哉

鑑別度	難易度	A	B	C	D
0.33	42.86	2.31	42.86	28.66	26.10

7. 「中國傳統教育並不鼓勵直接表達情緒。喜怒必須不形於色；生氣是不對的；人不應該妒嫉別人；男子有淚不輕彈；害怕？多沒出息！……類似這樣的教育方式，根深柢固的留在我們的生活裡，以致人人壓抑、掩飾自己的感情，不敢以真面目見人，面具戴久了，連自己也找不到自己的樣子了。」下列何者是這段文字的主旨？(9202) 【2】

(A) 抑制情緒，因人而異　(B) 抑制情緒，有礙健康
(C) 掩藏情緒，失去真我※　(D) 掩藏情緒，加深怨尤

鑑別度	難易度	A	B	C	D
0.33	95.80	1.96	1.41	95.80	0.82

8. 有一師父和弟子，在深山中看到一隻狐狸正追著一隻兔子。
弟子對師父說：「我猜，兔子一定會被追上。」
「不會，狐狸追不上兔子。」師父肯定地說。
「為什麼？」弟子問師父：「狐狸跑得比兔子快啊！」
師父回答說：「你不曉得啊！那狐狸追的，只不過是一頓飯，可是那兔子逃的，卻是一條命啊！」
下列何者最能切中師父話中的意涵？(9202) 【17】

(A) 生於憂患※　(B) 死於安樂　(C) 死生有命　(D) 劫後餘生

鑑別度	難易度	A	B	C	D
0.41	63.86	63.86	2.01	10.38	23.69

9. 以下是一個父親與孩子討論送禮物給朋友的對話：
「我們買個拼圖送給小薇，好不好？」父親建議。
「我很喜歡動物拼圖，能不能自己留著？」孩子說。
「你喜歡的，小薇會不會也喜歡呢？」
「一定會。」
「你想不想讓小薇喜歡你送給她的禮物？」
「想啊！好吧，我送給她。」
這段對話所蘊含的主旨，與下列哪一句話最接近？(9301) 【10】

(A) 想靠餽贈獲得朋友，就必須懂得施捨
(B) 一個人要慷慨，才能接受別人的友誼
(C) 能了解對方的需求，才是真正的朋友
(D) 有真摯分享的誠意，才算真正的餽贈※

鑑別度	難易度	A	B	C	D
0.39	77.89	5.12	4.25	12.69	77.89

10. 「幾遍的犛草，幾遍的撒肥料，幾遍的噴農藥，還得不時顧田水、拔稗草，才能望到收割、晒穀。」這段話的涵義與下列哪一句諺語最接近？(9302) 【2】
(A) 巧婦難爲無米炊　(B) 一粒米飼百樣人
(C) 一粒米流百滴汗※　(D) 當家方知柴米貴

鑑別度	難易度	A	B	C	D
0.29	95.16	0.68	2.02	95.16	2.13

11. 「一休想渡河，就沿著河試探最容易涉水而過的地方，試了半天，得到一個結論：水流平穩處最深，水流潺潺處最淺。」這則寓言所傳達的寓意不包含下列何者？(9302) 【22】
(A) 愈有學問、內涵的人，愈懂得謙虛
(B) 沈默的敵人會比話多的敵人更危險
(C) 勇於嘗試才能創造豐富多變的人生※
(D) 平靜的生活往往隱藏不可知的危機

鑑別度	難易度	A	B	C	D
0.43	65.05	17.80	8.85	65.05	8.27

12. 「神創造了人類，給他們兩只口袋，一只裝別人的缺點，另一只裝自己的。人們把那只裝別人缺點的口袋掛在胸前，另一只掛在背後。因此，人們常能很快的看見別人的缺點，卻看不見自己的缺點。」這段文字的涵義最接近下列哪一句話？(9302) 【26】
(A) 喜聞己之過，樂道人之善　(B) 施人慎勿念，受施慎勿忘
(C) 處身不妨薄，待人不妨厚　(D) 律己輕且約，責人重且周※

鑑別度	難易度	A	B	C	D
0.36	68.54	7.03	7.44	16.93	68.54

13. 「某現金卡廣告詞：『借錢是高尚的行爲。』引發了社會的爭議。打廣告當然是爲了賣商品，但廣告訊息傳播的價值觀，不僅影響消費者的觀感，也影響商品本身的形象。」下列何者最符合這段文字的說明？(9401) 【13】
(A) 廣告影響消費者的觀感時，才能有利於行銷
(B) 廣告以創意凸顯產品的形象時，應審慎行事※

(C) 廣告設計應該以突破社會既定價值觀爲目的
(D) 廣告若能引發社會爭議，必能帶動消費潮流

鑑別度	難易度	A	B	C	D
0.58	75.46	12.99	75.46	7.53	3.98

14. 「母猴生了兩隻小猴，牠特別偏愛其中一隻，常常摟在懷裡百般呵護，而任另一隻小猴東奔西跑四處玩耍。有一天，備受關愛的小猴因被母猴抱得太緊，窒息死了。那隻被忽略的小猴，雖然沒有受到細心照顧，卻平安長大了。」下列何者是這則故事最主要的寓意？(9401)【15】
(A) 太溺愛子女，有時反而會害了子女※
(B) 對待子女應公平，否則易造成悲劇
(C) 給子女魚吃，不如教子女捕魚爲佳
(D) 過度保護，會使子女喪失自立能力

鑑別度	難易度	A	B	C	D
0.45	71.94	71.94	4.81	4.22	19.00

15. 煙蒂在一般人眼裡，不過是不起眼的廢物，很多人往往隨手丟棄。但有位七十九歲的老太太，她把煙蒂裡的棉絮抽出來製成衣服，據說和毛衣一樣輕柔。她說要把衣服留給子孫，時時提醒他們愛惜資源，而且要維護環境整潔。這位老太太的行爲無法印證下列哪一句話？(9401)【21】
(A) 化腐朽爲神奇
(B) 勤儉爲持家之本
(C) 垃圾分類利環保※
(D) 維護環境人人有責

鑑別度	難易度	A	B	C	D
0.37	61.48	7.11	28.38	61.48	3.01

16. 「到過世界各地的人，可能還是胸懷窄小，過著執迷不悟的生活，就像有些人，儘管利用雷射高科技治療眼睛的近視、斜視，卻一直忽略了他的『短視』一樣。」這段話旨在說明什麼道理？(9401)【23】
(A) 科技進步的速度，永遠追不上疾病變化的速度
(B) 資訊的發達，交通的便利，縮短人與人的距離
(C) 有宏觀的視野，才能體會天有多高，海有多深※
(D) 旅遊時若走馬看花，就不能深入瞭解風土民情

鑑別度	難易度	A	B	C	D
0.53	60.11	9.70	8.32	60.11	21.81

17. 胡適說：「爭自由的唯一理由是：『異乎我者未必即非，而同乎我者未必即是；今日眾人之所是未必即是，而眾人之所非未必真非。』爭自由的唯一理由，換句話說，就是期望大家能容忍異己的意見。凡不承認異己者自由的人，就不配爭自由，就不配談自由。」下列敘述，何者與這段話的意思最相近？(9401)【29】

(A) 自由是要靠自己去爭取的，而不是被賜予的東西
(B) 個人的自由必須有所限制，不得因為自己而妨礙他人
(C) 每個人都擁有自由去遵循自己的喜好，尋找自己的道路
(D) 即使不同意他人的說法，也要尊重他人表達意見的自由※

鑑別度	難易度	A	B	C	D
0.52	81.99	4.96	6.98	5.99	81.99

18. 「有人願意站出來，用心指出你的錯誤，就要真心感恩。因為他得花費精神、力氣、寶貴的時間，給你強而有力的開導與指引。」下列敘述何者與這段話的涵義最接近？(9402)【12】

(A) 有人指正錯誤也是一種幸福※
(B) 花費力氣指正他人相當傷神
(C) 心存感恩才能真心指正他人
(D) 指責他人是一種施恩的行為

鑑別度	難易度	A	B	C	D
0.43	80.89	80.89	1.62	8.16	9.29

19. 「世界在迅速改變，而且改變的速率與日俱增，某些專門知識，很快就會過時，失去適應能力的人一定吃虧。但良好的心靈與品性，在今日卻有了重要的新意義：這類人永遠不會茫然不知所措，因為他會保持每天學習新東西的習慣，對他來說，世界的改變不是悲劇，而是奇遇。」下列何者與這段文字的主旨最接近？(9501)【8】

(A) 只有當人們心中有愛的時候，世界才能真正的進步
(B) 才華不凡的人才能發明創造，成為時代風潮的領袖
(C) 世界發展日新月異，時時吸收新知，方能適應時代※
(D) 世界由人類組成，它的發展方向是人心共同的趨向

鑑別度	難易度	A	B	C	D
0.45	81.59	6.71	2.56	81.59	9.10

20. 「某些昆蟲有許多小眼組成的複眼，但只能看到幾步之內的東西；人雖然只有兩隻眼睛，卻能夠憑高望遠、瞻望未來。」這段文字的涵義，與下列何者最接近？(9501)【9】

(A)人類總能把每一樁不幸化爲一次機會
(B)飛翔在天空中的老鷹不如握在手中的麻雀
(C)一個人生活在世界上,最怕的是看不見事情的真相
(D)鳥有翅膀能飛上天,人沒有翅膀卻能憑著智慧飛得更高※

鑑別度	難易度	A	B	C	D
0.37	80.29	3.89	4.99	10.79	80.29

21. 「近視的人,想看清楚一些;耳聾的人,想聽清楚一些;愚笨的人,想懂清楚一些;直到一切事物都清楚了,才知道反而不如原來模糊時美好。」下列哪一句話與這段文字的意思最相近?(9501)【19】
(A)想要看得越遠,就要爬得越高
(B)美的東西即使枯萎,也還是美的
(C)貨真價實的美德,得不到賞識便一文不值
(D)不保持一定的距離,就不能感受到事物的美※

鑑別度	難易度	A	B	C	D
0.51	62.20	6.55	14.95	16.22	62.20

22. 「大提琴是我的花圃,每次拉琴,音符如花,一朵朵在弦間綻放。繽紛的音符花朵,是生命的禮讚。用心灌溉,用心相待,每一個剛萌芽的音符裡,都孕育著美麗的夢想。」這段文字的主旨,與下列何者最接近?(9501)【30】
(A)藝術即生活,其美感源於真實地表現自然
(B)藝術可以把人們的靈魂提昇到崇高的境界
(C)人們可以透過藝術作品的創作來陶冶性情
(D)藝術之美需要人類傾注生命的熱情來經營※

鑑別度	難易度	A	B	C	D
0.41	51.37	26.66	5.91	15.92	51.37

23. 「當我們和他人相處的時候,要詳細地觀察,尤其是最接近你的人,他可能就是你的影子。如果在那人身上看到你不喜歡的行爲舉止,可能就是你正待改進而不自知的缺點;而你在那人身上看到的優點,或許你自己也有,只是尚未展現罷了!」這段文字所闡述的觀點與下列何者最接近?(9502)【2】
(A)知過能改,善莫大焉　(B)以人爲鏡,可以明得失※
(C)長於察人者,必短於察已　(D)有自知之明,始能鑑別他人

鑑別度	難易度	A	B	C	D
0.43	86.81	1.17	86.81	10.21	1.80

24. 「如果一個人只爲自己的生活及愛欲努力，這種生命輕如鴻毛！反之，若能積極造福人群，這種生命價値則重如泰山。」這段文字所要闡明的道理，與下列何者最接近？(9502)【12】
(A) 忠臣不畏死，終能成大事　(B) 苟有利於生民，雖死無憾※
(C) 事難成而易敗，名難立而易廢　(D) 利不可以虛受，名不可以苟得

鑑別度	難易度	A	B	C	D
0.49	81.62	6.95	81.62	2.93	8.46

25. 「人們往往就是太執著，而有分別心。是你、是我，劃分得清清楚楚，以致對自己所愛的拚命去爭、去求、去嫉妒，因爲心胸狹窄，所以處處都是障礙。」這段話的涵義，與下列何者最接近？(9502)【17】
(A) 處事不必邀功，無過便是有功　(B) 求勝的祕訣掌握在失敗者手中
(C) 屈己者能得眾，爲己謀者必遇敵※　(D) 一切的虛名都經不起時間的考驗

鑑別度	難易度	A	B	C	D
0.46	81.97	11.45	3.36	81.97	3.18

(乙) 文言文

26. 「瑜少精意於音樂，雖三爵之後，其有闕誤，瑜必知之，知之必顧。故時人謠曰：『曲有誤，周郎顧。』」這段文字旨在說明周瑜具備什麼？(9002)【18】
(A) 專精的音樂素養※　(B) 嶔崎磊落的品格
(C) 犯顏直諫的勇氣　(D) 千杯不醉的海量

鑑別度	難易度	A	B	C	D
0.28	52.95	52.95	17.56	24.47	5.02

27. 「天下事有難易乎？爲之，則難者亦易矣；不爲，則易者亦難矣。人之爲學有難易乎？學之，則難者亦易矣；不學，則易者亦難矣。」下列敘述，何者不符合這段話的觀點？(9301)【2】
(A) 只要有心學習，天下無難事　(B) 倘若不肯用心，天下皆難事
(C) 不論用心與否，爲學皆不易※　(D) 爲學並不困難，只怕無心學

鑑別度	難易度	A	B	C	D
0.46	86.20	5.19	3.62	86.20	4.97

28. 「德盛者，其心和平，見人皆可取，故口中所許可者多。德薄者，其心刻傲，見人皆可憎，故目中所鄙棄者眾。」這段話的涵義，與下列何者最接近？(9501)【22】
(A)見人有善，如己有善；見人有過，如己有過
(B)利人者，人必從而利之；惡人者，人必從而惡之
(C)聖人見人，皆聖人也；不肖人見人，則皆不肖矣※
(D)眾惡必察，眾好必察，易；自惡必察，自好必察，難

鑑別度	難易度	A	B	C	D
0.55	65.04	13.56	16.17	65.04	5.13

(丙)韻文

29. 「你騎馬來我騎驢，看看眼前我不如。回頭一看推車漢，比上不足比下餘。」本詩主旨在說明什麼？(9101)【19】
(A)職業不分貴賤　(B)知足才能常樂※
(C)從比較中求進步　(D)勝不驕，敗不餒

鑑別度	難易度	A	B	C	D
0.58	55.78	18.49	55.78	17.88	7.76

30. 明朝 林瀚〈誡子弟〉云：「何事紛爭一角牆，讓他幾尺也無妨；長城萬里今猶在，不見當年秦始皇。」這首詩最主要是在告誡子弟什麼道理？(9301)【3】
(A)勿逞強好勝，理性寬容萬事通※　(B)勿臨渴掘井，事未至而預先謀
(C)勿好高騖遠，腳踏實地必有成　(D)勿驕傲自負，聰明反被聰明誤

鑑別度	難易度	A	B	C	D
0.56	77.82	77.82	4.35	12.16	5.61

31.

剔牙　洛夫
中午
全世界的人都在剔牙
以潔白的牙籤

安詳地在
剔他們
潔白的牙齒

衣索比亞的一群兀鷹
從一堆屍體中
飛起
排排蹲在
疏朗的枯樹上
也在剔牙
以一根根瘦小的
肋骨

下列為同學們閱讀本詩後的心得，何者最能切合詩中的意旨？(9302)【29】
(A)對生活在苦難中的人們應寄予關懷※
(B)良好的衛生習慣應從日常生活培養
(C)人之所以異於禽鳥在懂得潔身自愛
(D)天生萬物皆平等的觀念應厚植人心

鑑別度	難易度	A	B	C	D
0.45	47.38	47.38	11.18	17.08	24.28

32. 蓉蓉到盈盈家作客，參觀她的書房後，有感而發，送給她以下這首詩：

寂寞　　瘂弦
一隊隊的書籍們
從書齋裡跳出來
抖一抖身上的灰塵
自己吟哦給自己聽起來了

根據本詩，可推知下列何者最適合用來形容盈盈？(9401)【34】
(A)汗牛充棟，束之高閣※　(B)兩腳書櫥，腹笥便便
(C)學富五車，溫故知新　(D)勤能補拙，學以致用

鑑別度	難易度	A	B	C	D
0.51	45.71	45.71	33.20	10.75	10.24

33. 袁枚〈遣興〉：「但肯尋詩便有詩，靈犀一點是吾師。夕陽芳草尋常物，解用都為絕妙詞。」下列何者與這首詩的主旨最接近？(9502)【8】

(A) 太過尋常的景物，難以成就傳世的佳作
(B) 寫詩是爲了表達真正的情感，貴在真誠
(C) 寫詩題材俯拾皆是，有心便能構成詩趣※
(D) 詩的優劣不在詩句本身，全看詮釋功夫

鑑別度	難易度	A	B	C	D
0.46	80.68	1.95	9.81	80.68	7.51

(丁) 圖表

34.

圖中小孩的下場，最適合用下列何者來說明？(9402) 【1】
(A) 舉手之勞，做好環保
(B) 己所不欲，勿施於人
(C) 人必自侮，而後人侮
(D) 種什麼因，得什麼果※

鑑別度	難易度	A	B	C	D
0.30	87.42	0.65	9.17	2.75	87.42

乙、推論段落觀點

(甲) 現代文

35. 毛空說：「前日從天上掉下來一大塊肉，有三十丈長，十丈寬。」
艾先生說：「哪會有這樣的怪事？」
毛空說：「路上的人都這麼說，難道還會假嗎？」
從這段對話，可知毛空犯了什麼錯誤？(9001) 【16】
(A) 主觀判斷，自以爲是
(B) 人云亦云，道聽塗說※
(C) 誇大其詞，吹牛不打草稿
(D) 自相矛盾，無法自圓其說

鑑別度	難易度	A	B	C	D
0.53	78.87	2.48	78.87	14.84	3.82

36. 準備餵小狗吃飯的老爸：「誰吃了我放在餐桌上的狗罐頭？」
兒子大驚失色：「你說什麼？」
女兒幸災樂禍：「誰叫你嘴饞呢？」
老媽氣急敗壞：「你怎麼把狗罐頭隨便亂放呢？」
以上對話中，誰的話是真正在表達心中的疑問？(9101)【16】
(A)老爸※　(B)兒子　(C)女兒　(D)老媽

鑑別度	難易度	A	B	C	D
0.43	61.78	61.78	24.29	2.20	11.85

37. 「在蜂巢中有數以千計的蜜蜂立在那兒，頭朝下轉向蜂巢中心，翅膀迅速地鼓動著，牠們把不新鮮的空氣搧出蜂巢，把新鮮的空氣從另一邊引進來，所以整個蜂巢因爲這數千隻『搧風蜂』獲得了空氣調節。」文中的「搧風蜂」調節了整個蜂巢的空氣，因爲牠們發揮了什麼力量？(9102)【7】
(A)眾志成城※　(B)螳臂擋車　(C)物以類聚　(D)同仇敵愾

鑑別度	難易度	A	B	C	D
0.40	84.05	84.05	3.67	8.53	3.72

38. 「泰山貴爲森林之王，仍接受所有動物的忠言進諫，而成就綠森林之治。錢滾滾號稱經營之神，仍廣徵人才，接納部屬意見，而創立龐大的企業。」由上文可以推知，這兩人都具有哪種人格特質？(9102)【19】
(A)信實　(B)謙讓　(C)雅量※　(D)仁愛

鑑別度	難易度	A	B	C	D
0.37	70.09	8.12	18.61	70.09	3.13

39. 「一扇門關上時，另一扇卻開了。不過我們經常十分懊喪地久久望著這扇關了的門，而不見爲我們敞開的那扇門。」這段文字指出人往往會犯什麼樣的錯誤？(9102)【25】
(A)見異思遷　(B)囿於所見※(C)三心二意　(D)好高騖遠

鑑別度	難易度	A	B	C	D
0.55	63.59	12.11	63.59	12.58	11.66

40. 以下是一對母子的對話：
小華：「我剛才看見一隻老鼠，大得像河馬一樣，嚇死我了！」
媽媽：「聽著，小華，我跟你說了十萬八千遍了，說話要據實，你怎麼老是不改呢?」

這位母親的行爲,用下列哪句話來形容最恰當?(9201)【9】

(A)五十步笑百步※ (B)天外飛來一筆 (C)知子莫若母 (D)一語中的

鑑別度	難易度	A	B	C	D
0.41	63.64	63.64	4.89	25.18	6.24

41. 「黃媽慶是藝文界譽爲三冠王的藝術家,其作品題材多數來自於他生活周邊的事物,如蔬菜、瓜果、花卉、昆蟲等。創作風格寫實且具個人特色,其木雕特色在於保持原來樸實無華的本質。」

從藝術家黃媽慶的作品取材來看,可與下列何者相映襯?(9201)【19】

(A)好鳥枝頭亦朋友,落花水面皆文章※

(B)不經一番寒徹骨,焉得梅花撲鼻香

(C)不逢大匠材難用,唯有伯樂識良駒

(D)今人不見古時月,今月曾經照古人

鑑別度	難易度	A	B	C	D
0.44	65.78	65.78	10.14	19.36	4.65

42. 十六世紀英國哲學家培根曾說:「腦筋靈活者,輕蔑學問;腦筋單純者,崇拜學問;只有聰明人會使用學問,因爲學問不教人使用的方法,運用的智慧在於書本之外。」根據這段話,下列何者是對待學問最好的態度?(9201)【20】

(A)相信學問的偉大力量 (B)勇於推翻既定的學說

(C)學問必須與生活結合※ (D)審慎探索學問的根源

鑑別度	難易度	A	B	C	D
0.40	75.40	2.32	7.83	75.40	14.39

43. 二十世紀初,維也納有位極負盛名的鋼琴家——維特史坦,他在二次世界大戰中,被砲彈炸斷了慣用的右手。維特史坦不願向命運低頭,到處懇求作曲家特別爲他僅存的左手譜寫《左手鋼琴協奏曲》,因而他仍能彈奏出優美的樂章。下列何者不能用來形容維特史坦的精神?(9201)【31】

(A)英雄何懼出身低※ (B)路是人走出來的

(C)逆境中寓有新生的契機 (D)痛苦的人,沒有悲觀的權利

鑑別度	難易度	A	B	C	D
0.39	45.51	45.51	5.91	8.00	40.51

44. 漢文帝時，有人驚動文帝車駕，文帝大怒，想要加重刑罰，廷尉張釋之卻堅持依法判決。下列何者最能說明張釋之這樣的表現？(9202)【7】
(A) 賞善罰惡，剛柔並濟　(B) 濟弱扶傾，伸張正義
(C) 尊重法律，不受干預※　(D) 法理人情，兩相權衡

鑑別度	難易度	A	B	C	D
0.46	79.39	6.17	4.41	79.39	10.00

45. 偵探小說描述警方逮捕到四名殺人嫌犯後，左鄰右舍議論紛紛：
「小李，誰都懷疑他是兇手！」
「小林誰都懷疑，他是兇手！」
「小張？誰？都懷疑他是兇手？」
「小黃，誰都懷疑他，是兇手！」
據警探說兇手是個疑心病很重的人。從以上線索判斷，誰最有可能是兇手？(9202)【32】
(A) 小李　(B) 小林※　(C) 小張　(D) 小黃

鑑別度	難易度	A	B	C	D
0.42	44.54	7.07	44.54	39.47	8.84

46. 「蕭伯納知道有人管他叫驢子的時候，他並不生氣，反而當作是一種美德，高興的接受了，他更以驢子自勉。」蕭伯納這種態度可用下列哪一個成語來形容？(9301)【14】
(A) 潔身自好　(B) 從善如流　(C) 豁達大度※　(D) 自圓其說

鑑別度	難易度	A	B	C	D
0.47	71.67	8.44	9.37	71.67	10.45

47. 王冕年幼時，因家貧只好去放牛，但在工作之餘仍勤奮自學。後來學畫荷花，畫到三個月後，終於畫出荷花的精神，鄉人爭相購買。下列文句，何者不適合用來形容王冕畫荷的歷程？(9302)【5】
(A) 成功的人，背後都有他斑著的汗漬
(B) 沒有礁石，又怎能激起美麗的浪花
(C) 天生我材必有用，千金散盡還復來※
(D) 不經一番寒徹骨，焉得梅花撲鼻香

鑑別度	難易度	A	B	C	D
0.39	82.38	2.96	9.19	82.38	5.43

48. 一個白髮蒼蒼的老人走進新兵招募處，揚言說：「我要入伍。」接待人員問：「你多大歲數了？你應該知道，這樣的年齡當兵實在太老了吧！」老人回答說：「難道你們不需要將軍嗎？」文中老人的行爲，以下列何者來形容最爲貼切？(9302)【11】

(A) 義薄雲天，肝膽相照　(B) 投筆從戎，棄文就武
(C) 巾幗英雄，不讓鬚眉　(D) 老驥伏櫪，壯心不已※

鑑別度	難易度	A	B	C	D
0.38	78.78	2.65	1.45	17.08	78.78

49. 筱文閱讀武俠小說時，讀到以下文字：「以翻雲手張嵐爲代表的無影劍派，在張嵐死後，由柳青接續掌門。他們的劍法，基本上並未超出旋風劍派的範圍。因爲張嵐習武的寂空門，本是捲雨僧嚴峻所創立，而嚴峻爲追魂客蕭玉的門徒，正是旋風劍派的正宗嫡傳。」文中所提及的人物，彼此間傳承的先後關係最可能是下列何者？(9401)【4】

(A) 張嵐　柳青　蕭玉　嚴峻　(B) 張嵐　柳青　嚴峻　蕭玉
(C) 蕭玉　嚴峻　張嵐　柳青※　(D) 蕭玉　張嵐　嚴峻　柳青

鑑別度	難易度	A	B	C	D
0.60	81.80	5.79	10.58	81.80	1.78

50. 「有句俗語：『讀死書，死讀書，讀書死。』這是挖苦書呆子的話。不錯，讀書是要活讀，但是不下死功夫的話，怎麼也活不了的。」以上這段話，作者強調的是下列何種讀書態度？(9401)【32】

(A) 讀書達忘我境界，才能活用文字　(B) 讀書要多背多記，才能左右逢源
(C) 讀書求學，心思要活，功夫要死※　(D) 讀書應了悟字外之義，融會貫通

鑑別度	難易度	A	B	C	D
0.37	46.44	2.59	4.89	46.44	46.01

51. 據說英國首相邱吉爾訪美時，有天早晨正躺在浴盆泡澡，羅斯福總統無意間闖進來。邱吉爾神情自若地說：「總統先生，我這個英國首相在您面前可是一點也沒有隱瞞喔！」在這則故事中，「幽默」發揮了什麼作用？(9402)【2】

(A) 擺脫窘境，化解尷尬※　(B) 模糊焦點，自圓其說
(C) 消災解厄，化險爲夷　(D) 聯絡感情，引起共鳴

鑑別度	難易度	A	B	C	D
0.36	93.73	93.73	4.08	1.16	1.03

52. 「一個民族最精華的知識分子，以最優秀的頭腦與精力，孜孜於個人間小小的嫉恨、爭鬥、口角是非，永無寧日；一個民族的讀書人，失去了發揚奮厲的進取精神，日日沉醉於訕謗譏嘲之中，這民族昂揚雄健的性格，也勢必被這酸腐之氣腐蝕，日甚一日地敗壞下去。」文中所描寫的知識分子，用下列哪個詞語來形容最恰當？(9501)【24】
(A)眼高手低　(B)器小識短※　(C)食古不化　(D)假公濟私

鑑別度	難易度	A	B	C	D
0.41	57.78	22.61	57.78	13.25	6.27

53. 考試過後，小明在週記中寫到這次考試的結果：「小南的考卷令大家相形失色，上面爬滿了口水的痕跡。小云真是出類拔萃，這麼簡單的題目也可以考成這樣。小榕雖然成績遙遙領先，但也不應該太自鳴得意。小川這次的表現出人意料，竟然進步了那麼多。」由上文可知，真正得到小明讚美的是哪一位同學？(9501)【1】
(A)小南　(B)小云　(C)小榕　(D)小川※

鑑別度	難易度	A	B	C	D
0.28	94.81	1.02	1.55	2.60	94.81

54. 「有人向魏國人董遇請教讀書的方法，董遇說：『只要把書讀過百遍，書中的道理自然就清楚了。』這個人馬上提出質疑：『那要多少時間啊！我就是苦於沒有時間來讀書。』」倘若董遇要針對這個人的毛病提出一句忠告，下列何者最恰當？(9502)【32】
(A)好讀書的人，無時無刻不可讀書※
(B)盡信書不如無書，讀書要慎思明辨
(C)做學問強調累積的功夫，讀愈久愈透徹
(D)每個人都是一本書，要懂得怎麼去讀他

鑑別度	難易度	A	B	C	D
0.50	63.13	63.13	5.78	21.03	10.02

(乙)文言文

55. 蘇軾〈記承天夜遊〉：「庭中如積水空明，水中藻荇交橫，蓋竹柏影也。何夜

無月？何處無竹柏？但少閑人如吾兩人耳！」作者所呈現的心境與下列何者最接近？(9001)【32】

(A)忙人無是非，閑人是非多　(B)人閑桂花落，夜靜春山空
(C)人莫樂於閑，非無所事事之謂也　(D)江山風月，本無常主，閑者便是主人※

鑑別度	難易度	A	B	C	D
0.37	39.05	8.83	29.91	22.22	39.05

56. 「大家之作，其言情也必沁人心脾，其寫景也必豁人耳目。其辭脫口而出，無矯揉妝束之態。以其所見者真，所知者深也。」根據上文，下列何者是詩詞大家作品之所以出色的根本原因？(9201)【27】

(A)委婉曲折的抒情筆法　(B)歷歷如繪的敘景場面
(C)爐火純青的巧妙修辭　(D)真切深刻的見解感悟※

鑑別度	難易度	A	B	C	D
0.44	63.31	8.92	18.28	9.38	63.31

(丙)韻文

57. 秦觀〈鵲橋仙〉：「纖雲弄巧，飛星傳恨，銀漢迢迢暗度。金風玉露一相逢，便勝卻人間無數。　柔情似水，佳期如夢，忍顧鵲橋歸路。兩情若是久長時，又豈在朝朝暮暮。」這闋詞對於感情的看法，與下列何者相似？(9002)【28】

(A)不在乎天長地久，只在乎曾經擁有
(B)只要是此情長在，無須要常相廝守※
(C)問世間情是何物，直教人生死相許
(D)衣帶漸寬終不悔，爲伊消得人憔悴

鑑別度	難易度	A	B	C	D
0.44	64.55	21.50	64.55	10.68	3.26

58. 「君知妾有夫，贈妾雙明珠，感君纏綿意，繫在紅羅襦。妾家高樓連苑起，良人執戟明光裡。知君用心如日月，事夫誓擬同生死。還君明珠雙淚垂，恨不相逢未嫁時。」下列何者，是這首詩中已婚女子面對第三者追求時的心態？(9201)【23】

(A)堅守婚約，委婉拒絕※　(B)深情可感，欣然接受
(C)此生無緣，承諾來生　(D)欲語還休，暗通款曲

鑑別度	難易度	A	B	C	D
0.38	59.00	59.00	6.62	31.43	2.89

59. 「江雨霏霏江草齊，六朝如夢鳥空啼。無情最是臺城柳，依舊煙籠十里堤。」這是一首詠史詩，下列何者所抒發的情感與此詩相近？(9202)【22】
(A)吳宮花草埋幽徑，晉代衣冠成古丘※
(B)江山代有才人出，各領風騷數百年
(C)風蕭蕭兮易水寒，壯士一去兮不復返
(D)人生自古誰無死，留取丹心照汗青

鑑別度	難易度	A	B	C	D
0.61	62.80	62.80	6.86	20.07	10.15

60. 「日日，從日出到日落／不了解疲倦的母親，這樣講／清爽的風，是最好的電扇／稻田，是最好看的風景／水聲和鳥聲，是最好聽的歌／不在意遠方城市的文明／怎樣嘲笑，母親／在我家這片田地上／用一生的汗水，灌溉她的夢」，以上詩句表現了母親哪一種情懷？(9301)【17】
(A)歸隱田園的渴望　(B)感慨人生的無奈
(C)歌頌大地的熱情　(D)眷戀鄉土的情衷※

鑑別度	難易度	A	B	C	D
0.41	65.46	13.31	4.50	16.65	65.46

61. 王勃〈滕王閣〉：「閒雲潭影日悠悠，物換星移幾度秋。閣中帝子今何在？檻外長江空自流。」詩句中抒發了下列哪一種感慨？(9401)【22】
(A)相思悠悠，度日如年　(B)年華老去，一事無成
(C)壯志未酬，生活潦倒　(D)景物依舊，人事全非※

鑑別度	難易度	A	B	C	D
0.56	64.21	20.11	10.40	5.24	64.21

62.

我心雀躍　華茲華斯
我心雀躍，因為看到
彩虹於天際
此情我幼時就有
此情到如今依舊
此情願長存到老
不然毋寧死
小孩是成人的雛形
願我的日子能夠一
銜接著對天地的虔敬

我心雀躍　華茲華斯
我心雀躍，因為看到
彩虹於天際
此情我幼時就有
此情到如今依舊
此情願長存到老
不然毋寧死
小孩是成人的雛形
願我的日子能夠一
銜接著對天地的虔敬

根據這首詩，下列何者是詩人內心雀躍的原因？(9402)【14】

(A)找到真愛　(B)與孩子嬉戲
(C)享受家庭的溫馨　(D)對大自然的感動※

鑑別度	難易度	A	B	C	D
0.43	71.62	4.42	3.30	20.64	71.62

63. 「枝頭夜綻紫薇花,卻憶朝時抽綠芽。過客川流旋百代,心驚日去送生涯。」這是作者觀花有感的詩作,下列何者最能說明他的感受?(9501)【20】
(A)繁花似錦,人獨飄零　(B)花前送別,離情依依
(C)花開花落,時光匆匆※　(D)睹物思人,倍感惆悵

鑑別度	難易度	A	B	C	D
0.38	60.00	8.32	17.67	60.00	13.86

64. 「故人西辭黃鶴樓,煙花三月下揚州。孤帆遠影碧山盡,唯見長江天際流。」這首詩所描寫的季節與下列何者相同?(9502)【11】
(A)四顧山光接水光,憑欄十里芰荷香。清風明月無人管,並做南來一味涼
(B)初聞征雁已無蟬,百尺樓高水接天。青女素娥俱耐冷,月中霜裏鬥嬋娟
(C)細草鋪茵綠滿堤,燕飛晴日正遲遲。尋芳陌上花如錦,折得東風第一枝※
(D)隴水潺湲隴樹黃,征人隴上盡思鄉。馬嘶斜日朔風急,雁過寒雲邊思長

鑑別度	難易度	A	B	C	D
0.50	84.20	8.45	3.28	84.20	4.05

丙、推論段落標題

65. 「店舖主人對侄子說:『做買賣就要學我才不吃虧。我們舖子裡的那塊波蘭呢料已放了很久,受潮、發霉、蟲蛀,可是我將它冒充美國貨來出售,很快就賣出去了,還多賺了一大筆錢。哈!老天爺派了個糊塗蟲給我。』侄子恭敬地回答:『是,是,這話不假。但我不知究竟誰是糊塗蟲?您瞧,他給了您一疊假鈔票。』」下列何者可作爲此篇短文的題目?(9001)【5】
(A)掛羊頭,賣狗肉　(B)薑是老的辣
(C)邪不勝正　(D)惡有惡報※

鑑別度	難易度	A	B	C	D
0.41	73.24	14.41	5.49	6.86	73.24

66. 報載：「在苗栗 竹南 龍鳳漁港，有漁民發現二、三百隻臺灣原生種斑龜。根據縣政府判斷，可能是有人買來放生。可是斑龜屬陸上淡水型烏龜，把牠們放生到海邊，說是放生，事實上卻是殺生。」下列何者最適合作爲本報導的標題？(9002)【2】

(A) 愛，就是還他自由　(B) 過度的溺愛是一種傷害
(C) 錯誤的放生，是一種滅絕的行爲※　(D) 愛惜生命，不要再有放生的行爲

鑑別度	難易度	A	B	C	D
0.28	87.76	3.44	6.25	87.76	2.54

67. 「我常常想，生命是什麼呢？牆角的磚縫中，掉進了一粒香瓜子，隔了幾天，竟然冒出了一截小瓜苗，那小小的種子裡，包含了怎樣的一種力量；竟使它可以衝破堅硬的外殼，在沒有陽光，沒有泥土的水泥地上，不屈地向上茁長，昂然挺立。」

下列哪一項不適合作爲這段文字的標題？(9202)【8】

(A) 瓜苗的心聲※　(B) 自然的力量　(C) 奇妙的種子
(D) 生命的禮讚

鑑別度	難易度	A	B	C	D
0.41	72.48	72.48	6.39	16.73	4.37

68. 「只有等到最後一株樹被砍掉了，最後一條河被汙染了，最後一條魚被捕食了，人們才會發現金錢不能充飢。」下列何者最適合做爲這段文字的標題？(9402)【23】

(A) 人定能勝天　(B) 奉獻的種子　(C) 與自然共舞吧※　(D) 一葉可以知秋

鑑別度	難易度	A	B	C	D
0.38	57.17	3.62	11.73	57.17	27.41

69.

如果我來拜訪你
請不要過於熱烈歡迎
黑衫的夜旅是我選擇的行路
踽踽的輕悄是我深知的美學
只要饋我一口溫熱的施捨
我自會默默地離去

下列何者最適合做爲這首詩的標題？(9501)【7】

(A)螞蟻的行歌　(B)蚊子的獨白※　(C)蜘蛛的留言　(D)飛蛾的寄語

鑑別度	難易度	A	B	C	D
0.39	85.19	5.65	85.19	3.24	5.89

丁、摘要段落內容

(甲)現代文

70. 「我國自古就懂得種茶、製茶和飲茶。最初，茶被當作一種藥材。據可靠記載，西漢時，茶才成爲一種飲料。唐朝飲茶的風氣更爲普遍，並且將喝茶習慣傳到日本。十七世紀初，我國茶葉輸入歐洲。茶，從此成爲世界性的飲料。」依上文，下列敘述何者正確？(9002)【4】
(A)我國從漢代開始種植茶樹
(B)茶在中國是藥材也是飲料※
(C)中國人喝茶的習慣是由日本傳入的
(D)十七世紀時製茶方式由歐洲輸入中國

鑑別度	難易度	A	B	C	D
0.47	88.00	6.83	88.00	2.59	2.58

71. 「生命是一天天長大的，人也是一樣，是不允許維持現狀的。所謂生命的規律，隱藏著無限的殘酷，如果停止生長，瞬間即將走向死亡。」根據本文，下列推論何者錯誤？(9101)【8】
(A)就社會而言，維持現狀是遏止變化衝擊的生存之道※
(B)就人而言，智慧的追求如逆水行舟，不成長，便退化
(C)就一個公司的業績而言，若不求蒸蒸日上，必然逐漸衰退
(D)生命必須像一條輕唱的小溪，蜿蜒向前，才不會成爲一池污水

鑑別度	難易度	A	B	C	D
0.50	81.08	81.08	5.90	4.56	8.39

72. 「如果你在讀書中尋出一種趣味，將來你抵抗誘惑的能力比別人定要大些。這個興趣你現在不能尋出，將來便永不會尋出的。凡人都越老越麻木，你現在已比不上三、五歲的小孩子們那樣好奇、那樣興味淋漓了。你長大一歲，你感覺興味的敏銳度便遲鈍一分。」關於上文，下列說明何者正確？(9102)【3】

(A)趁年少培養讀書的興趣※ (B)依照自己的興趣來讀書
(C)好奇心不會因年齡而改變 (D)高深的學問能引起人們的興味

鑑別度	難易度	A	B	C	D
0.45	86.54	86.54	7.86	3.44	2.13

73. 有一個鋸木工人面對堆積如山的木材，他只埋頭不停地鋸，緊張得不敢休息，希望把木材快點鋸完。鄰居勸他：「我看你的鋸子都有點鈍了，應該休息一下，磨磨你的鋸子吧！」工人卻不耐煩地說：「你沒看到我有這麼多木材要鋸嗎？哪有時間去磨鋸子！」
根據這則故事，下列敘述何者正確？(9201) 【5】
(A)鄰居好逸惡勞，缺乏毅力 (B)工人求功心切，不得其法※
(C) 鄰居旁敲側擊，說話迂迴 (D)工人積極進取，爭取時效

鑑別度	難易度	A	B	C	D
0.54	71.32	2.71	71.32	3.81	22.12

74. 許偉是個下棋高手，但今年他的表現不算好，得勝率只有五成多一點，就他的棋力與威望而言，這個成績算是很差的。許偉的勁敵黃宇說：「許偉弈棋每到終盤時，棋勢往往後勁不足，而給對手可乘之機。」根據本文，下列敘述何者正確？(9401) 【31】
(A)許偉今年的勝場多過敗場※ (B)許偉在棋賽中經常敗給黃宇
(C)許偉常常因體力不濟而落敗 (D)許偉常在棋局之初就掌握勝算

鑑別度	難易度	A	B	C	D
0.47	46.34	46.34	22.88	10.89	19.82

(乙)韻文

75. 「君子失時不失相，小人得時把肚漲，大家驢兒學馬走，到底還露驢兒樣。」根據這首民謠，下列敘述何者正確？(9201) 【28】
(A)小人只要得志，也能成爲君子 (B)小人得意時，也難有君子之相※
(C)與其爲僞君子，不如爲真小人 (D)君子不能守窮，一窮就失相了

鑑別度	難易度	A	B	C	D
0.46	59.95	7.41	59.95	30.08	2.49

(丙)應用文

76. 根據喜帖的內容,下列敘述何者正確?(9002)【31】

謹詹於中華民國九十年四月五日為長孫、長子世豪與李天卻先生三女淑英小姐舉行結婚典禮

敬備喜筵　恭請

闔第光臨

吳　連　旺
吳　蔡　葉
吳　子　山　鞠　躬
柳　碧　珠

設席:自宅

新店市五民路20號　電話:2911-1111

恕邀

時間:下午六時三十分入席

(A)新郎是吳世豪先生※　(B)新娘是柳淑英小姐
(C)喜宴設在李天卻先生的家中　(D)主婚人吳連旺先生是新郎的父親

鑑別度	難易度	A	B	C	D
0.51	68.27	68.27	9.41	9.10	13.23

77. 這是葫蘆國郵政劃撥儲金存款收據上的注意事項:

1. 本收據請妥為保管,以便日後查考。
2. 如欲查詢存款入帳情形,請檢附本收據及已填妥之查詢函交原存款局辦理。
3. 本收據各項金額、數字係機器印製,如非機器列印、或經塗改、或無收款郵局收訖章者皆無效。

根據以上的敘述,下列何者正確?(9401)【17】

(A)欲查詢款項是否已入帳,可到任何郵局辦理
(B)收據上的數字如塗改,須經郵局蓋章才有效
(C)這些事項是在郵局提款之前必須注意的事
(D)收據上的金額、數字都是機器列印的※

鑑別度	難易度	A	B	C	D
0.54	76.56	4.23	8.86	10.30	76.56

78.

提昇魔力的祕方

材料：魔豆80公克、冷開水1600cc。

步驟：1. 將魔豆與冷開水一起裝入密閉容器。

2. 置於冰箱冷藏，每隔三小時均勻搖晃一次。

3. 滿十二小時後，不須搖晃，直接把魔豆濾出，將水冷藏以備服用。

4. 每天服用100cc，服用前宜閉目平躺，按摩雙耳、手臂約二十分鐘，深呼吸二十下，然後緩緩飲用，最好先含在口中稍溫後再吞下。

妙巫婆在早上八點鐘依上述秘方操作，下列她所實行的步驟，哪一項與秘方有明顯出入？(9402) 【27】

(A) 她將80公克魔豆與1600cc的冷開水，一起裝入密封罐中，放入冷藏室

(B) 她分別於上午十一點、下午兩點、五點取出密封罐，均勻搖晃一次

(C) 她在晚上八點取出，將水與魔豆分開，並且把水放回冷藏室

(D) 她在晚上九點倒出100cc，含入口中，平躺二十分鐘，按摩雙耳及手臂後再吞下※

鑑別度	難易度	A	B	C	D
0.50	72.47	9.14	8.45	9.89	72.47

79.

○○市立圖書館借閱證申請說明

辦理時間：每日上午九時至下午五時。每週一為休館日，不對外開放。

請至本館一樓櫃檯辦理：

1. 攜帶國民身分證、駕駛執照或戶口名簿正本，除本人外，直系親屬得代為申請。

2. 填寫「○○市立圖書館借閱證申請單」乙份。

3. 本借閱證請持證人妥為保存，不得轉借他人使用。

4. 遺失或毀損申請補發新證時，應檢具相關文件並繳交工本費新臺幣壹佰元整。

根據這則圖書館借閱證的申請說明，以下敘述何者正確？(9501) 【2】

(A) 可以利用週日申請借閱證※

(B) 可以委託朋友代爲申請借閱證

(C) 辦理借閱證可經由電話或網路申請

(D) 申請借閱證皆須繳交新臺幣壹佰元整

鑑別度	難易度	A	B	C	D
0.47	85.84	85.84	2.37	1.80	9.96

戊、解釋段落寫作模式

80. 辛棄疾〈清平樂〉：「茅簷低小，溪上青青草。醉裡吳音相媚好，白髮誰家翁媼？大兒鋤豆溪東，中兒正織雞籠，最喜小兒亡賴，溪頭臥剝蓮蓬。」有關這闋詞的內容安排，次序為何？(9002)【15】

(A) 先寫空間，再寫時間　(B) 先寫景物，再寫人情※
(C) 先寫遠景，再寫近景　(D) 先寫事理，再寫感想

鑑別度	難易度	A	B	C	D
0.13	77.24	1.99	77.24	19.02	1.75

81. 弘仁想寫一篇以「網路科技生活」為主題的文章，他的篇章架構依序如下：「網路科技提供人們豐富的資訊 → 近來新聞報導青少年沉迷網咖造成不良的後果 → 正確運用網路科技才能真正享受到便利。」依據他的構思，可以推判他論證的方法最可能是下列哪一項？(9301)【11】

(A) 先揭示主題，再分項演繹闡述意旨
(B) 以反面立論破題，以勸勉鼓勵作結
(C) 分從正、反雙面論述，再合論作結※
(D) 各段落獨立，再歸納各段意旨作結

鑑別度	難易度	A	B	C	D
0.45	74.12	13.08	8.76	74.12	3.98

82. 若以「傘」為作文題目，下列何者是從反面進行構思聯想？(9401)【19】

(A) 頂著豔陽，頂著風雨，傘把困難留給自己，把方便讓給別人
(B) 長久生活在保護傘下，將難以鍛鍊堅強的意志及獨立的人格※
(C) 開闔自如的傘，就好像能屈能伸的大丈夫可適應不同的環境
(D) 樸素堅實的黑傘，一如父親堅定有力的臂膀，護育兒女成長

鑑別度	難易度	A	B	C	D
0.51	63.94	21.27	63.94	7.08	7.61

83. 下列是四篇短文的題目和部分內容，何者的描述最爲切題、合理？(9402)【10】

(A)「我的志願」——「我希望讀理工科，將來能夠學以致用，在科技業發展。」※

(B)「沒有水的日子」——「大家都應該節約用水，沒有熱水洗澡時，洗冷水就好了。」

(C)「逛中古商場」——「明亮的櫥窗裡陳列著各式新品，衣香鬢影往來穿梭，好不熱鬧。」

(D)「我的暑假生活」——「暑假生活真無聊，都在念書，但爸媽曾帶我去玩，所以非常精彩。」

鑑別度	難易度	A	B	C	D
0.24	84.22	84.22	1.42	5.75	8.60

六、能認識文化常識

甲、推論文化常識

(甲)人物

01. 余光中〈大江東去〉:「大江東去,滾濤騰躍成千古/太陽昇火,月亮沉珠/那一波是捉月人?/那一波是溺水的大夫?/赤壁下,人弔髯蘇猶似髯蘇在弔古」這首新詩中提到的人物有哪些?(9001)【25】
(A)嫦娥、屈原、曹操　(B)嫦娥、杜甫、蘇軾
(C)李白、杜甫、曹操　(D)李白、屈原、蘇軾※

鑑別度	難易度	A	B	C	D
0.48	57.25	25.13	9.01	8.61	57.25

02. 《宋史》載:「軾以書見歐陽修,修語梅聖俞曰:『吾當避此人出一頭地。』」句中的「此人」指的是誰?(9202)【12】
(A)《宋史》的作者　(B)蘇軾※　(C)歐陽修
(D)梅聖俞

鑑別度	難易度	A	B	C	D
0.45	71.00	5.77	71.00	17.16	6.00

03. 我們常借歷史人物讚美他人,下列含有歷史人物的成語,何者用法正確?(9302)【15】
(A)以「貌如西施」比喻男子英俊　(B)以「堯舜理政」比喻英勇過人
(C)以「智賽諸葛」比喻技藝超群　(D)以「扁鵲重生」比喻醫術高明※

鑑別度	難易度	A	B	C	D
0.43	81.03	1.66	4.36	12.91	81.03

(乙)典籍

04. 君君想了解楚、漢相爭較為完整的歷史事件,應參閱下列哪一本書?(9101)【25】
(A)《史記》※　(B)《戰國策》　(C)《三國演義》　(D)《儒林外史》

鑑別度	難易度	A	B	C	D
0.38	56.23	56.23	15.44	22.45	5.78

05. 阿明某日誤闖時光隧道回到元朝，下列哪一本書是他最不可能看到的？(9202)【14】

(A)司馬遷的《史記》　(B)周邦彥的《片玉詞》
(C)杜甫的《杜工部集》　(D)羅貫中的《三國演義》※

鑑別度	難易度	A	B	C	D
0.46	66.22	8.22	16.71	8.78	66.22

06. 國文老師要同學上台介紹《論語》這本書，下列四位同學的說法何者正確？(9301)【23】

(A)王小明：《論語》是道家重要的經典
(B)張一虎：《論語》的中心思想是「仁」※
(C)丁中美：《論語》中詳載孔子一生的經歷
(D)吳之慧：《論語》的作者是孔子及其弟子和再傳弟子

鑑別度	難易度	A	B	C	D
0.54	68.37	4.70	68.37	7.08	19.79

07. 某博物館即將舉辦北宋文人的展覽，其中一個單元是模擬重建蘇軾的書房，不料有位粗心大意的工作人員把一本南宋以後才完成的作品放了上去。這本書應是下列何者？(9501)【33】

(A)《說文解字》　(B)《三國演義》※　(C)《杜工部集》　(D)《世說新語》

鑑別度	難易度	A	B	C	D
0.40	41.75	12.64	41.75	15.57	29.90

(丙)節慶習俗

08. 下列描繪節慶景象的詩句，何者所對應的節日正確？(9101)【7】

(A)爆竹聲中歲又除，頓回和氣滿寰區。春風解綠江南樹，不與人間染白鬚——元宵
(B)鼓聲三下紅旗開，兩龍躍出浮水來。棹影斡波飛萬劍，鼓聲劈浪鳴千雷——端午※
(C)有燈無月不娛人，有月無燈不算春。春到人間人似玉，燈燒月下月如銀——中秋
(D)暮雲收盡溢清寒，銀漢無聲轉玉盤。此生此夜不長好，明年明月何處看——七夕

寰區：全國、全天下
棹：船槳
斡：運轉、旋轉
銀漢：銀河

鑑別度	難易度	A	B	C	D
0.34	86.55	3.20	86.55	5.21	4.97

09. 春節祭祖，清明掃墓。這些習俗表達了何種意義？(9202)【16】
(A)死別已吞聲，生別長惻惻 (B)但願人長久，千里共嬋娟
(C)落其實者思其樹，飲其流者懷其源※(D)獨在異鄉爲異客，每逢佳節倍思親

鑑別度	難易度	A	B	C	D
0.38	68.86	11.26	4.89	68.86	14.93

10. 佩帶香包是我國端午節的傳統民俗，有些地方還有新嫁娘贈送親友香包的習俗。大家認爲新嫁娘帶有喜氣，由她親手所做的香包最能驅邪解毒，所以在新婚第一年的端午節，新嫁娘必須縫製香包，分送親友，包括小孩和長輩，這個習俗有著豐富的涵義，但下列何者不包括在內？(9401)【3】
(A)表達對祖先的懷念與感恩※ (B)分潤新婚喜氣給親朋好友
(C)表示對親友的友好與祝福 (D)願孩子諸邪遠避順利成長

鑑別度	難易度	A	B	C	D
0.39	85.54	85.54	4.59	5.10	4.74

11. 甲：中秋須酌淡友 乙：重九須酌逸友 丙：七夕須酌韻友
丁：上元須酌豪友 戊：端午須酌麗友
以上文句出自張潮《幽夢影》，若依照民俗節慶先後順序排列，下列何者正確？(9501)【15】
(A)丁戊丙甲乙※ (B)丁戊乙丙甲 (C)戊丙丁甲乙 (D)戊丁丙乙甲

鑑別度	難易度	A	B	C	D
0.32	64.42	64.42	11.71	12.05	11.71

乙、推論文學常識

(甲)格律

12. 「種豆南山下，草盛豆苗稀。晨興理荒穢，帶月荷鋤歸。道狹草木長，夕露沾我衣。衣沾不足惜，但使願無違。」若不論本詩的創作年代，如何從 其結構判斷它不是「五言律詩」？(9101)【27】
(A)句數太多 (B)偶數句沒有押韻
(C)第二聯及第三聯均無對仗※ (D)不合乎起承轉合的型式

鑑別度	難易度	A	B	C	D
0.41	50.66	9.81	26.65	50.66	12.69

13. 根據對聯「上下兩句平仄相反、詞性相同」的格律來判斷，「一盞寒泉薦秋菊，三更畫舫穿藕花」中的「寒泉」，可用下列何者替代？(9201)【33】
(A)醇酒　(B)瓊漿※　(C)玉液　(D)新釀

鑑別度	難易度	A	B	C	D
0.44	41.21	37.77	41.21	12.43	8.50

14. 李小明在書中看到一首詩：「誓掃匈奴不顧身，五千貂錦喪胡塵。可憐無定河邊骨，猶是春閨夢裡人。」他和幾位同學討論這首詩，下列哪一個人的說法正確？(9301)【12】
(A)陳大同：此詩是七言絕句※　(B)王一修：這是一首田園詩
(C)趙向前：詩中有兩個韻腳　(D)錢來也：詩中有一組對句

鑑別度	難易度	A	B	C	D
0.33	77.30	77.30	3.01	10.36	9.27

15. 阿輝從網路下載一首五言律詩，在排版時不小心把中間四句打亂了，只知首末兩聯各是「沙岸殘春雨，茅簷古鎮官」、「惜無陶謝手，盡日破憂端。」下列是阿輝排列的四種組合，依律詩的相關常識，哪一種組合正確？(9401)【30】
(A)一時花帶淚，萬里客憑欄。日晚薔薇重，樓高燕子寒※
(B)樓高燕子寒，一時花帶淚。日晚薔薇重，萬里客憑欄
(C)日晚薔薇重，萬里客憑欄。一時花帶淚，樓高燕子寒
(D)萬里客憑欄，一時花帶淚。樓高燕子寒，日晚薔薇重

鑑別度	難易度	A	B	C	D
0.46	53.07	53.07	14.87	21.09	10.80

16. 根據近體詩的格律，下列這首七言絕句中的空格應填入哪些字？(9502)【34】

玉樓天半起笙歌，
風　宮嬪笑語和。
月殿影開聞夜漏，
水精簾捲近秋　。

📖
危石：亂石
空磧：沙漠
槿：木槿，植物名
葵：葵菜，植物名

(A)迸，河※ (B)迎，波 (C)拂，色 (D)向，月

鑑別度	難易度	A	B	C	D
0.41	43.12	43.12	11.46	36.28	9.08

(乙) 風格

17. 王維早年詩風積極進取，雄渾豪邁；中年以後風格轉爲清雅閑淡，意境悠遠。下列詩句，何者最可能是他早年的作品？(9301)【8】
(A)泉聲咽危石，日色冷青松
(B)行到水窮處，坐看雲起時
(C)暮雲空磧時驅馬，秋日平原好射雕※
(D)山中習靜觀朝槿，松下清齋折露葵

鑑別度	難易度	A	B	C	D
0.53	74.39	8.21	8.75	74.39	8.59

丙、推論書體及六書常識

18. 中國的書法，歷經朝代的演變，而產生不同形式的字體，如楷書、行書、草書等。其中，「行書」重視上下字間相連的筆意，書體自由，講究點畫、結構和墨色的變化、筆勢與字形介於楷書與草書之間，比草書端莊，近於楷書。下列何者屬於行書？(9001)【29】

(A)
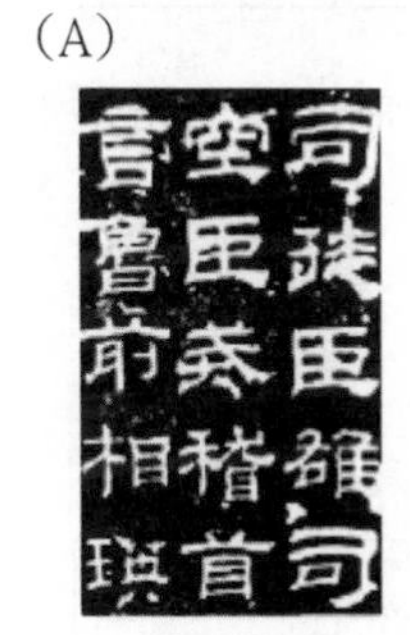

(B)

(C)※

(D)

鑑別度	難易度	A	B	C	D
0.31	57.93	14.17	13.76	57.93	14.15

19. 「月落烏啼」這四個字，包含了「六書」中的哪幾種造字方法？(9101)【12】
(A)象形、會意 (B)指事、會意 (C)指事、形聲 (D)象形、形聲※

鑑別度	難易度	A	B	C	D
0.47	70.21	14.20	5.23	10.27	70.21

20. 以下是阿亮製作的六書字卡，只有一張是正確的，是哪一張？(9201)【21】

(A)

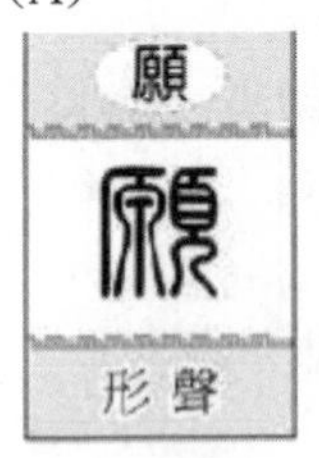

(B)

心
指事

(C)※

情
會意

(D)

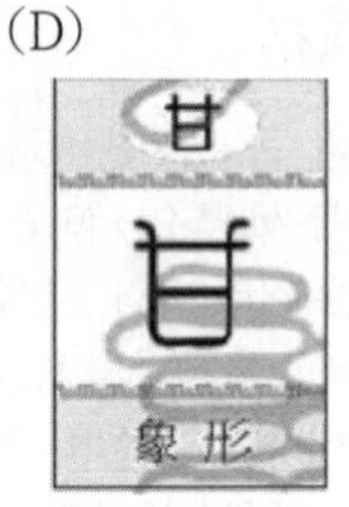

鑑別度	難易度	A	B	C	D
0.51	56.92	5.33	18.08	19.62	56.92

21. 以下是巧韻整理的中國造字原則分析圖：

據此，「花好月圓」這四個字分別爲六書中的哪一類？(9302)【23】

(A)會意、指事、會意、形聲　(B)形聲、會意、指事、象形

(C)形聲、會意、象形、形聲※　(D)會意、指事、象形、形聲

鑑別度	難易度	A	B	C	D
0.55	74.35	2.85	5.07	74.35	17.69

22. 中國書法字體一般分爲篆書、隸書、楷書、行書、草書五種，請依語文常識判別下列選項何者正確？(9302)【32】

(A)行書
春風化雨

(B)隸書※
春風化雨

(C) 草書
春風化雨

(D) 篆書
春風化雨

鑑別度	難易度	A	B	C	D
0.50	60.48	22.17	60.48	7.09	10.19

丁、推論工具書常識

23. 阿芬要使用按部首編排的辭典查閱「嵬峨」的詞義，她所採取的步驟如下，何者錯誤？(9001) 【20】

(A)步驟一：把「嵬」字拆成「山」、「鬼」兩個部分

(B)步驟二：找「鬼」部，查不到「嵬」字，故可確定「嵬」字的部首應是「山」部

(C)步驟三：「嵬」字是十三畫，故在山部十三畫的地方可找到「嵬」字※

(D)步驟四：在「嵬」字收錄的詞目中，尋找「嵬峨」的詞義

鑑別度	難易度	A	B	C	D
0.42	64.92	10.29	16.03	64.92	8.76

七、能認識修辭法

甲、舉例修辭法

(甲)譬喻

01. 「紅紅的玫瑰花園,有如興旺的火海,充滿了春天的氣息」,是用了「譬喻」的修辭法。下列哪一項也使用了「譬喻」的修辭技巧?(9002)【12】
(A)看!粗大合抱的樹幹,株株頂天立地,令人油然生敬
(B)憂愁是一道藩籬,阻絕了人與許多美麗事物的結緣※
(C)秋天到了,有的樹開始落葉,爲將來的冬天而嘆息
(D)鄉村是舒適寧靜的,而都市是繁華熱鬧的

鑑別度	難易度	A	B	C	D
0.55	74.37	9.34	74.37	8.77	7.52

02. 下列各選項,何者所使用的修辭法和其他三者不同?(9102)【5】
(A)爸爸是我幼年的玩伴※
(B)鬧鐘是都市裡的公雞
(C)窗戶是房間的眼睛
(D)椅子是騎不動的馬

鑑別度	難易度	A	B	C	D
0.37	80.12	80.12	1.62	4.07	14.15

03. 下列何者的修辭技巧,與「惡習如野草,要快割盡除」相同?(9401)【20】
(A)考前他一如往常,早早就寢,毫不緊張
(B)行事須謹慎,如自作聰明,必自食惡果
(C)知足如同天然的財富,讓人生豐碩※
(D)苦苦等待之後,他終於如願以償了

鑑別度	難易度	A	B	C	D
0.66	67.23	4.21	24.49	67.23	4.02

04. 「在浩瀚的宇宙中,人類渺小得有如滄海之一粟。」在這句話中,運用了譬喻修辭技巧,以「滄海之一粟」來比喻人類的渺小。下列何者也使用相同的修辭法?(9501)【14】
(A)祕密彷彿烈日下的冰淇淋,無法長久保留※
(B)如果少了和顏悅色,關心往往成爲一種負擔
(C)下午的陽光從荷葉上反彈過來,翠綠映入眼睛

(D) 她們長相神似，感情親密，是一對人見人羨的好姊妹

鑑別度	難易度	A	B	C	D
0.55	80.83	80.83	8.20	7.18	3.74

(乙)映襯

05. 「人無遠慮，必有近憂」中，用「遠」、「近」的對比，強調思慮的重要，這是使用「映襯」的修辭技巧。下列何者也使用了相同的修辭技巧？(9001) 【9】
(A) 多少西瓜，多少圓渾的希望
(B) 路是無聲的語言，無形的文字
(C) 知之者不如好之者，好之者不如樂之者
(D) 寧可有光明的失敗，絕不要不榮譽的成功※

鑑別度	難易度	A	B	C	D
0.56	75.68	3.55	8.08	12.69	75.68

06. 「有運動家風度的人，寧可有光明的失敗，決不要不榮譽的成功」，句中「光明的失敗」採用映襯的修辭技巧，下列何者不是使用這種手法？(9102) 【10】
(A) 天下每一個和樂的家庭，子女們都是爸媽「甜蜜的負荷」
(B) 科學家所描繪的外星人，將會是地球人類「親愛的朋友」嗎※
(C) 他連續三天打破玻璃窗，所以只好硬著頭皮接受老師「溫柔的痛罵」
(D) 鵝媽媽孵卵，不小心破殼冒出一隻醜小鴨，也真是個「美麗的錯誤」

鑑別度	難易度	A	B	C	D
0.55	80.43	4.34	80.43	9.13	6.05

07. 一則廣告詞：「肝若不好，人生是黑白的；肝若顧得好，人生就是彩色的。」這段話使用了對比的映襯法。下列何者也使用相同的修辭法？(9202) 【13】
(A) 捐血一袋，救人一命
(B) 鑽石恆久遠，一顆永流傳
(C) 雖然我不認識你，但我還是謝謝你
(D) 不在乎天長地久，只在乎曾經擁有※

鑑別度	難易度	A	B	C	D
0.54	69.48	14.83	4.83	10.81	69.48

08. 將兩種不同的、相反的觀念或事實對列比較，使語氣增強、意義凸顯的修辭法叫「映襯」。下列何者屬於「映襯」？(9302) 【16】
(A) 平生不做虧心事，半夜敲門心不驚
(B) 江山代有才人出，各領風騷數百年
(C) 有緣千里來相會，無緣對面不相識※
(D) 粉身碎骨全不怕，要留清白在人間

鑑別度	難易度	A	B	C	D
0.50	78.36	10.02	3.67	78.36	7.90

(丙)借代

09. 大家正在看新聞,爸爸說:「這個男人的一生真是坎坷!」小明說:「我知道,這叫紅顏薄命!」全家人哄堂大笑。
小明用紅顏來代指男人,這是錯誤的用法。下列何者也犯了同樣的錯誤?(9201)【15】
(A)「布衣」可致卿相——代指窮人※(B)無「絲竹」之亂耳——代指音樂
(C)化「干戈」爲玉帛——代指戰爭 (D)鳥中之「曾參」——代指孝子

鑑別度	難易度	A	B	C	D
0.44	59.19	59.19	16.16	15.59	9.00

10. 「孤帆遠影碧山盡」句中借「帆」字代指船隻,因爲「帆」是船隻的一部份,這是「以部分代全體」的修辭方法。下列文句「」中的語詞,何者也使用相同的技巧?(9301)【26】
(A)每個動聽的音符都是跳動的「文字」,扣人心絃——音樂節奏
(B)愛情與「麵包」究竟哪個比較重要呢?值得思考——物質生活※
(C)青春是一杯五味雜陳的「飲料」,須得細心品味——年輕的滋味
(D)你爲什麼聽不到「青草」的抽芽,落花的嘆息呢——生命的喜悅

鑑別度	難易度	A	B	C	D
0.55	53.77	15.95	53.77	17.68	12.48

(丁)轉化

11. 擬人法是將物比擬爲人的修辭法。下列文句,何者不屬於擬人法?(9002)【6】
(A)假使海做出種種野蠻惡毒的事,那是因它無法控制自己
(B)大自然痛下毒手,發動土石流,向破壞生態的人類抗議
(C)走入溪頭,只見林木蔥蘢,泉水淙淙,彷彿是人間仙境※
(D)桃花聽得入神,禁不住落了幾點粉淚,一片片凝在地上

鑑別度	難易度	A	B	C	D
0.56	85.84	4.24	5.06	85.54	5.16

12. 「愛熱鬧的克羅克斯」，是使用「與其本質截然不同」的擬人化詞彙來形容花木。下列哪一項使用了相同的修辭方法？(9101)【23】
(A)迎風搖曳的雛菊　(B)嬌艷欲滴的玫瑰
(C)枝繁葉茂的榕樹　(D)不屈不撓的松樹※

鑑別度	難易度	A	B	C	D
0.45	54.81	13.34	25.90	5.87	54.81

13. 用具體的描述來表達抽象的意念，可使文章更爲生動。下列何者不屬於此類？(9101)【32】
(A)爸媽的關懷與呵護，爲我們築成了一座堅不可摧的堡壘
(B)漫步在夕陽餘暉裏，晚景的溫存就這樣被我偷嘗了不少
(C)黃槐那豔麗耀眼的黃色花朵，在陽光下是一種龐大集團的色彩※
(D)看著鳥兒高踞枝頭，臨風顧盼——好銳利的喜悅刺上我的心頭

鑑別度	難易度	A	B	C	D
0.38	44.86	13.69	20.31	44.86	20.95

14. 「秋，靜靜的徘徊，靜靜的徘徊，白雲爲她抹粉黛，紅葉爲她塗胭脂……」這段文字中「紅葉爲她塗胭脂」所用的修辭法，與下列何者相同？(9201)【32】
(A)千百年來，沼澤被視爲一無是處的地方
(B)秋樹使人想起志士，修竹使人想起隱者
(C)假日陽明山上遊人如織，大型遊覽巴士摩肩接踵而來※
(D)看到灰面鷲優美的肢體動作，人們被震懾得無法喘氣

鑑別度	難易度	A	B	C	D
0.45	50.44	6.61	20.32	50.44	22.54

15. 創作時，若能將抽象的情感以具體的事物來表達，常能使讀者更能領略作品的內涵。下列文句對「痛苦」的描述，何者符合上述的寫作技巧？(9202)【18】
(A)小狗的眼睛流露出痛楚的神色，不斷絕望地搖晃著腦袋
(B)一日應盡的責任沒有盡到，到夜裡便會承受苦痛的折磨
(C)痛楚一次一次地加劇，初如針刺，次如電擊，再如刀割※
(D)「痛苦會過去，美會留下。」無論多痛苦，他都不放棄

鑑別度	難易度	A	B	C	D
0.44	70.28	11.34	7.18	70.28	11.16

16. 描述一件事物，轉變它原來的性質，化爲另一個截然不同的事物加以形容敘述，叫「轉化」。例如：「鮮黃的向日葵燦爛地笑著」，句中以「笑著」一詞將向日葵轉化爲人。下列何者也使用了相同的修辭技巧？(9402) 【13】
(A) 濃濃的龍井一杯，卻難解昨夜的酒意
(B) 窗外的陽光與陰影在枝葉間互相追逐遊戲※
(C) 灰色的屋瓦，長滿了青青綠綠的苔蘚，潮濕而濃密
(D) 二十世紀過去了，茹毛飲血的腥味淡了，粗獷的歌聲遠了

鑑別度	難易度	A	B	C	D
0.41	94.71	1.41	94.71	2.02	1.84

(戊) 設問

17. 「冬天來了，春天還會遠嗎？」雖然是個問句，其實答案就在問題的反面：「春天不遠了。」下列問句，何者與此相同？(9002) 【29】
(A) 什麼是世界上最美麗的東西？
(B) 我們的日子爲什麼一去不復返呢？
(C) 哪個年輕的心不對愛情懷抱憧憬？※
(D) 你道鐵公是誰？就是明初與燕王爲難的那個鐵鉉

鑑別度	難易度	A	B	C	D
0.50	65.22	3.86	10.94	65.22	19.99

18. 下列各詩，何者是「有問有答」的寫法？(9101) 【3】
(A) 「綠蟻新醅酒，紅泥小火爐。晚來天欲雪，能飲一杯無？」
(B) 「山中相送罷，日暮掩柴扉。春草明年綠，王孫歸不歸？」
(C) 「故國三千里，深宮二十年。一聲何滿子，雙淚落君前。」
(D) 「松下問童子，言師採藥去。只在此山中，雲深不知處。」※

📖
綠蟻：一種美酒
醅：未濾的酒
何滿子：詞牌名

鑑別度	難易度	A	B	C	D
0.44	80.26	7.97	4.89	6.77	80.26

(己) 雙關

19. 「窮呀！豈止短褐穿結，連鞋子也腳踏實地了。」句中「腳踏實地」語帶雙關，而且顯出某種自嘲性的幽默。下列何者也用了相同的表達方式？(9301) 【29】
(A) 「聰明絕頂」的張老伯那顆光禿的腦袋可真是愈來愈亮了

(B) 站在鏡前,看著滿臉「違章建築」般的青春痘,實在心痛
(C) 同學們的數學都考及格了,只有我「大智若愚」地只考了一分
(D) 他受傷後,跛著腳,逢人便道:「我現在可是『舉足輕重』哦!」※

鑑別度	難易度	A	B	C	D
0.32	46.66	25.73	12.60	14.82	46.66

(庚)對偶

20. 「對偶」必須字數相等、句法相似、詞性相當。根據上述原則,下列何者是對偶?(9102) 【17】

(A) 眾鳥高飛盡,孤雲獨去閒※
(B) 六代興亡國,三杯爲爾歌
(C) 朱門酒肉臭,路有凍死骨
(D) 故人江海別,幾度隔山川

鑑別度	難易度	A	B	C	D
0.51	64.67	64.67	17.19	10.85	7.22

21. 「對偶」的作用在使文章形式工整,音調和諧。下列選項,何者是「四時可愛唯春日」的對句?【修辭】(9402) 【31】

(A) 一事能狂便少年※
(B) 五陵無樹起秋風
(C) 九華帳裡夢魂驚
(D) 萬里歸心對月明

鑑別度	難易度	A	B	C	D
0.44	51.96	51.96	26.45	3.28	18.26

(辛)層遞

22. 「桂林山水甲天下,陽朔山水甲桂林」這兩句話透過「天下」、「桂林」、「陽朔」的層層比較,來說明陽朔的山水美景絕冠天下。下列何者也使用了相同的技巧?(9201) 【11】

(A) 人無千日好,花無百日紅
(B) 五嶽歸來不看山,黃山歸來不看嶽※
(C) 曾經滄海難爲水,除卻巫山不是雲
(D) 千江有水千江月,萬里無雲萬里天

鑑別度	難易度	A	B	C	D
0.55	72.77	4.90	72.77	4.24	18.03

(壬)回文

23. 在文句中故意顛倒語序,可呈現回環往復的效果,例如:「喝酒不開車,開車不喝酒」。下列何者也使用了同樣的修辭技巧?(9502) 【5】

(A) 吸煙有害健康，吸毒有害生命
(B) 壞人因畏懼而服從，好人因愛而服從
(C) 凡事絕不能太貪心，貪心不一定占便宜
(D) 財富不是永遠的朋友，朋友才是永遠的財富※

鑑別度	難易度	A	B	C	D
0.39	89.66	3.30	0.87	6.16	89.66

(癸) 諧音

24. 「大盜之行，天下圍攻」這個防盜標語是借用「大道之行，天下爲公」的諧音，下列何者不是使用這樣的表達方式？(9002) 【22】
(A) 每種考試他都「躍躍欲試」，不落人後※
(B) 使用無鉛汽油，可以讓您「無鉛無掛」
(C) 再厲害的理髮師，面對禿子顧客，也是「無髮可施」
(D) 老闆只要在公司吹冷氣，就能「坐以待幣」，令人羨慕

鑑別度	難易度	A	B	C	D
0.49	66.15	66.15	13.08	8.45	12.32

25. 「滔滔口才訓練公司教導你講話技巧，使你『千辯萬話』，無往不利」，「千辯萬話」是借用同音字賦予「新義」，以達到意想不到文學趣味。下列「」中詞語，何者也具有同樣效果？ (9101) 【20】
(A) 九二一大地震，全國人民發揮同胞愛，踴躍捐款，「賑賑有慈」※
(B) 中國是一個愛月的民族，賦予月亮一種永恆而「美麗的詩趣」
(C) 高級寢具用品大折扣，蠶絲被輕柔保暖，讓妳「夜夜好眠」
(D) 最新美白用品，雙重滋養，呵護肌膚，使肌膚「嫩白抗皺」

鑑別度	難易度	A	B	C	D
0.61	69.64	69.64	6.00	10.63	13.63

26. 「沒沒無蚊的奉獻」這則電蚊香廣告用語，是借用「沒沒無聞」的諧音來引起消費者注意，下列何者也使用同樣的表達方式？(9402) 【25】
(A) 近扇近美——電風扇※
(B) 別讓你的權利睡著了——消基會
(C) 說來說去，說不出我的手掌心——手機
(D) 今日吃選票，明日吃鈔票——政黨選舉文宣

鑑別度	難易度	A	B	C	D
0.58	82.89	82.89	4.42	10.48	2.19

27. 「春蠶到死絲方盡」句中的「絲」是「思」的諧音，借春蠶吐絲來形容思念綿長，至死方休。下列何者沒有使用同樣的技巧？(9502)【18】
(A)無所味噴霧劑，讓你神清氣爽 (B)爲拉抬人氣，網站使出渾身勁※
(C)好字在原子筆，讓你的書寫更流暢 (D)業者開發新冰品，消費者清涼一夏

鑑別度	難易度	A	B	C	D
0.49	72.11	3.43	72.11	19.89	4.52

八、能認識語法

甲、分類複詞

(甲)合義複詞

01. 「天地」一詞中,「天」、「地」均能單獨成詞,表達意義。下列何者與此相同?(9001)【3】
(A)蝴蝶　(B)蜜蜂※　(C)蜻蜓　(D)螳螂

鑑別度	難易度	A	B	C	D
0.57	78.54	8.48	78.54	6.62	6.36

02. 「喜」和「悅」都是「高興」的意思,「喜悅」一詞就稱爲「同義複詞」。下列「」中的詞語,何者不是同義複詞?(9001)【22】
(A)這個小孩的「遭遇」,著實令人同情
(B)你住的那小小的島,我難以「描繪」
(C)「窗戶」要擦乾淨,才不會有礙觀瞻※
(D)對於過去種種不是,我深感「慚愧」

鑑別度	難易度	A	B	C	D
0.24	59.69	16.70	13.42	59.69	10.19

03. 下列文句「」中的詞。何者改成單詞後,意義相同?(9201)【6】
(A)小毛到野外郊遊,不小心踩到「螞蟻」窩→蟻※
(B)昨天我們到「蝴蝶」谷,觀賞美麗的風景→蝶
(C)棚架爬滿「葡萄」藤,也掛著串串的果實→葡
(D)老吳擅長國樂,昨夜爲大家彈奏「琵琶」→琵

鑑別度	難易度	A	B	C	D
0.51	82.71	82.71	4.11	6.75	6.38

04. 小明在寫「山」的造詞作業時,媽媽教他寫「山巒」一詞。經查字典發現,「山」與「山巒」意義相同。下列選項中單字與詞的關係,何者與此相同?(9402)【3】
(A)遲/遲疑　(B)嬌/撒嬌　(C)馳/奔馳※　(D)家/國家

鑑別度	難易度	A	B	C	D
0.45	87.95	3.81	3.56	87.95	4.67

(乙)衍聲複詞

05. 「自從那天在阡陌(甲)交織的田中，偶然邂逅(乙)一群悠遊於朦朧夜色的美麗螢火蟲，及引吭高歌的蟋蟀(丙)。讀書一向囫圇(丁)吞棗的他，開始認真的閱讀相關資料，想要更了解那群提燈的小精靈與夜間音樂家。」
上文中畫線處的詞，何者拆開後仍各自成詞，且意義不同？(9101)【24】
(A)甲※　(B)乙　(C)丙　(D)丁

鑑別度	難易度	A	B	C	D
0.57	59.64	59.64	11.73	14.21	14.31

06. 下列文句「」中的疊字，何者與聲音有關？(9202)【3】
(A)這朝來水「溶溶」的大道　(B)昆蟲在小雞間來去「翩翩」
(C)長途車駛過「纍纍」的河床　(D)林叢的舞樂與「泠泠」的流歌※

鑑別度	難易度	A	B	C	D
0.41	88.68	4.55	3.74	2.99	88.68

07. 中國文字通常一字一義，但亦有兩個字合起來才能表達意義的，如「葡萄」、「琵琶」等即是。下列文句「」內的詞語，何者也屬於此類？(9301)【28】
(A)彷彿是朝來人們的「祈禱」，參差地翳入了天聽
(B)有時候，遇見一株美麗的樹的心情無法確切的「形容」
(C)六隻小雞由草坡上走來，膽怯怯的在外圍「徘徊」觀望※
(D)大自然像「戲劇」，大西北雨的序幕如同惡魔與妖巫之出世

鑑別度	難易度	A	B	C	D
0.38	56.04	12.86	24.37	56.04	6.64

08. 詩文裡面經常利用字詞聲母或韻母的重疊來營造特殊的效果。例如：「蹉跎遊子意，眷戀故人心。」中的「蹉跎」就是韻母相同的疊韻詞。下列詩句「」中的詞語，何者也是疊韻詞？(9501)【3】
(A)只恐雨「淋漓」，又見春蕭索　(B)出門先「躊躇」，入戶亦彷徨
(C)「逍遙」阡陌上，遠近無相識※　(D)「慷慨」倚長劍，高歌一送君

鑑別度	難易度	A	B	C	D
0.51	84.54	3.97	9.11	84.54	2.35

(丙)偏義複詞

09. 「戰士軍前半死生,美人帳下猶歌舞」詩句中的「死生」只有「死」的意思,下列文句「」中的語詞,何者用法與此相同?(9202)【9】
(A)他們的「恩怨」太深,所以常起衝突※
(B)你這樣的做法,未免太不知「好歹」
(C)世態炎涼,如人飲水,「冷暖」自知
(D)這件事的「是非」曲直,仍無人知曉

鑑別度	難易度	A	B	C	D
0.51	75.19	75.19	12.66	6.81	5.30

(丁)其他

10. 將「必須」二字拆開,分別加上「不」字,成為「不必」,「不須」,都和原詞「必須」的意義相反。下列何者與此相同?(9002)【17】
(A)容易——不容;不易
(B)能夠——不能;不夠
(C)應該——不應;不該※
(D)生氣——不生;不氣

鑑別度	難易度	A	B	C	D
0.47	63.26	5.98	26.57	63.26	4.19

甲、詞性

(甲)詞性

11. 下列各組「」中的字,何者詞性相同?(9001)【28】
(A)孔子說:生,於我乎「館」/請問這兒是李公「館」嗎
(B)「淑」世是孔子的理想/被愛沖昏頭的你,當心遇人不「淑」
(C)遲到的我,只能「白」瞪著眼,看火車離開/再怎麼勸他,也是「白」費力氣※
(D)他說完了這句格言,就「絕」了氣/我「絕」不答應你的要求,別打如意算盤了

鑑別度	難易度	A	B	C	D
0.37	54.46	29.41	9.85	54.46	6.29

12. 「待到重陽日,還來就菊花」,句中「還」字的詞性與下列何者相同?(9002)【14】
(A)「明」月松間照
(B)把「酒」話桑麻

(C)白日依山「盡」　　(D)「但」使願無違※

鑑別度	難易度	A	B	C	D
0.35	66.15	6.20	8.96	18.70	66.15

13. 下列各句「」中的詞語，何者的詞性與其他三者不同？(9101)【11】
(A)喝一口「冰冰涼涼」的井水　　(B)她有一張「白白淨淨」的臉
(C)他「急急忙忙」的跑走了※　　(D)踏著「整整齊齊」的步伐

鑑別度	難易度	A	B	C	D
0.43	76.03	5.65	10.32	76.03	7.92

14. 下列各選項「」中的文字，何者詞性兩兩相同？(9101)【13】
(A)讓我們盡情「享受」美麗的人生／一流的設施提供旅客最佳的「享受」
(B)事情被揭穿後，他的「反應」很激烈／若有疑問，請向本單位「反應」
(C)綠化環境需要你我共同「參與」／阿健「參與」了這次旅遊路線的設計※
(D)孔孟思想深深「影響」著我們／因爲這次旱災的「影響」，蔬菜產量銳減

鑑別度	難易度	A	B	C	D
0.41	65.19	12.64	8.18	65.19	13.88

15. 下列「」中語詞的詞性，何者前後都相同？(9102)【16】
(A)「自由」選擇工作，是憲法賦予我們每個人的「自由」
(B)「規劃」一次環球旅遊，一直是他人生中最重要的「規劃」
(C)「說明」書上的「說明」，可指導我們學會新產品的使用方法
(D)他的「綽號」小Z，是因爲老是打瞌睡，所以得到這個「綽號」※

鑑別度	難易度	A	B	C	D
0.52	68.23	10.96	11.60	9.13	68.23

16. 下列「」中的語詞，何者的詞性與「他經常遲到」的「經常」相同？(9102)【27】
(A)各候選人「大肆」抨擊執政黨的新政策※
(B)演講時，態度宜「從容」，音量宜適中
(C)你要是再不「用功」，可就大禍臨頭了
(D)他的「作風」一向強硬，令人難以忍受

鑑別度	難易度	A	B	C	D
0.54	57.58	57.58	17.55	7.55	17.22

17. 下列文句「」中的字詞，何者分別作名詞與動詞使用？(9201)【16】
(A)在得眼「翳」並期間，他總用帽子將臉「翳」住，羞於被人看見，直到遇見那一群勇於面對命運挑戰的殘障孩子※
(B)他「尤」注意那名失去雙腿的少女，在她的臉上，總掛著不怨天不「尤」人的微笑
(C)見到她，就好像徜徉在遼闊的「平」原上，他一顆煩燥的心，終於「平」靜了
(D)「當」下，他決定將這女孩「當」做自己的榜樣，時時存著感恩的心

鑑別度	難易度	A	B	C	D
0.52	66.64	66.64	7.45	14.81	11.03

18. 下列各組「」中的字，那一組詞性前後相同？(9201)【25】
(A)我將他給我做的紫色毛衣「鋪」好座位／他在一個錢「鋪」裡做夥計
(B)「極」其言，茲若人之儔乎／要革除一種惡習慣，便須下「極」大的決心
(C)再向外看時，他已抱著橘子「望」回走了／他能從這扇門「望」見日出美景
(D)有人力爭上游；有人「卻」自甘墮落／這「卻」不然，責任要解除了才沒有※

鑑別度	難易度	A	B	C	D
0.33	42.25	2.17	15.43	40.05	42.25

19. 「陶侃有一次拿公物孝敬母親，陶母對他說：『汝爲吏，以官物見餉，非唯不益，乃增吾憂也。』」上文中，「見餉」的「見」字爲代詞性助詞，代稱「我」，故「見餉」即「餉我」。下列文句中的「見」字，何者也屬於這種用法？(9201)【30】
(A)四處流浪，增廣「見」聞
(B)招待不周，請多「見」諒※
(C)閣下所言，何以「見」得
(D)論點切要，「見」地不凡

鑑別度	難易度	A	B	C	D
0.49	58.98	10.18	58.98	17.95	12.78

20. 「這枝筆是你的嗎？」句中的「嗎」是助詞。下列文句「」中的字，何者也是助詞？(9301)【25】
(A)他不聲不響地走「了」※
(B)「啊」！好美的一幅畫
(C)我「和」他是好朋友
(D)「爲」何你要丟棄它

鑑別度	難易度	A	B	C	D
0.50	58.46	58.46	24.26	3.61	13.59

21. 下列文句中的「經濟」一詞，何者當形容詞使用？(9301)【31】
(A) 多多使用再生紙，既「經濟」又環保※
(B)「經濟」不景氣，失業人口大幅增加
(C)「經濟」自期是知識分子應有的抱負
(D) 古聖先賢皆能以道德「經濟」爲已任

鑑別度	難易度	A	B	C	D
0.48	51.29	51.29	15.44	16.71	16.40

22. 下列文句中的「息」字，何者詞性與其他三者不同？(9301)【33】
(A)「息」事寧人是一種非常保守的作法
(B) 他都已經認錯了，您就「息」怒了吧
(C) 良馬馳騁千里後，仍然不「息」不汗
(D) 我不想再過這種仰人鼻「息」的日子※

鑑別度	難易度	A	B	C	D
0.50	48.19	18.20	11.98	21.48	48.19

23. 下列詩句「」中的字，何者不是動詞？(9302)【8】
(A) 白日依山盡，黃河入海「流」
(B) 開筵面場圃，「把」酒話桑麻
(C) 策「勳」十二轉，賞賜百千強※
(D) 隨意春芳「歇」，王孫自可留

鑑別度	難易度	A	B	C	D
0.44	77.31	3.33	8.39	77.31	10.93

24. 「小孩在綠油油的草地上嬉戲」，句中的「綠油油」是形容詞。下列文句「」中的語詞，何者也是形容詞？(9401)【5】
(A) 大冷天，吃到「熱騰騰」的肉圓，真開心※
(B) 憲兵「直挺挺」的站在司令臺前，一動也不動
(C) 因爲誤會，小華「氣沖沖」的跑過來向我興師問罪
(D) 他「眼睜睜」的看著考試時間流逝，卻不知如何作答

鑑別度	難易度	A	B	C	D
0.41	74.75	74.75	11.56	9.36	4.28

25. 「馬首是瞻」就是「瞻馬首」的意思，「是」爲助詞，它的作用是將「馬首」提前。下最文句中的「是」字，何者用法也相同？(9502)【29】
(A) 眼見「是」實，千萬不要道聽塗說

(B) 做事當惟力「是」視，不要逞強稱能※
(C) 小弟弟迷了路，一時之間不知如何「是」好
(D) 他所提出的計畫，被主管批評得一無「是」處

鑑別度	難易度	A	B	C	D
0.44	61.79	19.54	61.79	10.86	7.75

（乙）詞性活用

26. 「國文老師的服飾很中國」，句中的「中國」原是名詞，但是前面用程度副詞「很」加以修飾後，變成了形容詞。下列「」中的詞語，何者的用法與此相同？(9001) 【31】

(A) 她很「寶貝」自己的衣服　(B) 班長的行爲非常「商人」※
(C) 小文在學校總是很「惡劣」　(D) 我對他的印象非常「深刻」

鑑別度	難易度	A	B	C	D
0.45	58.24	18.76	58.24	13.27	9.73

27. 「而今早已年過而立，自然不再是涎著臉要求母親摺紙船的年紀。」句中的「涎」字，由原來的名詞(口水)轉爲動詞(流口水)使用。下列選項「」中的字，何者不屬於此類？(9202) 【34】

(A) 願爲「市」鞍馬，從此替爺征　(B) 捉蝦蟆，「鞭」數十，驅之別院
(C) 生，於我乎「館」；死，於我乎殯　(D) 揖讓而升，下而「飲」，其爭也君子※

鑑別度	難易度	A	B	C	D
0.47	45.72	12.16	16.02	26.01	45.72

28. 「春風又綠江南岸」的「綠」字改變詞性爲動詞之後，使得詩意更爲生動活潑。下列詩句「」中的字，何者也改變詞性，當動詞使用？(9402) 【18】

(A) 「銀」燭朝天紫陌長，禁城春色曉蒼蒼
(B) 最是秋風管閒事，紅他楓葉「白」人頭※
(C) 白髮悲花落，「青」雲羨鳥飛
(D) 連山晚照「紅」，遠岸秋沙白

鑑別度	難易度	A	B	C	D
0.60	78.14	4.08	78.14	9.42	8.31

（丙）詞語結構

29. 下列何組詞語的語法結構兩兩相同？(9101)【22】
(A)落花流水／山明水秀 (B)先憂後樂／有勇無謀
(C)手忙腳亂／膽戰心驚※ (D)避重就輕／寧缺毋濫

鑑別度	難易度	A	B	C	D
0.40	61.91	11.16	20.57	61.91	6.26

30. 「青山綠水」這個詞語是由「形容詞+名詞+形容詞+名詞」所構成，下列何者也是相同結構？(9201)【18】
(A)斷枝殘幹※ (B)夙興夜寐 (C)怒髮衝冠 (D)山高水長

鑑別度	難易度	A	B	C	D
0.56	54.86	54.86	9.63	23.56	11.89

31. 「海闊天空」一詞的結構是「名詞+形容詞+名詞+形容詞」。下列成語，何者也是這樣的結構？(9202)【20】
(A)鳶飛魚躍 (B)敬業樂群 (C)進德修業 (D)理直氣壯※

鑑別度	難易度	A	B	C	D
0.60	70.39	18.90	6.69	3.98	70.39

32. 「撥雲見日」中的「撥雲」與「見日」之間含有條件關係，下列何者也含有這種關係？(9502)【30】
(A)守株待兔 (B)集腋成裘※ (C)因循怠惰 (D)即知即行

鑑別度	難易度	A	B	C	D
0.49	52.06	24.94	52.06	14.01	8.94

丙、分類句法

33. 用來描述主語的性質或狀態的叫「表語」，下列「」中的詞語，何者是表語？(9001)【24】
(A)成功的刻石上，不能沒有「我的名字」 (B)「我」是天空裡的一片雲
(C)他實在太「自我」了※ (D)你會記得「我們」嗎

鑑別度	難易度	A	B	C	D
0.54	58.64	13.78	19.29	58.64	8.30

34. 下列各選項「」中部分，何者不是該句的主語？(9002) 【24】
(A)「問題」已浮現在檯面了　(B)「他們」簡直是無法無天
(C)「屋頂」上的雨水滴落下來※　(D)「教育」是孔子心愛的職業

鑑別度	難易度	A	B	C	D
0.47	61.34	9.85	15.61	61.34	13.20

35. 「豐收的微笑已經來到拾穗婦人的嘴角。」下列何者是這句話的主語？(9402) 【30】
(A)豐收　(B)微笑※　(C)婦人　(D)嘴角

鑑別度	難易度	A	B	C	D
0.38	54.07	34.96	54.07	7.68	3.25

丁、分類簡句

(甲)判斷句

36. 「居里夫人是一位科學家」是「主語＋斷語」構成的判斷句。下列各句，從句型上說，何者也屬於判斷句？(9001) 【14】
(A)天下無不是的父母　(B)他最近迷上武俠小說
(C)湛藍的海低低地呼喚著　(D)自信心才是成功的基石※

鑑別度	難易度	A	B	C	D
0.51	76.72	9.06	9.80	4.43	76.72

37. 「秋天是迷人的季節」是判斷句，下列何者不是判斷句？(9101) 【6】
(A)美是心中有愛　(B)他總是笑口常開※
(C)她是全班同學的最愛　(D)有恆是成功的不二法門

鑑別度	難易度	A	B	C	D
0.51	74.08	9.46	74.08	7.11	9.30

38. 「治療失敗最好的方法就是再試一下」是「主語＋繫詞＋斷語」的句型，下列何者與此相同？(9202) 【25】
(A)這事是非曲折得弄清楚　(B)請別老是站在那兒不動
(C)他是否缺席要確定一下　(D)人的本性是善惡摻雜的※

鑑別度	難易度	A	B	C	D
0.53	61.68	10.07	3.56	24.64	61.68

39. 從句型來看，「良將乃國之棟梁」是判斷句。下列選項「」中的句型，何者也屬於判斷句？(9401)【11】

(A)「人非草木」，孰能無情※　　(B)「求仁得仁」，又有何怨
(C)「人而無信」，不知其可　　(D)「死生有命」，富貴在天

鑑別度	難易度	A	B	C	D
0.60	67.04	67.04	8.02	12.34	12.52

40. 「不擇手段求勝利，是一件羞恥的事」爲判斷句，下列何者也屬於判斷句？(9502)【14】

(A)張老伯一向實事求是，爲人光明磊落
(B)讓生命永無止境穿越時空的方法是繁衍※
(C)見識短淺、不學無術的人很容易自以爲是
(D) 一個小小的是非，也可以引起激烈的爭執

鑑別度	難易度	A	B	C	D
0.59	76.68	8.78	76.68	8.67	5.84

(乙)有無句

41. 「天下沒有白吃的午餐」是「有無句」，下列何者也是「有無句」？(9002)【23】

(A)沒有人肯跟他講話　　(B)他有一顆善良的心※
(C)有恆爲成功之本　　(D)有志者事竟成

鑑別度	難易度	A	B	C	D
0.58	66.37	19.52	66.37	6.80	7.31

(丙)敘事句

42. 「我愛你」的結構是「主語＋述語＋賓語」。下列何句的結構與此相同？(9102)【28】

(A)月光多麼皎潔明亮　　(B)微風輕輕地吹拂著
(C)早起的母親推開窗戶※　　(D)夏夜的景色真是美極了

鑑別度	難易度	A	B	C	D
0.59	54.37	17.42	15.34	54.37	12.80

43. 「尊重別人權利」是省略「主語」的敘事句。下列何者也是這種句型？(9201)【2】

(A)春光明媚　(B)人生如夢　(C)注意安全※　(D)精神飽滿

鑑別度	難易度	A	B	C	D
0.46	72.28	8.36	12.77	72.28	6.52

44. 「我每天只睡一小時」是「主語+述語」的敘事句，下列廣告語的句型何者與它相同？(9302)【25】
(A)科技始終來自人性※　(B)好得讓你耳目一新
(C)傻瓜鏡片是聰明選擇　(D)活力充沛的感覺真好

鑑別度	難易度	A	B	C	D
0.41	64.01	64.01	10.18	12.28	13.46

45. 「我買了一部電腦」是「主語＋述語＋賓語」的敘事句，下列何者也是敘事句？(9501)【27】
(A)電腦遊戲五花八門
(B)網路提供許多新資訊※
(C)我玩電腦的時候很快樂
(D)電腦的發明是劃時代的進步

鑑別度	難易度	A	B	C	D
0.53	64.00	3.43	64.00	25.08	7.42

(丁)表態句

46. 「他的視盼和藹中帶有嚴肅」是「主語＋表語」的句型，下列何者與此相同？(9301)【34】
(A)這座新開幕的購物中心人潮洶湧※　(B)植物能帶給人們愉稅穩定好心情
(C)臺灣是擁有許多美麗森林的海島　(D)成功的男人背後必有個堅強女性

鑑別度	難易度	A	B	C	D
0.56	40.15	40.15	25.79	17.08	16.84

九、能能認識寫作格式

甲、實行恰當詞語

(甲)成語

01. 爲了加強小朗的成語運用能力，老師出了四題成語填充，可是小朗只做對了一題，是哪一題呢？(9002) 【16】

(A)空氣汙染很嚴重，使得臺北市的天空（　）——「黯然失色」※

(B)雖然一再遭受打擊，他依然（　），繼續奮鬥 ——「無懈可擊」

(C)埔里地區的地形（　），氣候宜人，適合居住 ——「虛懷若谷」

(D)教育的目的在（　），幫助學生身心健全成長 ——「揠苗助長」

鑑別度	難易度	A	B	C	D
0.44	72.26	72.26	16.43	2.42	8.89

02. 下列各句「」中詞語的運用，何者正確？(9002) 【20】

(A)連日豪雨成災，中南部早就已經「行雲流水」，不堪居住

(B)有部分的學生做科學實驗時「不求甚解」，因此進步神速

(C)現在上演的這部卡通動畫片備受好評，戲院裡總是「噓聲四起」

(D)爲了爭睹企鵝丰采，眾人「比肩接踵」，把動物園擠得水洩不通※

鑑別度	難易度	A	B	C	D
0.50	67.90	6.86	19.07	6.18	67.90

03. 下列文句「」中的成語，何者運用最恰當？(9102) 【12】

(A)他的言論「鞭辟入裡」，獲得眾人的肯定，可真是「自圓其說」

(B)颱風來襲，「大雨滂沱」，雨勢有如「乘風破浪」般，令人震懾

(C)經理爲了最新的企劃案，忙得「昏天黑地」，教人「悠然神往」

(D)孝親與友愛是「天經地義」的事，爲親人付出理當「無怨無尤」※

鑑別度	難易度	A	B	C	D
0.49	74.69	1.53	21.39	2.35	74.69

04. 下列與年齡相關的詞語，何者使用錯誤？(9201) 【14】

(A)正值「弱冠之年」的他，誓言努力開創未來前途

(B)已屆「不惑之年」的她，仍像小孩似的天真無邪

(C)「始齔之年」的他，總喜歡倚老賣老地教訓他人※

(D)「古稀之年」的她，一點都沒有老態龍鍾的樣子

鑑別度	難易度	A	B	C	D
0.51	75.11	9.06	9.36	75.11	6.40

05. 老師要同學練習成語造句。下列哪一位同學所造的句子最爲恰當？(9202)【30】
(A)阿吉：他平日「用舍失宜」，所以至今一點積蓄都沒有
(B)大華：在這時代，「萍水相逢」的朋友不容易成爲知己※
(C)小文：夸父竟妄想追逐太陽，可見他有「擎天撼地」的力量
(D)美美：班上的合唱團正在苦練，高亢的樂音可說是「市聲鼎沸」

鑑別度	難易度	A	B	C	D
0.38	61.54	19.25	61.54	11.63	7.55

06. 下列文句「」中的詞語，何者使用不恰當？(9301)【13】
(A)這次演唱會，阿妹打扮得「美輪美奐」，令人驚艷※
(B)面對考試，用功的學生「成竹在胸」，一點也不驚慌
(C)小英做事認真負責，「一絲不苟」，贏得老師的讚賞
(D)現在的年輕人，個個身懷絕技，真是「後生可畏」

鑑別度	難易度	A	B	C	D
0.61	71.03	71.03	8.67	7.82	12.43

07. 下列文句「」中的成語，何者使用最恰當？(9301)【19】
(A)地震使得他的家成爲斷垣殘壁，只好「披星戴月」地露宿野外
(B)馬戲團裡常有猴子穿著人類衣服，做逗趣的表演，真是「衣冠禽獸」
(C)立身處世，當求無愧於心，故人人要矢志做個「樑上君子」，才不虛此生
(D)整幅畫經過名家稍一潤飾，便栩栩如生、躍然紙上，頗具「畫龍點睛」之妙※

鑑別度	難易度	A	B	C	D
0.45	74.42	6.07	2.40	17.03	74.42

08. 下列文句「」中的詞語，何者使用最恰當？(9401)【27】
(A)經過多年的努力，筠筠終於「興會淋漓」，如願考進研究所
(B)參觀歷史博物館時，清源「如數家珍」的介紹所有展覽品※
(C)醉白喜歡旅遊，藉此蒐集了許多「八面玲瓏」的奇珍古玩
(D)小蕾「金玉良言」的語文能力，總讓她能輕易地獲得佳績

鑑別度	難易度	A	B	C	D
0.46	50.34	8.73	50.34	22.68	18.15

09. 下列各句「」中的詞語，何者使用最恰當？(9402)【26】
(A)他登上竹筏，在湖面上泛游，享受「緣木求魚」的垂釣樂
(B)爲效法班超投筆從戎的精神，他「從容就義」，報考軍校
(C)雖慘遭挫敗，但我以「破釜沈舟」的決心，立誓東山再起※
(D)「見異思遷」的人，不墨守成規，不拘泥固執，備受讚譽

鑑別度	難易度	A	B	C	D
0.34	59.49	4.64	27.26	59.49	8.56

10. 下列文句「」中成語的使用，何者最恰當？(9501)【32】
(A)別人都很悠閒，他卻「好整以暇」地忙東忙西
(B)由於滿腹懷疑，他的神情顯得十分「唯唯諾諾」
(C)檢察官偵查案件，應該抱持著「無徵不信」的態度※
(D)在地狹人稠的都市，無殼蝸牛過著「畏首畏尾」的生活

鑑別度	難易度	A	B	C	D
0.44	49.78	4.69	13.78	49.78	31.61

11. 下列文句「」中詞語的運用，何者最爲恰當？(9502)【33】
(A)小魚兒施展「百步穿楊」的神功，一掌打開千層地窖
(B)李白才思敏捷，所作詩文「口碑載道」，爲人稱頌不絕※
(C)父親出門前警告小明，爐上的滾水「炙手可熱」，千萬要小心
(D)劉師傅在本次工藝大展中，表現高超技術，轉眼間「木已成舟」

鑑別度	難易度	A	B	C	D
0.44	51.84	6.37	51.84	4.54	37.19

12. 小明寫了一封信給老師，下文是其中的一段：
「時間過得真快，轉眼已畢業數月，您的教誨言猶在耳，您的音容宛在。難忘您上課時的口蜜腹劍，難忘您勸勉時的說長道短，難忘您的一切，對您的思念與日俱增。」上述畫線的部分，何者使用正確？(9001)【7】
(A)言猶在耳※　(B)音容宛在　(C)口蜜腹劍　(D)說長道短

鑑別度	難易度	A	B	C	D
0.49	76.03	76.03	9.24	5.40	9.33

13. 某外籍交換學生學習期滿，離臺前要向全校師生致謝，以下是他所擬的開場白草稿：「能到這裡學習，使貴校蓬蓽生輝（A）。貴校歷史悠久，校長風雲際會（B），學生出類拔萃（C），真令我躊躇滿志（D），忐忑不安。」草稿中畫線部分的詞語，何者使用正確？(9301)【15】

（A）　（B）　（C）※　（D）

鑑別度	難易度	A	B	C	D
0.54	66.84	12.74	8.34	66.84	11.99

14. 「從前有一個人，上街去買鞋，看到的鞋子，不是太大，就是太小，最後，他選了一雙比他的腳還小的鞋子。老闆很好奇地問他：『客人，這鞋太小了，您買回去，要怎麼穿？』這個人很得意地說：『這還不簡單，我只要把腳後跟削下一點點，就可以穿這雙鞋子了。』老闆笑著說：『這種事，還真只要笨人才想得出來。』」

老師用以上的故事，說明「削足適履」的意思，並要求同學用此成語造句。下列哪一個同學的用法正確？(9302)【13】

（A）小建：「如今面臨削足適履的情勢，大家必須要謹慎小心，以免受傷。」
（B）小賢：「擷取他人經驗時，應視自己的需要靈活應用，不可削足適履。」※
（C）小光：「做事如果不能持之以恆，削足適履的結果，必然會導致失敗。」
（D）小紅：「事發突然，讓所有的人削足適履、驚慌失措，不知如何是好。」

鑑別度	難易度	A	B	C	D
0.47	76.42	3.02	76.42	16.97	3.52

15. 關於「揠苗助長」一語的使用，下列何者最恰當？(9502)【9】

（A）因為老師循序漸進、諄諄不倦地教導，學生才能「揠苗助長」
（B）教練採取「揠苗助長」的訓練方式，讓選手們的練習量逐日增加
（C）這家量販店大張旗鼓地開幕，不久就關門，讓人有「揠苗助長」之嘆
（D）媽媽期望小明成為鋼琴家，每天逼五歲的他練琴六小時，真是「揠苗助長」※

鑑別度	難易度	A	B	C	D
0.53	73.05	9.89	5.26	11.77	73.05

16. 「逛夜市是一種樂趣，那兒賣的東西，雖不是(　)，卻也算得上(　)，從日常生活用品到流行服飾、食物，都可以買得到。然而，這裡的買賣並非(　)，主顧之間還需要(　)呢！」上述文句中的(　)，依序填入何者最恰當？(9302)【21】

(A)五花八門，應有盡有，物美價廉，童叟無欺
(B)應有盡有，五花八門，童叟無欺，討價還價※
(C)物美價廉，貨真價實，應有盡有，討價還價
(D)五花八門，應有盡有，討價還價，童叟無欺

鑑別度	難易度	A	B	C	D
0.42	60.87	15.37	60.87	15.37	8.36

17. 下列文句中的詞語，何者使用最恰當？(9402)【28】
(A)選舉中，他一開始就勢如破竹，落後其他候選人
(B)他的個性十分驕傲，常常妄自菲薄，頗惹人厭惡
(C)青年是社會的中流砥柱，必須即時努力充實自我※
(D)在千夫所指的情況下，盼望已久的旅行終於成行

鑑別度	難易度	A	B	C	D
0.29	36.45	2.05	58.06	36.45	3.41

18. 下列文句中詞語的運用，何者最恰當？(9502)【19】
(A)做爲屬下要懂得庸人自擾的道理，毋需老闆開口，就要把自己的工作打理好
(B)強烈颱風伯林來襲，風雨之大，大到無垠無涯的地步，使得許多人頓失家園
(C)四到七個月的小嬰兒，正値長牙的階段，最容易饞涎欲滴，把衣襟都弄溼了
(D)初次上學的小孩，害怕陌生的環境，一發現父母悄然離開，往往就泫然欲泣※

鑑別度	難易度	A	B	C	D
0.32	58.90	8.38	14.24	18.40	58.90

(乙)詞語

19. 下列文句「」中的語詞，何者使用恰當？(9302)【9】
(A)聽說他近來經濟很「拮据」，積欠的債務無法償還※
(B)這件任務能夠完成，全靠親朋好友的「鼎沸」相助
(C)面對員工再三強烈抗議，廠方的態度不再「蹣跚」
(D)他十分樂觀進取，所以遇到困境時，毫不「愜意」

鑑別度	難易度	A	B	C	D
0.45	75.48	75.48	9.53	7.23	7.70

20. 下列文句「」中的語詞，何者使用不恰當？(9402)【22】
(A)時間和距離是愛情的「試金石」
(B)因循怠惰是事業成功的「絆腳石」
(C)溫暖的家是我疲憊安憩的「象牙塔」※
(D)電腦的發明是世界文明進步的「里程碑」

鑑別度	難易度	A	B	C	D
0.39	75.84	14.14	3.18	75.84	6.81

21. 對聯的上下兩聯必須字數相等，詞性相同。從這個特徵來看，「天文奇景流星雨，大地□□土石流」，□□中最適宜填入的詞語為何？(9101)【30】
(A)變色　(B)災難　(C)滾滾　(D)悲歌※

鑑別度	難易度	A	B	C	D
0.57	42.91	15.83	26.27	14.90	42.91

22. 下列文句中的語詞，何者使用最為恰當？(9401)【6】
(A)吳院長內閣總辭，出庭之日，各部會離情依依
(B)這次選舉，他以些微票數落幕，心中遺憾不已
(C)槍擊要犯載譽歸國，檢警人員立刻展開緝捕
(D)張先生思慮周密，行事果決，深受長官器重※

鑑別度	難易度	A	B	C	D
0.39	70.05	6.70	19.11	4.09	70.05

23. 下列文句，何者用語最為恰當？(9201)【22】
(A)窗外細雨滂沱，真是詩情畫意
(B)刺耳的噪音隨風擺蕩，令人心煩意亂
(C)寒冷的強風徐徐吹來，簡直是難以抵擋
(D)傷心的淚潸潸而下，他的難過可想而知※

鑑別度	難易度	A	B	C	D
0.55	63.35	5.53	19.68	11.40	63.35

24. 下列文句，何者文意通暢、用詞恰當？ (9302)【34】
(A)憲兵那木然的神情，令人凜然生畏
(B)她一高興，便不自覺地豁然唱起歌來
(C)一聽到指責，他就悻悻然地拂袖而去※
(D)太陽把天邊的最後一抹晨曦帶進西山了

鑑別度	難易度	A	B	C	D
0.40	30.09	19.18	25.82	30.09	24.83

25. 下列文句，何者有語病？(9501) 【17】
(A) 春天來了，大地充滿了活潑的生命氣息
(B) 紅燭映照，新人臉上洋溢著幸福的笑容
(C) 多霧的春晨，滿山籠罩在朦朧的暮靄中※
(D) 樂透彩券風行，中獎號碼成了熱門話題

鑑別度	難易度	A	B	C	D
0.45	69.71	9.84	9.00	69.71	11.32

(丙) 連接詞

26. 下列各選項「」中連詞的使用，何者完全正確？(9101) 【10】
(A) 他「與其」忍受牙痛，「也不願」去看醫生
(B) 你「既然」知道做錯了，「也要」反省改進
(C) 他「因爲」考得很理想，「於是」犧牲睡眠
(D) 我「要是」不看電視，「早就」做完功課了※

鑑別度	難易度	A	B	C	D
0.38	70.12	17.47	9.07	3.27	70.12

27. 下列文句「」中語詞的使用，何者不正確？(9302) 【12】
(A) 人要成功，「除了」自己的努力之外，「還得」仰仗朋友的幫忙
(B) 古聖先賢，「無不」經過百般的錘鍊，「才能」名留青史
(C) 他們「不僅」是親兄弟，「而且」在個性上迥然不同※
(D) 冬日「不論」多淒冷，「總有」遠去的時候

鑑別度	難易度	A	B	C	D
0.55	78.02	3.76	13.01	78.02	5.17

28. 下列「」中所使用的語詞與文意搭配，何者完全正確？(9502) 【4】
(A) 「與其」辛苦耕耘，「不如」含淚收穫，大家「就」別再抱怨了
(B) 「雖然」他很富有，「而且」喜歡大自然，「所以」買下了整座山
(C) 「不但」要博學多聞，「而且」要靈活運用，「才」不會變書呆子※
(D) 「因爲」出去走走，「所以」心煩意亂，「不過」現在已經好多了

鑑別度	難易度	A	B	C	D
0.32	89.26	8.16	0.96	89.26	1.60

(丁)數量詞

29. 下列各選項中的數量詞，何者使用不恰當？(9002)【13】
(A)宴會上的女主人身穿一襲寶藍色的旗袍，非常美麗
(B)傳說中的人魚公主擁有一雙海藍的眼睛，明媚動人
(C)花木蘭聽到李亮對她的讚美，臉上泛起了一塊紅霞※
(D)小姑娘在慶生會上，那一張桃紅的笑臉，格外嬌美

鑑別度	難易度	A	B	C	D
0.43	79.09	10.18	5.64	79.09	5.09

30. 這個暑假，有「一樁」令我印象深刻的事，就是在山間的溪水中，發現「一宗」被人遺忘的漁網，上面有「一股」死亡多日、已經腐爛發臭的魚屍，最痛心的是有「一具」臺灣保育類翠鳥，也死在網中。
上文「」中的數量詞，何者使用最恰當？(9401)【10】
(A)一樁※ (B)一宗 (C)一股 (D)一具

鑑別度	難易度	A	B	C	D
0.46	70.90	70.90	3.45	8.95	16.66

(戊)其他

31. 下列文句中畫線部分的代詞，何者使用最為恰當？(9302)【7】
(A)媽媽常告訴我們，我不怕辛苦，只要我們快樂幸福
(B)他指著街底的麵店，嚷著說去到這裡，一定要吃拉麵
(C)他把書包翻了半天，懊喪地說：「我的國文課本忘了帶。」※
(D)老爸肚子餓，我跟他說：「我們不上館子，回家煮麵給他吃。」

鑑別度	難易度	A	B	C	D
0.38	84.27	4.59	6.92	84.27	4.19

32. 下列「」中疊字的使用，何者最恰當？(9401)【25】
(A)秋意一染上山頭，樹上的紅葉便「渺渺」的落下
(B)門口一傳來「噹噹」的笑聲，就知道媽媽回來了
(C)「叢叢」蘆荻布滿江畔，在寒風中不住的向行船招搖※

(D) 天未亮，大家就已聚在山頂，等待旭日「皚皚」上升

鑑別度	難易度	A	B	C	D
0.51	65.59	8.64	2.49	65.59	23.20

乙、實行恰當句子

33. 下列各句，何者沒有繁冗多餘的語詞？(9001) 【18】
(A) 有養成閱讀的習慣，等於就猶如擁有一筆珍貴的資產
(B) 現代人經常能夠感受到生活中許多無窮的壓力
(C) 時時反省改進，才能使我們有更美好的明天※
(D) 節儉真是現代人都必須應該培養的美德

鑑別度	難易度	A	B	C	D
0.52	73.61	6.12	11.48	73.61	8.79

34. 下列各句，何者文字使用最爲精簡？(9002) 【19】
(A) 只要能夠拋棄丟掉落伍和老舊的教條，沒有任何事可以阻止世界邁向繁榮
(B) 在講求輕薄短小的新世代，長篇鉅著的大作仍然能夠穿透塵囂，發出高音
(C) 他彈奏鋼琴時，即使曲子複雜、節奏快速，尙且還能向臺下觀眾揮手致意
(D) 旅行和閱讀是相輔相成的，都能讓人有探索的衝動，進而引發不同的感想※

鑑別度	難易度	A	B	C	D
0.45	68.63	6.07	10.40	14.91	68.63

35. 下列文句，何者沒有冗言贅字？(9202) 【21】
(A) 你的功課寫得那麼潦草，一定會被老師挨罵的
(B) 在充分的準備之後，他們好整以暇地參加考試※
(C) 小狗強忍飢餓，眼巴巴地渴望看著盤中的美食
(D) 在情場上屢次都失利的他，終於總算是結婚了

鑑別度	難易度	A	B	C	D
0.45	65.06	23.51	65.06	7.04	4.35

36. 下列文句，何者用字最爲精簡？(9301) 【22】
(A) 教孩子面對挫折，並從失敗中取得教訓，重新出發，是現代教育中極重要的課題※
(B) 傍晚在野外的郊區散步，天高地闊，遙望西天，你將可獲得一片繽紛的美麗佳景

(C)由於電玩的風靡流行，青少年們過度沉迷其中，衍生造成許多家庭及社會的問題

(D)風趣幽默的陳先生，隨意信手拈來一則笑話，就讓大家笑得人仰馬翻，合不攏嘴

鑑別度	難易度	A	B	C	D
0.48	65.79	65.79	11.55	11.46	11.11

37. 小英寫了一篇有關小人物痛改前非、立志向上的短篇小說，以下是其中的一部分，哪一段文字使用最爲精簡？(9302)【20】

(A)儘管他相當聰明，然而卻好逸惡勞，玩日愒歲，所以始終一事無成

(B)或許是因爲他不能捨棄下浮華的生活方式，才落得今日的窮愁潦倒

(C)後來有一日，他終於明白知曉「少壯不努力，老大徒傷悲」的道理

(D)就下定決心，以行動代替空言，簡樸代替奢華，爲自己規畫新生活※

鑑別度	難易度	A	B	C	D
0.48	75.14	5.36	5.91	13.55	75.14

38. 下列各句，何者文字使用最爲精簡？(9401)【24】

(A)電影「魔戒」甫才一上片，影迷隨即爭相走告，因而場場爆滿

(B)美國九一一事件後，全美各地沒有一處無不是籠罩在恐懼之中

(C)媒體將偷拍光碟流入到市面，侵犯個人隱私，我們該加以抵制

(D)政治人物和偶像歌手一同上臺獻唱，將跨年演唱會帶入最高潮※

鑑別度	難易度	A	B	C	D
0.40	59.49	6.02	7.31	27.11	59.49

39. 下列文句，何者沒有冗言贅字？(9402)【29】

(A)琳珠總是常常在課堂上睡覺，令老師非常頭痛

(B)一聞到披薩的香味，光耀的口水馬上垂涎三尺

(C)芸湘設計的廣告向來有口皆碑，這次也不例外※

(D)社會風氣世風日下，人人唯利是圖、趨炎附勢

鑑別度	難易度	A	B	C	D
0.42	63.75	4.41	19.47	63.75	12.30

40. 下列文句，何者用字最精簡？(9501)【11】

(A)他癡癡地凝望看著蒼穹，心中好像如有所悟

(B)融融春陽下，眺望寬闊的海面，令人心曠神怡※
(C)假使時間充裕，我絕對一定會準備好這次段考
(D)在世間生活，須努力打拚，才不致徒然枉費爲人

鑑別度	難易度	A	B	C	D
0.56	83.48	3.57	83.48	6.75	6.16

41. 下列文句，何者用字最爲精簡？(9502)【23】
(A)他既已拒絕你的邀約，你又何必如此這般爲難他
(B)這一帶佛寺的鐘聲清亮悠遠，彷彿可以穿山越嶺※
(C)朝霧瀰漫的清晨，置身徜徉其中，彷彿進入仙境
(D)有一顆浪漫的心，才能巧遇邂逅一段浪漫的戀情

鑑別度	難易度	A	B	C	D
0.52	80.66	2.33	80.66	13.38	3.59

42. 下列文句，何者有語病？(9401)【18】
(A)水落所以石出　(B)樂極反而生悲
(C)好高但是騖遠※　(D)巧詐不如拙誠

鑑別度	難易度	A	B	C	D
0.48	65.56	17.47	9.24	65.56	7.64

丙、實行恰當段落

(甲)重組

43. 「春天的喊叫聲／春天一定站在門外(甲)／把綠葉叫醒(乙)／門才會笑口常開(丙)／也從棉被裡把我拉起來(丁)」，這首題目爲「春天」的童詩，依照詩意，正確的順序應該是什麼？(9102)【2】
(A)甲乙丙丁　(B)乙甲丁丙　(C)乙丁甲丙※　(D)丁乙甲丙

鑑別度	難易度	A	B	C	D
0.40	85.98	3.21	7.48	85.98	3.30

(乙)標點符號

44. 八十歲的張老先生爲人偏心，爲了把財產全部留給兒子而立下了遺囑：「八十老翁親生一子所有財產完全給予女婿外人不得爭奪」。這段文字要如何標點，才能達到張老先生的心願？(9002)【10】

(A)八十老翁親生一子,所有財產完全給予女婿、外人,不得爭奪。
(B)八十老翁親生一子;所有財產完全給予女、婿,外人不得爭奪。
(C)八十老翁親生一子。所有財產,完全給予女,婿外人不得爭奪。
(D)八十老翁親生一子,所有財產完全給予。女婿外人,不得爭奪。※

鑑別度	難易度	A	B	C	D
0.54	74.49	10.20	11.40	3.91	74.49

45. 下列選項中,何者標點符號的使用最恰當?(9302)【27】
(A)陶淵明詩自然、質樸,看似平淡,其實意味深長。其詩多寫田園隱居生活,後世譽爲「隱逸詩人」之宗。※
(B)陶淵明詩自然質樸、看似平淡其實意味深長;其詩多寫田園隱居生活,後世譽爲「隱逸詩人」之宗。
(C)陶淵明詩自然、質樸、看似平淡,其實意味深長。其詩多寫田園隱居生活,後世譽爲「隱逸詩人」之宗。
(D)陶淵明詩自然、質樸;看似平淡;其實意味深長;其詩多寫田園、隱居生活,後世譽爲「隱逸詩人」之宗。

鑑別度	難易度	A	B	C	D
0.46	62.43	62.43	14.38	17.60	5.52

46. 以標點符號的作用來看,下列哪一句表達的意思是「可以臨時停車」?(9402)【8】
(A)駕駛等,不得於此臨時停車
(B)駕駛等不得於此,臨時停車
(C)駕駛等,不得於此,臨時停車
(D)駕駛,等不得,於此臨時停車※

鑑別度	難易度	A	B	C	D
0.42	88.05	2.23	6.24	3.47	88.05

47. 下列各句標點符號的使用,何者完全正確?(9502)【28】
(A)孔子曾說:「有朋自遠方來,不亦樂乎?」這句話告訴我們:交友是一件令人欣喜的事。※
(B)孔子曾說「有朋自遠方來,不亦樂乎?」這句話告訴我們:交友是一件令人欣喜的事。
(C)孔子曾說「有朋自遠方來,不亦樂乎?」這句話告訴我們:「交友是一件令人欣喜的事。」
(D)孔子曾說:「有朋自遠方來,不亦樂乎?」這句話告訴我們:「交友是一件令人欣喜的事」。

鑑別度	難易度	A	B	C	D
0.38	52.81	52.81	2.61	8.04	36.51

48. 下列文句中標點符號的使用，何者正確? (9102) 【9】
(A) 上天喜悅誰，就給誰智慧；知識；和喜樂。
(B) 永遠扮你的角色；那麼你想成什麼人；就成什麼人！
(C) 快樂的基本因素是，有事可爲；有所愛慕；有所希望。
(D) 小心眼的人議論人；普通心思的人談論事；偉大心靈的人討論觀念。※

鑑別度	難易度	A	B	C	D
0.53	76.71	3.65	5.23	14.35	76.71

49. 「正因爲有仇恨的可怕，人們才有愛與關懷的需求　正因爲人生有種種缺憾和不如意，我們才不斷學習寬容　學習知足與感恩。」句中　處，依序應填入何種標點符號？(9401) 【16】
(A)，、　(B)。、　(C)；；　(D)；、※

鑑別度	難易度	A	B	C	D
0.45	64.55	12.40	10.10	12.93	64.55

50. 文章裡用來標明語意轉變、聲音延續、時空起止或用爲夾注的符號，稱爲破折號。下列各句破折號的使用，何者正確？(9501) 【34】
(A) 電視公司爲了賺錢——不惜拍一些荒誕無稽的電視劇來取悅觀眾
(B) 我們擁有秀麗的山川——豐富的物產，多元的文化，安樂的生活
(C) 這樣一來，一場，二場，三場，——就接二連三的兵敗如山倒了
(D) 這個企畫案愈修改問題愈多——也罷，反正我們不可能盡善盡美※

鑑別度	難易度	A	B	C	D
0.44	47.47	13.90	14.54	23.97	47.47

十、 能認識應用文格式

甲、實行書信格式

01. 文風寫信給雙親。信上畫線部分何者正確？(9002)【34】

父母親大人鈞鑒：八月二十五日拜別足下，乘車抵達學校，

隨即辦理入學手續，並住進第一宿舍二〇三室，一切均安，

懇釋　慈念。敬祝

(A)鈞鑒　(B)足下　(C)大安　(D)叩上※

鑑別度	難易度	A	B	C	D
0.30	43.56	16.09	20.53	19.82	43.56

02. 以下中式橫寫信封畫線處的格式與寫法，何者錯誤？(9102)【26】

234
大吉縣大利市金榜路二段130號 (1)
高娜娜

567
大富縣大貴鎮成功街一段195號 (2)
何 先 生 星 星(3) 恭啓 (4)

(A)(1)　(B)(2)　(C)(3)　(D)(4)※

鑑別度	難易度	A	B	C	D
0.29	37.47	3.89	11.57	46.99	37.47

03. 小楊要寫信給他的父親楊文傑。關於信封的寫法，下列何者正確？(9301)【30】

(A)

楊文傑父親敬啟

(B)※

楊文傑先生安啟

(C)

楊文傑先生敬啟

(D)

楊文傑父親安啟

鑑別度	難易度	A	B	C	D
0.46	50.82	9.25	50.82	20.72	19.12

04.

明彥老師道鑒：

自從您到臺北教書後，課堂間少了您爽朗的笑聲及關心的問候，全班都有些失落。

十二月八日是我們畢業旅行的日子，當晚將投宿在臺北國軍英雄館，屆時希望老師能抽空來看看我們。等候您的回音，敬請

大安

生董梅芬敬上八十九年十一月十日

梅芬想寄信給李明彥老師，以上是她所寫的信。同學寶妹看過之後，給了梅芬下列四個建議，請問哪一個建議是正確的？(9502)【25】

(A) 正文中的「您」及「老師」之前最好空一格表示敬意※

(B) 提稱語「道鑒」最好改爲「膝下」

(C) 結尾問候語「敬請　大安」必須改爲「叩請　金安」

(D) 署名下的敬辭「敬上」應該改爲「叩上」

鑑別度	難易度	A	B	C	D
0.37	54.31	54.31	5.89	27.74	11.99

乙、實行柬帖格式

05.

謹訂於八月一日(星期日)上午十一時三十分召開光明國中第四屆三年甲班第一次畢業同學會敬請

光臨

班長卜小亮　　謹訂

上列這張請柬內容中，缺少了哪一個必要項目？(9102)【23】

(A) 標點符號　(B) 活動地點※　(C) 受帖人稱謂　(D) 發帖人具名

鑑別度	難易度	A	B	C	D
0.36	70.98	8.50	70.98	19.15	1.34

06.

謹訂於本(二)月十日(星期六)上午九時假臺中市連雲路二段16號

悅遠大飯店舉行本公司春節團拜敬備酒會□□

□□

網達通公司董事長伊媚兒　　謹訂

下列詞語，何者最適合填入這張請柬的　　　　　中？(9201)【8】

(A)叩請　金安　(B)敬請　鈞安

(C)順問　近祺　(D)恭候　台光※

鑑別度	難易度	A	B	C	D
0.49	67.32	2.55	28.27	1.82	67.32

07.　黃技安收到了同學周大雄的結婚請帖。他在致贈禮金的封套上該如何撰寫才恰當？(9302)【19】

(A)

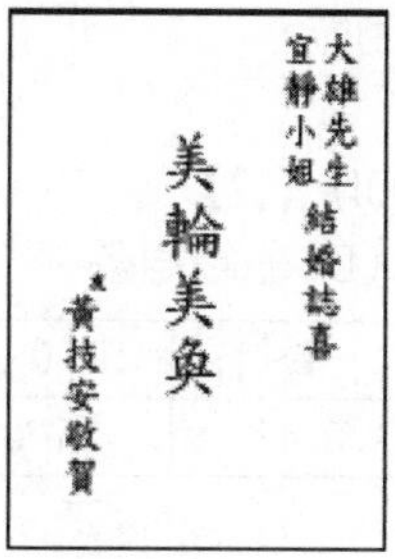

大雄先生　宜靜小姐　結婚誌喜

美輪美奐

黃技安敬賀

(B)

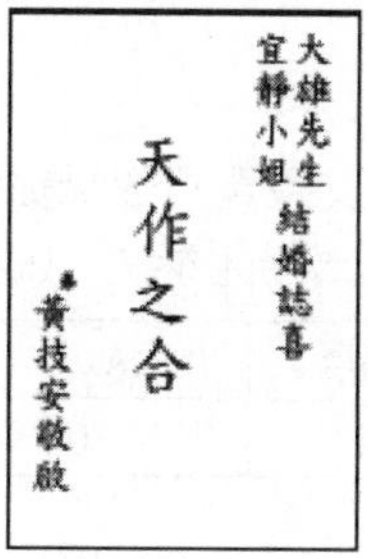

大雄先生　宜靜小姐　結婚誌喜

天作之合

黃技安敬啟

(C)

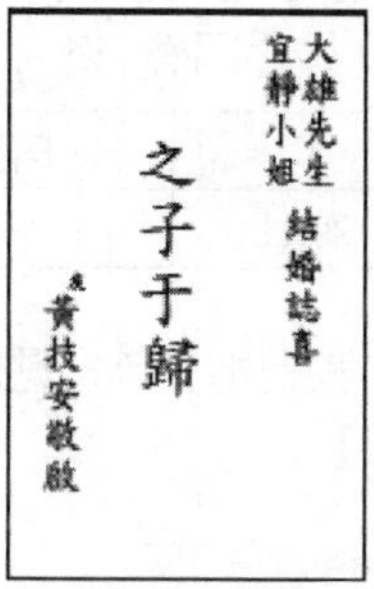

大雄先生　宜靜小姐　結婚誌喜

之子于歸

黃技安敬啟

(D)

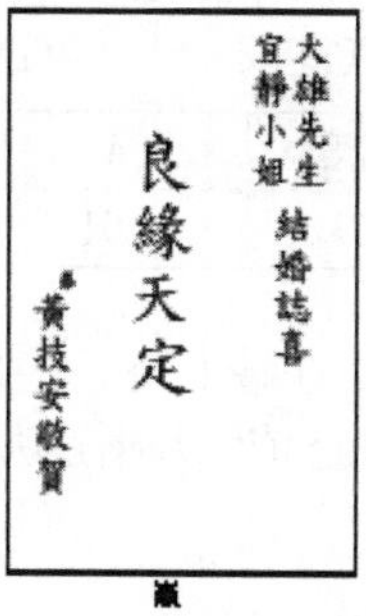

大雄先生　宜靜小姐　結婚誌喜

良緣天定

黃技安敬賀

鑑別度	難易度	A	B	C	D
0.24	55.24	7.70	14.74	22.29	55.24

丙、實行對聯格式

08.　下列對聯，何者最適合貼在書房門口？(9301)【9】

(A)門集春夏秋冬福，戶納東西南北財　(B)萬戶春風爲子壽，半窗松雪論天倫

(C)春風得意千條綠，快馬加鞭萬里程　(D)立節可爲千載道，成文自足一家言※

鑑別度	難易度	A	B	C	D
0.38	81.67	4.59	6.04	7.61	81.67

09. 「風和桃李秀」是一副對聯的上聯。依據內容、格律判斷，下列何者是它的下聯？(9302)【18】
(A)日暖山河春※ (B)花開萬朵紅 (C)梅占百花魁 (D)大地浴春暉

鑑別度	難易度	A	B	C	D
0.46	63.64	63.64	11.42	7.64	17.24

丁、實行題辭格式

10. 小梅要向結婚的好友致賀，下列題辭何者恰當？(9001)【12】
(A)詩禮傳家 (B)三陽開泰 (C)鳳凰于飛※ (D)龜鶴遐齡

鑑別度	難易度	A	B	C	D
0.25	76.47	14.76	3.07	76.47	5.70

11. 下列各句「」中的題辭，何者使用恰當？(9102)【13】
(A)賀演講比賽優勝用「妙筆生花」 (B)賀民意代表當選用「松柏長青」
(C)賀友人遷居用「宜室宜家」 (D)賀醫院開業用「妙手回春」※

鑑別度	難易度	A	B	C	D
0.45	73.97	1.91	3.97	20.11	73.97

12. 李醫師最近搬了新家，在牆上掛了不少匾額，其中有一塊是她去年當選縣議員時，親友們所致贈的。依你判斷是哪一個？(9201)【7】

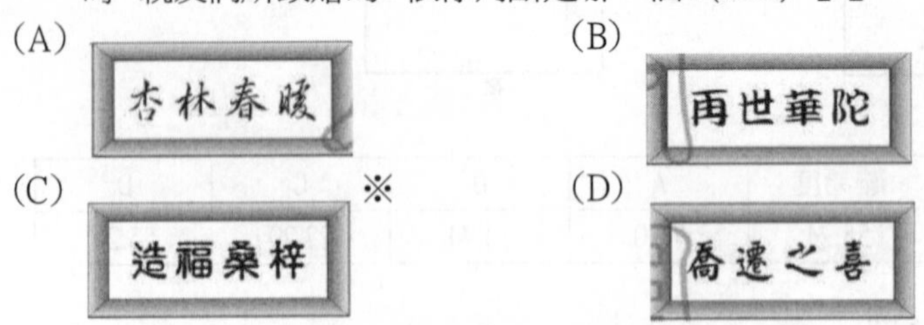

鑑別度	難易度	A	B	C	D
0.46	81.08	3.20	5.11	81.08	10.58

13. 張阿姨生了一個兒子，小旻包了禮金以表祝賀。下列賀辭，何者最適合填在禮金封套上？(9202)【15】

(A) 于歸之喜　(B) 登科之喜　(C) 弄璋之喜※　(D) 文定之喜

鑑別度	難易度	A	B	C	D
0.37	89.65	3.62	2.63	89.65	4.05

14. 班導師要結婚了，準師丈是位醫生。班上同學準備寫結婚賀卡送給老師，下列題辭何者最恰當？(9501)【21】

(A) 鳳凰于飛※　(B) 杏林春暖　(C) 春風化雨　(D) 椿萱並茂

鑑別度	難易度	A	B	C	D
0.45	61.75	61.75	16.08	4.69	17.43

15. 我們常以「華佗再世，妙手回春」的題辭贈予醫生，因爲華佗是東漢時期醫術精湛的醫生。那麼，「魯班藝巧動斧似無跡，輪扁技高運斤如有神」最適合用來贈予下列何者？(9502)【22】

(A) 演員訓練班　(B) 書法才藝班　(C) 室內裝潢公司※　(D) 貨車出租公司

鑑別度	難易度	A	B	C	D
0.27	62.08	18.06	9.59	62.08	10.21

戊、實行稱謂語格式

16. 若有人問：「尊師是否仍執教於貴校？」下列應答何者最恰當？(9401)【33】

(A) 唉！愚師已於去年因病過世　(B) 是的，令師依然在本校授業
(C) 不，敝業師已轉至他校任教※　(D) 先師已屆齡退休，返鄉養老

鑑別度	難易度	A	B	C	D
0.57	57.13	3.81	24.61	57.13	14.38

17.

建國兄：

前日到貴府打擾，受到賢伉儷(甲)熱情招待，深情厚誼，永銘內心。而賢侄(乙)的應對得體也叫人讚賞；想到 小兒 (丙)粗魯不文，調教無方，深感慚愧。來日，敝伉儷(丁)定當好好向吾　兄請教。專此，順頌

時綏

弟信華敬上三月三十一日

上面這封信畫線處所使用的稱謂，何者不恰當？(9001)【30】

(A)甲　(B)乙　(C)丙　(D)丁※

18. 下列各選項「」中的詞語，何者使用正確？(9101)【34】

(A)我的餐廳即將開張，歡迎前來「寶號」用餐
(B)姊姊「于歸」之日，雙眼閃耀著幸福的光采※
(C)老同學多年不見，今年中秋節請你們光臨「府上」一聚
(D)因家父身體不適，我們「賢喬梓」無法出席今天的宴會

鑑別度	難易度	A	B	C	D
0.43	33.30	6.14	33.30	46.61	13.84

19. 小華向長輩介紹家人，下列稱謂語的使用，何者正確？(9102)【15】

(A)「先父」目前任職私人機關，工作非常忙碌
(B)「家母」喜愛閱讀，營造了家中濃郁的讀書風氣※
(C)「尊兄」擅長運動，尤其熱衷籃球
(D)「敝妹」活潑可愛，是全家人的開心果

鑑別度	難易度	A	B	C	D
0.38	76.09	3.55	76.09	5.49	14.83

20. 下列文句「」中的稱謂，何者使用最恰當？(9201)【1】

(A)「愚兄」，您支持哪一位候選人　(B)「家弟」今年剛進國中就讀
(C)恭喜「貴小兒」金榜題名　(D)請問「閣下」在哪裡高就※

鑑別度	難易度	A	B	C	D
0.40	69.63	2.87	19.97	7.50	69.63

21. 進佑從高職畢業後，急欲找工作，寫了很多求職信。信中不能用下列哪個語詞來自稱？(9402)【24】

(A)在下　(B)敝人　(C)不才　(D)足下※

鑑別度	難易度	A	B	C	D
0.51	65.36	6.10	8.84	19.66	65.36

十一、短文閱讀

甲、現代文閱讀

人能夠關心，正表示他有熱血、有深情、有理想，所以在關心之後，往往也激發人產生恢宏的志趣和遠大的抱負，在生命中掀起壯闊的波瀾。這個波瀾如果能持之以恆、能奮鬥不懈地鼓盪，便必然有所成就，發展到終極，一定能對社會有巨大的回饋。

因此，身處求學的階段，我們的關心雖然只像一朵小小的火花，但是我們仍舊要珍惜它，讓它持續燃燒，並且不斷擴展，以期將來能煥發出燦爛的光芒。

——改寫自邵僩〈讓關心萌芽〉

01. 依據本文的論述，下列敘述何者正確？（11-3-2摘要短文內容-內容）（9001）【39】

(A)一個人能夠付出關心，就能知所回饋※
(B)求學階段能力有限，只要專注學業，就是最好的回饋
(C)有熱血、有深情、有理想的人才能關心別人，也一定有成就
(D)人之所以具有恢宏的志趣和遠大的抱負，全係得自他人的關心

鑑別度	難易度	A	B	C	D
0.33	45.45	45.45	11.08	17.53	25.94

02. 下列選項，何者符合本文第一段的脈絡發展？（11-5解釋短文模式）（9001）【40】

(A)興發志趣→付出關心→持續不懈→回饋社會
(B)持續不懈→回饋社會→興發志趣→付出關心
(C)付出關心→興發志趣→持續不懈→回饋社會※
(D)付出關心→回饋社會→興發志趣→持續不懈

鑑別度	難易度	A	B	C	D
0.46	73.32	10.34	3.61	73.32	12.72

唐太宗有一天退朝後，懷著滿腹怒火回到宮裡，向皇后抱怨魏徵犯顏直諫的事。皇后聽了，默不作聲地退回房中，換上禮服後，站在庭階前向太宗道賀。太宗問她何事，她回答：「吾聞國有賢君，而後有不屈之臣。桀、紂獨夫，不容逢、干。今聞魏徵抗顏直諫，是知陛下之聖明也，吾何不賀陛下？」太宗聽了皇后的話，滿腹的怒火，也就煙消雲散了。

📖
獨夫：指無道之君
抗顏：面色嚴正不屈

3. 下列敘述，何者是本文的主旨？（11-3-1摘要短文要旨）（9001）【41】
（A）唐太宗擇善固執，不隨波逐流
（B）魏徵心直口快，不顧太宗的顏面
（C）桀、紂、逢、王的行爲，不容於天地
（D）皇后聰明機智，婉轉地化解了太宗的怒氣※

鑑別度	難易度	A	B	C	D
0.44	70.33	9.57	11.27	8.83	70.33

04. 有關本文的說明，下列敘述何者正確？（11-3-2摘要短文內容）（9001）【42】
（A）魏徵以下犯上，其行徑與桀、紂無異
（B）桀、紂雖然暴虐無道，卻有忠臣魏徵的輔助
（C）太宗能接納逢、王等人的諫言，因此留名青史
（D）「國有賢君，而後有不屈之臣」，是皇后用來讚美太宗的話※

鑑別度	難易度	A	B	C	D
0.50	65.91	5.28	12.83	15.97	65.91

根據新聞報導：兩名求職不順的大學生突發奇想，在街頭做起「馬屁」生意來，用盡各種美麗的詞句讚美路過的上班族，一分鐘收費二十元，生意還不錯。這兩名學生是在去年八月開始這個新興行業。起先只是為了消愁解悶，站在街頭故意說好話，發現效果不錯，乾脆收費做起生意來，沒想到顧客愈來愈多。偶爾還會應邀到婚禮上和企業朝會時說些好話。眼看生意越來越好，他們已經拒絕軟體公司聘書，決定靠說好話吃飯。這樣的現象，頗值得大家玩味。

05. 下列哪句話最適合用來形容這兩名大學生做起「馬屁」生意的事實？（11-4推論短文觀點）（9001）【43】
（A）學以致用　（B）缺乏自信
（C）無心插柳柳成蔭※　（D）有志者事竟成

鑑別度	難易度	A	B	C	D
0.54	78.16	6.57	5.05	78.16	10.22

06. 從「馬屁」生意興隆的現象，可推知本文中上班族的心態爲何？（11-4推論短文觀點）（9001）【44】
（A）貪小便宜　（B）渴望被讚美※
（C）喜歡標新立異　（D）同情失業大學生

鑑別度	難易度	A	B	C	D
0.48	82.19	5.25	82.19	10.61	1.94

很少有季節是真正從日曆上所記載的那一天開始。相反的，季節是一種質感的經驗：當我們感到光線的質地、白晝的長度和皮膚所感受的空氣有一些幽微的變化，我們便察覺到，大自然正進行一些變化。

「小時」便是一天中的季節，它們最初的意義即帶有神秘的意味。先人並不依賴鬧鐘作息，而是把時間擬人化，視之為萬物生長、盛開和結果的永恆流轉之信差。在地球萬物生長和變化所開展的韻律中，每一小時都有一個遠比我們固定的時鐘刻度更為豐富而複雜的性格和面貌。

今天，即使是在忙碌的城市生活中，我們依然注意到黎明、清晨、上午與正午皆分別擁有它們獨特的性質。陰影漸長的下午和天色漸暗、華燈初上時的性格，便全然不同。

——大衛‧史坦德《寂靜之聲 ‧ 一天中的季節》

07. 「『小時』便是一天中的季節」，其主要的寓意何在？（11-2詮釋短文句子涵義）（9001）【45】
(A) 一天中每時每刻的變化都有獨特的內涵※
(B) 不要過於重視時間的挪移，以減輕壓力
(C) 對先民而言，時間的流轉具有永恆的意義
(D) 時間的刻度像人一般的催促我們及時工作

鑑別度	難易度	A	B	C	D
0.46	78.53	78.53	3.43	12.95	5.09

08. 下列敘述，何者和本文對時間的觀感最相似？（11-4推論短文觀點）（9001）【46】
(A) 一日之計在於晨
(B) 因循不覺韶光換
(C) 少壯不努力，老大徒傷悲
(D) 一沙一世界，剎那可爲永恆※

鑑別度	難易度	A	B	C	D
0.53	61.74	13.72	19.26	5.28	61.74

一個人在生活中，不能夠不懂得寬容，也不能一味地寬容。一個不懂寬容的人，將失去別人的尊重；一個一味地寬容的人，將失去自己的尊嚴。對於別人的寬容，我們應該知道自慚；而寬容地對待別人時，也應該知所節制。

——汪國真〈寬容〉

09. 從文章的類別來看，這則短文屬於何種文體？（11-5解釋短文模式）（9002）【44】
(A)應用文　(B)記敘文　(C)抒情文　(D)論說文※

鑑別度	難易度	A	B	C	D
0.48	71.25	14.48	9.44	4.83	71.25

10. 「寬容地對待別人時，也應該知所節制」，其理由何在？（11-2詮釋短文句子涵義）（9002）【45】
(A)為避免要求別人過嚴，對待自己過寬
(B)因為過度的寬容別人，就會流於縱容※
(C)因為不能將別人的厚待視為理所當然
(D)為了使別人樂於親近自己，廣結善緣

鑑別度	難易度	A	B	C	D
0.48	88.92	3.52	88.92	4.83	2.73

從民國四、五十年代至今，數十年柳杉造林的結果，直接改變了檜木林相。而今，全臺檜木天然林僅存棲蘭及秀姑巒地域。其中，棲蘭的檜木天然林更是全球唯一的扁柏純林。

車行在棲蘭山區內，望向窗外的檜木林，許多不知名的小草、闊葉樹，在林下昂首掬飲著綿綿落下的細雨，相傳此地的樹幹上曾經長滿了蘭花，所以才有「棲蘭」地名的由來。對人類而言，這些植物雖不若檜木來得實用，但它既然生長在那裡，就該有它生存的理由吧。棲蘭檜木天然林內，有許多物種是臺灣以外的地方都找不到的，例如鴛鴦湖裡的東亞黑三菱、水麻花。目前雖不知它們的用處，但也許有一天，我們會發現它們具有某種基因，能夠成為某種藥材也不一定。

隨著全球環境變遷，例如聖嬰現象、臭氧層破洞、酸雨等問題，森林的環境已今非昔比。國際上，整個森林經營的方向已朝向生態化發展。環環相扣的物種，哪一個該為人類「以人為主」的觀念所犧牲？

——改寫自翁瑜敏〈臺灣檜木〉

11. 以上報導，最適合使用下列那個標題？（11-4推論短文觀點）（9002）【46】
(A)尋找藥材的新故鄉——鴛鴦湖之旅
(B)自然生態的明天——森林經營※
(C)物種孕育之源——造林
(D)森林瑰寶——扁柏

鑑別度	難易度	A	B	C	D
0.45	68.78	3.32	68.78	18.99	8.92

12. 下列敘述，何者是本文的主要觀點？（11-4推論短文觀點）（9002）【47】
(A)臭氧層破洞及酸雨嚴重危害了臺灣檜木林的生態平衡
(B)檜木林中的附生植物，具有成爲珍貴藥材的某些基因
(C)人類不宜因私利犧牲任何物種，以免破壞森林的生態環境※
(D)棲蘭山區成爲全球唯一的扁柏純林，是造林不當的後遺症

鑑別度	難易度	A	B	C	D
0.47	84.24	9.42	3.33	84.24	3.01

以下短文節錄自某產品說明書，請仔細閱讀並回答下列問題：

手機充電座一般可分為A、B、C、D等四種類型，並且有單雙槽之分。所謂A型是指充電座具有液晶顯示面板，可清楚顯示手機及電池的充電狀況；B型則是以燈號顯示充電狀況；C型雖無法顯示充電狀況，卻有快速充電、便於攜帶的優點。這三者都必須搭配專屬的變壓器供應電源，不可隨意更換變壓器。國內電壓規格為110V，所以若有出國需求且須配帶手機時，必須了解當地的電壓規格，並選用合適的變壓器，才能有效供應電力。此外，D型可自動調節電壓，沒有更換變壓器的問題，也是另一項選擇。

13. 下列何者最適合作爲這段文字的標題？（11-4推論短文觀點）（9101）【45】
(A)充電用電的注意事項　(B)手機充電座優劣評定
(C)電壓的規格與變壓器　(D)手機充電的相關資訊※

鑑別度	難易度	A	B	C	D
0.40	56.49	10.48	18.22	14.50	56.49

14. 由上文可知，出國旅遊而又不知當地電壓規格時，最好使用哪一種充電座？（11-4推論短文觀點）（9101）【46】
(A)A型　(B)B型　(C)C型　(D)D型※

鑑別度	難易度	A	B	C	D
0.51	88.22	2.52	2.42	6.51	88.22

由於交通與通訊的進步，我們的地球相對縮小了，同時，各地區與國家之間的相互影響與依賴卻漸形重要，特別是在過去的十五年間，由於整個世界經濟的國際化，「地

球村」的概念似乎慢慢在成形，而我們也一步步地走向「生活在沒有國界的世界」的境界。這次東南亞的金融風暴，確與整個世界經濟的國際化有密切的關係。同時，我們也看到人類面對的一些重要問題，例如：人口暴增、不同地區貧富差距的進一步加深，及人類活動帶來的生態與環境的破壞，已變成高度國際化的問題，也是人類必須共同面對的全球性的問題。

——改寫自李遠哲〈二十一世紀的挑戰〉

15. 這段短文的中心思想是什麼？（11-3-1摘要短文內容-要旨）（9101）【47】

(A) 維護生態環境是人類當務之急

(B) 世界性經濟不景氣正在擴大中

(C) 地球上各地人民的命運將是休戚與共的※

(D) 面對新世紀，控制人口的質與量是最重要的議題

鑑別度	難易度	A	B	C	D
0.57	58.28	24.36	8.41	58.28	7.83

16. 以下推論，何者不符合本文的論點？（11-3-2摘要短文內容-內容）（9101）【48】

(A) 任何區域性金融風暴，都將影響全球經濟

(B) 地球村的形成是由於人口暴增，聚集繁密※

(C) 貧富懸殊是當前人類社會重要的經濟問題

(D) 溫室效應超越國界，須靠全人類共同解決

鑑別度	難易度	A	B	C	D
0.57	61.11	5.31	61.11	10.51	21.89

宋人工藝，向具素淨灑脫之美，亦是掙脫唐人濃艷窠臼，更不用說與入清後的琺瑯相比了。北宋 汝窯因在河南 汝州，能「內有瑪瑙為釉」，晶瑩透澈，溫潤如君子之玉。其中的天青或蔚藍釉色，有如一湖水綠，青碧中另帶粉藍，寧靜嫻雅，透澈玲瓏；輕風一過，細看釉面，水波漣漪，透明網絡狀的開片淡淡蓋印著湖水藍天，有如薄妝美人，不掩絕色。我喜歡汝窯之美，正是它的脫俗開朗，晶瑩如玉，明亮中有其雍容氣度，嫻靜中不失嚴謹大方，正是讀書人本色。

——改寫自張錯〈溫潤如汝〉

17. 本文描述的宋代珍玩，最有可能是什麼？（11-4推論短文觀點）（9101）【49】

(A) 木雕筆筒

(B) 寫意山水

(C) 美女雕塑

(D) 陶瓷器皿※

鑑別度	難易度	A	B	C	D
0.50	65.69	3.73	19.72	9.54	65.69

18. 根據本文，可知作者欣賞汝窯之美的主要原因是什麼？（11-4推論短文觀點）（9101）【50】

(A) 色澤光鮮，明豔照人　　(B) 刻鏤精工，晶瑩剔透

(C) 雍容淡雅，素淨脫俗※　　(D) 珍貴稀少，世所罕見

鑑別度	難易度	A	B	C	D
0.58	71.92	6.65	17.11	71.92	2.73

讀書習慣的養成，先是人為的，然後才能習慣成自然，不要讓俗務的鎖鍊束縛了它，不要使情緒的浪潮淹沒了它。無論你多麼煩，多麼忙，但不要忘記必須勻出讀書的時間。這樣，才能靜靜地發現你的愛好，不至於到升學時，你還徬徨歧途；才能睿敏地確定你的道路，不至於稍遇困厄時，就中途投降！於是，習慣培養興趣，興趣支持習慣，你才能發現，在我們日常柴米油鹽、你爭我鬥的現實世界以外，還有一個多麼廣闊、奧祕，或者是肅穆的天地，足夠我們留連忘返。——孟瑤〈智慧的累積〉

19. 下列敘述，何者最符合本文的論點？（11-4推論短文觀點）（9102）【42】

(A) 要先對讀書產生興趣，才能夠培養讀書的習慣

(B) 不培養讀書的習慣，就不可能對讀書產生興趣

(C) 養成讀書的習慣，自然能從中體會讀書的興味※

(D) 只要對讀書有興趣，有沒有讀書習慣並不重要

鑑別度	難易度	A	B	C	D
0.35	77.55	17.33	3.88	77.55	1.13

20. 依據本文，人應該如何才能確立人生的道路？（11-4推論短文觀點）（9102）【43】

(A) 超越現實的羈絆，藉讀書發掘志趣※

(B) 針對現實的需要，從書中找尋答案

(C) 無視現實的壓力，沉醉於書中世界

(D) 面對現實的挑戰，從生活累積智慧

鑑別度	難易度	A	B	C	D
0.40	41.93	41.93	5.87	2.83	49.21

以下短文節錄、改寫自一篇報導文學，請仔細閱讀並回答下列問題：

十餘年來我在醫檢工作之餘，除了沈浸於史料的解讀、尋找老部落與古戰場、採訪泰雅族的抗日遺老之外，更多次前往日本，試圖從兩方的當事人或見證者口中，釐清事件的盲點。由於當事人或是見證者皆因年邁而瀕臨凋零，拜訪遺老成為我一再探索與追溯的迫切功課。再者，近年來臺灣原住民族群面對瞬息萬變的社會，出現了一些無法適應環境的問題，了解霧社事件的經過與原住民族群的歷史變遷或許有助於找出其適應不良的原因。

——鄧相揚〈霧重雲深——一個泰雅家庭的故事〉

21. 由上文可知，這篇報導文學所要報導的主題最可能是什麼？（11-4推論短文觀點）（9102）【47】

(A) 原住民族群的社會適應問題
(B) 泰雅族抗日的古戰場所在地
(C) 泰雅族部落的興衰發展
(D) 霧社事件的真相※

鑑別度	難易度	A	B	C	D
0.06	28.04	55.69	5.51	10.26	28.04

22. 本文作者利用哪些方法來完成這篇報導文學？（11-3-2摘要短文內容-內容）（9102）【48】

(A) 研究相關史料、拜訪遺老與遺跡※
(B) 研究相關史料、考察族群遷徙軌跡
(C) 赴日收集圖書資料、拜訪遺老與遺跡
(D) 赴日收集圖書資料、考察族群遷徙軌跡

鑑別度	難易度	A	B	C	D
0.48	67.35	67.35	7.86	20.90	3.55

自二十一世紀中期起，所有娛樂、人際接觸與各類知識的傳遞，都是從被稱為「終端機」的螢幕開始，從網際網路當中，我們可以獲得一切的資訊，家家擁有一個或多個螢幕已屬常態。到了二〇八〇年，每個房間的四面牆上都有螢幕的情形將不足為奇，即使是在廚房裡切麵包或者蹲廁所的時候，天下事仍盡在我們的視力範圍內，世界就站在廚房的桌上。時間不空揮霍，放著絕佳機會不加以利用簡直是麻木不仁。

未來，我們可以論及真正的雙邊交流。藉由網路，不僅能夠從螢幕上取得各種形式的資料，亦可與任何一個人有所接觸。那時人類已經永久遠離街頭與廣場，終端機

成為我們的休息場所。想要放鬆心情的人，只能回家買蕃茄或與其他人聊天了！

——改寫自賈德《賈德談人生》

23. 根據上文的敘述，可以推知下列哪一個現象？（11-3-2摘要短文內容-內容）（9102）【49】

(A) 未來世界可以透過終端機顯現，並藉由網路加以操控
(B) 未來家庭除了廚房浴廁外，都是瀏覽世界萬象的起點
(C) 未來世界的人際接觸，大部分來自家庭的螢幕終端機※
(D) 人們將自家中接收外來資訊，而以城市爲休閒娛樂區

鑑別度	難易度	A	B	C	D
0.46	67.27	19.21	3.88	67.27	9.03

24. 根據上文，「想要放鬆心情的人，只能回家買蕃茄或與其他人聊天了！」這句話傳達的主要意思是什麼？（11-2詮釋短文句子涵義）（9102）【50】

(A) 人們忙於資訊交流，無暇放鬆心情
(B) 在網路上與人聊天，既安全又隱密
(C) 農產品藉由網路配銷，是未來的趨勢
(D) 想要放鬆心情，必須靠網路與人溝通※

鑑別度	難易度	A	B	C	D
0.20	39.76	40.95	3.74	14.70	39.76

李小強收到朋友送來一把含苞的玫瑰。他細心地將它們一一種在花盆裡，殷勤地為它們澆水、施肥。忙碌了幾天，正期待著滿園的花團錦簇，但是，陽光下，只見每一片花瓣都滿布著令人怵目的褐斑；每一朵花都低垂著頭，奄奄一息如垂死的天鵝。面對如此景象，李小強呆立了半天，說不出話來。

25. 如果事後李小強對朋友發出了「＿＿＿我細心的照顧，這些花＿＿＿死了」的抱怨。句中＿＿＿處填入下列哪一組詞語最恰當？（11-6其他-實行恰當詞語）（9201）【34】

(A) 不管／畢竟　(B) 雖然／終於　(C) 儘管／總算　(D) 縱然／還是※

鑑別度	難易度	A	B	C	D
0.46	90.27	6.53	1.74	1.39	90.27

26. 本文中，「李小強站在奄奄一息的玫瑰花前，呆立了半天，說不出話來。」下列何者最能形容他此時的心情？（11-4推論句子觀點）（9201）【35】

(A)如坐針氈　(B)悵然若失※　(C)後悔莫及　(D)悲喜交集

鑑別度	難易度	A	B	C	D
0.46	80.42	10.53	80.42	4.86	4.10

27. 根據本文,「……忙碌了幾天,正期待著滿園的花團錦簇,但是,陽光下……」中的「但是」一詞,不適合用下列何者來取代?(11-6其他-實行恰當詞語)(9201)【36】
(A)然而　(B)沒想到　(C)意外地　(D)無疑地※

鑑別度	難易度	A	B	C	D
0.54	75.76	6.64	6.19	11.32	75.76

孩子,你不要覺得我冷酷,因為你已經到了應該自己對自己負責的年齡。你的書不是我的書,我無法為你取捨;你的紙箱也不是我的紙箱,我自己都分身乏術。最重要的是:你不是我,更不是我的影子,我不能為你作主一輩子!
——劉墉〈你自己決定吧〉

28. 根據本文,作者要孩子自己作主的主要原因,下列敘述何者最恰當?【現代文-議論文】(11-4推論短文觀點)(9201)【37】
(A)擔心太過嚴格的管教,會適得其反引起孩子的反抗
(B)孩子已經大到必須獨立,必須學會自我負責的時候※
(C)父親為了家計忙碌奔波,有時無暇顧及孩子的需要
(D)孩子們喜歡的總是太多,父母親無法為他們作取捨

鑑別度	難易度	A	B	C	D
0.39	94.34	1.57	94.34	1.98	2.02

29. 下列敘述何者不符合本文的論點?(11-4推論短文觀點)(9201)【38】
(A)自己的事情應該要自己去做,不要成為別人的負擔
(B)每個人都是獨立的個體,不該期待他人為自己作主
(C)要獲得一個人的信任並不容易,何況是為他作選擇※
(D)人無法為別人負全責,所以父母怎能替孩子下決定

鑑別度	難易度	A	B	C	D
0.39	68.51	6.19	6.79	68.51	18.40

世界就像一個很大的圖框，每個人都是其中的一小塊拼圖。人人都不知道自己屬於哪一個部分，雖然微小，卻都是很重要的個體，缺少了任何一個人，就無法拼湊成一幅完整的圖畫。

至於這幅圖畫的內容是什麼呢？沒有人知道，只有不停流轉的時間，可能會在某個時機透露出一點解答。因此人們終其一生都在找尋自己的定位，也自然地想要尋覓和自己相似、相合、相吸引的「其他人」，因為這樣的人就是在拼圖板上離自己最近、最合適、擁有最相似圖形的人。

有時會以為自己找到了，但其實只是乍看之下相合，真正拼起來就知道錯了，也就是有格格不入的感覺。

如果真的出現了相合的拼圖，不管其圖形是絢爛、是美麗、是平凡、是空白，他們總會聚在一起，因為這是最自然的相遇，最不勉強的結合。不管他們佔了整個世界的哪一部分，他們都不會在乎，因為他們已經找到了真正屬於自己的定位。

——改寫自〈世界拼圖〉

30. 本文的第一段中，「個人之於世界」的關係，與下列何者相當？（11-2詮釋短文句子涵義）（9201）【41】

(A)風之於風車　(B)種子之於花朵

(C)印表機之於電腦　(D)螺絲釘之於汽車※

鑑別度	難易度	A	B	C	D
0.62	58.39	8.46	28.16	4.75	58.39

31. 根據本文所述，「缺少了任何一個人，就無法拼湊成一幅完整的圖畫。」這句話的寓意與下列何者最相近？（11-2詮釋短文句子涵義）（9201）【42】

(A)一幅偉大的拼圖，必須靠許多人通力合作才能完成

(B)人是圖畫的一部分，所以要站在圖畫前才顯得完整

(C)每個人在世界舞台上都有其位置，不要輕視自己的分量※

(D)人是群居的動物，少了一個人就不能呈現出人生的意義

鑑別度	難易度	A	B	C	D
0.45	77.25	10.60	3.56	77.25	8.31

32. 本文的第四段中，「他們」找到了屬於自己的定位。由此推論，下列何者是「他們」已經體會到的道理？（11-4推論短文觀點）（9201）【43】

(A)萬物靜觀皆自得　(B)天生我材必有用※

(C)情人眼裡出西施　(D)天涯何處無芳草

鑑別度	難易度	A	B	C	D
0.38	72.29	10.72	72.29	8.93	7.76

以下是小傑閱讀「賽亞石」的相關報導，所寫的心得報告：

賽亞石介紹

賽亞石主要是由賽亞 地熱谷溫泉中所含的重金屬化合物，以及微量的放射性元素，在適當的自然條件下，結晶於含黃鉀鐵礬的白化黏土上而形成。這種具微量放射性的礦物，雖無經濟價值，但當地居民認為，賽亞石可以促進血液循環，達到身體健康的目的，因此特別受到喜愛。

賽亞石是一種具有高度科學與教育意義的天然物產，也是全宇宙首先發現於賽亞國的珍貴稀有礦物，本來應該立法保存並指定保護。但從威靈紀1103年，賽亞地區的房屋、建築物開始大量增加，旅館、浴室、廚餘廢水及建築廢棄物等皆任意排放、丟棄於賽亞溪中；旅館業者也在賽亞溪上游興建停車場，破壞了原有溪流高低起伏的地形。由於賽亞溪溪流中河道迂積，廢水大量排放，自然溪流中的溫泉活動完全消失，使得賽亞溪再也沒有生成「賽亞石」的條件。

無法孕育賽亞石的賽亞溪嗚咽著，再次提醒人們環境保育的重要。

33. 從小傑的文章中可知，下列對賽亞石應被保護的敘述何者正確？（11-4推論短文觀點）（9202）【35】

(A) 科學家認爲，賽亞石可治療疾病
(B) 賽亞石可以用來偵測放射性物質
(C) 賽亞石是一種高經濟價值的礦物
(D) 賽亞石是賽亞國重要的自然資產※

鑑別度	難易度	A	B	C	D
0.44	85.53	7.12	3.42	3.87	85.53

34. 小傑的文章中有一個錯字，是出現在下列哪一句？（11-6其他-再認正確字形）（9202）【36】

(A) 賽亞溪溪流中河道迂積，廢水大量排放※
(B) 賽亞石可以促進血液循環，達到身體健康的目的
(C) 賽亞國的珍貴稀有礦物，本來應該立法保存並指定保護
(D) 旅館、浴室、廚餘廢水及建築廢棄物等皆任意排放、丟棄於賽亞溪中

鑑別度	難易度	A	B	C	D
0.38	83.06	83.06	6.20	3.68	6.97

現在的年輕人，所受的教育都具有中上的水準，但一提到家務事，往往退避三舍。每當客人來時，我的年輕徒弟總替我端茶待客，不僅茶碗的蓋子沒有蓋緊，走路也不懂得快慢適中，遠遠地就聽到茶盤和茶杯、茶杯和茶蓋相碰的聲音。通常我都會輕輕的對他說：「你端茶的音樂很好聽。」

事實上，欠缺調和柔順的聲音，就是一種「不當音樂」，就如美妙的語言，如果說得不適當，也是不當的音樂。沒有契合天時、地利、人和，依著機緣行事，就像端茶的音樂，使別人不願意接受我們、肯定我們。其他如錢財來得不清不白，愛情愛得不合法、不適切等等，都像一曲難聽的演奏，得不到群眾的掌聲。

安定自在的心境，人人豔羡，何不從柴米油鹽醬醋茶裡，安住我們紛雜的亂心？

——改寫自星雲法師〈端茶的音樂〉

35. 下列何者是本文的主旨？（11-3-1摘要短文內容-要旨）（9202）【37】

（A）從生活瑣事中調和身心，能促成社會祥和※

（B）對日常瑣事應該事必躬親，才能使人心服

（C）平日頂撞尊長的言行，是造成內心雜音的來源

（D）若用心諦聽，茶杯、茶蓋相碰撞也是美妙的樂章

鑑別度	難易度	A	B	C	D
0.39	71.72	71.72	20.56	3.93	3.73

36. 下列的人物言行，何者也和本文端茶者一樣，演奏了「不當音樂」？（11-4推論短文觀點）（9202）【38】

（A）曾點在暮春時，和朋友到近水洗浴，乘涼後歌詠而歸

（B）他金榜題名後，像新添華美羽毛的小公雞，四處呱呱招搖※

（C）數學老師試探性地問著：「有沒有人不懂？我再說一次。」

（D）若別人唱歌唱得好，她必請對方再唱一遍，然後自己和著

鑑別度	難易度	A	B	C	D
0.47	88.49	2.58	88.49	5.18	3.67

有位大師總認為自己的定力深厚，所以對徒弟的要求十分嚴格。一天，突然發生大地震，大家都倉皇失措地四處竄逃，大師卻靜坐不動，慢慢喝著水，顯得老神在在。

地震過後，他召集了所有徒弟，對他們訓斥一番：「你們太不成氣候了！各位沒注意到嗎？剛才大地震時，你們亂成一團，嚇得東奔西跑，只有我一人獨坐不動，還若無其事地喝著水。有誰看到我握杯子的手在發抖的？」

一位弟子答道：「老師，您的手或許真的沒有發抖，但您拿的不是一杯水，而是一瓶墨水。」

——改寫自魏悌香《心靈驛站》

37. 根據本文，可知這位大師不懂得什麼道理？（11-4推論短文觀點）（9202）【39】
(A)反求諸己※　(B)功成身退　(C)忠言逆耳　(D)自求多福

鑑別度	難易度	A	B	C	D
0.44	79.58	79.58	5.59	4.95	9.74

38. 下列何者是本文的寫作方式？（11-5解釋短文模式）（9202）【40】
(A)舉種種例證來強調道理　(B)以條列方式來分析道理
(C)在輕鬆幽默中寄寓道理※　(D)以譴責的筆調闡述道理

鑑別度	難易度	A	B	C	D
0.52	81.49	6.27	3.84	81.49	8.27

我很清楚地了解，要達到一個確定的目標，必須有人出來領導，啟發思想，從事指揮，並負擔大部分的責任；但被領導的人卻不應該被驅策，他們應被允許選擇他們自己的領袖。在我看來，把社會分成許多階級的種種區別都是虛假的；這些區別，分析到最後，都是依靠強力的。我相信每個寡頭的暴力制度，一定造成墮落；因為暴力無可避免地會引來一些道德低下的人。由於這些理由，我堅決反對專制的軍國主義。

——愛因斯坦〈我心目中的世界〉

39. 有關本文的理解，下列敘述何者正確？（11-3-2摘要短文內容-內容）（9202）【41】
(A)社會階級的區分，有助於治理
(B)被領導的人有權選擇自己的領袖※
(C)獨裁者以暴力統治，較易維持安定
(D)有領導慾和責任感的人，才能擔當領袖之職

鑑別度	難易度	A	B	C	D
0.53	80.74	2.40	80.74	1.89	14.82

40. 下列何者不是作者反對軍國主義的理由？（11-4推論短文觀點）（9202）【42】
(A)容易以強力區別社會階級　(B)容易放任人民，製造不安※
(C)容易因暴力而造成墮落　(D)容易引來道德低下的人

鑑別度	難易度	A	B	C	D
0.49	83.19	6.44	83.19	5.17	5.03

讀書的重要，固屬盡人皆知的道理。但事實上，卻並非人人均喜讀書。目前坊間一般出版物銷路之不如理想，即係最具體的證明。很多人之不讀書，往往自稱由於工作太忙；實則真正肯讀書的人，即使工作再忙，也能做到忙裡抽閒，手不釋卷。國父　中山先生嘗謂：「革命的基礎在高深的學問。」故其生前雖在顛沛流離之中，經濟拮据之時，仍不忘讀書和購書。《淮南子》一書有言：「謂學不暇給者，雖暇亦不能學。」宋代 歐陽修則云：「最佳讀書時，乃為『三上』，即枕上、馬上、廁上。」可見只要肯讀書，是不愁沒有時間的。晉代 陶淵明曾有詩勸人及時讀書云：「盛年不重來，一日難再晨；及時當勉勵，歲月不待人。」一般有暇讀書而不肯讀書的青年，讀了這首陶詩以後，似應知所警惕吧！

——劉真〈論讀書〉

41. 歐陽修以爲最佳讀書時，爲「枕上、馬上、廁上」，重點在強調什麼？【現代文-議論文】(11-4推論短文觀點)(9301)【35】

(A)善於利用零碎時間※　(B)廢寢忘食，不眠不休
(C)適當的環境可以提昇效率　(D)及時當努力，歲月不待人

鑑別度	難易度	A	B	C	D
0.45	84.47	84.47	2.73	3.55	9.15

42. 根據本文，下列何者是作者所要表達的看法？(11-3-1摘要短文內容-要旨)(9301)【36】

(A)要努力讀書才會有成就
(B)要珍惜青春時光，及時行樂
(C)現代人不喜歡讀書是因爲太忙
(D)「因爲工作太忙而無暇讀書」是一種藉口※

鑑別度	難易度	A	B	C	D
0.54	77.45	9.18	11.62	1.66	77.45

從故宮博物院收藏的青玉女佩等飾物來看，這時的婦女，頭上都插有髮笄。按周代禮俗：女子年過十五，如已許嫁，便得舉行笄禮，以示成人及身有所屬；如年過二十而未許嫁，也得舉行笄禮，不過這種笄禮不及上述隆重，所用笄飾也不一樣。這種風俗，一直影響到後世，明 清時期的開臉上頭（拔去臉上的汗毛，並梳上成人的髮髻）之俗，即由此發展而來。商代的髮笄實物在古墓中曾有出土，它的質料大多是獸骨，也有用象牙、寶玉製成的。在笄的上端，一般都刻有雞、鳥、鴛鴦或幾何紋圖樣。從文獻記載來看，這種髮飾不僅婦女使用，男子也可用來簪髮，且以笄的質料分別貴賤等差。

——《中華服飾五千年 · 商代髮式和髮飾》

43. 根據這篇短文，我們可以獲知女子的「及笄之年」最接近於下列哪一個選項所指稱的年齡？（11-1詮釋短文詞語涵義）（9301）【37】
(A)始齔之年　(B)志學之年※　(C)而立之年　(D)不惑之年

鑑別度	難易度	A	B	C	D
0.56	81.20	5.52	81.20	9.05	4.09

44. 下列何者是本文沒有提及的範圍？（11-3-2摘要短文內容-內容）（9301）【38】
(A)笄的質料可看出地位高低　(B)笄的上端有雞、鳥等圖案
(C)地位高的男子戴繪圖巾帽※　(D)殷商時的男子也以笄簪髮

鑑別度	難易度	A	B	C	D
0.51	87.00	4.48	3.28	87.00	5.09

極喜愛「甦」這個字。

路走到盡頭，進退兩難，忽然柳暗花明，絕處逢生；大夢沉迷，屢勸不聽，忽然醍醐灌頂，神智清明；心如槁木，萬念俱灰，忽然一個頓悟，重燃希望。

正因有死亡威脅，我們才知求生之喜悅　正因有嫉恨的可怕　才有愛與關懷的需要　正因人生有種種的缺憾與不完美　我們才不斷去超越　創造　提升自己，並從種種發現與獲得中，享受生命的喜悅與滿足。

一個生活太過順遂幸福的人，是很難體會「甦」這個字的真諦。

——杏林子《杏林小品》

45. 下列何者最符合本文的觀點？（11-3-1摘要段落內容-要旨）（9301）【39】
(A)生命經過砥礪淬鍊，越發燦爛精采※
(B)把握時光充實自我，釀造生命芳醇
(C)持志不懈向前走，條條大路通羅馬
(D)不以成敗論英雄，問心無愧靠努力

鑑別度	難易度	A	B	C	D
0.58	71.32	71.32	17.24	7.35	3.86

46. 本文第三段的缺空處，依序應填入什麼標點符號？（11-6其他-實行標點符號）（9301）【40】
(A)；，；，，，　(B)；，；，、、※　(C)。，。，，，　(D)。，。，、、

鑑別度	難易度	A	B	C	D
0.48	78.39	4.23	78.39	3.41	13.79

以下為某雜誌社給讀者的信函，請閱讀後回答下列問題：

親愛的訂戶：

您好！本公司為了提供更好的服務，請您注意以下說明，以維護您的權益。

收書時間：如果郵遞順利，您將在每月十日以前收到月刊；若沒有收到，可能　是下述原因：

(一) 郵局分件失誤，因而耽誤時間。

(二) 遭雅賊竊走。

(三) 地址不詳遭退件。

(四) 郵局郵件太多延誤遞送。

(五) 更改地址未通知本社。

補書時間：如果因為上述原因未收到月刊或是發現月刊破損缺頁，請於每月十日後以電話或信函通知本社，我們將有專人為您查明，並於當月二十五日以前完成補寄。(限補寄當期月刊)

47. 根據信函內容，可以判斷雜誌社發出這封信函的目的是什麼？(11-4推論短文觀點)(9301)【43】

(A) 給訂戶的道歉啓示　(B) 給讀者的訂閱廣告

(C) 對訂戶的服務說明※　(D) 對讀者的意見調查

鑑別度	難易度	A	B	C	D
0.43	88.30	5.71	3.81	88.30	1.87

48. 根據信函內容，下列敘述何者正確？(11-3摘要短文內容-內容)(9301)【44】

(A) 本月刊的訂戶必可在每月十日前收到雜誌

(B) 未能按時收件，幾乎與雜誌社的作業無關※

(C) 由讀者本身所造成的疏失是交寄太多郵件

(D) 一旦發現月刊缺頁，應儘快通知郵局補寄

鑑別度	難易度	A	B	C	D
0.53	43.53	34.43	43.53	6.65	15.03

以下四格漫畫改寫自一本漫畫書，請仔細閱讀並回答下列問題：

第一格：女(上司)：這份契劃案是你寫的嗎？

男（職員）：不錯！
第二格：女（上司）：工作態度太草率了！
男（職員）：我是不拘小節！
第三格：女（上司）：動作這麼慢，還說不拘小節？！
男（職員）：那是辨事澈底！
第四格：女（上司）：不認錯，太頑故！
男（職員）：此乃艱決！

49. 這四格漫畫中的文字敘述，哪一格用字完全正確？（11-6其他 再認正確字形）（9302）【35】
(A) (B) ※ (C) (D)

鑑別度	難易度	A	B	C	D
0.48	73.50	20.22	73.50	2.37	3.85

50. 這則漫畫中職員的行為以下列哪一個成語來形容最適合？（11-4推論短文觀點）（9302）【36】
(A) 優柔寡斷 (B) 強辭奪理※
(C) 大而化之 (D) 不學無術

鑑別度	難易度	A	B	C	D
0.34	90.20	3.52	90.20	4.04	2.19

路是無聲的語言，無形的文字，它溝通了思想、文化，聯絡起感情、友誼。藉著它，人們得以擴大生活的範圍。藉著它，人們緊緊地握起手來。舊的路衰老了、毀壞了；新的又從後一代手裡建築起來。鑿石、填河，更寬敞的路無垠無涯地拓展、綿延，伸展到遙遙遠遠的土地；串起了愛和友情，也串起了罪惡和戰爭。

朋友，在你人生的過程中，已跋涉過幾多道路？你愛平穩安定嗎？那麼請循前人的道路行進。你愛冒險進取嗎？那麼請用自己的血汗，來開闢一條新的道路吧！平穩的道路通向平穩的終程；崎嶇的道路卻往往通向璀璨的前途；可是，不管你選什麼樣的路，必須要不停留地一步步地走去。朋友，只管走過去吧！不必逗留著採拾路畔的花朵來保存，一路上，花朵自會繼續開放哩！

——艾雯〈路〉

51. 根據本文，路的主要功能是什麼？（11-4推論短文觀點）（9302）【37】
(A) 提供生活資訊，規畫平穩前途 (B) 建立多元價值，促進社會和諧
(C) 促進科技發展，以使生活便利 (D) 增加生活經驗，拉近人我距離※

鑑別度	難易度	A	B	C	D
0.32	73.71	8.44	13.55	4.21	73.71

52. 根據本文所述，人生可以有多種選擇，但成敗的關鍵在於什麼？（11-4推論短文觀點）（9302）【38】
（A）冒險進取　（B）持之以恆※　（C）求新求變　（D）發憤圖強

鑑別度	難易度	A	B	C	D
0.40	72.37	18.83	72.37	4.59	4.15

自宋代以來，媽祖便是中國東南沿海居民的主要信仰之一。但在臺灣，媽祖卻是在入清後才被普遍崇祀，這與清軍用來對抗明鄭軍隊的心戰策略，以及據臺後清政府的大力提倡極有關聯。

明鄭時期，官方所提倡的主要信仰是玄天上帝，無形中忽略了當時對大陸閩、粵兩省移民有極大影響力的媽祖信仰，清軍就利用此一疏漏，屢屢在對明鄭的戰役中，藉言得到媽祖神助，以提振己方士氣，瓦解鄭軍軍心。

據臺後，清軍征臺大將施琅更以「神靈顯助破逆」為由，上奏清廷將媽祖崇加敕封為「天妃」，之後又晉封為「天后」，再加上社會環境需求，媽祖便逐漸成為臺灣民間最重要的信仰之一。

——改寫自《臺灣歷史散步》

53. 根據本文，下列敘述何者正確？（11-3-2摘要短文內容-內容）（9302）【39】
（A）臺灣普遍信仰媽祖自宋代開始
（B）明鄭時官方主要信仰是玄天上帝※
（C）清廷敕封媽祖爲天妃起因於三藩之亂
（D）清軍能打敗明鄭是因爲蒙受媽祖的庇祐

鑑別度	難易度	A	B	C	D
0.47	88.85	4.32	88.85	3.15	3.57

54. 下列何者是本文的意旨？（11-3-1摘要短文內容-要旨）（9302）【40】
（A）說明臺灣普遍祀奉媽祖的由來※　（B）概述臺灣民間宗教信仰的現況
（C）比較玄天上帝與媽祖的異同處　（D）分析清廷戰勝明鄭軍隊的原因

鑑別度	難易度	A	B	C	D
0.46	79.95	79.95	9.68	2.06	8.20

歷史是時光老人，在過去時代的無數領域中，修築了巨大的「經驗之塔」。要爬上這座古老建築結構的頂端一窺全貌，並非易事。那裡沒有電梯，但是年輕人的腳勁很強，可以攀登塔頂。

——改寫自《國語日報》

55. 「歷史是時光老人」這句話，與下列何者的修辭技巧相同？（11-6其他-舉例修辭法）（9302）【43】

(A)劉俠雖受困於滿是病痛的肉體，精神卻依然是抖擻昂揚的
(B)縱使一時處於劣勢，誰也不能放棄對生命源源不絕的熱誠
(C)不是因爲漂亮才喜歡，而是因爲喜歡才漂亮
(D)每一杯過量的酒，都是魔鬼精心釀製的毒汁※

鑑別度	難易度	A	B	C	D
0.61	73.01	10.24	12.72	3.83	73.01

56. 本文中「那裡沒有電梯」的涵義是什麼？（11-2詮釋短文句子涵義）（9302）【44】

(A)「經驗之塔」的建築時代久遠，缺乏現代化設備
(B)時光老人爲考驗年輕人，希望他們做事腳踏實地
(C)體悟經驗沒有捷徑，只能靠自己奮力不懈的學習※
(D)歷史由不同朝代組成，不相連貫，無法一通到底

鑑別度	難易度	A	B	C	D
0.44	86.70	1.14	10.76	86.70	1.23

人之思想不縛於宗教，不牽於俗尚，而一以良心為準，此真自由也。若偶有惡劣之思想，為良心所不許，而我故縱容之，使積漸擴張，而勢力遂駕於良心之上，則放縱之思想而已。飢而食，渴而飲，倦而眠，衛生之自由也。然使飲食不節，興寐無常，養成不良之習慣，則因放縱而轉有害於衛生矣。喜而歌，悲而哭，感情之自由也；然而「里有殯，不巷歌」，「寡婦不夜哭」，不敢放縱也。言論可以自由也，而或乃訐發陰私，指揮盜淫；居處可以自由也，而或於其間為危險之製造，作長夜之喧囂；職業可以自由也，而或乃造作偽品，販賣毒物；集會可以自由也，而或以流布迷信，恣行奸邪；諸如此類，皆逞一方面之自由，而不以他人之自由為界，皆為放縱之咎也。

——蔡元培〈自由與放縱〉

57. 下列何者是本文的論述手法？（11-5解釋短文模式）（9302）【47】

(A)以正面刻畫種種放縱的行爲
(B)舉自身經驗歌頌自由的可貴
(C)以言外寄寓的方式強調主題

(D) 從正反兩面對比來說明題旨※

鑑別度	難易度	A	B	C	D
0.45	75.75	12.25	4.49	7.12	75.75

58. 根據本文的說法，下列何人的行爲屬於「放縱」的行爲？（11-4推論短文觀點）（9302）【48】
(A) 芳穗不顧朋友的勸告，執意選擇自己熱愛的新聞工作
(B) 瑋倫在得知榮獲世界美術首獎之後，高興得大呼小叫
(C) 彥均以正義使者自居，專愛揭發他人不可告人的隱私※
(D) 仲平入主豪宅，刻意以華靡奢侈的裝潢凸顯個人地位

鑑別度	難易度	A	B	C	D
0.51	79.44	2.85	6.09	79.44	11.03

你能想像有上百萬的小生物居住在山澗旁嗎？

如果你能長到像巨人一樣高大，然後低下頭俯視那條曲曲折折的小溪，你就會明白，那山澗是一條生命之河。

我就是那個巨人。仗著區區兩尺之軀，我像個小巨人般蹲踞在溪畔，仔細研究涓滴溪水流到低窪地方時迴旋而成的小池沼。青蛙在裡頭下了蛋，小小的黑點散布在膠狀的水晶球裡，正等待時機到來，咬破球兒投入溪水的懷抱。

岩鰷魚不時跳出水面捕捉在溪流之間飛舞的麝香蟲。麝香蟲的味道實在很迷人，當你抓一隻放在手裡，你就能聞到一股濃郁的氣味從手中散發出來。

——改寫自《少年小樹之歌》

59. 「岩鰷魚」的「鰷」是一個形聲字，形符是「魚」，表示它是屬於魚類；聲符是「條」，表示此字讀做「條」。依照字形排列，屬於左形右聲。下列各形聲字皆出自本文，何者說明正確？（11-6其他-推論六書常識）（9401）【37】
(A)「聞」是屬於外形內聲的形聲字　(B)「河」是屬於左形右聲的形聲字※
(C)「俯」的形符是「府」，聲符是「人」　(D)「麝」的讀音同「設」，「射」是形符

鑑別度	難易度	A	B	C	D
0.54	66.69	9.54	66.69	8.80	14.83

60. 「我像個小巨人般蹲踞在溪畔，仔細研究涓滴溪水流到低窪地方時迴旋而成的小池沼。」句中的「迴旋」代換爲下列何者後，意思不變？（11-1詮釋短文詞語涵義）（9401）【38】
(A) 迴避　(B) 迴盪　(C) 漩渦　(D) 旋繞※

鑑別度	難易度	A	B	C	D
0.39	75.81	2.80	8.39	12.90	75.81

61. 本文運用許多動態描寫，使人讀來充分感受到大自然的生命力。下列何者最能展現生命繁衍的期盼與喜悅？（11-2詮釋短文句子涵義）（9401）【39】
(A) 低下頭俯視那條曲曲折折的小溪，你就會明白，那山澗是一條生命之河
(B) 我像個小巨人般蹲踞在溪畔，仔細研究涓滴溪水流到低窪地方時迴旋而成的小池沼
(C) 小小的黑點散布在膠狀的水晶球裡，正等待時機到來，咬破球兒投入溪水的懷抱※
(D) 岩鰷魚不時跳出水面捕捉在溪流之間飛舞的麝香蟲

鑑別度	難易度	A	B	C	D
0.53	83.58	6.69	4.58	83.58	5.03

我還記得那些夏天的晚上，啊！那必然是我生命中最美的一段記憶。星星、螢火蟲、隔壁小孩的笑鬧……園中的小路成了一個島，四周是南瓜的浪潮。風來的時候，南瓜葉如浪般翻滾，交頭接耳地傳遞它們的秘密。即使在無風的時候，葉子也驕傲地揚著頭，若有若無地擺動。颱風天的午後，我們坐在走廊裏。院子漲滿了水，那更像一片長滿了挺立的荷葉的池塘。

62. 這段文字描寫了許多景物，其中最主要是在描寫什麼？（11-4推論短文觀點）（9401）【42】
(A) 院子裡遍布著搖曳生姿的瓜葉※ (B) 花園裏的池塘長滿挺立的荷葉
(C) 布滿星星、螢火蟲的夏夜景致 (D) 颱風來襲，院子裏淹水的情景

鑑別度	難易度	A	B	C	D
0.41	51.63	51.63	7.79	27.43	12.96

63. 這段文字所描寫的季節，與下列哪一組詩句相同？（11-4推論短文觀點）（9401）【43】
(A) 鴻飛冥冥日月白，青楓葉赤天雨霜
(B) 畫閣朱樓盡相望，紅桃綠柳垂簷向
(C) 不知十月江寒重，徒覺三更布被輕
(D) 清暑簾開散異香，恩深咫尺對龍章※

鑑別度	難易度	A	B	C	D
0.53	69.80	7.73	17.89	4.37	69.80

美國　史丹佛大學的研究人員曾發表一篇論文，發現輕觸草木的枝幹會激發某些特殊基因，使含鈣的蛋白質產量增加，改變植物的生長形態。這個發現引起英國　愛丁堡大學一群植物學家的興趣，他們把剛長出新芽的煙草分成兩組，都栽培在溫室中以便觀察，並控制其他變因。不同的是，一組持續不斷受到風的吹拂，另一組則任它們自然生長。

研究人員將水母的基因，分別注射到兩組煙草身上。假如煙草體內增加鈣的含量，則水母的基因就會使它們發出藍色的光。實驗的結果，在風中搖曳的煙草形成一片藍。

那麼，鈣的作用是什麼呢？愛丁堡的研究者認為鈣雖非植物本身所需的養分，但鈣質的增加可能使植物體內的生長細胞之細胞壁加厚，因而使整株植物的結構定位，就不會萎萎縮縮地長不大了。

——改寫自曾志朗《用心動腦話科學》

64. 根據這篇文章的描述，在英國植物學家的實驗過程中，什麼是影響煙草生長形態最主要的變因？【現代文-說明文】（11-4推論短文觀點）（9401）【47】

（A）人的觸摸　（B）溫室環境　（C）水母基因　（D）風的吹拂※

鑑別度	難易度	A	B	C	D
0.60	59.70	8.94	12.62	17.88	59.70

65. 根據本文，下列敘述何者正確？（11-3-2摘要短文內容-內容）（9401）【48】

（A）溫室的草木經不起強風的考驗，會萎萎縮縮地長不大
（B）植物體內含鈣量的增加，是促進植物生長的主要因素
（C）鈣質增加會使生長細胞的細胞壁增厚，植物長得更好※
（D）水母基因會刺激植物生產含鈣的蛋白質，發出藍色光

鑑別度	難易度	A	B	C	D
0.49	64.98	10.87	10.41	64.98	12.46

教室內發生糾紛，大家七嘴八舌的向蚊子老師描述事情的經過。

螞蟻：「我跟他們說：『別打了！再打，我要告訴老師囉！』」

蜘蛛：「我原先本來就沒有要打他，是他先來打我的。」

蟑螂：「他把我的食物記事本給撕破壞了，我才來打他的。」

蒼蠅：「大家能聚合會在一起就是我們的緣分，幹嘛打架呢？」

66. 以上誰說的話，用字最精簡流暢？（11-6其他-恰當句子）（9402）【36】

（A）螞蟻※　（B）蜘蛛　（C）蟑螂　（D）蒼蠅

鑑別度	難易度	A	B	C	D
0.55	78.48	78.48	2.68	5.35	13.41

67. 根據本文的敘述，這件紛爭最先惹事的是誰？（11-4推論短文觀點）（9402）【37】

（A）螞蟻　（B）蜘蛛※　（C）蟑螂　（D）蒼蠅

鑑別度	難易度	A	B	C	D
0.25	83.25	1.40	83.25	14.83	0.44

戲劇「鎖麟囊」中富家千金薛湘靈出嫁之日，花轎在春秋亭避雨，亭中另有一轎，轎中的人正在哭泣。此時，薛湘靈有一段唱詞：

春秋亭外風雨暴，何處悲傷破寂寥？隔簾只見一花轎，想必是新婚渡鵲橋。吉日良辰當歡笑，為何鮫珠化淚拋？此時卻又明白了：世上何嘗盡富豪，也有飢寒悲懷抱，也有失意痛哭嚎。轎內的人兒彈別調，必有隱情在心梢。」

68. 根據薛湘靈的揣測，另一頂花轎中的新娘應是何種心情？（11-4推論短文觀點）（9402）【40】

（A）嬌羞喜悅　（B）憤恨不平　（C）悽愴悲涼※　（D）意興闌珊

鑑別度	難易度	A	B	C	D
0.29	89.39	2.62	5.64	89.39	2.19

69. 下列成語，何者最適合用來形容薛湘靈與另一位新娘的相遇？（11-4推論短文觀點）（9402）【41】

（A）狹路相逢　（B）同病相憐　（C）兩情相悅　（D）萍水相逢※

鑑別度	難易度	A	B	C	D
0.37	67.00	15.92	14.54	2.45	67.00

70. 薛湘靈在春秋亭中的體悟，與下列何者最為接近？（11-4推論短文觀點）（9402）【42】

（A）貧富貴賤各有命，並非人人皆幸福※

（B）同是遠嫁他方，應該互相安慰鼓勵

(C)富貴福分是苦修而來，半點求不得
(D)女子婚姻無法自主，只能逆來順受

鑑別度	難易度	A	B	C	D
0.37	76.87	76.87	5.87	3.87	13.30

藝文部爲推廣藝文活動，特別開發「電腦語音訂票系統」，請閱讀以下說明並回答問題：

電腦語音訂票系統操作使用說明

本部為方便民眾參與各縣市立文化中心之藝文活動，開發「電腦語音訂票系統」，提供：(1)訂票(2)查詢(3)取消(4)語音操作說明等四項服務，各地區連接本系統之電話號碼為：0800000000，撥通後請依語音指示操作。

◎注意事項◎

本系統每日開放使用時間為6：00 ～ 21：00。

開放電腦語音訂票時段為演出日期前1 ～ 14天。

依語音指示輸入身分證字號後，將預訂之節目、演出日期、場次、演出地點(各縣市立文化中心)代碼輸入本系統，即可訂票。各項代碼請參閱「全國藝文節目總表」。
訂票成功後，請確實記下您的取票電腦代碼，即可至各縣市立文化中心取票。

各縣市立文化中心服務窗口每日開放取票時間為7：30 ～ 22：00。取票者須憑身分證明及電腦代碼辦理。

演出前5小時須完成取票手續。訂票後若欲取消，請於演出前12小時依系統取消訂票功能取消訂票。

如有三次訂票不取紀錄，將停止使用訂票系統六個月的權利。

71. 以上說明是指導民眾使用何種方式預訂各縣市立文化中心的節目票？(11-3-2摘要短文內容-內容)(9402)【46】
(A)電話預購※ (B)現場預購 (C)電子郵件預購 (D)電話傳真預購

鑑別度	難易度	A	B	C	D
0.36	78.62	78.62	1.88	14.74	4.52

72. 若要使用本系統訂票，下列何者是訂票者要告知系統的資料？(11-3-2摘要短文內容-內容)(9402)【47】
(A)姓名、地址 (B)票價、取票日期
(C)場次、演出地點代碼※ (D)取票電腦代碼、身分證字號

鑑別度	難易度	A	B	C	D
0.47	71.20	1.38	1.29	71.20	25.87

73. 使用本系統訂票成功後，下列敘述何者正確？（11-3-2摘要短文內容-內容）（9402）【48】

(A)若想取消訂票，最遲要在演出前一天辦理

(B)若在演出日前三天訂票，訂票當天即可取票※

(C)只要有訂票不取的紀錄，六個月內禁止使用本系統

(D)訂票後五日內，須到指定的縣市立文化中心窗口取票

鑑別度	難易度	A	B	C	D
0.49	69.89	14.29	69.89	11.37	4.00

古時候，「真理」從天上降臨人間，他一絲不掛地跑進皇宮，用枯燥無味的哲理向國王說教。國王聽也不聽，把他轟出去了。

第二次，「真理」從文人騷客那裡借了一件華麗辭藻的外衣，滔滔不絕地向國王宣揚道學。國王很不耐煩，又把他轟走了。

後來，「真理」把自己打扮成娓娓動聽的故事，國王聽得入神，不知不覺地接受他的勸告。從此，國王一天天聰明能幹起來了。這些寄託著哲理、勸誡的故事，也就成了皇宮裡的座上賓。

——改寫自劉燦〈真理〉

74. 依據上文，下列哪個選項的詞語替換後，意義不變？（11-1詮釋短文詞語涵義）（9501）【37】

(A)「枯燥無味」替換成「食不知味」

(B)「滔滔不絕」替換成「口若懸河」※

(C)「不知不覺」替換成「麻木不仁」

(D)「座上賓」替換成「賓至如歸」

鑑別度	難易度	A	B	C	D
0.38	45.99	27.51	45.99	15.70	10.65

75. 根據本文，下列何者是「真理」一開始不被國王接受的主要原因？（11-4推論短文觀點）（9501）【38】

(A)不假修飾※　(B))指桑罵槐　(C))譁眾取寵　(D)故弄玄虛

鑑別度	難易度	A	B	C	D
0.59	78.55	78.55	7.63	4.91	8.78

76. 本文是用什麼體裁來寫的？(11-5解釋短文模式)(9501)【39】
(A)推理小說　(B)警世寓言※　(C)抒情散文　(D)歷史演義

鑑別度	難易度	A	B	C	D
0.46	78.77	7.98	78.77	6.92	6.18

「飛秒」和「阿秒」是衡量時間的計量單位。「飛秒」也叫做毫微微秒，光速一秒鐘30萬公里，一「飛秒」光只能走0.3微米。至於「阿秒」，也稱微微微秒，是「飛秒」的千分之一。對於人們而言，在時間的國度裡，這兩個單位是非常新鮮的。

時間的測量是科學發展的關鍵，無論化學變化、物理運動都伴隨時間流逝，要在瞬間中尋找自然秘密，成為科學家奮鬥的目標。在「阿秒」的科學發展上所開創出的「阿秒物理學」新領域，與人們直接相關的是飛秒鐳射的應用，如醫學的病變早期診斷、醫學成像、生物活體檢測、外科醫療等，都有其不可替代的作用。

——改寫自網路文章

77. 根據本文，下列敘述何者正確？(11-3-2摘要短文內容-內容)(9501)【42】
(A)飛秒代表的時間比阿秒短
(B)飛秒鐳射已運用於醫療技術※
(C)醫學在科學發展上居於領先地位
(D)飛秒、阿秒領域的發展使人們更守時

鑑別度	難易度	A	B	C	D
0.52	77.07	5.86	77.07	12.11	4.76

78. 本文最可能出現在科學雜誌的哪一個專欄？【現代文-說明文】(11-5解釋短文模式)(9501)【43】
(A)天文觀測站　(B)生物顯微鏡　(C)科技新里程※　(D)醫學面面觀

鑑別度	難易度	A	B	C	D
0.45	74.78	3.93	2.95	74.78	18.13

新石器時代初期的人開始馴養狗—豺(Canis aureus)的後裔，牠們算得上是人類的第一種家畜。北方的狼(Canis lupus)因為曾與豺雜交，故人們常誤以為唯有狼才是

大型狗的祖先，其實不然。根據行為模式的研究結果，所有歐洲狗種，包括巨型的丹犬和獵狼狗在內，都是純粹的豺犬(Aureus)，頂多只帶一丁點兒狼的血液。現存純種狼犬(Lupus)只有在美洲極地才找得到，如：阿拉斯加犬和愛斯基摩犬。

由於馴養期較長，使豺犬遠比狼犬易於控制。牠們對主人始終存著孺慕之情，不似狼犬般地桀驁不馴。而沉默的排外主義和對內的和衷共濟則是狼的特點，所有狼種狗都受這種特色影響，無法同豺犬般地人盡可親，但也不致於像貓一樣地我行我素。

不論是誰，只要牽住豺種狗的皮鏈，就是牠的主人，牠會聽話地跟他走。狼種狗則不然，牠一旦認定了主人，就永遠只信服一個人，其他人對牠再好再巴結都是枉然，牠頂多只是對你搖搖尾巴而已。凡是養過這種狗的人大概都有「曾經滄海難為水」之感，________________。

——改寫自康樂．勞倫茲《所羅門王的指環》

79. 本文第一段的重點是在說明什麼？(11-3-1摘要短文內容-要旨)(9501)【44】

(A)狗的祖先※　(B)狗的性格　(C)狗的發源地　(D)狗的演化過程

鑑別度	難易度	A	B	C	D
0.44	55.14	55.14	19.42	7.20	17.78

80. 根據本文，可以知道下列何者是狼種狗的行爲特性？(11-4推論短文觀點)(9501)【45】

(A)平易近人，個性溫馴　(B)耿耿忠心，不事二主※
(C)我行我素，獨立自主　(D)倔強凶悍，不受控制

鑑別度	難易度	A	B	C	D
0.42	83.43	4.43	83.43	4.44	7.24

81. 依據上文，「凡是養過這種狗的人大概都有『曾經滄海難爲水』之感，________。」這段文字畫線處填入下列何句最恰當？(11-6其他-實行句子應用)(9501)【46】

(A)對所有的狼種狗皆避之唯恐不及
(B)對於純粹的豺犬就再也不屑一顧了※
(C)寧可要巨型的丹犬，也不要愛斯基摩犬
(D)還是飼養沉靜、獨立、有個性的貓比較好

鑑別度	難易度	A	B	C	D
0.27	38.32	31.00	38.32	20.21	9.87

信心是力量的泉源，有信心就能產生力量。無論做什麼事，信心是成功必須具備的條件。

一個人缺乏信心，就不用奢談其他。我們不怕失敗、挫折，但信心不能動搖，信心動搖就像蓋房子基礎不穩，經不起考驗，終會倒塌。　國父說：「吾心信其可行，則移山填海之難，終有成功之日；吾心信其不可行，則反掌折枝之易，亦無收效之期。」可見信心多麼重要。

——〈談信心〉

82. 關於本文的寫作方式，下列敘述何者正確？（11-5解釋短文模式）（9502）【35】

（A）首段以排比句型開啓論述，使文章氣勢倍增
（B）以「我們」爲主語寫作，有命令、斥責的意味
（C）引用　國父的言論，可以使立論更穩固※
（D）末尾才點出主題，屬於「開門見山法」

鑑別度	難易度	A	B	C	D
0.55	83.66	9.19	2.61	83.66	4.47

83. 下列敘述，何者與本文的主旨最接近？（11-3-1摘要短文內容-要旨）（9502）【36】

（A）要先相信自己，然後別人才會相信你
（B）信心會因爲人的際遇不同而有所增損
（C）相信自己相信的，選擇自己該選擇的
（D）信心使一個人得以完成他想完成的事※

鑑別度	難易度	A	B	C	D
0.38	83.11	3.41	2.76	10.67	83.11

有一天，希臘哲學家蘇格拉底和一位老朋友在雅典城裏一邊悠哉地散步，一邊愉快地聊天。忽然有位青年出現，用棍子打了他一下就跑走。他的朋友看見了，立刻回頭要找那個傢伙算帳。

但是蘇格拉底拉住他，不讓他去報復。朋友覺得很奇怪，就說：「難道你怕這個人嗎？」

蘇格拉底說：「不，我絕不是怕他。」

朋友又問：「那麼人家打你，你都不還手嗎？」

此時蘇格拉底笑著說：「老朋友，你糊塗了，難道一頭驢子踢你一腳，你也要還牠一腳嗎？」

——改寫自《心靈妙語·踢人驢子》

84. 根據本文第一段的敘述，下列何者最接近蘇格拉底的朋友表現出來的處世態度？（11-4推論短文觀點）（9502）【37】

(A) 剛愎自用，獨斷獨行　(B) 善納忠言，明哲保身
(C) 知己知彼，冷靜睿智　(D) 以牙還牙，以眼還眼※

鑑別度	難易度	A	B	C	D
0.40	78.00	1.62	6.74	13.59	78.00

85. 下列關於本文的說明，何者正確？（11-3-2摘要短文內容-內容）（9502）【38】

(A) 先藉事件引出人物對話，再從對話呈現人物個性修養※
(B) 文中驢子是故事發展的關鍵，爲不可或缺的角色安排
(C) 將蘇格拉底的老友與青年對比，襯托蘇格拉底的英勇
(D) 蘇格拉底以驢爲喻，旨在說明青年的爲人能擇善固執

鑑別度	難易度	A	B	C	D
0.43	90.17	90.17	2.57	1.04	6.16

一種顏色之於大地，不是單調便是蒼涼；多種色彩，不是熱鬧便是繽紛，這種普遍的認知到了四姑娘山的雙橋溝，卻被漫山遍野鮮麗反而顯得蒼茫的冬景推翻了。

四姑娘山地處中國大陸四川盆地與青藏高原交接的地帶，以四座並列、平均海拔六千多公尺的高峰而得名，雪峰連綿、氣勢磅礴。雙橋溝是其中一處全長三十四公里的雪峰群，漫山遍野的紅杉林在不同節氣中呈現紅、綠、黃等色彩，紫色則是冬日才有的景觀，鮮麗卻不掩其滄桑，氣韻天然。

——改寫自《人間福報》

86. 根據本篇報導，冬天的雙橋溝呈現下列何種景象？（11-3-2摘要短文內容-內容）（9502）【42】

(A) 色彩繽紛，熱鬧繁華　(B) 黃綠爭妍，氣韻天成
(C) 色澤單一，純淨冷肅　(D) 紫林鮮麗，不免滄桑※

鑑別度	難易度	A	B	C	D
0.49	78.42	8.98	5.36	7.16	78.42

87. 本文的寫作特色可以用下列何者來說明？（11-5解釋短文模式）（9502）【43】

(A)描繪景物，色彩鮮明※　(B)託物記事，比喻巧妙
(C)善用典故，旁徵博引　(D)說理清晰，不疾不徐

鑑別度	難易度	A	B	C	D
0.22	75.55	75.55	12.82	2.92	8.60

乙、古文閱讀

世有伯樂，然後有千里馬，千里馬常有，而伯樂不常有。故雖有名馬，祇辱於奴隸人之手，駢死於槽櫪之間，不以千里稱也。

馬之千里者，一食或盡粟一石，食馬者，不知其能千里而食也。是馬也，雖有千里之能，食不飽，力不足，才美不外見，且欲與常馬等，不可得，安求其能千里也？

策之不以其道，食之不能盡其材，鳴之而不能通其意，執策而臨之，曰：「天下無馬。」嗚呼！其真無馬耶？其真不知馬也！

——唐‧韓愈〈雜說四〉

01. 作者想藉本文來抒發什麼？【文言文-議論文】(12-4摘要段短文內容-要旨)(9001)【36】
(A)悲傷賢士懷才不遇※
(B)感慨「天下無馬」
(C)憾恨伯樂不遇千里馬
(D)譏評養馬人不懂養馬的方法

📖
「駢」死：齊、併
槽櫪：養馬的地方
執「策」而臨之：馬鞭

鑑別度	難易度	A	B	C	D
0.57	59.54	59.54	5.57	6.55	28.34

02. 本文用什麼方法來表達主旨？【文言文-議論文】(12-5解釋短文模式)(9001)【37】
(A)借景物來抒情　(B)借故事來說理※
(C)用直言來勸諫　(D)用史實來批判

鑑別度	難易度	A	B	C	D
0.34	57.53	9.21	57.53	12.57	20.68

03. 下列文意的說明，何者正確？【文言文-議論文】(12-2詮釋短文句子涵義)(9001)【38】
(A)「世有伯樂，然後有千里馬」——只有伯樂才養得出千里馬
(B)「不知其能千里而食也」——把千里馬當作普通馬來餵養※
(C)「策之不以其道」——不能擬定正確的養馬策略

(D)「鳴之而不能通其意」——馬不能了解主人呼喚的用意

鑑別度	難易度	A	B	C	D
0.41	53.17	6.95	53.17	23.98	15.90

有漁婦素不蓄鏡，每日梳洗，以水自鑒而已。其夫偶為買一鏡歸，婦取視之，驚告其姑曰：「吾夫又娶一新婦來矣！」姑取視之，嘆曰：「娶婦猶可，奈何並與親家母俱來！」
——清・俞樾〈一笑〉

驚告其「姑」：婆婆

04. 由上文可知，漁人家中發生什麼事？【文言文-記敘】（12-3摘要短文內容-要旨）（9002）【35】
(A) 漁人之婦因年老色衰被丈夫遺棄
(B) 漁人之婦及婆婆皆遭到新婦欺凌
(C) 漁人之婦因生活經驗的限制而自尋苦惱※
(D) 漁人因愛屋及烏，也邀請新岳母來同住

鑑別度	難易度	A	B	C	D
0.53	59.24	10.92	6.58	59.24	23.26

05. 下列「」中的說明何者正確？【文言文-記敘】（12-2詮釋短文句子涵義）（9002）【36】
(A) 有漁婦「素不蓄鏡」——容貌醜陋，不喜歡照鏡子
(B) 每日梳洗，「以水自鑒而已」——強調水是大自然中最好的保養品
(C)「其夫偶爲買一鏡歸」，婦取視之——漁夫買鏡送給新娶的老婆來表達情意
(D)「娶婦猶可」，奈何并與親家母俱來——漁夫之母認爲兒子娶新婦是無妨的※

鑑別度	難易度	A	B	C	D
0.50	62.57	8.17	9.33	19.93	62.57

秦之圍邯鄲，趙使平原君求救，合從於楚，約與食客門下有勇力文武備具者二十人偕……得十九人，餘無可取者，無以滿二十人。門下有毛遂者，前。自贊於平原君曰：「……今少一人，願君即以遂備員而行矣。」平原君曰：「先生處勝之門下，幾年於此矣？」毛遂曰：「三年於此矣。」平原君曰：「夫賢士之處世也，譬若錐之處囊中，其末立見……先生不能，先生留！」毛遂曰：「臣乃今日請處囊中耳！使遂蚤得處囊中，乃穎脫而

出，非特其末見而已。」平原君竟與毛遂偕。

——西漢・司馬遷《史記・平原君列傳》

06. 從毛遂與平原君的對話，可以看出毛遂的個性如何？【文言文-記敘】（12-4推論短文觀點）（9002）【37】

（A）韜光養晦
（B）勇於表現※
（C）目中無人
（D）自怨自艾

錐：用來鑽孔的尖銳器具
蚤：早

鑑別度	難易度	A	B	C	D
0.30	55.47	30.76	55.47	9.39	4.39

07. 平原君曰：「夫賢士之處世也，譬若錐之處囊中，其末立見」的意思爲何？【文言文-記敘】（12-2推論短文句子涵義）（9002）【38】

（A）有才華必立即展現※　（B）才情應該深藏不露
（C）人才必等伯樂而顯　（D）賢才可以改造時代

鑑別度	難易度	A	B	C	D
0.27	38.27	38.27	39.21	16.83	5.69

08. 毛遂曰：「臣乃今日請處囊中耳！使遂蚤得處囊中，乃穎脫而出，非特其末見而已。」這段話的意義爲何？【文言文-記敘】（12-2推論短文句子涵義）（9002）【39】

（A）承蒙厚愛，愧不敢當　（B）才能平庸，猶待歷練
（C）適才適所，必能有爲※　（D）沈寂無聞，必然無才

鑑別度	難易度	A	B	C	D
0.36	58.65	16.89	18.07	58.65	6.39

吾輩讀書人，入則孝，出則弟，守先待後，得志，澤加於民；不得志，修身見於世；所以又高於農夫一等。今則不然，一捧書本，便想中舉人，中進士，作官如何攫取金錢，造大房屋，置多田產。起手便錯走了路頭，後來越做越壞，總沒有個好結果。其不能發達者，鄉里作惡，小頭銳面，更不可當。夫東修自好者，豈無其人？經濟自期，抗懷千古者，亦所在多有；而好人為壞人所累，遂令我輩開不得口。

——鄭板橋〈寄弟墨書〉

09. 作者認爲當時讀書人受尊重的程度不如從前，其主要原因何在？【文言文-

議論】(12-4推論短文觀點)(9101)【35】

(A)讀書的方法不同　(B)讀書的態度不同
(C)讀書的目的不同※　(D)讀書的內容不同

鑑別度	難易度	A	B	C	D
0.48	76.79	3.74	17.90	76.79	1.46

10. 本文中的詞語應用在口話中,下列何者最恰當?【文言文-議論】(12-6其他)(9101)【36】

(A)初生嬰兒「小頭銳面」、小手小腳的嬌憨模樣,真是可愛
(B)爲政者若能造福鄉里,「澤加於民」,就會得到百姓的愛戴※
(C)她的歌聲有如黃鶯出谷,當代難得一見,可說是「抗懷千古」
(D)歌迷們「守先待後」,將演唱會後台團團圍住,等待偶像出現

鑑別度	難易度	A	B	C	D
0.57	78.77	3.05	78.77	5.22	12.85

11. 「夫束修自好者,豈無其人?經濟自期·抗懷千古者,亦所在多有」,是在說明什麼?【文言文-議論】(12-2詮釋短文句子涵義)(9101)【37】

(A)只要潔身自好,一定有欣賞自己的人
(B)有志節的讀書人,往往出於亂世之中
(C)世人都嚮往功名利祿,唯讀書人能堅定自持
(D)雖然世風日下,但是仍有懷抱理想的讀書人※

鑑別度	難易度	A	B	C	D
0.56	68.09	10.25	9.92	11.58	68.09

庾公乘馬有的盧,或語令賣去。庾云:「賣之必有買者,即當害其主。寧有不安己而移於他人哉?昔孫叔敖殺兩頭蛇以為後人,古之美談。效之,不亦達乎?」

——《世說新語·德行》

的盧:凶馬

12. 本文的主旨在說明庾公爲人如何?【文言文-記敘】(12-4推論短文觀點)(9101)【38】

(A)不迷信、不貪財利
(B)安分守己,逆來順受
(C)欲效法孫叔敖,追求美名
(D)有「己所不欲,勿施於人」的精神※

鑑別度	難易度	A	B	C	D
0.49	70.75	6.73	9.19	13.15	70.75

13. 本文的寫作手法著重在描寫什麼?【文言文-記敘】(12-4推論短文觀點)(9101)【39】
(A)人物的神采風度※ (B)歷史的真實事蹟
(C)理想的幻滅 (D)風土與人情

鑑別度	難易度	A	B	C	D
0.40	56.86	56.86	17.31	9.17	16.44

元豐六年十月十二日,夜,解衣欲睡;月色入戶,欣然起行。念無與樂者,遂至承天寺,尋張懷民。懷民亦未寢,相與步於中庭。

庭下如積水空明,水中藻荇交橫,蓋竹柏影也。

何夜無月?何處無竹柏?但少閑人如吾兩人耳!

——蘇軾〈記承天夜遊〉

14. 根據文意,作者爲什麼要到承天寺?【文言文-記敘文】(12-4推論短文觀點)(9102)【34】
(A)失眠難耐 (B)心緒無聊 (C)偕友賞月※ (D)參禪求道

鑑別度	難易度	A	B	C	D
0.37	77.77	9.05	11.83	77.77	1.29

15. 本文末句「但少閑人如吾兩人耳!」表達出怎樣的感慨?【文言文-記敘文】(12-2詮釋短文句子涵義)(9102)【35】
(A)標榜自己有隨遇而安的修養 (B)自嘲自己與張懷民一事無成
(C)有閑情逸致才能欣賞到美景※ (D)無所事事的人才能欣賞美景

鑑別度	難易度	A	B	C	D
0.31	81.58	7.93	6.71	81.58	3.68

16. 下列語句,何者點出了題目中的「遊」字?【文言文-記敘文】(12-4推論短文觀點)(9102)【36】
(A)月色入戶,欣然起行 (B)相與步於中庭※
(C)水中藻荇交橫 (D)何夜無月?何處無竹柏

鑑別度	難易度	A	B	C	D
0.14	51.29	42.59	51.29	2.33	3.70

彌子瑕有寵於衛君。衛國之法，竊駕君車者罪刖。彌子瑕母病，人聞，有夜告彌子瑕者，彌子瑕矯駕君車以出，君聞而賢之曰：「孝哉！為母之故，忘其犯刖罪。」異日，與君遊於果園，食桃而甘，不盡，以其半啖君。君曰：「愛我哉！忘其口味，以啖寡人。」及彌子瑕色衰愛弛，得罪於君，君曰：「是固嘗矯駕吾車，又嘗啖我以餘桃。」

——韓非《韓非子》

刖：砍斷雙腳
啖：給人食物吃

17. 由上文可知，彌子瑕竊駕君車的原因何在？【文言文-記敘文】(12-4推論短文觀點)(9102)【37】

(A)知法犯法，故意挑戰法令
(B)衛國之法，不處罰竊車賊
(C)母親患急病，無暇顧及法律※
(D)與國君同遊，當然不算竊車

鑑別度	難易度	A	B	C	D
0.33	92.45	3.78	2.12	92.45	1.56

18. 由上文可知，彌子瑕將桃子分與衛君吃，當時衛君的想法是什麼？【文言文-記敘文】(12-4推論短文觀點)(9102)【38】

(A)桃子很甜，彌子瑕捨不得個人獨享※
(B)彌子瑕故意示好，以考驗衛君的愛
(C)彌子瑕平日就驕縱，不顧君臣之禮
(D)桃子是衛君的最愛，不容他人分享

鑑別度	難易度	A	B	C	D
0.33	39.16	39.16	28.81	24.53	7.39

19. 根據上文，衛君改變了對彌子瑕的態度，關鍵在何處？【文言文-記敘文】(12-4推論短文觀點)(9102)【39】

(A)彌子瑕仗勢欺人，衛君已經忍無可忍
(B)彌子瑕目中無人，衛君自覺受到冒犯
(C)彌子瑕不再迷人，衛君已經感到厭倦※
(D)彌子瑕得罪他人，衛君難以再袒護他

鑑別度	難易度	A	B	C	D
0.24	19.99	4.85	53.94	19.99	21.08

天下古今成敗之林，若是其莽然不一途也。要其何以成？何以敗？曰有毅力者成，反是者敗。蓋人生歷程，大抵逆境居十之六七，順境亦居十之三四。而順逆兩境，又常相間以迭乘。無論事之大小，而必有數次乃至十數次之阻力。其阻力雖或大或小，然要之無可逃避者也。其在志力薄弱之士，始固曰吾欲云云，吾欲云云，其意以為天下事固易易也，及驟嘗焉，而阻力猝來，頹然喪矣。

——梁啟超〈論毅力〉

莽然：草叢生貌，喻人事繁雜

20. 作者以爲「無毅力者敗」，下列何者是其立論的前提？【文言文-議論文】（12-4推論短文觀點）（9102）【40】

(A) 機會稍縱即逝。不能掌握先機，當機立斷，事業難成
(B) 挫折爲人生所不能免。心靈脆弱，一蹶不起者，斷難成事※
(C) 成功的祕訣在嘗試。害怕失敗而怯於嘗試，將與成功無緣
(D) 企圖心是衝刺的動力。胸無大志者，恐難希冀意外的成就

鑑別度	難易度	A	B	C	D
0.47	68.54	4.28	68.54	22.26	4.74

21. 下列敘述，何者是本文論述的方法？【文言文-記敘文】（12-5解釋短文模式）（9102）【41】

(A) 廣泛的說明各行各業中獨佔鰲頭的人都令人敬佩
(B) 以成敗對比，舉例論述事業成敗的原因極爲複雜
(C) 從正面立說，舉例說明意志堅強、無懼失敗是成功的關鍵
(D) 從反面強調，空有理想但卻經不起挫折打擊的人難以成功※

鑑別度	難易度	A	B	C	D
0.42	50.98	2.25	17.16	29.49	50.98

王子猷居山陰。夜大雪，眠覺，開室命酌酒，四望皎然；因起徬徨，詠左思〈招隱〉詩，忽憶戴安道。時戴在剡，即便夜乘小船就之，經宿方至，造門不前而返。人問其故，王曰：「吾本乘興而行，興盡而返，何必見戴！」

——劉義慶《世說新語》

22. 從王子猷的言行來看，下列何者最適合用來形容他的表現？【文言文文-記敘文】（12-4推論短文觀點）（9201）【47】

(A) 三心兩意
(B) 虎頭蛇尾
(C) 隨興自得※

王子猷：東晉書法家王羲之之子
山陰：今浙江省紹興縣
左思：西晉文學家
剡：ㄕㄢˋ，今浙江省剡縣

(D)熱愛自然

鑑別度	難易度	A	B	C	D
0.47	79.65	9.16	6.81	79.65	3.79

23. 下列文句的解釋，何者正確？【文言文-記敘文】(12-2詮釋短文句子涵義)(9201)【48】
(A)「四望皎然」是因爲大雪覆地，一片銀白※
(B)「因起彷徨」是因爲思念友人戴安道
(C)「經宿方至」是因爲缺乏交通工具
(D)「造門不前而返」是因爲沒有人在家

鑑別度	難易度	A	B	C	D
0.56	66.23	66.23	16.51	4.89	11.39

船頭坐三人，中峨冠而多髯者為東坡，佛印居右，魯直居左。蘇黃共閱一手卷；東坡右手執卷端，左手撫魯直背；魯直左手執卷末，右手指卷，如有所語。東坡現右足，魯直現左足，身各微側；其兩膝相比者，各隱卷底衣褶中。佛印絕類彌勒，袒胸露乳，矯首昂視，神情與蘇黃不屬。臥右膝，詘右臂支船，而豎其左膝，左臂掛念珠倚之，珠可粒粒數也。

——魏學洢〈王叔遠核舟記〉

24. 本文是描繪王叔遠所雕刻的核舟，下列何者最適合用來形來王叔遠的技術？【文言文-記敘文】(12-4推論短文觀點)(9202)【45】
(A)出神入化※　(B)畫龍點睛　(C)歷歷在目　(D)游刃有餘

鑑別度	難易度	A	B	C	D
0.40	68.77	68.77	10.14	16.80	3.75

25. 下列何者是本文的特色？【文言文-記敘文】(12-5解釋短文模式)(9202)【46】
(A)分析事理，鞭辟入裡　(B)抒情寫志，意味深永
(C)鉤勒事物，細緻生動※　(D)品評人事，幽默風趣

鑑別度	難易度	A	B	C	D
0.53	81.30	7.27	4.54	81.30	6.31

華歆、王朗俱乘船避難，有一人欲依附，歆輒難之。朗曰：「幸尚寬，何為不可？」後賊追至，王欲舍所攜人。歆曰：「本所以疑，正為此耳。既已納其自託，寧可以急相棄邪？」遂攜拯如初。世以此定華、王之優劣。

——劉義慶《世說新語》

26. 根據本文，王朗在這個事件中的表現，用下列哪一個詞語來形容最恰當？【文言文-記敘文】(12-4推論短文觀點)(9301)【41】

(A)器量寬大　(B)缺乏定見　(C)當機立斷　(D)思慮欠周※

鑑別度	難易度	A	B	C	D
0.61	70.07	9.07	9.42	11.20	70.07

27. 「既已納其自託，寧可以急相棄邪」的意思是什麼？【文言文-記敘文】(12-2詮釋短文句子涵義)(9301)【42】

(A)雖然已經接受他的請託，危急時刻我還是寧願拋棄他
(B)雖然已經接受他的請託，怎麼可以因爲危急而拋棄他※
(C)雖然是他自己前來投靠，危急時拋棄他也沒什麼關係
(D)既然已把生命託付給他，他怎可在緊急時拋棄我們呢

鑑別度	難易度	A	B	C	D
0.52	85.71	5.95	85.71	4.49	3.60

正始年間，周南為襄邑長。一日，有鼠著衣冠出廳堂，語周南曰：「爾某日當死。」周南不應。至其日復出，冠幘絳衣，又語周南曰：「爾日中當死。」復不應。鼠入。日適中，鼠又出曰：「周南！汝不應死，我復何道！」遂顛蹶而死，即失其衣冠。視之，則如常鼠也。

——改寫自《藝文類聚‧卷九十五‧引列異傳》

28. 下列哪一句話最能概括這則故事的寓意？【文言文-記敘文】(12-3摘要短文內容-要旨)(9301)【45】

(A)見怪不怪，其怪自敗※
(B)以逸待勞，相機出擊
(C)明槍易躲，暗箭難防
(D)將計就計，反敗爲勝

📖
幘：頭巾
絳衣：江衣
應死：應驗預言而死

鑑別度	難易度	A	B	C	D
0.54	49.64	49.64	17.51	15.72	16.41

29. 下列哪一句所省略的主語是固南？【文言文-記敘文】(12-6其他)(9301)【46】
(A)至其日復出 (B)冠幘絳衣 (C)復不應※ (D)遂顛蹶而死

鑑別度	難易度	A	B	C	D
0.59	61.65	10.31	12.50	61.65	14.83

人解讀有字書，不解讀無字書；知彈有弦琴，不知彈無弦琴。以跡用，不以神用，何以識琴書之趣？

——洪自誠《菜根譚》

30. 這段文字的寓意在說明什麼？【文言文-議論文】(12-3摘要短文內容-要旨)(9302)【41】
(A)讀書、彈琴是生活的閒趣
(B)只有詩書可以醫治胸中的俗氣
(C)讀書、欣賞音樂重在領會其中意趣※
(D)真正有學問、懂音樂的人，不須讀書、彈琴

鑑別度	難易度	A	B	C	D
0.31	89.68	2.97	1.29	89.68	5.94

31. 下列敘述中所提及的書，何者屬於「無字書」？【文言文-議論文】(12-4推論短文觀點)(9302)【42】
(A)吾初始之故鄉乃書也 (B)書如藥也，善讀可醫愚
(C)山水亦書也；棋酒亦書也※ (D)憂愁非書不釋，精神非書不振

鑑別度	難易度	A	B	C	D
0.50	73.00	6.12	5.52	73.00	15.19

楊生養一狗，甚愛憐之，行止與俱。生因暗行，墮於空井中，狗呻吟徹曉。有人經過，怪此狗向井號，往視，見生。生曰：「君可出我，當有厚報。」人曰：「以此狗見與，便當相出。」生曰：「此狗不得相與。餘即無惜。」人曰：「若爾，便不相出。」狗遂低頭目井。生知其意，乃與路人云：「以狗相與。」人即出之，繫之而去。卻後五日，狗夜走歸。

——改寫自《搜神後記　卷九》

32. 「有人經過，怪此狗向井號。」句中「怪」字的字義，應是下列何者？【文言文-記敘文】(12-1詮釋短文詞語涵義)(9401)【44】

(A) 責難　(B) 驚訝※　(C) 非常　(D) 妖魔

鑑別度	難易度	A	B	C	D
0.39	81.62	11.63	81.62	3.58	2.48

33. 「狗遂低頭目井。生知其意」，句中「其意」的意思應是下列何者？【文言文-記敘文】(12-1詮釋短文詞語涵義)(9401)【45】

(A) 示意楊生答應此人要求無妨※　(B) 請求楊生千萬不要將牠給人

(C) 感謝楊生多年來辛苦的照顧　(D) 表明信任楊生做的一切決定

鑑別度	難易度	A	B	C	D
0.56	45.60	45.60	14.15	21.92	17.52

34. 下列各書中，何者最有可能收錄本文？【文言文-記敘文】(12-5解釋短文模式)(9401)【46】

(A) 寵物食品介紹　(B) 生物百科圖鑑

(C) 愛犬飼養手冊　(D) 動物寰宇搜奇※

鑑別度	難易度	A	B	C	D
0.49	64.77	1.71	3.12	29.64	64.77

庚寅冬，予自小港欲入蛟川城，命小奚以木簡束書從。時西日沉山，晚煙縈樹，望程二里許。因問渡者尚可得南門開否。渡者熟視小奚，應曰：「徐行之，尚開也；速進則闔。」予慍為戲。趨行及半，小奚仆，束斷書崩，啼未即起。理書就束而前，門已牡下矣。

予爽然，思渡者言近道。天下之以躁急自敗，窮暮而無所歸宿者，其猶是也夫！其猶是也夫！

——周容〈小港渡者〉

35. 在字典中找到下列四種「從」字的音義說明，何者適用於「命小奚以木簡束書從」句中的「從」字？【文言文-記敘文】(12-6其他)(9402)【43】

(A) ㄘㄨㄥˊ，跟隨※

(B) ㄘㄨㄥˊ，向來

(C) ㄘㄨㄥˊ，附屬的

(D) ㄗㄨㄥˋ，隨侍的人

小奚：小書僮
熟視：細看
闔：關閉
趨：快步向前走
牡下：上鎖
爽然：失意的樣子

鑑別度	難易度	A	B	C	D
0.43	69.41	69.41	5.96	12.83	11.61

36. 「渡者熟視小奚，應曰：『徐行之，尚開也；速進則闔。』予慍爲戲。」從「予慍爲戲」來看，下列何者最可能是作者的想法？【文言文-記敘文】（12-4推論短文觀點）（9402）【44】

（A）認爲渡者答非所問，虛應了事　（B）以爲渡者戲弄自己，感到不悅※
（C）與渡者嬉謔，可爲旅途添趣　（D）以爲渡者逗弄小奚、打啞謎

鑑別度	難易度	A	B	C	D
0.40	57.47	9.67	57.47	10.34	22.29

37. 下列何者最貼近本文的寓意？【文言文-記敘文】（12-3摘要短文內容-要旨）（9402）【45】

（A）急欲求速，反而不達※　（B）問道於盲，易入歧途
（C）日暮趕路，旅行大忌　（D）前車之鑑，足以爲訓

鑑別度	難易度	A	B	C	D
0.52	82.99	82.99	6.48	4.36	5.94

崑山 顧寧人先生，生長世族，少負絕異之資，潛心古學，九經諸史，略能背誦。

精力絕人，無他嗜好，自少至老，未嘗一日廢書。出必載書數簏自隨，旅店少休，披尋搜討，曾無倦色。

——潘耒〈日知錄序〉

38. 下列成語，何者最適合用來形容顧寧人先生的讀書態度？【文言文-記敘文】（12-4推論短文觀點）（9501）【40】

（A）旁徵博引　（B）溫故知新　（C）孳孳不倦※　（D）披星戴月

鑑別度	難易度	A	B	C	D
0.50	72.35	4.55	16.81	72.35	6.06

39. 下列何者在本文中完全不曾被提及？【文言文-記敘文】（12-3摘要短文內容-內容）（9501）【41】

（A）家世背景　（B）興趣嗜好　（C）資質稟賦　（D）學術地位※

鑑別度	難易度	A	B	C	D
0.54	82.05	4.50	6.77	6.52	82.05

趙簡子游於西河而樂之，歎曰：「安得賢士而與處焉？」舟人古乘跪而對曰：「夫珠玉無足，去此數千里，而所以能來者，人好之也；今士有足而不來者，此是吾君不好之乎！」趙簡子曰：「吾門左右客千人，朝食不足，暮收市徵；暮食不足，朝收市徵，吾尚可謂不好士乎？」舟人古乘對曰：「鴻鵠高飛遠翔，其所恃者六翮也。背上之毛，腹下之毳，無尺寸之數。去之滿把，飛不能為之益卑；益之滿把，飛不能為之益高。不知門下左右客千人者，亦有六翮之用乎？將盡毛毳也？」

——劉向《說苑‧卷八‧尊賢》

徵：徵收、課取
六翮：鳥的兩翼
毳：鳥獸的細毛

40. 「夫珠玉無足，去此數千里，而所以能來者，人好之也；今士有足而不來者，此是吾君不好之乎！」這句話的意旨，與下列何者最接近？【文言文-記敘文】（12-2詮釋短文句子涵義）（9501）【47】

(A) 黃金千兩不如一賢
(B) 君誠好賢，則人才自至※
(C) 用人取其長而不問其短
(D) 用不才之士，則費日無功

鑑別度	難易度	A	B	C	D
0.38	55.77	11.07	55.77	17.75	14.63

41. 「鴻鵠高飛遠翔，其所恃者六翮也。背上之毛，腹下之毳，無尺寸之數。去之滿把，飛不能為之益卑；益之滿把，飛不能為之益高。不知門下左右客千人者，亦有六翮之用乎？將盡毛毳也？」古乘這句話的用意為何者？【文言文-記敘文】（12-2詮釋短文句子涵義）（9501）【48】

(A) 提醒趙簡子求賢在精不在多※
(B) 鼓勵趙簡子廣納人才、任賢舉能
(C) 告誡趙簡子先高己志，則賢者歸附
(D) 規勸趙簡子用賢無須考慮其出身之貴賤

鑑別度	難易度	A	B	C	D
0.56	57.31	57.31	13.04	13.22	15.32

漢 董永，千乘人。少偏孤，與父居。肆力田畝，鹿車載自隨。父亡，無以葬之，乃自賣為奴，以供喪事。主人知其賢，與錢一萬，遣之。永行三年喪畢，欲還主人，供其奴職。道逢一婦人，曰：「願為子妻。」言訖，與之俱往。主人謂永曰：「以錢與君矣。」永曰：「蒙君之惠，父喪收藏。永雖小人，必欲服勤致力，以報厚德。」主曰：「婦人何能？」永曰：「能織。」主曰：「必爾者，但令君婦為我織縑百疋。」於是，永妻為主人家織，十日而畢。女出門，謂永曰：「我，天之織女也。緣君至孝，天帝令我助君償債耳。」語畢，離之而去，不知所在。

——改寫自干寶〈搜神記〉

42. 本文依內容旨趣，應屬下列哪一類故事？【文言文-記敘文】(12-5解釋短文模式)(9502)【44】

(A)愛情類　(B)忠義類　(C)俠客類　(D)孝親類※

鑑別度	難易度	A	B	C	D
0.26	81.53	4.41	12.31	1.46	81.53

43. 根據本文，下列「之」字何者不是指董永？【文言文-記敘文】(12-1詮釋短文詞語涵義)(9502)【45】

(A)父亡，無以葬之※
(B)與錢一萬，遣之
(C)言訖，與之俱往
(D)語畢，離之而去

鑑別度	難易度	A	B	C	D
0.56	78.32	78.32	6.67	6.44	8.27

44. 根據本文，下列各選項對人物的評述，何者無法確知？【文言文-記敘文】(12-4推論短文觀點)(9502)【46】

(A)董永重諾有擔當
(B)主人施恩不望報
(C)織女智勇雙全※
(D)天帝賞善濟弱

鑑別度	難易度	A	B	C	D
0.37	62.99	4.26	19.74	62.99	12.67

狄青為樞密副使，宣撫廣西。時儂智高據崑崙關。青至賓州，值上元節，遂張燈燭，令首夜讌將佐，次夜讌從軍官，三夜饗軍校。賊騎據以報。首夜樂飲徹曉，次夜二鼓時，青忽稱疾，暫起如內。久之，使人諭孫元規，令暫主席行酒，少服藥乃出。數使人勸勞座客，至曉，各未敢退。忽有馳報者云：是夜三鼓，青已奪崑崙矣。

——改寫自沈括《夢溪筆談》

讌：同「宴」

45. 「數使人勸勞座客，至曉，各未敢退」的意思是下列何者？【文言文-記敘文】（12-2詮釋短文句子涵義）（9502）【47】

(A) 數名使者勤奮地扮演賓客，到天亮都不敢退場
(B) 數次派人殷勤款待，到天亮賓客們都不敢離開※
(C) 數名賓客殷勤互相勸飲，天亮以後宴會才結束
(D) 數次勞煩賓客易座交談，直到天亮都沒人離去

鑑別度	難易度	A	B	C	D
0.30	50.21	35.62	50.21	6.08	7.68

46. 本文最能呈現狄青的哪一項特色？【文言文-記敘文】（12-4推論短文觀點）（9502）【48】

(A) 體諒部屬，甘苦與共
(B) 個性隨和，與人同樂
(C) 執法不苟，令出如山
(D) 足智多謀，用兵神妙※

鑑別度	難易度	A	B	C	D
0.54	77.39	7.82	7.02	7.12	77.39

丙、韻文閱讀

（甲）古詩

回憶當年我養兒，我兒今又養孫兒，我兒餓我由他餓，莫教孫兒餓我兒。

——《佛光詩語》

01. 詩中「父、子、孫」三人，正在挨餓的是誰？【韻文-詩】（13-4推論短文觀點）（9101）【40】

(A) 父※　(B) 子　(C) 孫　(D) 父、子

鑑別度	難易度	A	B	C	D
0.48	52.51	52.51	24.43	5.70	17.18

02. 這首詩的主旨在表達什麼？【韻文-詩】（13-3摘要短文內容-要旨）（9101）【41】

(A)百善孝爲先　　(B)父母對子女無悔的愛※
(C)子女有奉養父母的責任　　(D)受西方風氣影響，中國孝道不存

鑑別度	難易度	A	B	C	D
0.35	59.36	13.23	59.36	25.29	1.96

甲、故人西辭黃鶴樓
煙花三月下揚州
孤帆遠影碧山盡
唯見長江天際流
——李白〈黃鶴樓送孟浩然之廣陵〉

乙、月落烏啼霜滿天
江楓漁火對愁眠
姑蘇城外寒山寺
夜半鐘聲到客船
——張繼〈楓橋夜泊〉

03. 關於以上兩首詩的情境，下列敘述何者正確？【韻文-詩】(13-3摘要短文內容-內容)(9201)【44】
(A)甲詩以「孤獨」爲重點，乙詩以「離愁」爲重點
(B)甲詩寫出了年輕人的奔放，乙詩寫出了中年人的蕭瑟
(C)甲詩寫出了離情依依的惆悵，乙詩寫出了思念故鄉的情懷※
(D)甲詩寫出了負笈他鄉的落寞，乙詩寫出了科舉失意的潦倒

鑑別度	難易度	A	B	C	D
0.48	83.46	10.20	3.49	83.46	2.45

04. 關於以上兩首詩的寫作手法，下列敘述何者正確？【韻文-詩】(13-5解釋短文模式)(9201)【45】
(A)甲乙兩詩的寫作季節相同
(B)甲乙兩詩皆藉植物暗寓作者的境遇
(C)甲詩空間發展是由遠到近，乙詩則由近到遠
(D)甲詩以視覺描寫收尾，乙詩以聽覺描寫收尾※

鑑別度	難易度	A	B	C	D
0.59	84.53	4.52	4.36	6.16	84.53

05. 根據甲詩的敘述，如果李白對孟浩然說了一段話，下列何者最有可能？【韻文-詩】(13-4推論短文觀點)(9201)【46】

(A)江南暮春，鶯啼柳長，願君遍遊名園，盡賞美景※
(B)時值盛夏，蜀中燠熱，請君避暑調息，善自珍重
(C)蒙君不棄，東來相見，弟當避席倒屣，候君長亭
(D)君將西行，塞外苦寒，容弟敬奉薄酒，以盡前歡

鑑別度	難易度	A	B	C	D
0.38	41.24	41.24	12.02	21.55	24.71

拜將壇高卓義旗，五洲睽目屬雄師，
當時力保危臺意，只有軍前壯士知。
※　※　※
宰相有權能割地，孤臣無力可回天，
啼鵑喚起東都夢，沈鬱風雲已五年。
——丘逢甲〈有感書贈義軍舊書記〉二首

06. 這兩首詩抒發了作者什麼情緒？【韻文-詩】(13-4推論短文觀點)(9202)【47】

(A)思念故國的愁緒　(B)壯志難酬的慨嘆※
(C)年老力衰的無奈　(D)同袍離散的遺憾

鑑別度	難易度	A	B	C	D
0.32	58.00	25.38	58.00	8.18	7.67

07. 下列詞語何者指的是作者本人？【韻文-詩】(13-1詮釋短文詞語涵義)(9202)【48】

(A)五洲　(B)壯士　(C)孤臣※　(D)啼鵑

鑑別度	難易度	A	B	C	D
0.43	73.18	6.03	11.58	73.18	8.23

(乙)新詩

靈感
爬上一畝一畝泥土
種植一排一排的
防風林

執著的樵夫
用智慧的斤斧
歷經春憂秋冬
築成一幢幢
詩的小屋
——王詔觀〈稿紙〉

08. 「靈感／爬上一畝一畝泥土／種植一排一排的／防風林」，這是運用何種修辭法？【韻文-新詩】（13-6其他）（9002）【42】
(A)轉化※ (B)映襯 (C)誇飾 (D)引用

鑑別度	難易度	A	B	C	D
0.63	69.99	69.99	12.97	6.96	10.09

09. 詩中的「樵夫」和「斤斧」是指【韻文-新詩】（13-1詮釋短文詞語涵義）（9002）【43】
(A)伐木工人和斧頭 (B)植樹者和鋤頭
(C)建築工人和圓鍬 (D)詩人和詩筆※

鑑別度	難易度	A	B	C	D
0.62	67.13	18.75	6.49	7.63	67.13

鳥翅初撲
幅幅相連 以蝙蝠弧形的雙翼
連成一個無懈可擊的圓

一把綠色小傘是一頂荷蓋
紅色朝暾 黑色晚雲
各種顏色的傘是戴花的樹
而且能夠行走⋯

一柄頂天
頂著豔陽 頂著雨
頂著單純兒歌的透明音符
自在自適的小小世界

一傘在握 開闔自如

闔則為竿為杖 開則為花為亭
亭中藏一個寧靜的我。

——蓉子〈傘〉

10. 下列何者最貼近本詩的意旨？【韻文-新詩】（13-3摘要短文內容-要旨）（9101）【42】

（A）表現作者悠閒與寧靜的心境，反照童年往事，憧憬未來人生
（B）喻爲人應有頂天立地的氣概，反照童年往事，憧憬未來人生
（C）表現作者悠閒與寧靜的心境，暗喻處順境、逆境都能收放自如※
（D）喻爲人應有頂天立地的氣概，不論處順境、逆境都能收放自如

鑑別度	難易度	A	B	C	D
0.46	63.87	18.53	5.11	63.87	12.23

11. 「頂著單純兒歌的透明音符」的「透明音符」指的是什麼？【韻文-新詩】（13-1詮釋短文詞語涵義）（9101）【43】

（A）無懈可擊的圓 （B）戴花的樹 （C）豔陽 （D）雨水※

鑑別度	難易度	A	B	C	D
0.44	86.46	5.64	3.64	4.01	86.46

12. 就寫作技巧而言，本詩呈現何種特色？【韻文-新詩】（13-5解釋短文模式）（9101）【44】

（A）善用譬喻，意象生動※ （B）暗藏典故，旨趣深遠
（C）對仗工整，節奏和諧 （D）用語詼諧，風格清新

鑑別度	難易度	A	B	C	D
0.44	77.35	77.35	5.97	4.36	12.04

好像
前生是一個憂傷的君王
變作禽鳥
啼濺了鮮血
尋找春天的精魂

——蔣勳〈前生的記憶〉

13. 關於這首詩的體裁，下列說明何者正確？【韻文-新詩】（13-5解釋短文模式）（9102）【44】

（A）這種詩體依規定不可押韻　（B）這種詩體產生於唐代初期
（C）這種詩體又可稱為樂府詩　（D）這種詩興起於白話文運動※

鑑別度	難易度	A	B	C	D
0.56	76.47	6.13	6.64	10.58	76.47

14. 本詩中所提到的禽鳥最可能是哪一種？【韻文-新詩】（13-4推論短文觀點）（9102）【45】

（A）精衛　（B）慈烏　（C）杜鵑※　（D）夜鶯

鑑別度	難易度	A	B	C	D
0.27	43.54	28.28	17.38	43.54	10.62

15. 從本詩的描述可看出，這位化為禽鳥的君王，最可能具有下列哪一項精神？【韻文-新詩】（13-4推論短文觀點）（9102）【46】

（A）專一執著※　（B）奮發有為　（C）摩頂放踵　（D）悲天憫人

鑑別度	難易度	A	B	C	D
0.25	30.85	30.85	12.75	13.55	42.65

風雨怎樣凌遲
蟲害怎樣侵蝕
不可信靠的天空
怎樣以多變的臉色戲弄
吾鄉的人們

千年以來，吾鄉的人們
怎樣默默揮灑
費盡思量的汗水，滋潤你們
並以怎樣焦慮的深情
殷殷勤勤呵護你們

而你們無閒去思考，去議論
千年以來，一代又一代

你們的根，艱困的扎下土裏
你們的枝枝葉葉
安分的吸取陽光

當鐮刀和打穀機，開始忙碌的合唱
鳥仔在你們頭頂上
興奮的飛翔
只有你們明白
每一粒稻穀，是多少的辛酸結成
——吳晟〈水稻〉

16. 本詩中的「你們」指的是下列哪一項？【韻文-新詩】(13-1詮釋短文詞語涵義) (9201)【39】
(A)風雨 (B)上天 (C)農民 (D)水稻※

鑑別度	難易度	A	B	C	D
0.46	82.09	1.84	1.78	14.06	82.09

17. 下列哪一句諺語，最接近這首詩的寓意？【韻文-新詩】(13-3摘要短文內容-要旨) (9201)【40】
(A)大吃大喝顧眼前，省吃儉用度荒年
(B)一粒米，一滴汗，粒粒糧食汗珠換※
(C)草深蟲子密，林大鳥兒多
(D)春雨貴如油，冬雪得豐收

鑑別度	難易度	A	B	C	D
0.39	94.64	1.27	94.64	2.06	1.78

風在溪中揉搓花樹
又扯來雲絮在溪中洗
是花的紅還是霞的紅
女孩羞澀的看著

突然那風抬起手
牽著女孩的衣角
說：我洗這紅
你的紅才是相思的顏色

——鄭愁予〈洗紅溪與女孩〉

18. 「風在溪中揉搓花樹，又扯來雲絮在溪中洗」，這兩句詩意的說明，下列何者正確？【韻文-新詩】（13-2詮釋短文句子涵義）（9301）【47】
(A) 落英繽紛，隨水飄流，一如被搓洗的雲絮
(B) 風將花葉吹入水中，激起浪花彷彿雲絮般
(C) 女孩的身影倒映水中，新衣如花樹和雲絮
(D) 流水淙淙，彷彿搓洗著花樹及雲絮的倒影※

鑑別度	難易度	A	B	C	D
0.32	41.71	14.62	28.53	14.34	41.71

19. 「突然那風抬起手／牽著女孩的衣角」，句中使用了「擬人」修辭法。下列文句，何者也使用了相同的修辭技巧？【韻文-新詩】（13-6其他）（9301）【48】
(A) 小鳥跳響在枝上，如琴鍵的起落
(B) 枝頭上青澀的果子，靜靜的等待成熟※
(C) 聆聽自己的心跳，那一聲聲沉穩的跳動
(D) 他對著擣米的杵，喃喃的訴說自己的感謝

鑑別度	難易度	A	B	C	D
0.58	62.33	21.20	62.33	8.44	7.00

下列這首詩，是描寫張良雇用大力士刺殺秦始皇，之後遇到一位老人而獲贈兵書的故事。

亡國已三年，可恨那韓公子
幾時，才找到狙擊的力士？
百二斤重的大椎劈空一揮
也不到這暴君的冕頂
博浪沙，天色還未明
橋上正倏著那褐衣的老人
鞋踢在橋下，兵書揣在懷裏
說星羅一天，棋布滿地
這一局陰幢幢的長夜一過
贏家的棋變輸家的棋
——余光中〈刺秦王〉

20. 詩中「百二斤重的大椎劈空一揮／也不到這暴君的冕頂」這兩句代表狙擊行動的發展如何？【韻文-新詩】（13-2詮釋短文句子涵義）（9401）【40】

(A)已然成功 (B)功敗垂成※ (C)中途放棄 (D)積極部署中

鑑別度	難易度	A	B	C	D
0.35	81.40	4.34	81.40	8.02	6.05

21. 「這一局陰幢幢的長夜一過／贏家的棋變輸家的棋」句中的贏家指的是誰？【韻文-新詩】(13-1詮釋短文詞語涵義)(9401)【41】

(A)韓公子 (B)大力士 (C)秦王※ (D)老人

鑑別度	難易度	A	B	C	D
0.35	42.04	32.45	9.64	42.04	15.64

你的兒女不是你的兒女。
他們是生命對自身渴望所產生的兒女。
他們經由你出生，但不是從你而來，
雖然在你身旁，卻不屬於你。
你可以給他們你的愛，而不是你的思想，
因為他們有自己的思想。
蔽護他們的身體，而不是他們的靈魂，
因為他們的靈魂住在你夢中也無法企及的明天。
你要向他們學習，而不是使他們像你。
因為生命不會後退，也不會在昨日流連。
你是弓，兒女是從你發射而出活生生的箭。
弓箭手望著永恆之路上的箭靶，祂會施全力將你拉開，使祂的箭射得又快又遠。
欣喜地在弓箭手手中屈曲吧！
因為祂愛飛翔的箭，也愛穩定的弓。
——紀伯侖《先知》

22. 根據本詩的敘述，下列詞語的說明何者正確？【韻文－新詩】(13-1詮釋短文詞語涵義)(9402)【38】

(A)弓指的是神 (B)箭指的是兒女※
(C)箭靶指的是生命 (D)弓箭手指的是父母

鑑別度	難易度	A	B	C	D
0.44	91.06	0.89	91.06	2.66	5.30

23. 下列何者最貼近本詩所描述的親子關係？【韻文–新詩】（13-4推論短文觀點）（9402）【39】
(A) 父母的經驗很可貴，兒女應效法他們
(B) 兒女當有積極進取的精神，不可讓父母操心
(C) 父母應訓練孩子獨立，才能使他們不流連昨日
(D) 兒女是獨立的個體，父母不應決定他們的未來※

鑑別度	難易度	A	B	C	D
0.48	80.33	1.17	4.79	13.63	80.33

他們穿著一致的服裝，擺盪
一致的手臂，邁出一致的步伐
走在春草茸茸的路上，滿意地
把眉毛、嘴脣、肩膀靠攏成
水平線——仔細丈量沈靜的野原

甚至連風也不敢咳嗽，他們
砍伐了自高自大的樹木，修剪
枝葉分歧的花草，最後一致
仰首搖頭——身為地上的園丁
當然制服不了空中幻化的雲朵
——向陽〈制服〉

24. 下列「」中詞語的詞性，何者「當然制服不了空中幻化的雲朵」中的「制服」相同？【韻文-新詩】（13-6其他）（9502）【39】
(A) 他們穿著一致的「服裝」
(B) 仔細「丈量」沈靜的野原※
(C) 修剪枝葉「分歧」的花草
(D) 最後「一致」仰首搖頭

鑑別度	難易度	A	B	C	D
0.55	82.69	3.71	82.69	5.91	7.61

25. 詩中所描述的事物，何者是無法被要求「一致」化的？【韻文-新詩】（13-4推論短文觀點）（9502）【40】
(A) 樹木 (B) 花草 (C) 園丁 (D) 雲朵※

鑑別度	難易度	A	B	C	D
0.43	92.18	1.20	1.70	4.85	92.18

26. 本詩中的「他們」，最可能指的是下列哪一種人？【韻文-新詩】（13-1詮釋短文詞語涵義）（9502）【41】
（A）洞燭機先的謀略家
（B）專斷獨裁的統治者※
（C）浪漫隨性的藝術家
（D）見風轉舵的投機者

鑑別度	難易度	A	B	C	D
0.45	63.33	5.79	63.33	26.84	3.95

（丙）詞

樓上晴天碧四垂，樓前芳草接天涯，勸君莫上最高梯。　新筍已成堂下竹，落花都上燕巢泥，忍聽林表杜鵑啼。

——周邦彥〈浣溪沙〉

27. 這闋詞中，作者想藉「登樓」表達什麼？【韻文-詞】（13-4推論短文觀點）（9001）【33】
（A）兒女私情　（B）思鄉之情※　（C）壯志豪情　（D）悼念之情

鑑別度	難易度	A	B	C	D
0.39	90.88	1.88	90.88	2.98	4.26

28. 「新筍已成堂下竹，落花都上燕巢泥」，這兩句的意境近於下列何者？【韻文-詞】（13-2詮釋短文句子涵義）（9001）【34】
（A）燕去燕來還過日，花開花落即經春※（B）好鳥枝頭亦朋友，落花水面皆文章
（C）人生到處知何似，應似飛鴻踏雪泥　（D）勸君莫惜金縷衣，勸君惜取少年時

鑑別度	難易度	A	B	C	D
0.56	66.97	66.97	12.76	10.44	9.83

29. 古典詩詞中，常用一些特定的典故或詞語來表達一定的意涵。以這闋詞為例，下列各項說明，何者正確？【韻文-詞】（13-1詮釋短文詞語涵義）（9001）【35】
（A）「新筍」暗示「重生」　（B）「落花」暗示「懷舊」
（C）「杜鵑」暗示「思歸」※　（D）「芳草」暗示「忠君」

鑑別度	難易度	A	B	C	D
0.51	74.30	14.16	7.92	74.30	3.62

薄霧濃雲愁永晝，瑞腦消金獸。
佳節又重陽，玉枕紗櫥，半夜涼初透。

東籬把酒黃昏後，有暗香盈袖。
莫道不消魂，簾捲西風，人比黃花瘦。
——李清照〈醉花陰〉

瑞腦：香料
金獸：刻著金獸的銅香爐
紗櫥：蚊帳
消魂：情緒低落

30. 這首詞呈現了婦女怎樣的情態？【韻文-詞】(13-4推論短文觀點)(9302)【45】
(A)相思難解的情愁※　(B)酒後慵懶的嬌媚
(C)奢華綺麗的浪漫　(D)佳節賞花的悠閑

鑑別度	難易度	A	B	C	D
0.39	86.98	86.98	5.90	2.22	4.62

31. 根據這首詞所描述的時間背景，如果李清照在此時出門散步，她最可能看到什麼景色？【韻文-詞】(13-4推論短文觀點)(9302)【46】
(A)競折團荷遮晚照　(B)紫艷半開籬菊靜※
(C)晚風庭院落梅初　(D)北風吹雁雪紛紛

鑑別度	難易度	A	B	C	D
0.47	66.98	10.05	66.98	19.35	3.34

(丁)歌

請閱讀以下詩文，並回答35~36題：
為人在世莫嗜懶，
嗜懶之人才智短，
臨老噬臍悲已晚。
士而懶，終身布衣不能換；
農而懶，食不充腸衣不暖；
工而懶，積聚萬貫成星散。

又不見，人生天地惟在勤，
原勤之本在乎心。
若要自強而不息，
先須抖擻己精神。
——胡澹菴輯《繪圖解人頤・勤懶歌》

📖
噬臍：比喻後悔已遲

32. 下列敘述，何者與本詩的主旨最接近？【韻文-其他】（13-3摘要短文內容-要旨）（9401）【35】
(A) 懶惰使靈魂虛弱，勤勞讓思緒靈敏
(B) 一生之計在於勤，勤勉立身全由己※
(C) 一分辛勞一分財，唯有勤勞能致富
(D) 人生最困難的事，莫過於戰勝惰性

鑑別度	難易度	A	B	C	D
0.52	65.09	13.79	65.09	10.29	10.69

33. 本詩中「臨老噬臍悲已晚」的諷勸意味，與下列何者相同？【韻文-其他】（13-2詮釋短文句子涵義）（9401）【36】
(A) 往者不可見，來者猶可追
(B) 欲窮千里目，更上一層樓
(C) 花有重開日，人無再少年※
(D) 生年不滿百，常懷千歲憂

鑑別度	難易度	A	B	C	D
0.52	83.61	4.85	2.97	83.61	8.47

國家圖書館出版品預行編目資料

基測國文科試題品質分析與改善建議：以90-95年試題為例／鄭圓鈴著. -- 初版. -- 臺北市：心理2008.02
面； 公分.
參考書目：面

ISBN 978-986-191-118-2（平裝）

1. 國文科 2.試題 3.基本學力測驗

524.31　　97001959

教育研究35 **基測國文科試題品質分析與改善建議：以90～95年試題為例**

作　　者：鄭圓鈴
總 編 輯：林敬堯
發 行 人：洪有義
出 版 者：心理出版社股份有限公司
社　　址：台北市和平東路一段180號7樓
總　　機：(02) 23671490　傳　　真：(02) 23671457
郵　　撥：19293172　心理出版社股份有限公司
電子信箱：psychoco@ms15.hinet.net
網　　址：www.psy.com.tw
駐美代表：Lisa Wu　tel: 973 546-5845　fax: 973 546-7651
登 記 證：局版北市業字第1372號
電腦排版：未名圖文社
印 刷 者：玖進印刷有限公司
初版一刷：2008年2月

定價：新台幣450元　
ISBN 978-986-191-118-2

讀者意見回函卡

No.　　　　　　　　　　　　　　填寫日期：　　年　　月　　日

感謝您購買本公司出版品。為提升我們的服務品質，請惠填以下資料寄回本社【或傳真（02）2367-1457】提供我們出書、修訂及辦活動之參考。你將不定期收到本公司最新出版及活動訊息。謝謝您！

姓名：＿＿＿＿＿＿＿＿　性別：1□男 2□女

職業：1□教師 2□學生 3□上班族 4□家庭主婦 5□自由業 6□其他

學歷：1□博士 2□碩士 3□大學 4□專科 5□高中 6□國中 7□國中以下

服務單位：＿＿＿＿＿＿＿＿　部門：＿＿＿＿　職稱：＿＿＿＿

服務地址：＿＿＿＿＿＿＿＿　電話：＿＿＿＿　傳真：＿＿＿＿

住家地址：＿＿＿＿＿＿＿＿　電話：＿＿＿＿　傳真：＿＿＿＿

電子郵件地址：＿＿＿＿＿＿＿＿＿＿＿＿

書名：＿＿＿＿＿＿＿＿＿＿＿＿＿＿＿＿

一、您認為本書的優點：（可複選）

❶□內容　❷□文筆　❸□校對　❹□編排　❺□封面　❻□其他＿＿

二、您認為本書需再加強的地方：（可複選）

❶□內容　❷□文筆　❸□校對　❹□編排　❺□封面　❻□其他＿＿

三、你購買本書的消息來源：（請單選）

❶□本公司　❷□逛書局　⇨＿＿＿書局　❸□老師或親友介紹

❹□書展　⇨＿＿＿書展　❺□心理心雜誌　❻□書評　❼□其他＿＿

四、你希望我們舉辦何種活動：（可複選）

❶□作者演講　❷□研習會　❸□研討會　❹書展　❺□其他＿＿＿

五、你購買本書的原因：（可複選）

❶□對主題感興趣　❷□上課教材　⇨程名稱＿＿＿＿＿＿＿

❸□舉辦活動　❹□其他＿＿＿＿＿＿＿＿

（請翻頁繼續）

廣　告　回　信
台灣北區郵政管理局登記證
北台字第 8133 號

（免貼郵票）

心理出版社股份有限公司

台北市 106 和平東路一段 180 號 7 樓

TEL：(02)2367-1490

FAX：(02)2367-1457

EMAIL：*psychoco@ms15.hinet.net*

沿線對折訂好後寄回

一、你希望我們多出版何種類型的書籍

❶□心理　❷□輔導　❸□教育　❹□社工　❺□測驗　❻□其他

二、如果您是老師「是否有寫教科書的計劃：□有□無

書名／課程：________

三、你教授／修習的課程：

上學期：________

下學期：________

進修班：________

暑　假：________

寒　假：________

學分班：________

四、你的其他意見

____

謝謝您的指教！